【中国通史】第十二册

蔡美彪 汪敬虞 杨天石 罗筠筠 著

人民出版社

责任编辑：于宏雷

装帧设计：肖　辉

**图书在版编目（CIP）数据**

中国通史：全 12 册/范文澜等 著. - 3 版.
　-北京：人民出版社，2015.1（2017.1 重印）
ISBN 978 - 7 - 01 - 013946 - 3

Ⅰ.①中…　Ⅱ.①范…　Ⅲ.①中国通史　Ⅳ.①K20

中国版本图书馆 CIP 数据核字（2014）第 215448 号

中国通史（1—12 册）

ZHONGGUO TONGSHI

范文澜　蔡美彪 等　著

人民出版社 出版发行
（100706　北京市东城区隆福寺街 99 号）

北京汇林印务有限公司印刷　新华书店经销

2015 年 1 月第 3 版　2017 年 1 月北京第 2 次印刷
开本：635 毫米×927 毫米 1/16　印张：410.75
彩插：50　字数：3690 千字

ISBN 978 - 7 - 01 - 013946 - 3　定价（全 12 册）：999.00 元

邮购地址 100706　北京市东城区隆福寺街 99 号
人民东方图书销售中心　电话 （010）65250042　65289539

清军威海炮台

渤海阅师图"兵船悬彩"

清朝国家外债卷

商办企业股票

京师大学堂教学楼(今北京市沙滩后街)

武昌中和门(武昌起义门)

任伯年人物画

沈容圃京戏名伶"同光十三绝"

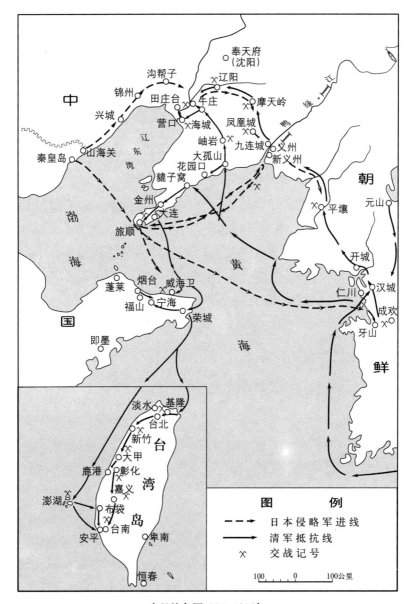

中日战争图1894-1895年

# 第十二册编写说明

（一）本书第六编清朝的衰落与灭亡，分编为第十一、第十二两册。起于一八二〇年道光帝即位，止于一九一二年宣统帝退位，清朝覆亡。按照本书编写体例，依朝代顺序叙事，并不表示社会历史的分期。

（二）本编两册，依据具体史实综合叙述这一时期外国入侵、中国逐步沦于半殖民地和中国资本主义企业产生、发展过程，农民革命与民主革命进展过程，清王朝由衰落到灭亡的过程。叙事力求平实简要，辞约事丰，以便阅读。对于这一时期的学术文化状况，也只是择要评述，以见梗概。

（三）关于道光以来晚清历史的研究，中外学者著述累累。本书的编写，从中获得不少的助益。限于见闻，也限于体例，不能遍采，当蒙鉴原。本书关于史实的叙述，容有错误，深盼专家随时指出，惠予匡正。见仁见智，当有待学术讨论的展开。

（四）本编由蔡美彪主编。本册第五章外国在华企业与民办新型企业的开设，由汪敬虞编写，经主编者摘录。第六、第七、第八等章由蔡美彪编写，其中关于清廷变法及新政的实施等内容与杨天石合作，关于资

1

本主义企业的发展等内容，参据汪敬虞已刊著述。第九章民主革命与清朝覆亡，由蔡美彪、杨天石合作编写。第十章学术文化概况，第一、二两节蔡美彪编写，第三、四节与罗筠筠合作。

本书的编写，分工合作，主编定稿。各著者在各自撰写的其他相关论著中，所持论点或与本书不尽相同，自是有利于学术研讨的深入。本书的论述，如有错误，应由主编者负责，期待着读者的指正与批评。

（五）本书第九、第十册均附有清代地名表。本编两册不重录。不见于前表及需要标注的地名，在文内括注今地。

（六）本编两册的编写，得到国家社会科学基金的资助，中国社会科学院近代史研究所给予多方面的支持，人民出版社历史编辑室仔细审阅全稿，谨在此一并致谢。

二〇〇五年三月

# 目　录

## 第　六　编
## 清朝的衰落与灭亡

# 第　五　章

# 外国在华企业与
# 民办新型企业的开设

## 第一节　外国在华企业的设立

清王朝自鸦片战争战败以来,一再被迫开放对外通商口岸。以英国为首的西方资本主义各国凭藉在侵略性条约中攫取的经济特权,逐步开展对中国的商品贸易。贸易口岸的重心由广州北移到上海。输出的商品仍以丝茶为主,输入的商品主要是鸦片和棉纺织品。但由于棉织品大量滞销,还并不能占领中国的广大市场。

光绪帝即位以来的二十年间,由于苏伊士运河的通航缩短了东西方贸易的航程,欧亚之间海底电线的铺设,加速提供了中国市场的信息,英、美等西方国家对中国的贸易呈现出明显的新变动。主要是:(一)进出口商品的变动。属于工业制品的棉纱的进口,从同治十年(一八七一年)的五万余担,价值关银(海关标准银)二百万两,到光绪二十一年(一八九五年)增长到一百十六万担,值两千一百四十万两。农产品棉花的进口则由二十三万担下降到四万余担。进口商品中新增加了大量各种工业制品,即所谓"进口杂货"。郑观应在他所著《盛世危言》中列举光绪时进口杂货有:洋药、洋烟丝、纸卷烟、洋酒、洋糖、洋果干、洋水果、咖啡、洋布、洋绸、洋呢、洋毯、洋手巾、洋花边、洋针、洋线、洋伞、洋灯、洋纸、洋钉、洋画、洋笔、洋墨水、洋磁、洋牙刷、洋牙粉、洋胰(肥皂)、洋火(火柴)、洋油(煤油)以及电气灯、照相玻璃、大小镜片、马口铁、洋木器、洋钟表等等,涉及食品、衣装和各种日常生活用品。郑观应估计,光绪中叶,每年进口鸦片耗银三千五百万两、棉纱与棉布五千三百万两,杂货三千五百万两。进口杂货迅速增长,与原来的鸦片和棉制品三分天下,并在改变着国人的生活方式,日益成为人们生活的需求。出口商品中历来作为主要商品的茶叶,由于受到印度、锡兰等地出口茶叶的竞争而明显下降,农产品大豆、芝麻、草席以及毛皮、猪鬃等成为外国商人收购外销的新项目,出口迅速增长。光绪中叶,约占出口总值的十分之一,并在继续扩大。

(二)随着进口洋货的增长,行销地区日益扩展。华北以天津为基地,行销保定及山西各地。华南以广州为基地,行销到广西、贵州、云南诸省。华中以上海、汉口为基地,沿江远销到四川。光绪元年(一八七五年),重庆进口洋货,约值银十五万两,六年后猛增到四百多万两。(三)洋货进口总值随之激增。同治九年(一八七〇年)净进口总值关银四千万两。此后有升有降。光绪十三年(一八八七年)超过一万万两,光绪二十年(一八九四年)增长到一亿六千二百万两。经二十五年,超过了两倍。

光绪二十年(一八九四年)中日战争(详见下章)以前,资本主义诸国在华投资开设企业,是从开办银行和兴办航运业开始,随后又扩展到出口丝茶加工行业。这些企业的开设,主要还是为了适应扩大贸易、开拓市场的需要,而不是为了输出过剩的资本。下面扼要叙述这时外国在华银行、航运业、丝茶加工业的概况。

## (一)外国在华银行的开设与扩展

### 一、外国在华银行的开设

早在嘉庆年间,沦为英国殖民地的印度,已有帕西人(波斯移民后裔)来广州,试办银行。鸦片战争后,英国本土的银行开始在中国设立据点,同光之际呈现出新的发展,初步建立起各通商口岸的金融网络。

道光时英国有六家银行在华建立分支机构,大致情况如下。

丽如银行（Oriental Bank）——原名西印度银行（Bank of Western India），成立于一八四二年，先设于印度孟买，一八四五年迁伦敦，改名。同年在香港和广州两地设立分支机构，后二年在香港发行钞票，这是流通于中国市场上的第一批外国纸币。一八五〇年前在上海设立分行，实收资本六十万镑，不到五年，便增加到一百二十万镑。

汇隆银行（Commercial Bank of India）——一八五一年成立。总行先在孟买，后移伦敦。成立后即在广州设分行，四年后，又在上海设代理处。一八六二年复在香港、汉口、福州开展业务，是最先进入中国内地的一家外国银行。一八六六年停闭。

呵加剌银行（Agra and United Service Bank, Ltd.）——一八三三年在印度成立。一八五八年移至伦敦。此前四年，即已在上海设立分行，次年又在广州设立代理处，一八五八年香港也有了分行，一八六四年和伦敦一家大商业公司合并，增强了在英国殖民地银行中的地位。

有利银行（Chartered Mercantile Bank of India, London & China）——成立于一八五七年。中亚细亚特许银行（Chartered Bank of Asia）和印度伦敦中国商业银行（Mercantile Bank of India, London & China）合并而成。两行合并前，印度伦敦中国商业银行已于一八五四年在上海、广州设立了代理机构。两行合并后，在香港设立

4

分行,三年以后,又把上海的代理处改为分行。

麦加利银行（Chartered Bank of India, Australia & China）——一八五八年开始营业,同年,在上海设立分行,在香港设立代理机构,汉口设立代理处。最初实缴资本三十二万

上海麦加利银行

二千镑,不到八年就增加到八十万镑。

一八六五年,英国开设了总行设立在中国的汇丰银行（Hongkong & Shanghai Banking Co., Ltd.）,汇丰的发起书上写道:"目前在中国的银行,只是总行在英国或印度的分支机构,……很难满足本地贸易的需要。"汇丰的目的"在于满足一项绝对的需要","带有极为广泛的性质","需要用更特殊的方式"实现,即企图独家控制中国的金融。

汇丰银行的资本,额定为银元五百万元。一八六四年招股。设在香港的总行和上海分行同时营业,当年在香港发行纸币。一八六六年在香港注册,正式成

5

立公司组织,同年在福州、宁波、汉口、汕头分设代理处。一八六七年,上海分行也开始发钞。一八六八年,汉口、福州的代理处改设分行。一八六五年至一八六八年间,年年获利,上海一家英国的报纸写道:"在东方的全体企业中,无论在发展的速度方面,在成就的可靠方面,在影响的广泛方面,在基础的稳固方面,在前景的美妙方面,很少有几家能赶得上汇丰银行"。还有的报纸说:"它的成功,在银行史上是空前的。"

上海汇丰银行

一八七三年,资本主义世界爆发了空前的经济危机。各国商品向国外跌价倾销。中国的进口贸易额随之急速增长。一八七六年中英烟台条约增开通商口岸,又使外商获得了在内地运销洋货的特权。随着中外贸易的增长,外国在华银行的金融网也因而大为扩展。

英国汇丰银行在中国各地的分支机构,原已分布在上海、福州、宁波、汉口、汕头等通商口岸。此后,又先后在厦门(一八七六年)、烟台(一八七六年)、九江(一八七九年)、广州(一八八〇年)、北海(一八八〇年)、天津(一八八一年)、澳门(一八八一年)、北京(一八八五年)、打狗(今台湾高雄,一八八六年)、牛庄(一八九二年)、基隆(一八九四年)等处,设立了分支行或代理机构。建立起北起京津、南临海口,从沿海的上海、广州到内地的汉口、九江的金融网。

英国以外,法国的法兰西银行(Comptoir d'Escompte de Paris)自一八六〇年起在上海、香港、福州、汉口陆续设立分行。一八八九年,德商在上海开办德华银行(Deutsch‐Asiatische Bank),又在各商埠开设分行。一八九四年以前的二十年间,外国银行在中国各通商口岸先后设立了四十五个分支机构。

## 二、金融活动的扩展

外国在华银行设立初期,主要是适应中外贸易的需要,活动范围有限,对中国金融市场的影响和控制,也只能起到有限的作用。随着在华金融网的扩大,金融活动的范围也日益扩展。

汇兑——外国在华银行经营的汇兑业务原来主要是在贸易方面。光绪朝二十年间,陆续扩展了两个新的领域,一是国外华侨汇款,一是国内商埠间的汇兑。

光绪初年,汇丰银行就已利用设在南洋华侨地区的分支机构,开始包揽华南地区的侨汇业务。侨汇可以弥补中国对外贸易的逆差。华南地区侨汇又可弥补华南对华中以及华中对上海的贸易逆差,从而为洋货销行各地提供了有利条件。一八八六年,地处华南的厦门,年终一个月之内由汇丰经汇的侨款,即多达一百二、三十万元。汇丰的汇票也在当地绅商中行用。

国内商埠间的贸易周转原来主要由各地票号承担。同治时,外国银行开始办理通商口岸之间的汇兑。光绪初年逐渐扩展于内地的各埠,但各地清偿货款仍以运现(现金)为主要形式。光绪中叶,以外国银行的汇票汇款逐渐普遍,运现显著减少。一八九一年汉口海关报告说:"中国商人对外国银行特别是汇丰银行的信任日增",是汉口金融市场的一个主要特点。

存放——存款与放款是外国银行经营的主要业务。据《汇丰营业报告》记录,一八七〇年以前,年存款一直在五百万元至六百万元之间。短期放款不过五百万元,长期的证券投资只有几十万元。约十年后,存款达到二千二百万元。放款和证券投资分别达到一千五百万元和三百五十万元。一八九五年,存款竟达到一亿四千三百万元,短期放款达到五千四百万元,证券投资也突破一千万元。在汇丰银行的各项业务中,存放是扩张得最快的项目。

外国银行存放业务，扩展的新领域。一是清朝官方的借款，一是清朝官僚的存款。

清政府的外债，成为外国银行的一个新的目标。最初是一八七四年汇丰银行对台湾海防大臣沈葆桢的二百万两"台防借款"。此后几年中，汇丰银行包办了近千万两的清政府借款。德法两国银行也在本国政府的直接支持下，积极参与。到一八九五年为止，清政府举借外债四千六百万两，其中通过外国银行进行的，约占百分之七十四。而由汇丰银行一手包办的，达到二千九百万两，占全部债款的百分之六十三以上。

清朝官僚作为外国银行的存户，大致是和外国银行作为清政府的债主同时开始的。频繁出现的外债，使得官僚们与外国银行增加了接触，而银行的借款与官僚的存款，也往往相互为用、一脉相通。官僚们把贪污中饱或经商所得厚利存入外国银行。外国银行在商人存户之外，又增加了一批新存户。

发钞——外国银行发行的钞票在中国通商口岸原来很少流通，中国商人商业交易中仍保持通用银两的传统习惯，不接受外钞。随着贸易网的扩大，外钞逐渐成为中国通商口岸市场上的流通手段和支付手段。汇丰银行的纸币进入汉口和天津。厦门发行以西班牙本洋为单位的"银元钞票"，达六七十万。出口茶叶和华侨汇款全以汇丰的银元钞票支付。汇丰的纸币在福州普遍流行,代替了有长久历史的福州钱票。一八八〇年以后,中国的通商口岸几乎无一处没有汇丰纸币。有些交易契约,甚至特别规定须用汇丰的钞票支付。其他外国银行的纸币,也为钱庄和商人所接受。

综上所述,自同光之际,外国在华银行的各项业务,无论在广度和深度上,都发生了前所未有的变化。以后,又有更大的扩张,为控制中国金融市场奠定了基础。

### 三、对金融市场的控制

外国在华银行得以逐渐控制中国金融市场,是由于拥有以下的条件。(一)外国银行取代原来的洋行放款给中国商人,接受钱庄庄票和短期拆放流动资金。一八七八年上海一家报纸说:"中国钱庄大半都用外国银行资本做生意"。外国银行通过拆放,贷给钱庄的款项,年逾银数百万两。一八八八年,汇丰银行上海分行总结二十五年来与中国人的交易,多达几亿两,从而控制了中国的钱庄和商人。(二)中国丝茶在国际市场地位下降,中国出口商品的价格渐为外国商人所操纵。依靠外国资金周转的中国商人,为免受洋商勒价,往往被迫贮留货物,支付贷款的利息,从而长久地受到外国银行放贷的控制。(三)东西方交通方式和贸易方式的改变,外国银行得以更为灵活地拨汇和运用资金。电报通讯的建立,又使得伦敦的金融家得以及时掌握上海市场的动向,加强控制。

约在光绪帝即位后,世界市场上的白银价格持续下降。同光之际,中国白银每两汇价为英镑五先令。光绪二十年(一八九四年)竟下跌到二先令十一便士。由于银价不断下跌,外国商人向中国出口货物实行所谓"预定制度"(Indent System),即在订货时即结算货款而不再是在交货时结算,借以把汇价的风险转移给中国商人。外国在华银行由此得以掌握进出口贸易的周转,并通过操纵银行外汇牌价,控制中国的金融市场。"一切看外国银行牌价",逐渐形成常规。

## (二)外国经营的远洋航运和内河航运

航运是通商的必要条件。清王朝在上海轮船招商局成立以前,内河航运基本上以帆船载运,远洋航运则完全依靠外国轮船。以英国为首的资本主义诸国相继开设远洋轮船公司,包揽了中国与诸国之间的远洋航运,进而依恃历次条约所获取的特权,侵入中国内河和沿海,经营航运。

### 一、远 洋 航 运

早在道光二十二年(一八四二年),已有英国商船驶进上海。一八四五年,英国大英轮船公司的货轮开到香港,开辟了每月往来一次的中英航线,成为第一家对华定期航运的外国航运企业。此后约二十年间，这家公司独揽了中国远洋运输的利益。同治、光绪两朝，继英国之后，法国、美国、日本、德国、加拿大等国相继设立对华远洋航运的企业，互相争夺海上商运之利。

英国——英国大英轮船公司对中国远洋航运的垄断，在一八六八年遇到了竞争者。以利物浦为基地的英国海洋轮船公司，进入中国的航运，成为新出现的又一巨头。一八七七年，大英轮船公司废弃旧轮，建造新轮，更新设备，再度夺得经营的优势。一八八二年，又有一家以英国格拉斯哥为基地的招商协力中英轮船有限公司成立，专营对中国的远洋运输。一八八四年以后，在上海、汉口、厦门、广州、澳门等地相继设立了代理机构。并在上海刊登广告，招纳本地华人股份。通过所谓"招商协力"实现了外国资本与中国商人势力的结合。

法国——法国在一八六二年成立法兰西火轮公司，开辟东方航线，争夺中国对欧洲的航运。一度形成与英国大英轮船公司、海洋轮运公司鼎足而三，相互竞争激烈。一八七八年，三家达成联合齐价协议，商定统一制定运费，分配货运数量，以解决彼此间的利益冲突。但协议并不能真正付诸实行。英法竞争日剧，英国始终处于优势。

美国——美国在一八六七年成立太平洋邮轮公司，开辟了由旧金山经日本横滨到上海的定期航运。

一八八〇年,美国的远洋轮运公司又开辟了由纽约经巴拿马运河到上海的新航线。美国的棉纺织品经新航线运往上海,运费大为减少。

日本——日本在一八七六年成立三菱邮轮公司,争夺日本至上海之间的航运。两年后即兼并了美国的太平洋邮轮公司,从而完全控制了中日之间的海上贸易运输。

德国——德国的北德轮船公司在一八八五年开始经营中德之间的航运,成为垄断中国与欧洲间航运的英、法等轮船公司的竞争对手。

加拿大——加拿大的昌兴火轮公司,一八九一年在中国和加拿大西海岸之间开辟了一条新航线。

各国远洋轮船公司经营中国间的远洋运输,多得到本国政府的资助。英国大英轮船公司、美国太平洋邮轮公司,法国法兰西火轮公司、日本三菱公司、德国北德轮船公司等,成立之初,都曾接受本国政府的补贴,从而成为各国政府向远东扩张的一支重要力量。各国远洋轮船公司的经营者往往又是金融巨头,与向外扩张的银行势力结合到一起。

## 二、内河及沿海航运

鸦片战争以前,清朝内河及沿海商埠间的运输,主要依靠帆船。据统计,当时全国共有大小帆船二十多万只,可载运货物四、五百万吨,形成庞大的航运网。

清廷开放长江通商口岸后,西方诸国侵入中国内河,以载重巨大行驶快速的轮船与中国传统的帆船争夺航运之利。

早在一八五○年,英国的一家省港邮船公司即开始侵入中国沿海,在香港广州之间航行。一八六一年,上海的美商琼记洋行的商船自上海航行到汉口。另一家美商清美洋行的轮船航行在上海、芝罘至天津的沿海航线。此后,上海的外国洋行纷纷购置轮船经营中国内河和沿海的货运。美国的旗昌和英国的怡和、太古形成三大巨头,展开争夺航运的竞争。

美国旗昌轮船公司成立于一八六二年,主持者为旗昌洋行的股东曾任驻上海副领事金能亨(E. Cunningham)。招纳英、美等洋行投资又招中国商人附股,集资至一百万两,号称"万国轮船公司",航行长江。与此同时,英国怡和洋行与宝顺洋行也购置轮船,经营长江航运。三家以降低运价争夺货源,竞争日益激烈。一八六四年末,成立齐价协定。一八六七年,三家又达成划分经营地区的十年协议。十年之内,怡和、宝顺不再经营长江航运,旗昌不经营上海以南的沿海口岸。随后,旗昌又将宝顺的全部轮船收购,取得竞争的胜利。

旗昌轮船公司霸占长江航运后,又着手经营上海至天津的沿海航运。英国怡和洋行在经营上海福州航线之外,也于一八六九年经营津沪一线,与旗昌角逐。

至一八七五年统计,中国沿海通商口岸的转运贸易,英国占据一半左右,形成压倒的优势。

一八七三年,得到英国海洋轮运公司支持的太古洋行,招纳中国商人投资,创办华海轮船公司,拥有资本二十六万英镑,轮船六只。进入长江,与旗昌竞争,运费较旗昌降低一半以上。旗昌被迫于一八七四年与太古订立联营协议,规定从上海至汉口,两家开出同等数目的轮船,所得运费均分。旗昌垄断长江航运四年,至此而被打破。一八七七年,旗昌轮船公司又因经营困难,将全部资产以高价卖给中国的轮船招商局,结束了它在中国的航运经营。

旗昌公司倒闭后,英国的怡和洋行又恢复了长江的航运。一八七九年成立扬子轮船公司,经营上海至汉口间的航运。两年后,又与华海轮船公司合并建立颇具规模的怡和轮船公司,经营长江与沿海的航运。拥有资本四十五万英镑,轮船十三艘。

英国的太古、怡和两轮船公司于是成为经营长江与沿海航运的两大巨头。此后十年内,迅速发展,获得厚利,拥有的船只与吨位成倍地增长。在此期间,英、俄、德、日、美等国也各有轮船或木船经营长江航运,江面上外国航船往来如穿梭,但都只有较小的规模,在货运经营上远不能与英国的太古、怡和比高低。

扼制招商局——清朝轮船招商局所经营的航运,

15

从兴办时起,即遭到外国轮船公司以降价的手段进行的打击。一八七六年,两江总督沈葆桢曾奏言:"太古、旗昌两洋行又合力以倾我招商局,各项水脚减半,甚且减三分之二,该行意在陷人"。(中国史学会主编《洋务运动》第六册)招商局以高价收购旗昌资产后,又不能不遭到怡和、太古两公司的扼制。一八七八年,招商局与两公司订立齐价合同,以求统一运费标准。但次年即被两公司所废弃,不再遵守。一八八三年又订立第二次合同,商订三家"同心协力"以驱逐其他公司的航运。轮船招商局于一八八五年由官商合办改为官督商办,但所经营的商运,仍遭到英国巨商的压制,难以维持。一八九一年,又与英国两公司订立第三次合同。太古公司甚至要求"驱逐走江海的野鸡船"(指中国商船)以便"独占其利"。

窥伺川江——英商垄断上海至汉口长江中下游的航运后,进而窥伺上游川江,以求扩占四川腹地的贸易市场。一八七六年烟台条约订立后,宜昌开辟为通商口岸。此后数年间英国轮船在汉口宜昌间往来航运,并开始侦察宜昌至重庆的川江航线。

一八八三年,曾经参加洋枪队镇压太平军的上海租界工部局雇员英人立德(A. J. Little),乘帆船沿江侦察宜昌至重庆的航道。次年在宜昌设立立德洋行,向清廷申请航行重庆。一八八七年又成立川江轮船公司,订购轮船,准备启航。立德的活动得到英国政府的支持,次年,英国驻京公使照会总理衙门,要求发给立德行轮执照。

川江航线历来由中国帆船往来货运,数万船工、纤手赖以为生。外轮闯入,势必影响生计,因而群起反对。清廷惧生事端,由总理衙门向英公使交涉,英轮不入川江。光绪十六年(一八九〇年),达成协议:以重庆通商为条件,英轮于十年内暂不入川;清朝官方以两万三千四百英镑的高价收购川江轮船公司不过万镑的资产。立德敲诈得手。李鸿章声言"明知立德赚银不少","姑求十年无事"(《清季外交史料》光绪朝卷八二)。但事隔八年,立德便又在上海建造轮船利川号,强行开到重庆。

### 三、航 运 保 险

外国在华经营航运的轮船公司大都兼营航运保险。一八六二年美商旗昌轮船公司成立后即附设扬子保险公司,资本银二十万两,企图垄断长江航运的保险业务。次年,英国商人以上海的不营航运的五家洋行为后盾,成立了名为保家行的专业保险公司,与扬子对抗,获得巨额利润。资本由银二十五万两扩大到六十万两。

此后,英美商人在华经营的保险业续有发展。英国的怡和、太古两大公司均兼理保险。美国的琼记洋行创办了保宁保险公司。专营保险的洋行也日渐增多。上海英国领事一八七五年至一八七六年度的商务报告说:十五年前上海只有一家保险公司,现在发展到七家,资本共五十七万英镑。

## (三)船舶修造业与丝茶加工业

光绪二十年(一八九四年)以前,外国在华的工业投资,主要集中于为航运服务的船舶修造业和出口丝茶加工业以适应扩大贸易的需要。据统计,一八四三年至一八九四年间,西方各资本主义国家先后在中国设立了一百九十一个工业企业,其中船舶修造业和出口加工业两项有一百一十六个,占总数百分之六十。其馀的七十五个企业中,有十三个印刷厂,二十三个食品加工厂,八个水、电、煤气厂,另外有火柴、肥皂、制药、造纸等化学工业十一家,木材、玻璃、水泥等建筑材料工业十家和杂项工业十家。这些工厂,都只有较小的规模。一八九四年,外国在华的工业投资近两千万元,其中船舶修造业和出口加工业共达一千五百万元,占总额的四分之三。

下面是外国在中国开办的船舶修造业和丝茶加工业的概况。

## 一、船舶修造业

在鸦片战争以后的五十年中,珠江口外的黄埔、香港和长江入口的上海,是外国在华船舶修造业的两个活动中心。

黄埔、香港地区——黄埔是华南古老的船舶修造中心,不仅修造大量的中国帆船,而且也修理外国帆船。鸦片战争之后,苏格兰人约翰柯拜(John Couper)在黄埔租赁中国船坞,为英国几家轮船公司修理船只,又自建一个船坞,设立柯拜船坞公司。这个船坞公司要算是外国在中国境内非法经营的第一个工业企业。

一八五八年英法入侵战争中,柯拜船坞毁于战火。柯拜向清廷勒索十二万元的所谓"赔偿费",修建四座新船坞,扩充营业。其中最大的一个船坞同时可容两艘轮船,直到同治初年,仍称为"当时中国最大的船坞"。

一八六三年,英国怡和洋行等巨商收买了柯拜家族在黄埔地区的全部船坞设备,组成香港黄埔船坞公司(Hongkong and Whampoa Dock Co.)。主要投资人全是在香港经商的英国大资本家:董事长是怡和洋行的经理惠代尔(J. Whittal),董事会的秘书是德忌利士火轮公司(Douglas Lapraik & Co.)的老板拿蒲那(D. Lapraik),大英轮船公司的代理人苏石兰(T. Sutherland)是它的重要股东,资金十分充裕。

一八五三年英商曾在黄埔开设于仁船坞公司(Union Dock Co.)一八六三年又在黄埔开设两家新的船坞公司,英商高阿船厂(Cow & Co.)和洛克森船厂

(Looksun Dock)。一八六七年,又出现了一家花娇臣船厂(Ferguson & Co.)。洛克森船厂不久停工,香港黄埔与于仁、高阿和花娇臣等四家更新设备,装备机器,建成新式的机器工业。

香港自被英国侵占以后,很快成为西方各国侵略中国的共同基地,往来停泊的船只迅速增加。一八四五年,停泊外船约二十万吨,一八五五年以后超过五十万吨,一八六四年后超过二百万吨,一八六七年中外进出船舶总吨数跃至五百七十三万多吨。船舶修造业随之得到发展。

早在一八四三年,苏格兰船长揽文(J. Lamont)就曾在香港的东边山创设了一个小船坞。当年装成一艘载重八十吨的船只"中国号"(Celestial),获得很大的利润。一八五七年英商德忌利士轮船公司又串同揽文在香港南端的押巴颠地方建造大型船坞,形成香港船舶修造业的一个中心。

同治年间,香港的船舶修造工业有了进一步的发展。先后有九家公司在香港经营船舶修造业。黄埔的两家最大的船厂——"于仁"和"香港黄埔",也在香港登记为股份公司,把经营的重心移到香港。分别在九龙和押巴颠的石排湾兴建巨型船坞,装备新式设备,用蒸汽发动机器,能进行大规模修理,先进性超越广州黄埔。

香港黄埔船坞公司以资本充裕,一八六五年收买了香港的榄文船坞与押巴颠船坞，一八七〇年，拥有的资本从初建时的二十四万元扩充到一百万元，又吞并了于仁船坞公司的全部财产。几乎把黄埔、香港和九龙的所有大型船坞都并为己有。

苏伊士运河的通航和铁质轮船代替木质帆船，对外国设在中国的船舶修理业提出了新的要求。轮船比帆船需要更先进的机械设备和更大的船坞才能进行修理，外国设在华南地区的船舶修造业，逐渐由黄埔转移到九龙、香港。

光绪初年以来，香港和九龙地区又先后出现八家船厂公司。有些船厂拥有适应远洋轮船之用的船坞，有的公司不仅进行船舶修理，还开展制造轮船的业务。

面对新的形势需要，香港黄埔公司在一八七三年九月放弃了黄埔，以全力发展香港的业务。一八七六年，把废弃在黄埔的船坞及其附属工厂设备，以八万元的高价卖给了两广总督刘坤一。出售合同规定，此后二十五年内不许中国利用这些设备修理外国船只。这个苛刻的条件使得黄埔地区的中国船舶修造业难以发展，五年后，已是情景萧条，不再有轮船停泊。再过十二年，坞口已积满淤泥，闸门、闸船、吸水机器以及房屋、码头、起重机器等均已坏到不能使用。一度是华南船舶修造业中心的黄埔迅速衰落。

香港黄埔公司转移到香港继续扩张，兼并了拥有远洋轮船船坞和能以制造新式轮船的两家船厂,基本上掌握了香港、九龙两处的船舶修造业,建立了垄断地位。一八八二年和一八八六年两次扩充资本,积至一百五十六万元。一八八六年赢利三十七万五千元相当于资本的百分之二十四。

上海地区——上海是外国船舶修造业的另一个基地。咸丰初年上海出现两家由美国人开办的船厂。一在吴淞,由船长贝立斯(N. Baylies)创立。一在下海浦,创办人名包德(M. L. Potter)。上海对岸的浦东,也出现了一家由英国人密契尔(A. Mitchell)开办的船厂。

贝立斯在吴淞制成两艘小轮船,第一艘轮船长六十八英尺、载重四十吨,命名"先驱"号(Pioneer)是西方国家在上海制成的第一艘轮船。早于上海江南制造局制造的兵轮约十二年。

咸丰末年,上海的虹口和浦东又陆续出现了几家由外商建立的船厂,但规模都很小。

同治时,长江被开放,汉口成为西方商人深入内地市场的跳板;北方的天津、营口、烟台相继辟为商埠,所有海外贸易,几乎全都要通过上海。从一八六〇年到一八六四年的五年间,外商在上海新建了九家船厂,其中浦东的祥生(Nicholson & Boyd Co.)和虹口的耶松(Farnham & Co.)得到最快的发展。

祥生船厂是一八六四年由英国人尼可逊(A. M.

Nicolson）和包义德（G. M. Boyd）创办。当时被称为"东方设备最完备的企业之一"。次年，在上海经商多年的苏格兰人格兰特（P. V. Grant）任公司经理。在他的经营下，发展成为大型企业。

耶松船厂成立于一八六四年九月，又名"溢生"。原为美国人的一个设计图样的建筑公司，后由英商佛南（S. C. Farnham）集资建成专业的船坞公司，招纳英国资本。先后兼并设在上海的英国船厂，成为一家大型公司。

上海耶松船厂

一八七二年以来，耶松和祥生分别兼并上海的船厂。耶松船厂兼并了浦东火轮船厂进行扩建，装备新式机器，继而租得上海船坞公司的老船坞。祥生则兼并了这家公司的新船坞。此后上海几家较大的船坞，相继为耶松和祥生两家所掌握。

此后,这两个船厂制造的轮船,数量和质量都有很大的提高。祥生在其成立以后的近二十年间,共制造了十五艘轮船,而在一八八〇年以后的八年中,就制成十六艘。一八七四年,祥生厂制造下水的轮船长一百五十六英尺载重三百吨。一八八四年耶松为怡和轮船公司修造的轮船"源和"号是船长二百八十英尺、载重至两千吨的巨轮。

对于日益扩张的外国船舶业,清廷不但不能加以限制,反而不得不给予各种优遇。一八六八年中英修约谈判中,清廷被迫同意,英商船厂修理船只的物料,一概免纳进口关税。一八八一年德国提出同样要求后,又进一步把免税物扩大到七十六项,从钢、铁、铜、锡、船、锌到火泥、玻璃、橡皮、油漆以及一切实用修船各物统统包括在内。

祥生、耶松迅速扩张,一八九二年,分别拥有八十万两和七十五万两资本,赢利经常在百分之二十左右。及至一九〇〇年,两家合并为耶松轮船公司,核定资本达五百五十七万两银,成为最大的船舶垄断企业。

福州厦门等地——一八五四年福州罗星塔出现了一个兼营船料供应和船舶修理的道比船厂(Dobie & Co.)。当时还没有建立船坞,只有一个小的木作和铁工场修理船只。一八六四年罗星塔建成一座专门修理

24

船只的石坞——福州船坞（Foochow Dock）。五年以后，在船坞附近，又建立起一个大的机器工厂与堆栈，并有一个铸铁工场。一八七三年，由英商福士得的天裕洋行（John Forster & Co.）经营，得到进一步的扩充，在修理船只之外，开始制造轮船，一八八〇年为福州的一家外商修造了一艘长六十英尺的小轮，行驶闽江。此后随着福州贸易地位的衰落，这个船厂的营业，逐渐萧条。

厦门在一八五九年初，由美国商人包义德（T. D. Boyd）建立了一个厦门船坞公司（Amoy Dock Company Ltd.），原有石坞一座。数年间，又开辟了两个新的船坞。修理轮船兵舰外，还大量修理帆船，一八六二年以来的五年中，修理帆船三百二十八只，并开始制造小轮船在厦门港内航行。一八九二年，改组为厦门新船坞公司（The New Amoy Dock Company），改建船坞，兴建机器厂、炼冶厂、锅炉房、铁工和木工等工厂，装配新式机器，投资达十万元。

一八九三年，在厦门的对岸鼓浪屿建立了厦门机器公司（Amoy Engineering Company），资本仅三万元，据说股东大部分是当地的中国商人，但由外国人管理和经营。除修理汽船外，兼营各种机器和小型铸铁业务。公司规模很小，但由于有中国商人参与，在厦门工业界颇为知名。

汕头、烟台、天津等地的一些外国洋行也曾兼营船只修理业务,有过外国船业资本的活动。一八八八年英商在天津建立的大沽驳船公司(Taku Tug and Lighter Company)。曾设立船厂,有资本银四十万两。

## 二、缫 丝 业

生丝历来是中国主要的出口商品,但传统的手工缫丝日益不能适应外国市场的需求。同治时,外国商人已开始在中国设厂,缫丝出口。光绪时,外国开设的缫丝业逐渐得到发展。

上海怡和洋行

一八六一年怡和洋行在上海开设纺丝局,是中国境内的第一家外国丝厂。主持者是曾在意大利经营蒸汽机缫丝的英国人美哲(J. Major)。次年完工开车,有缫车一百部。一八六三年扩充为二百部,收购中国蚕茧缫丝。由于蚕茧不能及时收到,缫丝质量不佳,在欧洲销路不畅,一八七〇年即关闭停产。美国商人也曾于一八六七年在上海开设过只有缫车十架的小厂,

26

不到一年即停业。

一八七七年,德国的宝兴洋行(Crasemann & Hagen)在山东烟台设立烟台矿丝局,建厂缫丝兼织绸。根据创办时的记载,使用"最新式的外国机器",并且由"有技术的外国技师监督制造"(一八七九年烟台关册)。但缫丝和织绸的主要工序仍是用手工进行,产量很小,每日缫丝不过五十斤。只是用先进印染方法生产各种花纹绫绸,售价高于本地生产的素色茧绸。丝厂的经营并不顺利,一八八五年歇业。丝厂转给中国商人。

一八七八年,美国巨商旗昌洋行(Russell & Company)在上海创设旗昌丝厂(Kee Chong Filature Association),次年开工有缫车五十架,两年后,增至二百架,至一八八二年,设备和产量又扩充一倍。一八八二年,另一家美商有恒洋行(Kingsmill Thos. W.)联合上海的洋商德兴、申隆、昇宝等洋行筹办丝绸公司,以织绸为主,兼营缫丝染色,织机二百张。英国的公平洋行(Iveson & Co.)也在一八八二年初在上海开设公平丝厂,有缫车二百一十六架。同年,怡和洋行在上海开设怡和丝厂有缫车二百架。

美商和英商开设的这四家企业均设在江浙蚕丝贸易中心的上海。除有恒洋行的织绸厂是经营织绸外,其他三家都以缫丝为主,开办时共有缫车六百一十六架。根据当时的实地调查,一架缫车每天可出丝十二两至十三两，如果全年开工，这三家丝厂的年产量即将达到一千六百担到一千七百担之间。这种厂丝在市场上的价格比中国的手工缫丝约高百分之二十至五十，即平均每担高出二百两。三家丝厂年产值溢出土丝价格，达到三十万两以上。

英美商人在上海开办缫丝厂，是对中国手工缫丝业的严重打击。南洋大臣左宗棠随即指示上海道克日关闭上海所有的外商丝厂，并晓谕各产茧地区增抽外厂收购干茧的厘金，平毁外厂烘茧的炉灶，以限制蚕茧的供应。对于正在筹备的有恒绸厂则下令"切实议阻"。

这些措施产生了一定的效果。关闭外国丝厂，虽然没有立即实行，但由于限制蚕茧供应，货源困难，三家丝厂不得不缩小生产规模或暂行停业。正在筹备的有恒丝绸厂也停止筹办。

一八八五年，公平丝厂因营业困难停工，出让给中国商人。一八九一年旗昌丝厂由于旗昌洋行倒闭，更名为宝昌丝厂（Shanghai Silk Filature Ltd.）资本十五万两。怡和丝厂的营业一直兴盛，不但扩大了缫丝的规模，而且于一八八八年在丝厂之外又成立了一专门整理废丝的怡和丝头厂。此后，资本增至五十万两，年产量达到七百五十担，成为上海实力最为雄厚的外国丝厂。

此后，上海又增加了四家外国丝厂，一八九一年英国的纶昌丝厂，一八九二年美国的乾康丝厂，一八九三年法国的信昌丝厂，一八九四年德国的瑞纶丝厂相继建立。这些丝厂招纳中国商人资本，合力经营，都没有很大的发展。老牌的英国怡和丝厂始终是外国在华缫丝业的魁首。

## 三、制 茶 工 业

茶叶在出口商品中位居第一。五口通商后，经营茶叶出口的洋行曾雇用中国买办深入茶区，收购茶叶。同治时，英国商人曾在台湾开设焙茶厂，但没有获得成功。外国在华开设的制茶工业主要是俄国商人垄断的砖茶制造。

中国与俄国的茶叶贸易主要通过陆路进行。同治以前，砖茶是由山西商人在湖北、湖南收购并进行包装，经由张家口运往恰克图，在恰克图市场销售。张家口至恰克图一路，有中国茶商二十八家，经营出口贸易，获利甚丰。一八六三年第一批俄国茶商进入茶叶贸易中心汉口。据说汉口有九家俄国茶商前往茶区直接收购茶叶，并且从事砖茶制造。此后，经由天津到西伯利亚的砖茶，全部由俄国人自制或是在他们监督之下制造、运销。张家口至恰克图一线的二十八家中国茶商遭到排挤，光绪时只剩下三家。

俄国商人在产茶区建立茶栈，在茶叶尚未采摘时，自茶农订约收购。又在茶栈所在地设立砖茶制造厂,雇用当地工人手工操作。光绪初年,在汉口设立了机器砖茶工厂。一八七八年汉口已有俄商砖茶工厂六家,其中三家使用蒸汽机,三家仍使用手工制造。产茶区的崇阳和羊楼峒保留了两家手工制造砖茶的工场。

当年的海关报告中说"一部手压机每天出茶砖六十筐。百分之二十五是废品,而蒸汽机每天出茶砖八十筐,只有百分之五的废品"。"依上述产量计算,(一部蒸汽压机)每天就可节省(生产费用)八十两,相当于英金二十镑"(一八七八年关册)。几年之后,手压机就完全为蒸汽压机所代替。

俄商设在汉口的顺丰、新泰、阜昌三家机器砖茶厂,随后使用最新式的机器,有自己的发电设备,完全垄断了出口砖茶的制造,获得巨额利润。

俄国商人在汉口建成制茶业基地,又向九江和福州发展。九江是江西茶叶的集散中心。一八七五年在汉口设厂不久的新泰砖茶厂在九江开设分厂。这一年九江的砖茶出口,就由前一年的六九八担,增加到一四三二四担,而茶末的出口则大大减少。当年的九江海关报告说:"砖茶出口增多的原因是由于俄国商人管理下的一家砖茶厂在这一年春天建立开工"。而茶末出口的减少,则是"因为很大一部分都被收买去从事砖茶制造和掺和茶叶去了"(一八七五年九江关册)。两年以后,顺丰砖茶厂跟着由汉口进入九江,经营砖茶制造。一八八二年至一八九一年十年间由九江出口的砖茶累计为二五九二六八担,比前十年增加近两倍。

福建是另一个产茶中心地区。一八七二年汉口的俄国茶商开始在福州设立砖茶厂。其后四年间,汉口俄商又在产茶区的福州、建宁、西芹三地,各设茶厂两家,南雅口一家,合计为七家。一八七六年,建宁两厂分别迁至三门和南雅口,太平与福州、南台,各新增一厂,合计九家。这几家茶厂的产量,平均每年不过六千担,其生产规模远不能与汉口、九江相比。此后,福建茶业日趋衰落,这些小规模的砖茶厂也就随之陆续停业了。


## 第二节　中国民办新型企业的产生

约自同、光之际以来,陆续产生了一批由中国商人自办的新型工矿企业。这些企业的特点是:(一)不同于传统的手工作坊或手工工厂,而是从外国引进生产工具即各种新式机器和生产技术,并吸取外国在华开办企业的经营方法从事经营管理,招股集资,雇用工人生产,已具有资本主义的色彩。(二)较大企业的经营者和所有者不是来自手工业主而主要是来自附股于外国在华企业的商人。他们投资于外国企业并不能获得有保障的权利,却因而学到了外国的经营管理经验。逐渐脱离外国企业,转移资本,独立经营。(三)这些企业的产生,在许多部门都先于官办或官督商办的企业。他们不能不取得官府的支持,也不能不受到官府的扼制。

光绪二十年(一八九四年)以前的二十多年间,民办的新型企业,主要出现在船舶修造业、缫丝业、交通运输业、矿业等部门。下面依据有关记载,分别对各主要部门的概况做些简略的陈述,附列若干简表以备一览。附表所据文献,具见汪敬虞《中国资本主义现代企业的产生过程》一文(载《中国经济史研究》一九八六年第二期)可供检索。

## (一)船舶修造业

民办新型工业的产生,以船舶修造业为最早。

鸦片战争期间,广东洋行商人潘仕成和潘世荣曾试图在广州仿制外国轮船。尔后,广州出现以修理轮船为主的陈联泰机器厂。光绪初年规模有所扩充,并在修理轮船之外,制造缫丝机器。后来又试制轮船。据说,所造轮船"快捷省煤"。中日战争前,又有好几家造船厂在广州成立,建造各种吨位和不同式样的轮船。广州成为中国新式造船业的一个中心。

上海的民间船舶修造业,创始于咸丰八年(一八五八年)广东籍商人郭甘章开设的甘章船厂。同治四年(一八六五年)上海江南制造总局建立后,民间的小型轮船、机器修理厂,也逐渐增多。同治五年成立了著名的发昌机器厂。一八六九年《上海新》报宣传:"华商官民若在上海兴办船厂,可买西人做成各种机器"。

光绪初年,上海的船舶修造业有了进一步的发展,一八七四年七月上海《申报》报道:"上海一处,近有华人数家开设大铁厂数座,多在虹口地方,深知修理水镬、水炉,并能照图铸成铁器,以供西人轮船之用,概可与西匠媲美。"此后至一八九四年的二十年间,开设的较大的工厂约有二十家(见下表)。其中如锦昌机器厂在开办之初,即宣称使用机器。亚记机器厂在它的广告中,载明"用煤气推动机器",轮船招商局附设之同茂船厂,有机器厂一连数间,所有机器杂物俱全。均昌船厂曾制造轮船六艘,虹口铁厂制造小型轮船两艘,广德昌机器造船行,也制造过三艘小型轮船。

上海社会上也逐渐有人试制轮船。有董子珊其人自典田园筹措经费在上海里虹口试制成汽轮一艘,行驶苏州、江宁、安庆。又有居住在上海的广东人制成一艘能容纳六十名旅客的小轮,航行于上海苏州一线。

广州和上海以外的地区,也陆续出现了船舶修造工业。天津在官办的机器局成立以前,就出现了以修理船舶为主的德泰机器工厂。同治九年(一八七〇年)浙江镇海蒋氏德镛、德铉兄弟在宁波试制驳船一艘。光绪三年(一八七七年)江西南昌出现过一个专门制造挖河器械的螺机车局,主持者是一个退休的漕督,厂内使用从外国购来的机器。光绪七年,香港的一批中国商人曾计划成立一个新船厂,专门为轮船招商局和其他中国轮运公司修理船只。光绪二十一年(一八九五年),汉口一家船厂造成一艘长约七十英尺的轮船。

### 上海船舶修造业简表

| 设立年分 | 厂　名 | 经　营　项　目 |
|---|---|---|
| 1874 | 招商局同茂船厂 | 制造修理船只。 |
| 1875 | 建昌铜铁机器厂 | 修理船舶。 |
| 1875 | 邓泰记机器厂 | 修理船用零件。 |
| 1880 | 远昌机器厂 | 修理船舶。 |
| 1881 | 虹口铁厂 | 修理船舶,曾造船二艘。 |
| 1881 | 合昌机器厂 | 修理船舶。 |
| 1882 前 | 均昌机器厂 | 修造船舶,曾造船六艘。 |
| 1882 | 锦昌机器厂 | "专做铜铁等件。" |
| 1882 | 永昌机器厂 | 修造轮船,后制缲丝车。 |
| 1884 | 怡昌铜铁铺 | 承做铜铁器,装配煤气。 |

| 设立年分 | 厂　名 | 经　营　项　目 |
|---|---|---|
| 1885 | 张万祥铁工厂 | 修造轧花机。 |
| 1885 | 公茂机器船厂 | 修造小轮船。 |
| 1887 前 | 成和机器厂 | 制造轮船,缫丝机器及石印、铅印机器。 |
| 1888 前 | 顺成机器厂 | 制造石印机器以及小轮船机器、马力机器、气炉等。 |
| 1888 | 鸿锠铁厂 | 制造铜铁各式轮船机器,印刷车床。 |
| 1888 | 大昌机器厂 | 修造小轮船、缫丝车。 |
| 1889 前 | 广德昌机器造船行 | 修造小轮船。 |
| 1890 | 戴聚源铁工厂 | 修理轧花机。 |
| 1891 | 炽丰机器厂 | 修理机器。 |
| 1894 前 | 家兴工厂 | 修造进口织袜机配件。 |

## (二)缫丝、棉纺等业

### 一、缫 丝 业

中国民办的缫丝工厂最早出现在广东。同治十二年(一八七三年),华侨陈启沅在广东南海设立继昌隆丝偈,用机器缫丝。两年后,珠江三角洲一带创建了四个丝厂。光绪七年(一八八一年),广州、顺德、南海地区的丝厂,已经增加到十家,有缫车两千四百架,年产丝近一千担。此后,顺德县发展到四十二家,新会县设有三家。光绪中叶,广州一地就有丝厂五六十家,顺德丝厂增加到二百家以上。一向是农业区的三水,也逐渐成为产丝区,出现了两家缫丝厂。

浙江的机器缫丝工业出现较晚。光绪五年(一八七九年)和十三年曾先后由浙江巡抚梅启照和卫荣光招商筹办,但都没有建成。光绪二十年,在商人的推动下在产丝中心的会稽、山阴和萧山,筹办丝厂,但只有萧山的合义和丝厂在次年建成开车。

上海华商缫丝工厂,始于光绪八年(一八八二年)浙江丝商黄宗宪创建的公和永丝厂,起初仅有缫车一百部,至十年增至八五八部。光绪十年至二十年的十年间上海陆续出现的华商丝厂,有坤记、裕慎、延昌、正和和纶华等五家。其中坤记和裕慎规模较大,分别有缫车二六二部和二百部。原由外商经营的丝厂,也有一些转到中国商人手里。如一八八二年成立的英商公平丝厂,一八八五年即由中国商人租办,后来转为华商企业。一八九二年成立的美商乾康丝厂,开办不久,也转卖给中国商人。

山东烟台和湖北武汉,各有一家缫丝厂。烟台缫丝厂,成立于一八七七年,原由德国宝兴洋行创办。四年后改组,中国商人成为大部分股东,核心人物是进入怡和洋行起家的商人唐茂枝。其后屡经改组,光绪十二年(一八八六年)转入当时东海关监督盛宣怀手中。武汉的缫丝厂,是湖广总督张之洞创办的纱、布、丝、麻四局的一个组成部分。筹办于光绪二十年,由于经费困难,到次年还只是部分开工。

## 二、棉　纺　业

光绪三年(一八七七年)上海织布局成立,曾获有十年专利特权。光绪十三年,上海商人另行开办纺纱新局(后定名华新纱厂),名义上是织布局的一个分局,实为一家独立的纱厂。光绪二十年,上海织布局被焚后重建的华盛纺织总厂开工。这时,上海商人又开办了裕晋纱厂和大纯纱厂。宁波开办了通久源纱厂。任浙江牙厘局总办的安徽商人朱鸿度自光绪十九年在上海筹办裕源纱厂,光绪二十一年开工,有纱锭二万五千锭,是仅次于华盛的大型纱厂。

**各地纱厂简表(1895 年)**

| 厂　名 | 资本(两) | 纱锭(枚) | 布机(台) |
|---|---|---|---|
| 华新纱厂 | 240,000 | 12,000 | —— |
| 裕源纱厂 | 400,000 | 25,000 | —— |
| 盛华纺织总厂 | 2,500,000 | 65,000 | 750 |
| 裕晋纱厂 | 350,000 | 15,000 | —— |
| 大纯纱厂 | 400,000 | 20,000 | —— |
| 通久源纱厂 | 300,000 | 18,000 | 400 |

机器纺纱工业出现后,一些地方也开始自国外进

口改良轧花机,轧棉。光绪十二年(一八八六年)浙江宁波由富商严信厚建立了通久轧花厂,次年进口发动机,用蒸汽发动。光绪十七年至十九年间,上海也建立了棉利、源记、广德泰、礼和等四家轧花厂。光绪十九年,汉口成立了昌记轧花厂。这些工厂大都使用从日本引进的足踏轧花机。

## 三、其他轻工业

以轻工业为主体的其他部门,也陆续出现了一些民办的企业、工厂。据一八七四年至一八九四年的统计,全国各地先后设立的工厂,见于记载的有造纸厂五家,印刷厂十家,面粉厂八家,火柴厂十一家,榨油厂三家,锯木、制糖和制药厂各二家,碾米、焙茶、制冰、肥皂、印染、硝皮、水泥、电灯和煤石厂各一家。这些工厂,规模较小,多数工厂存在的时间不长,很少有扩大再生产的可能。(详见下表)

### 各地各类轻工业局厂表

| 业别 | 厂　　名 | 所在地 | 成立年分 | 停闭年分 |
|---|---|---|---|---|
| 造纸 | | | | |
| | 上海机器造纸总局 | 上海 | 1882 | 1892 |
| | 上海机器造纸总局申源分局 | 宁波 | 1887 | 1892 |
| | 广州造纸公司 | 广州 | 1882 | |
| | 宏远堂机器造纸公司 | 南海 | 1889 | 1906 |

| 业别 | 厂 名 | 所在地 | 成立年分 | 停闭年分 |
|---|---|---|---|---|
| 印刷 | 筲箕湾机器造纸局 | 香港 | 1888 | |
| | 同文书局 | 上海 | 1882 | 1898 |
| | 蜚英馆石印馆 | 上海 | 1887 | |
| | 同裕昌印字局 | 上海 | 1888 | |
| | 积石书局 | 上海 | 1888 | |
| | 鸿宝斋石印局 | 上海 | 1888 | |
| | 鸿文书局 | 上海 | 1888 | |
| | 广州机器印刷局 | 广州 | 1882 | |
| | 宁波印刷厂 | 宁波 | 1874 | |
| | 杭州石印局 | 杭州 | 1892 | |
| | 撷华书局 | 北京 | 1884 | |
| 面粉 | 裕泰恒火轮面局 | 上海 | 1882 | |
| | 泰和火轮机器粉局 | 上海 | 1886 | |
| | 翕成号面粉局 | 上海 | 1886 | |
| | 贻来牟机器磨坊 | 天津 | 1878 | |
| | 大来生机器磨坊 | 天津 | 1894 | |
| | 北京机器磨坊 | 北京 | 1895 前 | 1895 |
| | 贻来牟机器磨面公司 | 通州 | 1892 | |
| | 福州机器面粉厂 | 福州 | 1887 | |
| 火柴 | 荣昌火柴厂 | 上海 | 1887 | 不久即停 |

| 业别 | 厂　名 | 所在地 | 成立年分 | 停闭年分 |
|---|---|---|---|---|
| | 燧昌火柴厂 | 上海 | 1890 前 | 不久即停 |
| | 燮昌火柴厂 | 上海 | 1890 | |
| | 厦门自来火局 | 厦门 | 1886 | 1889 |
| | 慈谿火柴厂 | 慈谿 | 1889 | 不久即停 |
| | 巧明火柴厂 | 佛山 | 1879 | |
| | 义和公司 | 广州 | 1893 | |
| | 油麻地火柴厂 | 香港 | 1880 | |
| | 森昌泰火柴厂 | 重庆 | 1889 | |
| | 森昌正火柴厂 | 重庆 | 1891 前 | |
| | 太原火柴局 | 太原 | | |
| 榨油 | | | | |
| | 汕头榨油一厂 | 汕头 | 1879 | |
| | 汕头榨油二厂 | 汕头 | 1893 | |
| | 潮阳榨油厂 | 潮阳 | 1881 前 | |
| 锯木 | | | | |
| | 上海锯木厂 | 上海 | 1878 | |
| | 台湾锯木厂 | 基隆 | 1888 | |
| 制糖 | | | | |
| | 利远糖厂 | 香港 | 1882 | 1886 |
| | 福州制糖厂 | 福州 | 1887 | 1890 |
| 制药 | | | | |
| | 中西大药房 | 上海 | 1887 | |
| | 中英大药房 | 上海 | 1894 | |

| 业别 | 厂　　名 | 所在地 | 成立年分 | 停闭年分 |
|---|---|---|---|---|
| 碾米 | 源昌碾米厂 | 上海 | 1888 | |
| 焙茶 | 福州机器焙茶厂 | 福州 | 1891 | |
| 制冰 | 上海制冰厂 | 上海 | 1886 | 1890 |
| 肥皂 | 湾仔肥皂厂 | 香港 | 1894 前 | |
| 印染 | 清和印花染坊 | 上海 | 1882 | |
| 硝皮 | 北洋织绒硝皮厂 | 天津 | 1887 | |
| 水泥 | 唐山细棉土厂 | 唐山 | 1889 | 1894 |
| 电灯 | 广州电灯公司 | 广州 | 1890 | 1899 |

## （三）航　运　业

在外国资本垄断远洋航运并侵入内河航运后,中国商人也开始自办轮船航运与航运保险,并开始自运商货至海外行销。但由于外国航运业的排挤和官府的扼制,绝大多数都未能得到发展。

# 一、轮 船 航 运

早在咸丰年间,广州地区即有商人投资于轮船航运,但只能依附外商,轮船上悬挂外国国旗。同治三年(一八六四年)七月,总理衙门命各省查明华商买雇洋船,妥定章程。次年,闽浙总督左宗棠拟定七项管理措施。两江总督李鸿章、曾国藩拟定《华商买用夹板等项船只章程》,于同治六年公布实行。许华商造买洋船,或组或雇,准在中国通商各口往来,并准赴外国贸易。广东商人郭甘章曾备置轮船一艘,航行于香港附近,不久即告失败。光绪元年(一八七五年)福建曾有邱忠波轮船公司,经营厦门、汕头、香港、新加坡一线的航运。光绪三年(一八七七年),上海轮船招商局收购美国旗昌轮船公司后,原来附股旗昌的中国商人曾组建宁波轮船公司,航行长江及上海、宁波等口岸,一年后停业。光绪元年轮船招商局的和众轮载运茶叶至美国旧金山,开始经营远洋航运。随后,上海商人祝大椿购置轮船多艘,经营新加坡至日本之间的航运,以所获利润投资办厂。台湾巡抚刘铭传曾命台湾商务局赴南洋招揽华侨资本筹办轮运。但上海轮船招商局规定其航行范围限于台湾和福建、广东沿海,因受到这一航线英国轮船公司的排挤,难得发展。

光绪初年以来,商办的航运业逐渐转向内河和非通商口岸的航线。自光绪八年(一八八二年)至十六年,见于记载的经营者多至十家(见下表)。但都是小型企业,受到官方的扼制,发展也很艰难。光绪八年,上海商人叶澄衷曾申请成立广运局置造轮船航行,被李鸿章批驳,不准另树一帜。次年成立的湖南小轮公司,被轮船招商局限定"只搭人客,不载货物",以致无法经营。

### 内河非通商口岸小轮公司表(1882—1889 年)

| 成立年分 | 公司名称 | 创办人 | 航　线 |
|---|---|---|---|
| 1882 | 不详 | 李培松等 | 苏州—镇江,淮安—扬州 |
| 1883 | 湖南小轮公司 | 黎福昌等 | 长沙—汉口及南湖内河 |
| 1884 | 兆昌 | 彭成丰 | 宁波—定海 |
| 1885 | 不详 | 黄日章 | 上海—苏州 |
| 1886 | 鸿顺船局 | 不详 | 上海—南翔—嘉定—浏河 |
| 1886 | 不详 | 吴子和等 | 上海—苏州 |
| 1887 | 不详 | 韩山曦等 | 宁波—定海 |
| 1888 | 广顺源车船厂 | 伦国材 | 上海—苏州 |
| 1886 | 不详 | 马建常 | 珠江 |
| 1887—1890 | 广记 | 不详 | 芝罘—登州—龙口—虎头崖 |

此后,内河和非通商口岸之间的民办轮运仍在发展。无锡、苏州、上海之间经常有小轮往来。广东汕头出身于怡和洋行的萧姓商人成立汕头小轮公司,另一买办商人成立汕潮揭轮船公司,以小型汽船航行于汕头、潮阳和揭阳之间。此外,上海商人陈顺发曾购置顺吉号轮船拟航行台湾各地,江西、湖南、安徽等省,也先后有人申请以小型轮船航行内湖鄱阳、洞庭以及巢湖等处,都由于受到官方的阻扼,不得成功。

## 二、航 运 保 险

上海轮船招商局设立保险招商局,开办航运保险业务后,投保者极为踊跃。轮船招商局总办唐廷枢、会办徐润又招纳商股,集资二十五万两银,在保险局之外,另建仁和保险公司。开办后,业务兴旺,五年内即获利二十五万三千两银,超过了原有资本。又续添股本,开展海外航运保险。原设的保险招商局在光绪四年(一八七八年)改建为仁济和保险公司。光绪十二年两公司合并,仍名仁济和保险公司,拥有资本百万两银,是中国自办的最大保险企业。

香港、上海也有中国商人创办保险公司。香港有安泰、常安、万安等三家,上海有上海保险公司一家,但都没有太大的发展。

### 三、海 外 贸 易

五口通商以来,中外贸易都是由外商在华购进商品,运销海外,牟取厚利。中国的海外贸易处于受人摆布的境地。同光之际,航运畅通,开始有中国商人在英国伦敦设立贸易公司。一八七二年,上海《申报》刊布《中国宜亲出洋贸易论》,一八七四年上海《汇报》又发表《丝茶宜出洋自卖论》,呼吁独立经营海外贸易,并报道伦敦已有一家华商贸易公司,贩运丝茶至英国销售,是天津、上海、广东等地商人所经营。光绪二年(一八七六年),经唐廷枢倡议,由天津海关道黎兆棠出面,主要由广东商人集资,开办宏远公司,经营海外贸易。总行设在上海,在香港和英国伦敦、美国纽约设立分行。资本银五十万两,一半存储伦敦以博信誉。公司的筹办,迁延日久,未能取得官方的支持。两江总督刘坤一函复黎兆棠说:"执事前函论及宏远公司之事,自系为富强之要计,惟是中国轮船前往外国各埠贸易,以与争此利权,即难免为洋人所忌。"(《刘忠诚公遗集》书牍六)宏远公司创办不到三年,即行停闭。

### (四)矿　　业

鸦片战争以后不久,英国就已开始觊觎台湾基隆及江苏句容等地的煤矿,非法派员勘探。但直到一八九四年,外国商人还没有能以在中国开采煤矿。清朝官办的新型煤矿业主要是前章提及的开平矿务局,自光绪初年成立后,开采顺利,获得成功,产量逐年增长。此外官方还曾开采直隶磁州、台湾基隆等地煤矿,都因缺乏机器设备,经营不善,未见成效。

在此期间,一些地区先后出现民办的新型煤矿,但一般规模较小,未能得到发展。

光绪三年(一八七七年)安徽池州集资十万两银,开办新式煤矿,使用机器开采。因机器设备不全,产煤低劣,经营数年,即已亏损。

光绪五年(一八七九年)湖北荆门建立新式煤矿,集资很少,规模狭小,两年后停办。

光绪六年(一八八〇年)山东峄县开办新式煤矿,用机器汲水,采矿仍靠人工。

同年,广西贺县开办煤矿,因机器不全,矿井积水,所产之煤多杂砂石。

光绪八年(一八八二年)直隶临城开矿,也只是汲水用机器,开采掘靠人工。

同年,江苏徐州利国驿开办新式煤矿,在这一时期的民办矿业中规模最大。原计划集资五十万两,但实际招股不及三分之一。因资金不足,机器不全,一度改为土法生产,后因屡屡亏损陷于半停顿。

以上是同光之际以来二十多年间民办新型企业的

大略。这些企业的开办,标志着中国社会中新的生产力和具有资本主义性质的新的生产关系的产生。但是,由于外国企业势力的排挤和清朝专制制度的压制,也由于设备不足、技术落后和经营不善,发展是迟滞的。

# 第 六 章

# 中日战争与清廷变法

## 第一节　日本侵略朝鲜与中日战争

日本觊觎朝鲜,蓄谋已久。一八八四年甲申政变(见第四章)后,日本政府更加视清朝为吞并朝鲜的障碍,加紧策划进攻中国,侵占朝鲜。一八八七年提出"征讨清国策"。连年扩充兵力,陆军实力扩充了一倍半,海军建成针对中国作战的舰队,实力超过了中国。一八九三年,又自英国购得订造的巡洋舰,时速可达二十二海里以上,号为世界上航速最快的巡洋舰。同年,日本参谋部官员自朝鲜釜山、仁川、汉城等地至中国烟台、天津、南京、上海各处考察军事形势,为开战提供依据,日本政府侵略中国侵占朝鲜的方针已定,只等待开战时机的到来。

## （一）中日出兵朝鲜

　　光绪二十年（一八九四年）正月初十日，朝鲜全罗道古阜郡爆发了东学党人领导的农民起义。东学党原称东学道，创建于一八六〇年，是朝鲜南方民间的宗教团体。取名东学以对抗西方天主教的西学。后揭出"斥倭斥洋"口号，以反抗外来势力。朝鲜内政不修，贪虐横行。古阜郡农民因当地官员强行征税，引发暴动，推举东学道全琫准为领袖，攻占古阜。三月二十九日在白山发布起义檄文，宣告"逐灭倭夷，澄清圣道，驱兵入京，尽灭权贵。"起义军发展到八千余人，转战各地，四月二十八日攻下全罗道首府全州。朝鲜官兵溃败，举国震动，史称"东学党起义"或"甲午农民起义。"

　　朝鲜李朝政府见形势危急，密请清朝驻朝鲜总理交涉通商大臣袁世凯吁请清兵出援。袁世凯电告北洋大臣李鸿章，称"韩归华保护"，"求华代勘，自为上国体面，未便固却"，"如不允，他国必有乐为之者"。朝鲜政府又正式行文给袁世凯，内称"查壬午、甲申敝邦两次内乱，咸赖中朝兵士代为勘定。兹拟援案，请烦贵总理迅即电恳北洋大臣酌遣数队，速来代剿"，"一俟悍匪挫殄，即请撤回，自不敢续请留防"。（《清光绪朝中日交涉史料》）李鸿章得袁电告，随即命海军提督丁汝昌派遣济远号扬威号两军舰赴仁川、汉城护商。调直隶提督叶志超率同太原镇总兵聂士成选派淮军劲旅一千五百名乘船赴朝,电总署代奏。光绪帝谕:"此次朝鲜乱匪聚党甚众,中朝派兵助剿,地势敌情均非素习","不可意存轻视,稍涉疏虞"。五月初五日至初七日,聂士成与叶志超先后率清兵到达朝鲜牙山。

李鸿章决意出兵,即据光绪十一年(一八八五年)中日天津会议专条,命驻日公使知照日本外交部。日本政府原已得知朝鲜请中国出兵,正好以专条为借口,乘机大举侵朝。五月初二日,即组成"战时大本营",由天皇直接统领。海陆军将领指挥出兵作战。内阁会议决定先派出一个混成旅由少将大鸟义昌率领,开赴朝鲜,包括步兵骑兵和炮兵共计三千余人。又派海军军舰六艘驶入朝鲜的仁川。海陆兵力都已超过中国。

朝鲜全瑏准领导的农民起义,内除贪虐,外逐强敌,得到广大农民的响应,是完全正义的行动。清廷出兵镇压,自是不义之师。但从两国宗藩传统来说,回应朝鲜政府的请求,还算是师出有名。日本出兵则完全是乘人之危,蓄谋入侵。日军进兵途中,日本驻天津领事持外交部电文面达李鸿章。李告以"汝国似不必派兵,致人惊疑","如已派保护官商,断不可多"。日本政府又照会清总署称派兵朝鲜"遵照天津条约办理在案,其应几多调派,我政府不得不自行定夺"。(《日本外交文书》第二十七卷。参戚其章《甲午战争史》一章一节）日本驻朝鲜大使大鸟圭介奉命自日本返任,乘兵舰在仁川登陆,带兵去汉城。朝鲜外务署官员在中途劝阻,大鸟不听,五月初六日随带陆战队约四百余人强行进入朝鲜首都汉城。朝鲜外务提出抗议,要求日本撤军。

面对农民军的胜利和日军的入侵,李朝乃将引发这次起义的全罗道观察使与古阜郡守革职查处,派出招抚使与农民军议和。五月初七日,议订《全州和约》,李朝接受农民军提出的严惩贪官豪强、销毁奴婢文书、废除苛捐杂税、取消公私债务、平均分配土地及惩办私通日本的奸民等十二项条件,农民军退出全州,继续在已占领的五十三个郡县设置"执纲所"执政。次日,农民军如约自全州城撤出,农民战争暂告停息。五月初九日,李鸿章急电袁世凯,告叶志超、聂士成等部勿再前进,即与日本驻朝大使谈判撤兵。袁世凯与大鸟圭介议定:日本撤退在汉城的士兵,只留二百五十名驻仁川,中国撤退在牙山之兵,留四百名驻仁川附近。待乱事平定,所留兵全部撤退。

五月十二日,日本内阁会议通过决议,针对当时形势又作出新的侵略部署,向中国提出中日两国各派员驻朝鲜,共同改革朝鲜内政,日军不撤。如中国不予赞同,即由日本单独使朝鲜实行政治改革。(见日本外务省编:《日本外交年表并主要文书》,近代史研究所:《日本侵华七十年史》第二章)朝鲜李朝,皇室纷争,朝

51

政腐败,朝野人士多已企望改革。一八八四年,主张改革的开化党发动政变,由于袁世凯领兵干预而失败。党首金玉均逃往日本。一八九四年春,去上海,被朝鲜刺客暗杀。开化党改革完全失败。日本内阁此时又提出改革朝鲜内政,当然不是帮助朝鲜振兴,而是企图依持兵力,控制朝鲜政权,进而吞并朝鲜,用意甚为明显。内阁决议通过的次日,日本混成旅达到朝鲜的第一批主力四千余人即经仁川开进汉城。朝鲜外务督办赵秉稷提出抗议,要求日军自汉城撤出,日军不理。

日本外相陆奥宗光随即约见清廷驻日公使汪凤藻,提出共平内乱共同改政方案,要求答复。汪使电告李鸿章。李鸿章电示:"我军不必进剿,倭军更无会剿之理","倭韩条约认韩自主,尤无干预内政之权","请直截回复"。陆奥得复,五月十九日照会汪使称"两国所见相违,甚为遗憾","日本断不能撤兵"。同一天日本政府御前会议决定,派遣第二批陆军进驻朝鲜,单独改革朝鲜内政。狰狞的侵略面目完全暴露了。

汪凤藻、袁世凯自日本电请李鸿章增兵朝鲜,李鸿章不纳,转而吁请英俄使臣出面调停,劝日撤兵。日本驻清公使小树寿太郎向清朝总署示意,愿两国相商,不愿他国干预。清廷派管理总署大臣奕劻等五人与小树商谈撤兵,毫无结果。

五月二十二日,光绪帝命李鸿章妥筹办法具奏。李鸿章复奏,略称:北洋铁快各舰堪备海战者只有八艘,海上交锋恐非胜算。陆路直、东、奉三省海口扼守炮台,兵力本不为厚,若令出境援韩击倭,则处处空虚,转虑为敌所乘,有妨大局。又续奏兵力具体情况。战舰八艘是购自外洋的定远号、镇远号铁甲舰二艘,济远、致远、靖远、经远、来远等快船五艘,另福建厂自制的平远快船一艘。北洋海军自光绪十四年后并未添购一船,沿海陆军,山东威海,奉天大连湾旅顺口,山东烟台,直隶北塘、大沽等地炮台合计有兵二万人。日本备调军实有五万。李鸿章意在避战求和,保存北洋实力,指望英俄调停。六月初二日英国驻天津领事面告李鸿章,劝日撤兵,不得结果。次日俄公使也告知,俄国只能对日友谊劝告,不愿卷入朝鲜纠纷。六月十四日英日签订航海通商条约,日本更加肆无忌惮。次日即决定对清开战。

朝鲜战云密布,清廷群臣纷纷上疏,议论不一,或主"临以大兵,示以必战",或称"轻于开衅,则兵连祸结,恐无已时",或指北洋海陆军将"未必可恃"。六月十二日,光绪帝谕李鸿章调兵备战。十三日寄谕称"现在日韩情事已将决裂,如势不可挽,朝廷但有主战","贻误事机定惟该大臣是问"。又命户部尚书翁同龢、礼部尚书李鸿藻(十三年授任)与军机大臣、总署大臣会同详议。十六日,翁同龢、李鸿藻与军机大臣奏陈:"应请谕令李鸿章即饬派出各军迅速前进,勿稍迟缓。""此次派兵前往,先以护商为名,不明言与倭失和,稍留余地,以观动静","如倭人果有悔祸之意,情愿就商,但使无碍大局,仍可予以转圜,此亦不战而屈人之术也。"(《清光绪朝中日交涉史料》)大臣们自知开战则力不胜敌,求和则调停无望,和战两难,进退维谷,遂生亦战亦和之计,寄希望于倭人悔祸,不战屈人。这时,日本政府已经按照既定的侵略计划,迅速行动了。

侵夺朝鲜王权——六月十五日,日本大本营决定对清开战后,驻朝日使大鸟即向朝鲜政府提出,废除同清朝的藩属关系及一切条约,令驻朝清军撤退,限五日内答复。五日后,六月二十一日上午来汉城的日军包围朝鲜王宫,解除卫军武装,囚禁朝鲜国王李熙,强行扶立曾被清廷拘捕放回的大院君李昰应入宫摄政,一切受命于日本。二十三日,迫令大院君宣布废除中朝贸易条约。授权大鸟"委托"日军驱逐清军。

袭击海上清军——六月二十三日当天,日本海军即发动了对海上清军的突然袭击。

李鸿章奉旨进军后,雇用英国运兵船爱仁、飞鲸、高升等三船,挂英国国旗,运送清兵二千五百人及军马粮饷增援驻牙山的清军。由北洋济远号兵船管带方伯谦率济远号及广东水师的广乙号护航。到达牙山后,先后返航。行至丰岛海面,遭到日本主力舰吉野号等三巨舰的炮击。济远号帮办大副沈寿昌、枪炮二副柯建章等奋勇开炮还击,先后中炮牺牲。船上死伤一十余人,济远败退,吉野尾追。济远水手王国成见情势危急,奔赴船尾连发尾炮四弹,吉野连中三炮,仓皇退走。广乙号死伤七十余人,击中日舰一炮,撞岸搁浅自焚。运兵船高升号被日舰截堵,官兵拒不投降,中炮击沉没,兵士及水手八百余人落水牺牲。

陆军交战——同一天,日本陆军由大鸟义昌率领混成旅约四千人向清军驻地牙山进兵。

清军叶志超、聂士成部驻军牙山,原有兵二千余人,六月二十二日,清廷增派兵千人,由记名提督江自康率领来援。聂士成与江自康等率部二千八百人移驻牙山东北的成欢驿,扼守通汉城的要道。叶志超率部留守牙山。日军逼近。聂士志认为牙山绝不可守,建议叶志超率部去公州,相机进止。聂士成在成欢驿构筑壁垒,设置伏兵,以待敌军。六月二十六日,大鸟率日军到达。次日凌晨乘夜色偷渡安城河,在安城渡佳龙里村登岸。清伏兵二十余人乘势出击。日军不识路径,遭伏兵猛射,指挥官中弹死。士兵陷于沼泽,溺死者二十九人。日军陆续开到,伏兵奋战无援,寡不敌众,二十余人全部壮烈牺牲,日军占领佳龙里。黎明,日军炮兵陆续到达,左、右两翼向清军壁垒开炮,清军不支,连失壁垒,聂士成率部突围南退,途中遇叶志超。叶志超认为公州不可守。两人分头率部绕道去平壤会合。

日军占领成欢驿,进兵牙山。清军留守牙山兵一营,夜袭日军,失败。日军掳获清军遗弃的辎重粮米,于二十九日撤兵返回汉城。

日陆军进攻,死伤八十余人。清军伤亡约二百余人,由于及时突围,主力仍得以转移平壤。

两国宣战——日军突然袭击,清廷面对顽敌已不容不战。李鸿章奉谕备战后,已调遣驻防天津小站的总兵卫汝贵、山西大同镇总兵马玉崑、奉天高州镇总兵左宝贵和东三省练军都统丰升阿等分头领兵开赴朝鲜平壤。牙山战后,光绪帝于七月初一日明发上谕,命李鸿章饬各军进剿。内称:"朝鲜为我大清藩属二百余年。""乃倭人无故派兵突入汉城,嗣又增兵万余,迫令朝鲜更改国政,种种要挟,难以理喻。""朝鲜百姓及中国商民,日加惊扰,是以添兵前往保护。行至中途,突有倭船多只,乘我不备,在牙山口外海面开炮轰击,伤我运船。""衅自彼开,公理昭然"。"著李鸿章严饬派出各军迅速进剿,厚集雄师,陆续进发,以拯韩民于涂炭。并著沿江、沿海各将军督抚及统兵大臣,整饬戎行,遇有倭人轮船驶入各口,即行迎头痛击,悉数歼除,勿得稍有退缩,致干罪戾"。(前引《中日交涉史料》)

此前一日,日本政府已通知各国驻日公使与清国进入战争状态,七月初一日,日本明治天皇颁诏宣战。内称:"朕兹对清国宣战,百僚有司,宜体朕意。海陆对清交战,努力以达国家之目的。苟不违反国际公约,即宜各权本能,尽一切之手段,必期万无遗漏。"(《日

56

本外交文书》)

两国皇帝同日下诏进兵,中日之间的一场大战展开了。

## (二)中日开战,日军入侵

如果从光绪二十年七月初一日(一八九四年八月一日)两国正式宣战算起,到次年三月二十三日两国签约议和,中日战争进行了约九个月之久。日军在朝鲜境内击退清军,进而侵入中国的辽东半岛和山东沿海,清廷陆海军全线败溃,被迫签约割地赔款,举国震动。因战争开始于光绪二十年甲午年,或称甲午战争。下面是这次战争中几个重大战役的概况。

**平壤之战** 光绪帝颁诏进剿后,各路军兵陆续结集到平壤,卫汝贵率淮军的盛军(原为合肥周盛波部,故名)十三营六千人,七月初四日全部到达。马玉崑统率的淮军毅军(原为宿州总兵赐号毅勇巴图鲁宋庆部,故名)四营两千人也在同日到平壤。初六日,左宝贵率奉天马步兵八营约四千人到达。初九日,丰升阿统率的奉天练军马步兵三十二营一千五百人到达。光绪帝原拟起用刘铭传统率诸军,刘氏称病不应召。七月二十一日,叶志超率部三千人到达平壤。因牙山之战损失无多,谎报军情,获得嘉奖。二十六日,光绪帝任叶志超为总统,督率诸军,共有兵约一万六千余人。

日本战时大本营在宣战后制订计划,先攻平壤的清陆军,再攻海军。增调第三师团等部兵力约一万二千人开赴朝鲜,由枢密院议长山县有朋任司令官,大本营自东京迁到广岛,明治天皇随营督战。

日军陆续开到朝鲜与原驻开城的大鸟义昌部合并共一万六千人,于八月十六日晨大举围攻平壤。清军分驻朝鲜各地,平壤有兵九千人,在城外构筑工事分兵把守。日军三面来攻,两军展开激战。

平壤南线日军大岛率领的混成旅约三千六百人开向大同江南岸船桥里发起猛攻,马玉崑率防军发重炮阻击,日军不得进。卫汝贵率轻兵渡江袭击,日军阵乱。马与卫发起反攻,清军二千二百人勇猛杀敌,激战过午,日军败退。大鸟义昌中弹负伤。日军将校死伤多人。将校以下死一百四十名,伤二百九十名。清军获得了胜利。

平壤西线,日军第五师团五千四百余人,进至山川洞,与清军展开炮战,企图渡过大同江支流普通江进攻平壤。清军出骑兵袭击,被日军炮火击退,牺牲一百三十余人。驻守堡垒的盛军死力拒守,日军不得渡江,过午后即下令停战。

平壤北线,日军集中近八千人的兵力,重点进攻,策划自北城门玄武门破城。清军在城北筑有堡垒,由左宝贵领兵一千五百人驻守牡丹台。江自康领兵一千四百人驻守箕子陵。黎明前日军即集中主力,进攻牡

58

丹台。清军奋勇抗敌，寡不敌众，日军攻下各堡垒。左宝贵激励将士死守，身先士卒，亲自发炮。在作战中胸部中弹牺牲。日军别部进攻箕子陵，江自康兵败撤退。日军占领城北诸堡，乘势炮轰玄武门城楼，进入瓮城外门。左宝贵所统奉军三营，将官两死一伤。兵士仍据城射击，日军不得入城，遂在午后撤至城北休战。

平壤之战，两军激战一日，互有胜负。统帅叶志超以前此牙山撤退保存实力为得计，召集各将领，商议撤军，说是"不如暂弃平壤"，"养我精锐"。马玉崑严词驳议。叶志超不听，在各城门挂起白旗，又派人向日军送信，说"华兵已愿退仗休让"，"即揭白旗回，望勿开枪"（栾述善《楚囚逸史》）。日军得知清军将退，遂布署兵力，邀击退军。

是日晚八时，清军分道撤退，遭各处日军伏兵袭击，死一千五百余人，被俘六百八十三人，超过了作战时的伤亡。清军遗弃炮三十五门，炮弹七百九十二发，各种火枪一千一百余支，子弹五十六万发以及大量辎重、军粮、金银、财物均为日军掳获。

**黄海之战**　日陆军轻取平壤，八月十七日入城，十八日海军即发动了对清海军的攻击。

平壤战前，叶志超曾吁清增派援兵，李鸿章于初九日调派驻守大连湾的淮军铭军（刘铭传属部）精锐四千名赴援，由招商局轮船运送，海军提督丁汝昌率兵舰十二艘及炮船、鱼雷艇等护航。十六日到达朝鲜大东沟,由炮船护送运兵船登岸。兵舰两艘在港外警戒。战舰十艘在口外十二海里处停泊,准备返航。十七日晨,行进在海上的日本兵舰十二艘发现口外中国兵舰,即改变航向,向中国兵舰开来。丁汝昌下令备战,各舰迅速起锚出发。中午,两国舰队接近,一场海战展开了。

清军旗舰定远号先向日旗舰吉野号开炮,未能击中。各舰齐发重炮射击。日军连续发炮猛轰。战斗至下午二时,清舰超勇号被击沉。扬威号被击毁。日舰两艘被击伤撤退。

清炮船致远号

下午二时半,日舰改变队形,向清舰左右夹击。愿驻营港口警戒的平远、广丙两舰赶来助战。平远号被日炮击中转航。定远、镇远两舰炮击日舰西京丸,给以

60

重创,西京丸逃遁。日舰击定远,定远号中炮起火,情势危急。致远号管带邓世昌率舰驶到定远之前,拦击日军,保护定远。日舰发炮猛轰,致远连连中弹。邓世昌命开足马力,鸣炮挺进,向日旗舰吉野号猛冲,不幸中鱼雷沉没。邓世昌与舰中将官多人投入海中,壮烈殉国。

致远号沉没后,济远号兵舰管带方伯谦率舰逃往旅顺。广甲号舰管带吴敬荣随从率舰逃遁,中途触礁,被日舰击沉。经远号管带林永升孤军奋战,中炮弹牺牲。舰上官兵继续坚持炮战,被日军吉野号等四舰围攻,中炮沉没。舰上二百余人牺牲。

清炮船镇远号

经远号沉没后,清海军靖远、来远、定远、镇远四舰与日军九舰展开殊死战斗。靖远中弹百余,来远中弹二百余,仍然坚持作战。靖远管带叶祖珪命两舰转舵西航,靠近浅滩,用重炮将吉野号等日舰四艘击退。定远管带刘步蟾与镇远管带林泰曾率领将士奋勇作战，相互配合，抗击日舰五艘的围攻。两舰中炮，继续战斗，发炮击中日旗舰松岛号爆炸起火。松岛与其他四舰，向东南撤退。清军声势大振。定远、镇远两舰发起追击，靖远、来远经整修后与海上的平远、广丙等舰及鱼雷艇等赶来助战，集合兵力追敌。时已日暮，日舰发出停战信号，快速南退。清军追袭不及，六舰返回旅顺。

此次海战，激战半日，以不分胜负而结束。清海军将士以寡敌众，以弱抗强，不怕牺牲，英勇作战，使日军为之震慑。但清军的损失多于日军。日海军伤亡约三百人。清军将士伤亡一千二百人。日舰创伤四艘，无沉没。清舰被击沉五艘，其余六艘均曾中炮受创。经此一战，北洋海军兵力严重削弱。

**辽东之战**　中日宣战后，日军陆战一日，轻取平壤，海战半日，重创清军，遂进而发动了对中国辽东半岛的侵略。

清军失平壤后，叶志超部退至安州，留守牙山的聂士成赶来助战，建策守安州。叶志超不听，率部经定州至义州。李鸿章奏请弃义州，退守九连城以保辽东，谕准。清军各部陆续由义州过江，撤出朝鲜，回防鸭绿江岸。叶志超被撤职，听候查办。所部由聂士成统带。

驻守旅顺、年近八旬的老将宋庆（授四川提督）经营旅顺港十余年，成效卓著。清廷命宋庆帮办北洋军务,指挥诸军防守。九月初一日,慈禧后召见恭亲王奕䜣,再度起用管理总署,会同办理军务,入值内廷。九月初四日,宋庆到九连城。黑龙江将军依克唐阿(满洲镶黄旗人)奉旨率部三千到九连城及安东县一带。依克唐阿扎营长甸城,防守安平及长甸河等河口。两部防军共有三万余人。

日军大本营在侵占朝鲜后,随即部署侵略中国辽东半岛。由陆军大臣大山岩任司令官,指挥两路进军。一路约三万人由义州渡鸭绿江,进攻九连城,自凤凰城北上,另一路约两万五千人由海上进军,在辽东半岛花园口登岸,南下攻打金州、大连、旅顺。

鸭绿江一线,中日两方兵员数目大致相当。但宋庆新受命,所统各部被指为"或值新挫之余,众心未定。或系新招之众,战阵初经。"(盛京将军裕禄奏语)军兵来自各地,互不熟悉。防线过长也使兵力分散。九月二十六日,日军自义州进军安平河口。清守军战败,日军自河口渡江进攻虎山,宋庆部署守军,在虎山与日军激战。清军奋勇作战,五百人战死。日军占领虎山,进而占领九连城和安东县。宋庆自凤凰城撤退。日军入凤凰城,进占大孤山和岫岩岭。清军江防一线败溃。

日军另一路先后乘运输船到大连西南的花园口,当地无清军设防,九月二十六日起,陆续登岸,至十月初四日全部汇集,随即占领貔子窝驿站,向金州进发。

金州是旅顺口的门户，原只有驻军一营五百人驻守。李鸿章前此自英法等国领事处得知日军将入侵大连湾，调派正定镇总兵徐邦道于九月十五日来金州增防，有马步军五营。十月初九日，日军大举来攻，徐邦道奋力抗击，寡不敌众。金州失守。日军向大连湾进兵。大连湾是李鸿章经营多年的北洋海军基地。有炮台六座，大炮三十八门。驻军屡经调动，此时仅有兵三千余名。十月初十日晨，日军发起总攻，战斗至上午九时，各炮台均被日军攻占，大连湾失守。

日军占领金州和大连湾，北洋海军在这里的新式大炮、储备军械、炮弹等均被日军缴获。日军在大连休整十日，随即向旅顺进军。

旅顺是海军的军港，东西面筑有两炮台群，设置大炮七十八门，原有驻军八营。日军登陆后，清廷陆续增调援兵，合金州退下的清军，共有兵一万四千七百人。李鸿章委任营务处道员龚照屿代北洋大臣节度诸军，颇失人望。统军诸将，意见不一。十月十四日晨，北洋海军提督丁汝昌奉命自威海至旅顺，召集诸将部署战守诸事，随即返回威海。

十月十九日晨，日军骑兵搜索队至土城子，清军徐邦道部出兵袭击，接战六小时，日军败退。二十一日，日军结集各部，发起总攻。徐邦道率部阻击，不敌，退军。次日晨，日军攻下各炮台，龚照屿乘渔船逃往烟台。日军攻占旅顺。

日本侵略军进占旅顺后,在城内杀掠四日,居民两万人惨遭屠杀,制造了震惊世界的暴行。

辽东之战期间,十月初六日清廷再授主战的李鸿藻、翁同龢军机大臣,会办军务。十一月初八日又任恭王奕䜣为首席军机大臣,督办军务。

**威海之战** 日军攻占旅顺后,大本营随即制定了进攻山东半岛,歼灭北洋海军的作战计划。调回山县有朋,由陆军大将大山岩司令官组成两万五千人的山东作战军,随同海上联合舰队,向北洋海军基地威海进军。

北洋海军在黄海之战受创后,经过休整,有装甲舰七艘,炮舰五艘,练舰两艘,由提督丁汝昌率领驻守威海。海口南北两岸各筑有炮台三座。山东巡抚李秉衡驻守烟台,布署马步兵防守威海后路,兵力薄弱。

十二月二十日,日联合舰队军舰二十艘护送山东作战军两万余人至山东荣成湾登岸。岸上只有河防营队一哨,遭日炮轰击,逃入荣成县城。

日军大举登陆,清廷震动,光绪帝谕李鸿章、李秉衡饬防军出击。驻守威海北岸的军将道员戴宗骞、南岸统领刘超佩,西路记名提督孙万龄各领所部兵来荣成威海间布防,总共有兵不过万余人。李鸿章电告丁汝昌出海拼战,不胜则退往烟台。丁汝昌电复"万无退烟之理",力主死守,得李鸿章电嘱"相机妥办",但望"保全铁舰"。丁汝昌请增派援军,加强陆上兵力。

光绪帝采两江总督、帮办北洋军务刘坤一建策,谕调江南马步军由山东境赴援。

光绪二十一年(一八九五年)正月,日军水陆并进,围攻威海。初五日,日军分左右两路大举进攻南岸炮台。守将戴宗骞只有兵两千五百人,奋力抗击,寡不敌众。南岸炮台失守。戴宗骞率残兵转向北岸。日军司令官大山岩另派两师团,分路进攻威海卫城及清军驻地孙家滩。初七日,清军孙万龄部在孙家滩与日军激战。日军发炮猛攻,孙万龄退走。初八日,日军进驻威海卫城,随即向城东六里的北炮台进军。

清军在北台原有六营驻守,五营南下出击溃散,只剩十九人。初七日,丁汝昌亲到北台,劝戴宗骞同往刘公岛,戴宗骞说:"兵败地失,只有一死以报朝廷。"被丁汝昌强拉到刘公岛,上岛后即自杀殉国。丁汝昌募兵勇将炮台及火药库炸毁,不留给日军。北岸炮台不待日军到来,已自弃守。

清廷调遣的援军未到。威海卫城及南北炮台均已失陷。北洋海军兵舰据守刘公岛,与日军联合舰队展开殊死的决战。

初九日晨,日兵舰向刘公岛开炮,丁汝昌指挥反击,发炮击中日舰两艘,日军退去。初十日晚,日军兵舰再度进攻,用鱼雷艇乘夜色偷袭。清舰定远号被鱼雷击中,在沙滩搁浅。管带总兵刘步蟾移督镇远。次日天明，双方展开炮战，互有伤亡。十二日，日军再次来攻，清来远舰中鱼雷沉没。十三日，日军舰十三艘分兵攻打日岛。清军在日岛筑有炮台，由康济舰管带萨镇冰（蒙古族）率水手三十名驻守。日军来攻，发炮还击，击中日舰一艘，日军退去，日岛炮台被击毁。丁汝昌命萨镇冰回守刘公岛。次日，日军在占领的南炮台，炮轰刘公岛，岛上房舍被毁，居民多有伤亡。夜间，又用鱼雷炸毁海南海口的拦坝，打开航行通道。十五日，日兵舰六艘逼近刘公岛炮台，并在威海南台、北台发炮夹击，丁汝昌登上靖远舰指挥作战，靖远舰连中两弹，船头下沉。丁汝昌被抢救登岸，命将靖远及受创搁浅的定远舰炸沉。原定远舰管带刘步蟾誓与兵舰共存亡，自杀殉国。

丁汝昌苦守孤岛，请派援兵不见到来，连日作战屡遭重创，兵力疲困难支。十六日，日兵舰再次来攻，南台配合炮击，清军坚守，曾炮击日舰两艘命中。日军水陆夹击，刘公岛炮台被击毁，守军撤下。十七日，兵民万余人向提督哀求活命。丁汝昌夜间召见营务处道员牛昶昞，说：我誓以身殉，救此岛民。命将提督印毁废。随即服毒自尽，次日晨气绝而死。

丁汝昌死后，诸将在牛昶昞家集议，推镇远管带杨用霖主持投降。杨用霖严词拒绝，开枪自杀。护军统领总兵张文宜也自杀殉国。牛昶昞委舰队洋员美国人浩威（Howie）起草投降咨文，译为中文，题正月十八日，署名丁汝昌，将所持北洋海军提督官印在降书上钤印，送交日本海军司令官伊东祐亨。内称："今因欲保全生灵，愿停战事，将在岛现有之船及刘公岛炮台、军械献与贵国。"正月二十日牛昶昞与伊东签订降约十一条。北洋军舰四艘、炮舰六艘及一切军械，均被日军收缴。只许康济舰载运刘公岛驻军官兵、各兵舰管带、水手等五千余人及丁汝昌、刘步蟾等军官六人灵柩驶回烟台。

**辽东决战** 日军占领凤凰城及岫岩后，进而入侵辽阳东路和南路。

宋庆部自凤凰城撤退后，驻扎要塞摩天岭附近。依克唐阿率部退驻赛马集至摩天岭一线防守。日军兵分两路进攻赛马集和摩天岭。进攻赛马集一路被清军击退。进攻摩天岭一路，遇有聂士成部扼守山巅，不得前进，退据草河口。依克唐阿与聂士成部约定十月二十八日自东西两方夹击日军，猛攻草河口，激战至黄昏，日军死伤四十余人。清军只损失十余人，获得小胜，军威稍振。

日军自草河口撤回凤凰城。十一月十四日，依克唐阿与聂士成反攻凤凰城，激战四日，不能攻下，一百五十人阵亡。

日军另一路由中将桂太郎率领一个师团约六千人进军辽阳南路，十一月十七日，攻占海城。宋庆驰援海城，在城西感王寨（缸瓦寨）与日军遭遇，鏖战竟日，日军伤亡约四百人,清军伤亡约五百人。清军撤退到田庄台。日军回守海城。

占领金州、旅顺的日军,组成混成旅团北上,十二月十五日攻占盖平。

辽南战急,清廷调遣湘军增援决战。湖南巡抚吴大澂率湘军北上。十二月初二日,授两江总督刘坤一为钦差大臣,去山海关节制关内外防剿各军。随后又委任宋庆、吴大澂帮办军务,调度关外攻守事宜,以期攻拔海城。

依克唐阿率部到鞍山站,与驻扎此地的吉林将军长顺部议定,分东西两路进攻海城。日军进占海城后,修筑炮台,设置重炮坚守。十二月二十二日,清军两路先后发起进攻,与日军展开炮战。日军发动大炮三十门,清军只有炮十三门。左路长顺部因炮火不敌,伤亡六十余人,被迫北撤。右路依克唐阿部发炮猛攻,日军重炮反击,清军战斗数小时,伤亡近百人。北撤至耿庄。

五天以后,依克唐阿与长顺两路再次进攻海城。日军已有戒备。依克唐阿军中途遭到日军伏兵袭击,且战且退,伤亡五百余人。长顺军猛攻晾甲山,不下。北撤,伤亡一百二十余人。

光绪二十一年(一八九五年)正月二十二日,清军发起对海城的第三次进攻。此时威海海军已经败降。清廷败局已定,指望海城获胜,以利于对日议和。光绪帝诏谕诸军协力奋战,使军事得有转机。进攻的清军编为左、中、右三路,左路由长顺统率,集合各军马步兵共三十三营,炮队四哨。中路由依克唐阿统率,各路兵三十八营。右路调遣驻扎牛庄的徐邦道十营,湘军将领李光久(李续宾之子)统率的北上援军五营。二十二日上午,三路并进。左路和中路夹击日军阵地双龙山,枪炮齐发。日军炮兵发重炮还击。清军败退。右路进攻海城西南的晾甲山和唐王山,日军在山头设有重炮,发排炮猛射。清军不能登山,被迫西退。作战半日,日军在各山头阵地动用大炮四十余门,主要靠炮火取胜,伤亡仅十四人。清军三路伤亡二百余人,进攻再次失败。

正月二十七日,清军发起对海城的第四次进攻。原编三路军兵外,又有吴大澂派遣的总兵刘树元湘军四营,宋庆部总兵梁永福军五营参战。依克唐阿部与长顺部夹攻双龙山,被日军重炮击毁大炮五门,败退。李光久与刘树元军,自西路进攻晾甲山与唐王山,徐邦道、梁永福部自南路夹攻,日守军稍退。遇日军另部回援,停战。清军伤亡二百余人。

清军自上年十二月二十二日以来,先后四次进攻海城,都因炮火不敌,不能取胜,伤亡六百余人。宋庆与依克唐阿商议,出兵夺取海城西南的太平山,切断盖平与海城的通路。正月二十七日,宋庆命马玉崑率部击退太平山的日军,将山头占领,宋庆与马玉崑驻军山麓西七里沟防守。三十日,日军大举反攻,在西七里沟激战一日。清军困于日军炮火,老将宋庆堕马伤腰。马玉崑突围撤退。清军伤亡五百余人,日军伤亡近四百人。

日军桂太郎部攻占海城,原是孤军深入,被清军围攻月余,两军互有伤亡。日军大本营于是改订作战计划,制定辽河平原作战方案,主力转向辽南。原驻凤凰城一带的日军攻打海城县西的牛庄。驻盖平基地的日军北上进攻营口。二月初四日,各路军约二万人先后出动。桂太郎部自海城出击,炮击清军。依克唐阿部伤亡六百余人。清廷重在防守辽阳、奉天,不知日军意在辽南,谕令刘坤一速饬依克唐阿、长顺部撤海城之围北上回守辽阳。初六日,日本各路侵略军共约一万一千余人自鞍山站向牛庄进军。牛庄原是对外通商的口岸,守军只有六千人,由魏光焘、李光久等率领,初八日与来犯的日军展开激战。清军奋力抗击,直至拼搏巷战,伤亡一千七百余人,打死打伤日军约四百人,终因寡不敌众,失牛庄。

牛庄以西的田庄台,在辽河北岸,地处水陆要冲,商业繁盛,人口密集,吴大澂率湘军北援,驻营于此。田庄台以南的营口,在辽河南岸,是继牛庄以后开放的对外通商口岸,有外国商民侨居。宋庆在此驻营。吴大澂得知日军将自牛庄来攻,因湘军多已派遣在外,守卫空虚,命宋庆自营口领兵来防。率领驻扎太平山一带的军兵来田庄台,与吴大澂协防,有兵约两万人。

日军两路进兵,进攻营口与田庄台。

二月初十日晨,驻扎盖平大石桥的日军进兵营口,冲进城东门。留驻营口的大同军总兵蒋希夷率所部自北门逃跑。其他各营兵也相继逃窜。时至中午,日军即轻而易举地侵占了营口城。

日军汇集攻占牛庄的两个师团及另一师团的兵力约两万人,配置大炮一百零九门,向田庄台发起总攻。二月十一日开始试探性炮击。宋庆命马玉崑等迎战,日军退去。十三日凌晨,日军在辽河东岸布炮九十余门,清军在西岸设炮二十余门,双方展开炮战。清军不敌,防御工事被摧毁。日军步兵乘势渡河,闯入市街,纵火烧房。居民多被烧死。宋庆亲自督战,坐骑中炮,与马玉崑等率军撤退出城至石山站。清军损伤两千余人,田庄台失守。

自光绪二十年十月下旬日军入侵摩天岭以来,前后近四个月间,辽东半岛的重地海城、牛庄、营口、田庄台相继被日军占据,清军将士奋勇抗敌,伤亡惨重,辽南平原全线败溃。

## (三)清廷败降,割让台澎

日本侵略军占领辽南平原后,随即按预定的方针,南下侵略澎湖列岛和台湾。光绪二十一年（一八九五年）二月十九日，日军战时大本营自国内抽调后备军约六千人，由联合舰队兵舰八艘护送，驶向澎湖。清廷遣使与日本议和。

## 一、马关条约的订立

早在日军侵略威海之际，清廷已通过美国公使与日本商谈议和。光绪二十年（一八九四年）十二月初十日光绪帝任总理衙门大臣张荫桓、署湖南巡抚邵友濂为全权大臣去日本谈判。次年正月初七日，在日本广岛与日相伊藤博文、外相陆奥宗光会晤。日本故意刁难，拒绝与谈，声称清廷需遴选负有重望和显要官爵之大员，才可再开谈判。张荫桓等受辱返回。十九日，清廷另派李鸿章为钦差头等全权大臣，授予"定约画押"之权。田庄台失守后，二月十八日李鸿章与随员三十三名启程去日本马关，以其子江苏候补道李经方为参议。二十四日，与日本的全权大臣伊藤、陆奥开始会谈。次日，再谈，不得进展。二十七日，日军进至澎湖，与守军炮战竟日，攻陷澎湖岛。二十八日，伊藤与李鸿章第三次会谈，告以日军在进攻台湾。会谈后，李鸿章在返回寓所途中遭到日本暴徒枪击，左颊中弹就医。

李鸿章遇刺，消息传出，世人为之震惊。日本政府深虑中国由此博得同情，引出欧洲列强干涉，于是一面由明治天皇遣使慰问，一面表示同意限期停战议约，但不包括澎湖台湾。三月初五日，伊藤博文与李鸿章签署停战条款，在奉天、直隶、山东地方之水陆各军停战二十一天。如期内和议决裂，停战条约即中止。

三月初七日，陆奥宗光向李鸿章出示日方拟具的和约稿，要求四日内答复，内容包括朝鲜完全自主，中国割让辽东半岛、澎湖、台湾给日本，赔偿军费银三万万两，增开商埠等苛刻的勒索。李鸿章奏报清廷后，照复日本，以说帖形式商议"约稿让地一款酌量更改"，赔偿兵费"允载和约款内"，数目请酌减。十五日，伊藤、李鸿章第四次会谈，日方提出和约改定节略，明确辽东割地界划，继续坚持割让台湾全岛及澎湖列岛，赔款减至库平银二万万两。清廷得报后，电寄李鸿章，称"倘事至无可再商，应由该大臣一面电阅，一面即与定约"。二十一日，伊藤与李鸿章第五次会谈，李鸿章就割地、赔款两事请再议减。伊藤坚执"两件皆不能稍减"，"不能稍改"。李鸿章被迫同意据日方所拟约稿签约。二十三日两国全权大臣在日本马关（又称"下之关"）签立约款十一条。日方称为"媾和条约"，清人称"马关新约"，通称马关条约。主要内容包括以下四个方面：

（一）"中国认明朝鲜确为完全无缺之独立自主"，"所修贡献典礼等嗣后全行废绝"。

（二）下开地方，"永远让与日本"：一、奉天省南边

74

地方,二、台湾全岛及所有附属各岛屿。三、澎湖列岛。

（三）"中国约将库平银二万万两交与日本","作为赔偿军费"。

（四）添开通商口岸:湖北沙市,四川重庆,江苏苏州,浙江杭州。日本轮船得驶入各口岸。日本臣民在各口岸享有各种特权。

此外,又签署另约三款,在中国交清赔款及制定通商行船约章前,日本一旅团仍暂驻威海卫,并由中国付给军费,每年五十万两。

以上内容表明,马关条约乃是一八四二年中英江宁条约以来,外国侵略者勒索最巨、中国割地赔款最多的一个侵略性条约。中国由此丧失了与朝鲜之间的宗藩关系。日本由此夺去武力侵占的辽南、澎湖,并不战而掠得台湾全岛。赔偿军费之多,也为前此所未有（江宁条约赔偿军费一千二百万元）。中日战争原由日本借口朝鲜改政而发动,无端寻衅,威胁掠夺,以强凌弱。日本所拟的和约,其实是迫使清廷献土纳币的降表。条约签署后,日本明治天皇下诏嘉奖伊藤、陆奥,说这是"帝国之光荣"。中国朝野则指为前所未有的奇耻大辱。李鸿章在签约的次日,乘船回国。朝内外大臣纷纷上奏,请拒绝批准新约。刘坤一上疏,自请再战。湖北巡抚谭继询请迁都西安,坚持抗敌。光绪帝谕李鸿章,可否暂缓批准。李鸿章以为不可。光绪帝命军机大臣等会商。四月初八日,军机大臣恭王奕诉、孙毓汶等奏请准约。次日清晨，光绪帝挥泪用印，批准和约。十四日，直隶候补道伍廷芳、升用道联芳，在烟台与日本换约大臣交换两国批准书，完成了订约手续。

## 二、台湾军民的抵抗

中日战争在朝鲜和辽东进行，与台湾本无关涉。日军强行勒索，清廷拱手让人，台湾军民愤慨已极，对日本侵略军展开拼死的抵抗。

台湾建省后，由巡抚刘铭传治理七年，政绩显著。继任巡抚邵友濂于光绪二十年调任湖南巡抚。中法战争中立功的唐景崧回国后任福建台湾道，迁布政使，继邵友濂署台湾巡抚，驻守台北。原黑旗军首领南澳总兵刘永福调驻台南。

光绪二十一年（一八九五年）三月二十四日，即马关条约签约的次日，唐景崧电奏："此约断不可从"，建策请各国剖断。总理衙门电复"割台系万不得已之举"，"台湾孤悬海外，断不可守"。二十七日，唐景崧奏陈："昨电示传播，台民不服，闭市，绅民拥入署，哭声震天"。说"惟战有生机，割地赔款实成绝路"。（俞明震《台湾八日记》附奏稿）督办团练义勇的前工部主事邱逢甲率全台绅民呈禀"和议割台，全台震骇"。"如倭首来收台湾，台民惟有开仗"。（《清季外交史料》）

马关条约批准互换后,四月二十六日,清廷谕唐景崧来京陛见,台省大小文武各员内渡。次日,邱逢甲与前驻法参赞陈季同、候补道林朝栋等官绅商议,自立拒敌,成立台湾民主国,推唐景崧为总统,铸"台湾民主国总统之印"。五月初二日,唐景崧受任,建年号永清,通电各省。刘永福镇守台南帮办军务,邱逢甲为义军统领。

五月初六日,日本军舰开至基隆(鸡笼)港,在港南澳底登陆。初十日,清廷派遣办理交割的全权大臣李经方,在基隆海面日本军舰上向日方递交割让台湾及澎湖的文书,完成了交割程序。

日本侵略军在此前四日已开始向基隆进军。唐景崧遣督办全台营务处俞明镇领兵六千人赴前线迎敌,十一日俞明镇与广东守备刘燕等在基隆附近的瑞芳,抗击日军,激战竟日,俞明镇受伤,瑞芳失陷。十三日,日军进攻基隆市街,海上舰队配合炮击。清军展开巷战,伤亡甚众。日暮,日军占领基隆。十四日,自基隆进攻台北。唐景崧自巡抚衙门逃出。两天后,乘船渡回厦门。邱逢甲退至台中后,内渡广州。日军占领台北,设台湾总督府,建立统治。

日军自台北南下,进军台中的新竹。新竹县是台湾岛商业繁荣的大城。知县王国瑞命令自彰化县北援的清军守卫新竹。苗栗县生员吴汤兴在家乡募集义军守台抗日,唐景崧授为义军统领。日军南下,吴汤兴率义军来新竹。各地义军起而响应,新竹官军义军合共万人。五月十九日,建旗鼓誓师,发布文告抗敌。二十二日,日军先头部队来新竹侦察,遭义军袭击,被迫退回。二十九日,日军集结,大举进攻。次日,发重炮攻城。义军不敌,死五十余人。王国瑞弃城内渡。吴汤兴率众撤走。新竹失陷。

日军占领新竹后,各路义军分布在新竹周围村庄,继续战斗,不断发动袭击,迫使日军不得不推迟南下进军的计划,面对义军作战。闰五月初六日,日军进攻新竹县安平镇。本镇人胡嘉猷率所部义军抗击,日军撤退。初九日,再次进军,发炮猛攻,义军以大炮还击。日军多有伤亡,只得撤去。胡嘉猷弃安平,转移龙陂。二十二日,日军炮兵来攻,义军伤亡甚众,胡嘉猷突围而出。

台湾府(台中)知府黎景嵩召集所属台湾县、彰化县、云林县、苗栗县乡绅集议,分头募勇两千人与清军四营统归副将杨载云统领,号称新楚军,与吴汤兴率领的苗栗义军联合,攻打新竹。闰五月十八日,自东、西、南三路围攻新竹县城,战败。半月后,杨载云、吴汤兴部又联合攻城,日军发山炮猛射。联军战死一百三十余人,被迫南撤。

清军与义军撤退。日军自新竹出击。镇守台南的刘永福派遣吴彭年、李维义率黑旗军七百人北援。黎景嵩任李维义为新楚军统领。六月二十日,日军向新楚军大营进攻,李维义败逃。杨载云战死。二十四日,日军进攻苗栗,吴彭年督军力战,不胜,率军南撤。日军占领苗栗。

吴彭年兼领新楚军,在彰化城东八卦山布防,命黑旗军李士炳、沈福山两营与苗栗义军吴汤兴、徐骧两营驻守。七月初九日,日炮兵猛攻八卦山。李士炳、沈福山、吴汤兴相继战死。徐骧突围。清军败溃。日军遂进占彰化。黎景嵩与李维义经海路逃往台南。初十日,日军攻陷云林县。台中各县均被日军侵占。

台湾岛建省以后,分设台北府、台湾府(台中)、台南府三府。台北、台中地区被日军占领后,刘永福镇守台南府,有兵不足十营,军械不足,粮饷短缺。黎景嵩与李维义见形势危急,随即内渡厦门。台南民众公推刘永福为台湾民主国总统,送上官印,刘永福不纳,命将印销毁。刘永福委任前台湾总兵杨泗洪节制前敌诸军,又招纳台中台南各地义军首领联合抗敌。嘉义县简成功、简精华父子及黄邦荣(原名阿丑)等相继来投。七月初,日军致书刘永福劝降,刘永福严词拒绝。

七月十五日,杨泗洪率黑旗军围攻嘉义城北大莆林日军驻地,黄邦荣部占领他里雾。日军在大莆林被围困三日,突围北撤。黑旗军乘势收复云林。杨泗洪在作战中腹部中弹牺牲。日军退驻彰化境内的北斗,义军不时袭击,相持近一月之久。

八月中旬,日军集结海陆军四万人大举南侵。二十一日自彰化南下,分三路进攻嘉义,以重炮轰城,黑旗军败退。日军占领嘉义。次日,日兵舰自澎湖护送两路陆军分别在盐水港和东港登陆,遭到黑旗军袭击,多有伤亡。二十七日渡江占领奉山。同日,日海军进攻打狗(高雄)炮台。守将刘成良(永福子)发炮还击,不敌,撤至台南。次日,日军攻占风山,向台南进军。九月初二日凌晨,日军进至台南府以北的曾文溪,与黑旗军先锋营展开激战。黑旗军四千人拼死步战,日军发大炮猛攻,步兵齐进。黑旗军战败,义军首领徐骧等多人战死。台南不守。刘永福与子成良及部将数人乘夜色出城,乘船去厦门。两日后,日军进驻台南府城。台湾全岛遂为日军强占。

自光绪二十一年五月,日军进攻基隆以来,台湾军民抵抗日本割台的斗争,在武器与兵力相差悬殊的情况下,持续了约五个月之久。斗争虽以失败而告终,但显示了中华民族反抗外来侵略的坚强意志,是可歌可泣的。

日本侵占台湾后,黑旗军余部与各地义军仍然不时在各地发动袭击,反抗日本的殖民统治。

## 三、交收辽南条约的订立

马关条约订立后,不仅震动了中国,也在国际上引起强烈的反响。

俄国早已注视旅顺、大连等海港,企图伺机攫为己用,作为远东的出海口,因而不能坐视日本在旅大立足。马关条约签约后,俄国照会德、法两国,提议共同出面干涉,征得同意。三月二十九日(四月二十三日),俄德法三国驻日公使向日本外务省送交备忘录,提出日本占领辽东半岛将危及中国首都,并使远东和平发生障碍,劝告日本放弃占领。俄德两国公使还当面警告日本必须让步,以开战相威胁。俄国并陈兵海参崴,以示不惜一战。

中日战争中,日本出兵十七万,伤亡一万三千,因病遣返六万,作战近九个月,师老兵疲,不利再战。日本政府也自知实力不敌俄国,更不敌三国。三国提出"劝告"后,日内阁讨论对策,议论不一。外相陆奥宗光主张,拖延对三国的答复,争取英、美等国的支持。但英、美两国均表示中立,不愿介入。日本政府深虑拖延日久,影响马关条约的批准互换,失去条约中掠获的各项利益,遂在四月十一日(五月五日),由陆奥宗光电复三国公使,声明日政府根据三国"友谊忠告","放弃辽东半岛之永久占领"。三日后,中日两国在烟台换约。随后陆奥宗光又依据对中国"一步不让"的既定方针向三国公使提出交还辽东半岛需由中国偿付巨额赎金。经过多次商讨,至八月十九日协议,中国交赎金白银三千万两,交清后三个月内,日本自辽东半岛撤兵。

二十六日,清廷命李鸿章为全权大臣与日本驻华公使林董谈判交收事宜。九月二十二日,依据三国公使与日本外务省的协议,中日两国在北京签订交收辽南条约六款。主要内容在前三款:(一)日本国将下之关条约第二款中国让与日本国管理之奉天省南边地方永远交还中国。(二)中国约,为酬报交还,将库平银三千万两于九月三十日交与日本政府。(三)中国将酬款交与日本国政府,自是日起三个月以内,日本国军队从该交还地方一律撤回。(引据《中外旧约章汇编》)

辽东半岛本是中国领土,日本强行割占,由于三国干涉不得不放弃占领,却又乘机敲诈巨额赎金,犹如绑匪索赎,怕硬欺软。条约文字将赎金写作"酬报""酬款",并不能掩盖日本政府的蛮横勒索,也不能掩盖清廷的忍辱屈从。

条约签押后,清廷于九月三十日如约将银三千万两交付日本。十月十四日,日军自海城、凤凰城、岫岩等地开始撤退。至十一月初十日自旅顺、金州、大连湾等地全部撤走。清廷收复辽东半岛,仍命宋庆统军驻扎。

自光绪二十年(一八九四年)六月日军发动对清军的侵袭,日本在中国的侵掠历经十八个月之久,至光绪二十一年(一八九五年)十一月日军撤退暂告结束。

## （四）列强的侵掠

马关条约确认，中国赔款银二万万两，赎还辽南又需三千万两。清廷每年全部财政收入不足一万万两，偿付赔款，不得不挪借外债。光绪二十一年（一八九五年）闰五月十四日，中国全权公使许景澄在俄国圣彼得堡签订四厘借款合同，向俄、法两国银行共借款四万万法郎，年息四厘。次年正月，清廷总理衙门又在京签订向德、英两国借款合同，借款一千六百万英镑，年息五厘。光绪二十四年（一八九八年）二月，续向德、英银行借款一千六百万英镑，年息四厘五。清廷战败割地显示了他的软弱可欺，借债赔款又显示了对列强的依赖。中日战后的几年间，俄法德英等国相继要求在中国境内修建铁路、租占海港，一时形成割地狂潮。

俄国——中日战争中，李鸿章曾力倡"恃俄拒日"。俄国干涉还辽后，刘坤一、张之洞等要员也附议联俄。光绪二十二年（一八九六年）四月，李鸿章作为钦差头等出使大臣去俄国，参加庆祝俄皇尼古拉二世加冕。在莫斯科与俄国钦差全权大臣外长罗拔诺甫（A. Б. Lobanov）秘密签立御敌互助条约，通称中俄密约。条约的主要内容是，日本如侵占俄国、中国或朝鲜土地,两国派兵互援。中国允许俄国兵船在战时驶入所有口岸并允许在黑龙江、吉林地方修造直达俄国海参崴的铁路,由俄国华俄银行承办经理。据此密约,中国获得俄国援助抗日的空文许诺,俄国则获得在中国境内修建铁路的实际利权。此前一日,中俄两国又在汉口签约,将汉口英国租界以下四百余亩地界划为俄国租界。

光绪二十三年(一八九七年)十一月,俄国以德国强占胶州湾(见下文)为由,将军舰开入旅顺口,迫使清廷于次年三月在北京签订旅大租地条约。清廷允将旅顺口、大连湾及附近水面租给俄国,租期二十五年。原来向日本赎还的旅大于是一变而为俄国的租占地。为换取日本的默许,俄国又与日本签约,承认日本在朝鲜的特权。

法国——光绪二十一年(一八九五年)三月,马关条约换约后,法国随即在五月间向总理衙门提出:法国出力调处,要求重订商约和界约。五月二十八日总理大臣庆王奕劻与法国公使施阿兰(Gérad, Auguste)签约,作为一八八七年所订《续议界务专条》和《续议商务专条》的附章,中国割让云南车里地区的猛乌、乌得两地给法属越南,增开云南思茅为通商口岸。次年四月,法国又要求在广西省龙州至边界镇南关修建铁路与越南谅山铁路联接。两国签立合同,由中国官局稽查,法国费务林公司经办。光绪二十四年(一八九八年)三月,俄国租占旅大后,法国随即照会总理衙门,要求将广州湾租给法国九十九年并要求由法国公司修建自越南通往云南省城昆明的铁路。总理衙门复照,全允照办。法国军舰驶入广州海湾。

德国——马关条约订立后,德国即向中国勒索到天津、汉口的永租租界。光绪二十三年(一八九七年)十月,山东曹州巨野县大刀会会众因德国天主教会欺压平民,愤起杀死德神父二人。德国以此为借口,出兵强占山东胶州湾登陆,迫使清廷于次年二月签订胶澳租界条约,允准德国的各项要求。(一)将胶州湾南北两面租与德国,九十九年;(二)允准德国修建自胶州至济南的铁路两条。(三)铁路附近三十里内允准德商开采煤矿。租占港湾,德国首开其例,俄、法、英等国追随其后,中国的海岸线难得保全了。

英国——中国与法国重议越南界务后,英国也提出重定中缅边界。光绪二十三年(一八九七年)正月,两国签订"续议缅甸条约附款",改划边界,将工隆、孟仑等地划归英属缅甸。又订专条,增开广西梧州、广东三水等地为通商口岸。次年,英国又要求扩展香港英界,胁迫清廷在四月间签订专条,允将九龙及大鹏湾、深圳湾,展扩英界,作为新租之地,租期九十九年。此前月余,清廷交请对日赔款,山东威海的日军撤走。英国军舰随即开进威海卫,胁迫清廷在五月十三日,签立"订租威海卫专条",将刘公岛、威海湾群岛及沿岸以内十英里地方,租与英国政府,专归英国管辖,租期二十五年。英国又照会要求中国"确切保证不将扬子江沿岸各省租押或以其他名义让予他国",即确认为英国独占的势力范围,得清廷总理衙门复照允诺。

日本——日本在马关条约之后,又在次年六月,与清廷签立中日通商行船条约二十九款,获得与西方列强同样的片面最惠国待遇和在中国的领事裁判权。九月,又签订"公立文凭",日本在新开商埠苏州、抚州、沙市、重庆划定专管租界。此后,又陆续在汉口、天津、福州、厦门获得专管租界。日本侵略势力逐渐渗入中国内地。清廷并以照会承诺福建地方不让与或租与他国,即默认为日本的势力范围。

此外,比利时和美国分别获得了借款经办卢汉铁路(卢沟桥至汉口)及粤汉铁路(广州至汉口)的权利。

中日战后的三年间,资本主义列强通过各种手段攫取了多种特权。外国租界遍布在中国内地各大城市。北起黑龙江南至滇、桂、粤边地的铁路交通,为列强所控制。北起旅顺、大连,中经威海卫、胶州湾,南至广州湾及台澎香港,相继被列强各国强占。外国兵船分驻在中国沿海。贫弱的中国,有如列强刀俎间的鱼肉,任人分割,危机四伏了。

## 第二节　清廷的变法与政变

中日战后,面对列强瓜分的危机,朝野有识之士纷纷呼吁变法维新、救亡图强。光绪二十四年(一八九八年)四月,光绪帝宣诏变法实行新政。行之百日,慈禧后发动政变,夺取皇权,罢废新法。清王朝又处在慈禧后的统治之下。

### (一)革新舆论的兴起

早在中日战前,一些有识之士已在自己的著述中陆续提出变法图强的呼吁。翰林院编修冯桂芬著《校邠庐抗议》,香港《循环日报》的创办人王韬撰《论变法》,浙江宁绍台道薛福成撰《筹洋刍议》,山东巡抚张曜的幕僚汤寿潜刊行所著《危言》,户部郎中陈炽著《庸书》,郑观应刊行所著《盛世危言》,香港律师何启与教师胡礼恒合撰《中国宜改革新政论议》,分别提出改变旧制,学习西学,设立议院等主张,但主要还是在各自的著述中陈述己见。中日战后,国事日亟,各地锐意革新之士,或向清廷上书陈言,或结成团体,创办报刊,宣传变法维新,汇为澎湃的浪潮。

**京师**　广东广州府南海人康有为,咸丰八年(一八五八年)生于官宦世家,习读经史,博览西学译书,服膺今文经学,研治公羊学说。光绪十七年(一八九一年)在广州万木草堂讲学,得弟子陈千秋、梁启超之助,著成《新学伪经考》,指古文经为伪造,又倡孔子改制之说,受到学者的非议(详见第十章)。光绪十九年,应乡试,得中举人。二十一年春,入京师,应会试,住南海会馆。当时朝野纷纷上书,奏请拒绝马关条约。康有为草拟上皇帝书,请拒和变法。同来应试的梁启超联络各地应会试的举人联署,时称"公车上书"(举人乘公车)。四月初八日,送都察院奏呈。次日清晨,光绪帝挥泪准约,诏谕臣工,和局已成,勿再论奏。公车上书,未能送上。四月二十五日科考发榜,康有为得中第八名进士,授工部主事。五月初六日,康有为增订奏稿,送呈光绪帝。光绪帝命抄录四本,分送太后及军机备览,并无多大的反响。闰五月初八日,康有为再次上书,请光绪帝下诏求言,开门集议,开府辟士,设议院以通下情。工部不予转递。

康有为上书被拒后,六月二十七日在京创刊《万国公报》,逢双日出版,遍送京师各界人士,每册载论文一篇,介绍世界各国军事制度、商务、学校、铁路交通、农学、工艺以及报馆等情况,多由梁启超与麦孟华(康氏弟子)执笔。七月十三日,又联络各界组织强学会(又名强学书局),介绍西学,议论时政。原由陈炽及总署章京沈曾植任正董,侍读学士文廷式为副董,后由军机大臣李鸿藻的门生张孝谦任总董主事。应邀入会列名者，康、梁而外，还有军务处袁世凯、翰林院编修徐世昌、内阁中书汪大燮、杨锐（张之洞门生）等各界人士二十二人。学会之组建，得到军机大臣翁同龢等人的支持。督抚中刘坤一、张之洞、王文韶各捐五千金赞助。将佐中宋庆、聂士成也捐数千金。美国传教士李提摩太（T. Richard）、美国传教士李佳白（G. Reid）也参与协助。十一月《万国公报》改名《中外纪闻》，仍为双日出版，是强学会的主要活动。

强学会初办时，李鸿章以三千金入股，被陈炽拒绝。十二月初，李鸿章的亲家、御史杨崇伊上书奏参"强学书院植党营私"，请旨严禁。光绪帝谕令都察院查明封禁。强学会停止活动，《中外纪闻》发行仅一个月零五天，即被迫停刊。事后，李鸿藻向光绪帝力辩杨崇伊参奏之诬，光绪帝也自悔处置不当。十五日，李鸿藻将强学会改名为官书局，由工部尚书孙家鼐管理。规定以"译刻各国书籍"为主，不准"渎乱宸听"。

**上海**　北京强学会成立后，康氏八月二十九日离京，九月十五日到江宁，会见署两江总督张之洞，晤谈多日。张之洞劝康有为弃谈公羊学和孔子改制诸说，康氏不听。但张之洞仍同意资助康氏去上海组织强学会，发行会刊。康有为代张之洞起草《上海强学会序》，并自撰《后序》，号召"思保其教，思保其类"的"通人志士"们入会，共同讲求"自强之学"。章程由康

有为和张之洞的幕僚黄绍箕、梁鼎芬共同起草,声称
"中国之弱,由于学之不讲。学之未修,故政治不举",
因而该会"专为联人心,讲学术,以保卫中国"。上海
设总会,逐渐向各省发展。活动内容为:译印图书、刊
布报纸、开大书藏(图书馆)、开博物院。签名入会者
有张之洞的僚属黄体芳、屠仁守、梁鼎芬、黄遵宪、黄绍
箕、汪康年以及康有为、张謇等十六人。十月中旬,上
海强学会成立。

　　十一月二十八日,出刊《强学报》,首载《开设报馆
议》、《孔子纪年说》、《论会即荀子群学之义》三文。大
书"孔子卒后二千三百七十三年"字样。该报继续宣
传孔子改制思想,提出"幡然改图","开议院,立议员,
以通上下之情"等主张。十二月初七日,北京强学会
被弹劾,张之洞随即嘱幕僚致电上海,停办强学会和
《强学报》。《强学报》仅发行三号即停刊。康有为自
江宁返回广东讲学。

　　次年七月初一日,黄遵宪与汪康年等又在上海创
办《时务报》,以汪康年为经理,邀梁启超为撰述。梁
氏在该报连载长文《变法通议》,呼吁清廷掌握时机,
自动变法。说:"法者,天下之公器也;变者,天下之公
理也。""变亦变,不变亦变。变而变者,变之权操诸
己,可以保国,可以保种,可以保教;不变而变者,变之
权操诸人,束缚之,驰骤之。呜呼! 则非吾之所敢言
矣。"梁启超文笔浅近,议论新颖,《时务报》出刊后,大

90

受欢迎,销量至万余份,据说"通邑大都,下至僻壤穷陬,无不知有新会梁氏者"。

张之洞对《时务报》亟表赞赏,誉之为"中国创始第一种有益之报",但因梁启超在文章中批评"金陵自强军",深为不满。光绪二十三年(一八九七年)九月,梁启超发表《知耻学会序》,警告清帝,如不迅速图强,将会像夏桀、周厉王那样被流放。张之洞认为"太悖谬,闻者人人惊骇,恐遭大祸",下令禁止该期发送。

汪康年是张之洞的亲信,主张维新,曾在《时务报》发表《论中国参用民权之利益》一文赞誉西方的"君民共主之制"。梁鼎芬致函汪康年,要他"常存君国之念,勿惑于邪说,勿误于迷途"。康门弟子徐勤撰《中国除害议》批判科举时文,梁鼎芬致函汪康年,指责该文"太悍","专攻南皮",汪腰斩该文,不再刊出,又削改梁启超连载的《变法通议》。有为弟康广仁(本名有溥)和梁启超成立大同译书局,拟出版康有为的新著《孔子改制考》和《春秋董氏学》,汪氏拒登广告。梁启超于光绪二十四年(一八九八年)二月致函汪康年:"如兄愿辞,弟即接办:如兄不愿辞,弟即告辞,再行设法另办。"随即愤而离职。此后,《时务报》即全由汪康年掌管,刊行《论将来必至之势》一文阐述对"流品混淆,地痞流氓"参预变法活动的忧虑,张之洞誉为"有报以来之杰作"。

**天津** 天津的主要维新人士是严复。严复,字幼陵,又字几道,福建侯官人。初入福州船政学堂,后被选送英国海军大学学习。一八七九年毕业回国,先后任教于福州船政学堂及天津北洋水师学堂。光绪二十一年(一八九五年),在天津《直报》发表《论世变之亟》、《原强》、《辟韩》、《救亡决论》等文,批判君主专制制度和旧文化,要求变革。光绪二十三年十月一日,与夏曾佑共同创办《国闻报》,与上海《时务报》相呼应。次月,创办《国闻汇编》旬刊,发表翻译作品。

严复长期留学英国,西学造诣远远超过康、梁等人。他在《救亡决论》中称,当时的西方全面胜过中国,中国的惟一出路是"以西学为要图","救亡之道在此,自强之谋在此"。在《辟韩》一文中,他以卢梭的天赋人权说批判唐代韩愈的君权神授观念,认为君与民本是根据"通功易事"原则确定的一种契约关系,人民"出什一之赋而置之君,使之作为刑政、甲兵,以锄强梗,备其患害",因此,人民乃是"天下之真主"。严复歌颂西方的自由观念,《原强》一文称:"政欲利民,必自民各能自利始;民各能自利,又必自皆得自由始;欲听其皆自由,尤必自其各能自治始,反是且乱。"但他认为当时中国人尚未具备自治能力,今之急务是:鼓民力,开民智,新民德。在理论上激进,在行动上则主张渐进。

中日战后,严复愤而翻译英国生物学家赫胥黎所著《进化论与化理学》,易名《天演论》,自光绪二十三年（一八九七）十一月起在《国闻汇编》连载，次年四月结集成书。严复在该书按语中，突出宣扬"物竞天择"、"优胜劣败"思想，呼吁国人奋起救亡，争取民族生存的权利，宛如警钟号角，广泛地影响了一代国人。其后，严复又陆续翻译出版斯宾塞的《群学肄言》、亚当斯密的《原富》、穆勒的《群己权界论》、孟德斯鸠的《法意》等书。翻译西学著作用力最勤、影响最大（参见第十章）。

光绪二十四年（一八九八年）正月，严复曾在《国闻报》上连载《拟上皇帝万言书》，建议光绪帝在变法之前先做三件事：一是到外洋游历，联各国之欢；二是到中国各处，纵人民观看，结百姓之心；三是破守旧者把持之局。全文态度平和，并无多少激烈言词，但仍然受到参劾，《国闻报》转归日本经理。

**湖南** 湖南巡抚陈宝箴字右铭，江西义宁人。光绪二十一年（一八九五年）九月到任，在湖广总督张之洞的支持和影响下，力行新政。次第兴办矿务总局、火柴公司、水口山锌铅矿等实业。当时，学政江标以变风气、开辟新治为己任。光绪二十三年七月，黄遵宪到湘，出任盐法道，署湖南按察使。同年，徐仁铸继任学政，与本省绅士谭嗣同等支持陈宝箴创办各项维新事业，成绩显著。

《湘学报》——初名《湘学新报》，旬刊，创办于光绪二十三年（一八九七年）三月二十一日，江标、徐仁铸先后督办,由崇尚今文经学、力倡变法的文士唐才常任主笔,以讲求中西有用之学为目的,分设史学、时务、舆地、算学、商学、交涉、格致等栏,是湖南最早的维新刊物。

时务学堂——陈宝箴倡办,由翰林院庶吉士熊希龄提调,延请梁启超为中学总教习,康门弟子数人为分教习。光绪二十三年(一八九七年)十一月初六日,学堂开学。梁启超鼓励学生阅读西学书籍,常在课卷的批语中发挥民主思想。如:"臣也者,与君同办民事者也,如开一铺子,君则其铺之掌柜等也。"甚至指责二十四朝皇帝中的大多数是"民贼",并揭出"排满"思想,在批语中写道:"屠城屠邑,皆后世民贼之所为,读《扬州十日记》,尤令人发指眦裂。"光绪二十四年二月,梁启超因病离湘。他在学堂担任教职的时间不长,培养了一批年轻新锐。

南学会——成立于光绪二十四年(一八九八年)二月初一日。创建者谭嗣同,湖南浏阳人,湖北巡抚谭继洵之子,捐资为候补知府。曾著《仁学》一书激烈抨击君主制度(参见第十章),主张效法日本变法维新。设会之意,兼具学会与地方议会双重性质。谭嗣同与唐才常、熊希龄等为议事会友。今文经师皮锡瑞主讲学术,黄遵宪主讲政教,谭嗣同主讲天文,为讲论会友。远道寄函,讲求兴利除弊的官绅士商均为通讯会友。南学会的主要活动是演讲,讲稿发表于《湘报》。有记录可查的演讲共十三次。浏阳、巴陵、沅州均成立分会。随后，湖南不缠足总会、延年会、积益学会、学战会、公法学会、法律学会、群萌学会、任学会、舆算学会、致用学会、明达学会等相继成立。

《湘报》——创刊于光绪二十四年（一八九八年）二月十五日。每日一张。由熊希龄倡办，唐才常为总撰述。得陈宝箴拨款支持。该报大力介绍西方政治、

谭嗣同手迹

社会学说，宣传变法维新，使广大民众皆易通晓，与《时务报》并称新派报纸。

保卫局——实为地方警察机构，由黄遵宪倡办。黄氏认为"欲卫民生"，"必当使吾民咸与闻官事"，因此，他主张"官民合办"，使诸绅议事而官为行事。每二百户选一户长，称"议事绅士"；保卫局所用巡查，由户长公举或撤换。企图由此削官权，兴绅权，作为实行地方自治的实验。

《湘学报》、时务学堂、南学会、《湘报》初创之际都
受到普遍欢迎，但不久即被指为言论激烈受到官方的
干预。三月初八日，《湘报》刊载《湘学报》编辑易鼐的
《中国宜以弱为强》说，主张"西法与中法相参"、"民权
与君权两重"、"中教与西教并行"、"黄人与白人互
婚"。陈宝箴认为"过于偏激"。张之洞认为"十分悖
谬"，"远近传播，必致匪人邪士，倡为乱阶"，指令陈宝
箴和黄遵宪"谕导阻止，设法更正"。同时，张之洞并
指责《湘学报》"奇谈怪论，较去年更甚"。同月十六
日，《湘报》发表皮锡瑞之子皮嘉祐所作《醒世歌》，中
有"若把地球来参详，中国并不在中央。地球本是浑
圆物，谁是中央谁四旁"等句，乡绅叶德辉认为这将导
致"破夷夏之防，合中外之教"，致函皮锡瑞抗议。他
劝皮锡瑞在南学会"勿言孟子、公羊之教"，并要他离
开南学会。二十九日，南学会邵阳分会樊锥在《湘报》
发表《发锢篇》，昌言"无人非天之所生，则无人非天之
子也"。邵阳绅士于四月十一日在大成殿祭祷孔子，
宣告将"乱民"樊锥驱逐出境。
　　四月二十五日，湘籍京官御史黄均隆疏劾陈宝箴，
攻击时务学堂，要求解散南学会、保卫局。五月，岳麓
书院学生宾凤阳等人致函书院山长王先谦，指控梁启
超等人所批学堂课卷"有悖乱实迹"，函称"今康梁所
用以惑世者，民权耳，平等耳。试问权既下移，国谁与
治？民可自主，君亦何为？是率天下而乱也。"王先谦

原先参与过部分维新活动,曾向陈宝箴申请开办时务学堂,对南学会和《湘报》,也曾表示支持,但不能容忍有违"圣教"的"越轨"言行。同月,王先谦、叶德辉等十人联名上书陈宝箴,要求对时务学堂"严加整顿"。不久,又要求停办《湘报》。宾凤阳等更散布匿名揭帖,诬蔑时务学堂。

陈宝箴赞誉康有为"为人所不肯为,言人所不敢言",是"一时奇士"。但反对康氏的"孔子改制"之说,也不赞成"民权平等"之论。指令《湘报》删去报首议论。五月十四日,委任黄遵宪为时务学堂总理,黄氏发布告示称,市上流传的学堂课艺系"冒名伪作"。当时,熊希龄等为反击王先谦等人,上书陈宝箴,指陈岳麓书院弊端,要求整顿。对此,陈宝箴判为"门户纷争",企图调和了事。六月二十二日,光绪帝下谕,表扬陈宝箴"锐意整顿",指示他可以严惩那些"有意阻挠,不顾大局"的缙绅。陈宝箴传唤散布匿名揭帖的宾凤阳等人,王先谦随即以辞去岳麓书院山长相要胁,陈宝箴不了了之。

南学会自四月初十日之后即停止讲演。同月,皮锡瑞离开湖南。五月,时务学堂教师相继被迫辞职,学堂长期放假。六月一日,陈宝箴停发《湘报》津贴。十二日,清廷召黄遵宪、谭嗣同入京。熊希龄不久也离开湖南。湖南的维新活动渐趋沉寂。

**湖北** 湖北自光绪十五年(一八八九年)两广总

督张之洞调任湖广总督以来,大力推行新政,先后创建湖北织布局、汉阳铁厂、湖北北纺纱局等新型企业(参见第八章),又在武昌建两湖书院,讲授科学技术等西学或新学。中日战前,湖北实行新政已见成效。中日战争期间,张之洞代刘坤一署两江总督,在李鸿章签署马关条约后,致电总理衙门,指斥"倭约各条,贪苛太甚",上疏请斩李鸿章以谢天下。向光绪帝奏陈《吁请修备储才折》,提出"变通陈法"练陆军、治海军、造铁路、设枪炮厂、广开学堂、速讲商务、讲求工政格致、多派人员出国游历等九议。又与刘坤一联名上奏《遵议廷臣条陈时务折》建策整顿军事、发展实业、反对以八股、试帖取士,中学宜兼西学。光绪二十三年(一八九七年),张之洞自江宁回湖广总督任,继续在湖北建立新式企业、开办学堂,以西法练新兵,湖北成为推行新政最有实效的地区。

张之洞幼读经书,博览词章。同治二年中进士一甲第三名,授翰林院编修,是著名的儒臣。又留心西方时务,兼读西学书籍,任山西巡抚、两广总督,屡行新政,声名日著。康有为初上书即称张氏"有天下之望"。梁启超早年上书张之洞尊称为"吾师",说是通达西学、博综中学,无人可比。谭嗣同则称当今大吏中通权达变、讲求实济者"惟香帅一人"(张之洞字香涛)。张之洞对康梁建会办报等活动,也曾给予支持和资助。但对康氏的公羊说及改制考深为不满,对

"民权"说则力斥其非。张氏实际主张在清廷统治下，维护纲常名教，吸取西学兴办实业、学校、新军等新政以求自强。在实行中则力避清廷的猜忌以免招祸。这与康、梁等激进之论，显然不合。梁启超公开撰文，一再批评张氏。张之洞与康梁之间的分歧，日益加剧了。

光绪二十四年（一八九八年）三月，张之洞刊刻所著《劝学篇》问世，分内外两篇。序称："内篇务本，以正人心；外篇务通，以开风气。"外篇部分阐述了学习西方科技、文化，设立学堂、改革科举、翻译日文书籍，提倡阅报等多方面的问题，可以视为张之洞的新纲领，也是为变法划定的范围。专辟《正权》一章，批评民权之说，"无一益而有百害"，"愚民必喜，乱民必作，纪纲不行，大乱四起"。声称西方所谓"民权"只不过"欲民申其情，非欲民揽其权"。批评梁启超在《时务报》中提出的西方国家"人人有自主权"之说，认为那将出现"工愿高价，无业贫民愿劫夺，子不从父，弟不尊师，妇不从夫，贱不服贵"的状况。但张之洞对西方"政必有法"，"君民皆不得违其法"的情况却颇为赞赏，也不反对开议院，但认为尚非其时。说："此时纵欲开议院，其如无议员何！此必俟学堂大兴，人才日盛而后议之。"

《劝学篇》极力维护传统的纲常名教。《明纲》篇说："五伦之要，百行之原，相传数千年更无异义，圣人所以为圣人，中国所以为中国，实在于此。"提倡"中学为体，西学为用"。《循序》篇说：学者须"先以中学固其根柢"，"必先通经，以明我中国先圣师立教之旨。"《设学》篇说："四书、五经、中国史事、政书为旧学，西政、西艺、西史为新学。旧学为体，新学为用，不使偏废"。在此以前，光绪二十一年二月《万国公报》曾发表沈寿康《匡时策》，说："夫中西学问，本自互有得失。为华人计，宜以中学为体，西学为用。"次年，孙家鼐在筹议开办京师大学堂时也曾提出："自应以中学为主，西学为辅；中学为体，西学为用。"《劝学篇》反复论证中学与西学、旧学与新学的体用之说，得到众多士大夫的赞同，产生了广泛的影响。

《劝学篇》刊行后进呈光绪帝。光绪帝认为"持论平正通达，于学术人心大有裨益"，说"吾变法并非要变成洋鬼子，幸今日已见张某之书，方始明白君权之要"（《光绪宣统两朝上谕档》）。谕令军机处颁发各省督抚、学政阅读。

**广东** 广东是西方列强较早侵入的地区。光绪十年（一八八四年）张之洞自山西巡抚调任两广总督，面对法国对越南的侵略，在任期间聘任德国教习编练新军，筹办广东水师，开办陆师学堂与水师学堂训练军官，建立枪炮厂、枪弹厂生产军火，又创设缫丝局、织布局和制铁厂、制丝局和银元局，开办当时所谓"洋务"的新型企业，颇有成效。又在广州创设广雅书院和广雅书局，聘任中法战争中因弹劾李鸿章获罪的翰林院编修梁鼎芬主讲席。光绪二十一年末康有为返回广东,继续在广州万木草堂讲学著书。次年,出游香港、澳门,又去广西宣传变法。光绪二十三年(一八九七年)六月再回广东讲学,听者甚众。广东成为康有为传播变法维新思想培养维新人才的基地。

上述各地外,澳门有康广仁经理、梁启超等编撰的《知新报》。陕西有刘古愚等组织的复郏学会及不定期出版的《时务斋随录》。四川有宋育仁等创办的《渝报》、蜀学会及《蜀学报》。浙江温州有陈虬创办的《利济学堂报》。杭州有陈虬、宋恕、章炳麟创办的《经世报》。江苏无锡有裘廷梁的《无锡白话报》。据统计,光绪二十一年(一八九五年)至二十四年间,全国各地创办的学堂、学会和报刊,约有三百多起。一时间,学会、报刊纷纷议论变法维新,形成强大的舆论。

中枢及地方大吏在此期间也纷纷上疏,吁请变法。光绪二十一年(一八九五年)春,时任天津海关道的盛宣怀即上书翁同龢,请促皇上变法。又致书李鸿章,说"中国苟能发愤自强,除吏政、礼政、刑政暂不更动外,户政、兵政、工政必须变法"。(陈旭麓等主编《盛宣怀档案资料之三》)甘肃新疆巡抚陶模上疏,建策十三项,"培养人才,勉图补救,"包括改革教育、学习算学工艺等西学,选派出洋以及培养通晓新学的新式军官、学习西式操法、翻译外国政书等多项内容。中日战后奉旨在天津编练新军的原广西按察使胡燏棻上疏,奏陈"因时变法,力图自强"十策,包括开办铁路、矿产、邮政、机器制造厂,依西法练新军,设立新式学堂等项。御史王鹏运奏请各省设商务局讲求商务,又奏请开矿产、铸银圆。刑部侍郎李端棻(梁启超内兄)疏请改革教育,京师设大学,省府州县设学堂,学习经史,辅以新学及外国语文,广设藏书楼(图书馆),仪器院,开译书局,成立报馆,选派留学及出国考察。又密荐康有为、谭嗣同可以大用。

中日战后的两三年间,要求变法图强的声浪,日益高涨。在所谓"维新"的呼吁声中,学习西法编练新军,学习西方科技开设工厂路矿,振兴工商,改革科举,兴办新式学堂,讲授西学等等,已日渐成为朝野人士的共识。诸家所论,只有实行步骤的缓急与方法模式的区别,并无根本的歧异。分歧在于对"变法"的理解,所谓"吏政、礼政、刑政"即政体、礼教、法制是否急需改革,所见不同。是在清朝原有的统治秩序下实行维新的新政,还是对满洲皇室的专制统治制度有所变革,于是成为人们争议的焦点,也是慈禧后与光绪帝争议的焦点。

## (二)光绪帝宣诏变法

### 一、康有为上书

康有为在变法维新的声浪中,著书立说,创办报刊,奔走南北,声名渐著,成为呼吁变法最为积极也最为活跃的代表人物。

光绪二十三年(一八九七年)十月,德国强占胶州湾后,康有为随即返回京师,十二月经工部上书光绪帝,称:"为外衅危迫,分割洊至,急宜及时发愤,革旧图新,以少存国祚,呈请代奏事",提出建策三条:一、采法俄、日,以定国是;二、大集群才而谋变政;三、听任疆臣各自变法。书中列举列强瓜分各殖民地状况,慷慨陈词,说"职恐自尔之后,皇上与诸臣虽欲苟安旦夕、歌舞湖山而不可得矣!且恐皇上与诸臣求为长安布衣而不可得矣!"这道奏章,工部尚书淞溎不为代奏。给事中高燮上疏推荐,请光绪帝召见康有为。清制,非四品以上官,不能召见。恭亲王奕䜣称康有为是"小臣",皇上若欲有所询问可命大臣传语。

次年正月初三日,光绪帝命李鸿章、翁同龢与兵部尚书、协办大学士荣禄(满洲正白旗人)等人接见康有为。荣禄对康有为说:"祖宗之法不能变。"康答:"祖宗之法,以治祖宗之地也,今祖宗之地不能守,何有于祖宗之法乎? 即如此地为外交之署,亦非祖宗之法所有也。因时制宜,诚非得已。"称说"日本维新,仿效西法,法制甚备,与我相近,最易摹仿"。次日,翁同龢向光绪帝保荐康有为,光绪帝意欲召见,又为奕䜣所阻,命将康有为所著《日本变政考》、《俄大彼得变政记》二书送呈。

正月初八日,康有为又应诏陈言,上书总署,奏请光绪帝效法日本明治维新,建策三条:一、大誓群臣以革旧维新,而采天下之舆论,取万国之良法。二、开制度局于宫中,征天下通才二十人,将一切政事、制度重新商定。三、设待诏所,许天下人上书。其中,康有为最重视开制度局一项,具体设计是:选天下通才十数人为修撰,以王大臣为总裁,讨论旧制新政,何者当改,何者当增,由皇帝折衷一是。分设法律、税计、学校、农商、工务、矿政、铁路、邮政、造币、游历、社会、武备等十二局施行。按照这一设计,就在皇帝周围形成一个新的机构策划变法,同时也将形成新的行政系统。这一奏折被总理衙门压了一个多月,在光绪帝一再催问下,才于二月十九日上呈。光绪帝读到后,命王大臣们"妥议具奏",但没有下文。次日,康有为进呈《俄彼得变政记》。三月二十日,进呈《日本变政考》。康有为认为,俄国"君权最尊",与中国相同,希望光绪帝效法彼得大帝,毅然变法。但最值得仿效的还是明治维新,因此,竭力向光绪帝鼓吹,"采鉴于日本,一切已足"。

为争取各方的支持,三月二十七日,康有为与御史李盛铎在北京成立保国会,提出以保国、保种、保教(孔教)为宗旨,制定章程声称:"本会以国地日割,国权日削,国民日困,思维持振救之,故开斯会以冀保全。"保国会成立后,曾举行过三次讲演会宣传变法图强。随即遭到荣禄等人的指责停止了活动。

## 二、光绪帝宣诏前后

年轻的光绪帝亲政后即面临列强瓜分的危机,在朝野变法维新呼声的影响下,亟思改革旧制,擢用新人,实行新政以求救亡图强。但国之大事,仍须关白皇太后处分。慈禧后在此前执政期间,也曾倡行矿业、轮运、电讯等新政,建设新军。中日战争期间,再次起用以维新著称的奕䜣为首席军机辅政。一般说来,慈禧后、奕䜣等满洲皇族并非一概反对维新,但不容许变革政治体制,坚执恪守祖宗家法,维护满洲皇室的专制统治。对于光绪帝任用汉臣改变祖制,时加防范。

光绪帝自幼受学于翁同龢,对师傅极为倚重。中日战争以来,翁同龢以户部尚书充军机大臣会办军务,兼管总署,又授任协办大学士,屡向光绪帝荐读西书,推荐新人,力促变法维新。光绪帝求治心切,遇事不免操之过急,翁氏或持异议,曾遭"谴责"。君臣之间有时意见相左,但翁氏仍是皇帝身边最有影响的枢要。军机大臣刚毅(满洲镶蓝旗人)说是"翁同龢蒙蔽了皇帝的视听"。(李提摩太《留华四十五年记》第十二章,引见《戊戌变法》资料第三册)某些满族权要甚至抱怨说:咱们的天下是自家做,还是叫姓翁的做?(《汪康年师友书札》第一册)光绪二十四年(一八九八年)四月初十日,奕䜣病死。传说临终前曾向慈禧后陈言翁同龢"居心叵测,并及怙权"。(金梁《四朝佚闻》)倡行变法的翁同龢成为满洲皇室贵族疑忌的首要对象。

奕䜣死后三日，御史杨深秀上疏请"明降谕旨着定国是"除旧布新。四月二十日翰林侍读学士徐致靖又上疏，请定国是，"一众心而维时局"。杨、徐两疏均由康有为代拟。光绪帝禀白太后，决意以变法昭示天下，委翁同龢拟就定国是诏，二十三日颁行。诏谕略称："朕惟国是不定，则号令不行"，"用特明白宣示：嗣后中外大小诸臣，自王公以及士庶，各宜努力向上，发愤为雄，以圣贤义理之学植其根本，又须博采西学之切于时务者，实力讲求，以救空疏迂谬之弊。专心致志，精益求精。"（《清德宗实录》）。诏书的颁行，旨在明白宣示以变法为国策。提出以义理为本博采西学，意在调和众议，使王公士庶同心变法。但诏书开篇曾对守旧者严加指责，说："或托于老成忧国，以为旧章必应墨守，新法必当摈除，众喙哓哓，空言无补。"随后又严词质问，力斥其非。诏书的这些责问，自是给予墨守旧章者不小的触动。

定国是诏颁布前一日，协办大学士、兵部尚书荣禄晋升为大学士，管理户部，位居翁同龢之上。军机大臣、刑部尚书刚毅晋为协办大学士，调任兵部尚书，以加强满洲贵族的统治。

定国是诏颁布后，光绪帝即着手引用汉人维新人士。四月二十六日，诏谕徐致靖保荐的工部主事康有为、刑部主事张元济于二十八日预备召见。湖南盐法

106

道黄遵宪、江苏补用知府谭嗣同送部引见。

四月二十七日,光绪帝去颐和园向慈禧后请安,随即以皇帝名义发出上谕。

一、嗣后"补授文武一品暨满汉侍郎,均著于具摺后恭诣皇太后谢恩。各省将军都统督抚提督等亦著一体具摺奏谢。"

二、罢免翁同龢。谕称:"协办大学士、户部尚书翁同龢近来办事多未允协","且于每日召对时谘询事件,任意可否","著即开缺回籍,以示保全"。

三、命直隶总督王文韶迅即来京陛见,荣禄署直隶总督。(《光绪朝东华录》)

慈禧后于归政后又亲自过问文武大臣的授任,以限制起用新人。罢免翁同龢,王文韶入京接替户部尚书,荣禄得以接任直督,控制京津及北洋陆军,镇驻京畿。

次日,光绪帝在颐和园仁寿殿召见康有为,说"今日诚非变法不可"。康问:"皇上之圣既见及此,何为久而不举,坐致割弱?"光绪帝叹道:"奈掣肘何!"(康有为《我史》)康有为面奏:"请皇上勿去旧衙门而惟增置新衙门,勿黜革旧大臣而惟渐擢小臣,多召见才俊志士,不必加其官,而惟委以差事,赏以卿衔,许其专摺奏事足矣。"(《光绪朝东华录》)光绪帝谕命康有为在总理各国事务衙门行走充任章京,得向皇帝专摺奏事。同日又召见张元济,问及西藏、云南修筑铁路等事,张元济面奏及早储备人才,重视学校科举,随即退去。

## 三、百 日 维 新

定国是诏颁布后,维新变法势在必行。光绪帝在诸多掣肘的处境中举步维艰,不得不酌采争议较少、阻力较小的一些建策,逐步实行。此后百日内,诏谕施行的新政,主要有以下几个方面。

**开办学堂** 早在光绪二十二年(一八九六年)五月,李端棻即曾奏请在京师及省府州县设立学堂,京师设大学堂,辅授西学。二十四年正月,御史王鹏运再次奏请开办京师大学堂,谕准。《定国是诏》特谕此事,称:"京师大学堂为各行省之倡,尤应首先举办",著军机、总署会同具奏。五月十五日,总理衙门拟具开办章程及拟办事宜奏陈。光绪帝命协办大学士、吏部尚书孙家鼐为管学大臣。管理京师大学堂事务。原命梁启超办理的译书局并入大学堂管理。中国从此有了第一所新式大学,是教育史上的一件大事。

五月二十三日,光绪帝采纳康有为等人的奏请,发布上谕,各地书院改建新式学堂,民间祠庙之不在"祀典"者,由地方官晓谕居民改为学堂,各地学堂广为编译西学书籍,以为肄习。奖励民间捐资办学。其后,光绪帝陆续诏谕,筹办矿务、海军、农务、编译各类学堂,培养各类专门人才。又命各省挑选学生赴日留学。

**改革科举** 清朝沿袭前代,以科举取士,考试经义,文限八股,禁锢思想知识。科举八股之弊,早已为有识之士所痛斥,但积习既久,难得变改。光绪二十三年(一八九七年)十一月,贵州学政严修奏请另设经济特科,以收实用。次年正月,总理衙门奕䜣等议复,奏请特科分设内政、外交、理财、经武、格物、考工等六科,考试策论,复试后带领引见,听候擢用。举行特科不限年分,岁举三年一次。光绪帝谕准实行。定国是诏颁行后,五月初二日,御史宋伯鲁、杨深秀弹劾礼部尚书总理大臣许应骙"腹非朝旨,在礼部堂上倡言经济特科无益,务欲裁减其额",请令退出总理衙门。许应骙上书自辩,说是康有为任总署章京怀怨,捏造浮辞中伤,请将康有为罢斥。光绪帝诏谕调解,命许应骙"与各堂官和衷商榷"(《清代起居注册》)。二十日,御史文悌(满洲正黄旗人)再次上疏攻讦康有为,光绪帝将文悌罢免。二十五日诏谕各省督抚学政推举参与经济特科考试的人才。

康有为与御史宋伯鲁一再上疏,力陈考试四书及八股文之弊,奏请废除。光绪帝命军机大臣拟旨,刚毅说"此事重大,行之数百年,不可遽废",光绪帝厉声责问道:"你要阻挠我么?"刚毅说要请示太后。五月初五日,光绪帝得慈禧后允准,降旨,自下科起改试策论。十二日又诏谕生童岁试,即行改试策论,勿待下届更改。六月,诏准张之洞所奏,更定科举新章。停止朝考。七月,诏令罢试诗赋。

**兴办实业**　光绪帝亲政后,曾屡诏振兴工商,倡行企业商办。光绪二十四年(一八九八年)四月初,兵部满侍郎荣惠奏请特设商务大臣。光绪帝交总理衙门议复。定国是诏颁布的次日,颁谕准依总理衙门议请,在各省会设立商务局,"由各商公举殷实稳练素有声望之绅商派充局董,驻局办事"。(《光绪朝东华录》)。六月,谕令刘坤一、张之洞分别在上海、汉口试办商务局,振兴工业。随后又诏谕各地督抚"悉心讲求,次第兴办"。康有为奏请中枢设商部,未能获准。七月初五日又请设农商局,经总理衙门代奏。光绪帝诏谕在京师设立农工商总局,派直隶道员端方、徐建寅、吴懋鼎督理。各省由督抚设立分局,选派通达时务的绅士两三人总司其事。

康有为曾于五月初八日奏请奖励新艺、新法、新书、新器,特许专卖。总理衙门拟订振兴工艺给奖章程,二十五日诏谕颁行。章程凡十二款。凡有自出新法,制造船械、枪炮,胜过西人旧器,制造西人所无或仿造西人已有的各种日用机器,分别给奖,准予开办公司授予专利。著作新书,发明专门之学,赏给实职,准刻书专售。独捐巨款开办学堂,藏书楼、博物院以及开辟地利建枪炮厂等也都给予奖励,赏加虚衔。章程虽然仍很疏略,但这是前所未有的有关发明、专利的第一个给奖章程。

总理各国事务衙门,自奕訢病死翁同龢罢任后,主要由奕劻与军机大臣、总理各国事务大臣廖寿恒（浙江嘉定人）等主持其事。王文韶调京后也兼任总署事。有关兴办实业的新法新章的制定，总理衙门做出了贡献。

**操练新军**　中日战后，荣禄保荐袁世凯在天津小站编练新式陆军，是为北洋新军。两江总督张之洞在江南编练新军，称江南自强军。光绪帝宣诏变法后，五月二十一日，据顺天府尹胡遹棻、出使大臣伍廷芳等人的奏请，诏谕八旗满洲蒙古汉军骁骑营及两翼前锋护军营均改习洋操洋枪。派奕劻等管理骁骑营，步军统领崇礼（汉军正白旗人）等管理护军军营，"督同各旗营与专操大臣，按照泰西兵制，更定新章，认真操演"。炮队营、藤牌营也一并改用新法演练。二十八日，又谕令各省水陆军裁员节饷，训练精壮，俾成劲旅。

**革新政体**　革新政体是变法的要点，也是阻力最大的难点。这不仅要遭到满洲贵族守旧势力的反对，也还要涉及广大满汉官员权利的转移。光绪帝自知兹事体大，行之极难，颁诏变法后，迟迟不敢轻举。直到推行各项新法两个多月后，才从裁减冗官入手，试行革新。

裁减冗官——清廷官员冗滥，吏治腐败，是由来已久的积弊，也是推行新政的重大障碍。七月初，太仆寺少卿岑春煊（云贵总督岑毓英之子）奏请裁汰中枢官署和外官。光绪帝随即采纳此议。七月十四日诏谕裁撤中枢的詹事府、通政司、光禄寺、鸿胪寺、太仆寺、大理寺等六个衙署。外官中湖北、广东、云南三省督抚回城，裁撤巡抚，由总督兼管。又裁撤东河总督及各省的粮道。各省的办公局所及候补、分发、捐纳、劳绩等冗员，也一律裁汰。光绪帝变法心切，大力裁员自是必要的革新之举，但此举涉及京师闲散衙门十余处，连带失职者近万人，各省裁员涉及更广。诏谕颁发后，京师满汉官员引起一片惊慌，怨声四起，难以实施。此后十日内，光绪帝又连发三道诏谕，一再敦促大学士、六部尚书及各省督抚对何者应裁应并，切实筹议具奏。但京内外官员心存观望，迟不议复。裁减冗员遇到京内外满汉官员的抵制，变法的阻力加大了。

开放言路——上海《时务报》自创刊以来宣传变法维新，言路大开。光绪帝宣诏变法前，梁启超因与汪康年不协而退出。光绪二十四年(一八九八年)五月二十九日，御史宋伯鲁奏请改上海《时务报》为官报，仍由梁启超督办。管学大臣孙家鼐奉旨议复，请准如所奏，但因梁启超已奉旨办理译书事务，议请派康有为督办。孙家鼐并奏陈官报及各地报馆，应将报纸呈送都察院及京师大学堂各一份，择要录呈皇帝御览。又拟章程三条，官报由主笔负责慎选，改革总理衙门原定"不准论时政，不准臧否人物"的旧章，开除禁忌，准予议政。六月初八日，光绪帝降旨依议，并称："至各报体例，自应以指陈利弊，开扩见闻为主，中外时事，均许

据实昌言,不必意存忌讳。"(《光绪朝东华录》)

光绪帝亲政后,即屡次下诏求言。宣诏变法后,又屡诏大小臣工,上书献策,以备采择。但清朝定制,下级吏员及士民不得向皇帝上书,因而康有为的几次上书,均不能上达。六月十五日,光绪帝诏谕"其院部司员有条陈事件者,著由堂官代奏,士民有上书言事者,著赴都察院呈递。勿得拘牵忌讳,稍有阻格。"(《光绪朝东华录》)

礼部主事王照应诏上书说:"两月以来,皇上振厉,志在风行,而诸臣迁就弥缝,阴怙旧习。上以诚感,下以伪应。"他建言三事:一、宣示削亡之祸,列国生心。使人人知危急存亡,朝廷苦心挽救。二、请皇上奉皇太后驾幸中外,游历邻邦,自日本始。然后体皇太后之意以变法。三、请设教部,与学部相辅而行,在各地普及教育。王照将奏疏呈礼部堂官代奏,礼部满汉尚书怀塔布、许应骙拒不代递。王照又上书弹劾礼部。左侍郎堃岫、右侍郎宗室溥颋拒不收转。王照在礼部堂上当面指斥许应骙等违抗圣旨。许应骙被迫代奏,同时上章指斥王照"妄请乘舆出游异国,陷之险地",说:"王照用心不轨,故臣等不敢代递。"光绪帝于七月十九日,亲颁朱谕,斥责怀塔布等故意抑格,不遵谕旨,将怀塔布、许应骙、堃岫、溥颋及署左侍郎徐会澧、署右侍郎曾广汉均行革职。王照"不畏强御,勇猛可嘉",给予奖赏。随后,任四川总督裕禄(满洲正白旗人)、李端棻为礼部满汉尚书,徐致靖为侍郎。

光绪帝一举革罢尚书、侍郎六大员,内及满洲宗室,显然意在表明广开言路变法维新的决心,对于有意阻格者,无论何人,绝不宽贷,借以对反变法者示威和示警。朱谕颁布后,据说举朝震骇。光绪帝又谕各部院衙门,将此朱谕及有关谕旨录写悬挂大堂"俾其触目惊心,不至复萌故态,以示朕力除壅蔽之至意"。(《清代起居注册》)

擢用新人——光绪帝在颁布朱谕革罢礼部六堂官的次日,即宣诏擢用一批新人,入参新政。谕内阁候补侍读杨锐、刑部候补主事刘光第、内阁候补中书林旭、江苏候补知府谭嗣同,"均著赏加四品卿衔。在军机章京上行走,参预新政事宜"。(《光绪朝东华录》)

杨锐,四川绵竹人,是张之洞的得意门生,曾在张幕。光绪十五年(一八八九年),考授内阁中书,又晋为侍读,仍与张之洞联系密切。二十四年,发起组织蜀学会,鼓吹变法维新,但不赞同康有为。光绪帝宣诏变法后,张之洞曾举荐应试经济特科。刘光第,四川富顺人,是杨锐的好友,共同组织蜀学会,也不赞同康有为,曾得到张之洞的赏识。中日战争中,曾经上书光绪帝,建陈"乾纲独断"。杨、刘二人均由陈宝箴出面保荐。林旭,福建侯官人,曾组织闽学会,宣传维新,服膺康有为,自称弟子。得荣禄赏识,曾在荣禄幕府。光绪帝宣诏变法后,即曾诏谕引见谭嗣同。谭嗣同因病迟滞,七

114

月初到达京师。光绪帝擢用四人,来自不同方面,显然意在博采众议,广开言路,以促成新政的推行。

光绪帝宣诏变法前,康有为见开议院设国会等主张势难实现。退而建策开制度局,但也难以实行。六月初,梁启超代刑部侍郎李端棻拟折奏呈,建策仿前朝旧制"开懋勤殿议制度"召见士人参议新政。军机议复,需慎重从事。光绪帝擢用四京卿,实际上是采用康有为存旧用新之策,在擢用大臣遭到限制的情况下,"委以差事,赏以卿衔"。四京卿任命的诏谕,特书"参预新政",军机章京得签阅有关新政的奏章进呈,草拟诏谕,但有所建陈仍须经由军机大臣呈递。

光绪帝在宣诏变法两个多月之后,开始触及政体的革新。七月中旬以来诏谕实行的裁汰冗员、广开言路、擢用新人等事,本来是历朝整顿吏治例行的常事。但在慈禧后与满洲守旧贵族对改制心存戒惕的形势下,光绪帝的这些举措引起强烈的反响,遭到多方责难。慈禧后与光绪帝的冲突也随之激化了。


## (三)慈禧后发动政变

光绪帝宣诏变法以来,慈禧后与荣禄等满洲贵族一直把恪守祖宗家法,维护满洲贵族的专制统治作为不可动摇的守则,对变法时加防范。礼部尚书怀塔布被罢免后,其妻向慈禧后泣诉:"皇上为左右荧惑,变乱朝政,求老佛爷(指慈禧后)做主"并说变法"且尽除满人"。康有为自编年谱《我史》记"内务府人皆环跪后前,谓上妄变祖法。请训政,后不许。"

光绪帝命谭嗣同查考前朝开懋勤殿事。七月二十八日,康有为策划徐致靖、王照分别上章,请开懋勤殿,并推荐康有为、康广仁等备顾问。次日,光绪帝去颐和园向慈禧后禀白。不待陈述,慈禧后即怒斥光绪帝近日罢堂官、用新人等事,严厉责问说:"从你这儿坏了祖宗之法,如何对祖宗!"光绪帝答,"臣宁变祖宗之法,不忍弃祖宗之民、失祖宗之地,为天下后世笑,负祖宗和太后的付托"(《赵柏岩集》)。慈禧后与光绪帝当面冲突,严词诘难,不可收拾了。

光绪帝退后,甚为不安,预感祸将临头。七月三十日自拟密诏付杨锐,说"皇太后圣意,不欲将法尽变,并不欲罢黜昏庸老臣,登用英勇通达之人议政。如朕降旨将法尽变,朕位且不能保"。问杨锐"有何良策,使旧法可以渐变,又不致有拂圣意",要他与林旭、谭嗣同、刘光第及诸同志筹商密奏,说是"不胜紧急翘盼之至"。(见罗惇融《宾退随笔》,《戊戌变法》资料第二册上谕)

## 一、康梁密谋拥帝除后

慈禧后面责光绪帝前后,康有为等人在光绪帝左右谋划了各种对策。

结纳外援——康有为自组织强学会时，即曾得到英人李提摩太、美人李佳白等的支持。宣诏变法后，康有为与李提摩太时有往来，多加谘访。康氏屡向光绪帝建陈效法日本明治维新，派遣留学生去日本学习。日本政府自中俄签订密约、俄国租占旅顺后，与英国结盟钳制俄国，因而力图离间中俄，促使清廷改变联俄拒日的外交方针，联日拒俄。清廷变法之初，日本外交人员曾去江南，游说各督抚。张之洞、陈宝箴等均为所动，赞同联英日以拒俄。日本官员又在各地活动，倡言赞助变法维新。康有为等则极愿得到外力的支援，以加强光绪帝变法的实力，抵制慈禧后等守旧势力的阻格。据康有为自记，曾与日本驻华公使矢野文雄商约举行"两国合邦大会议"，未能实现。康有为、梁启超等人往来日本使馆，联系密切。矢野仁雄曾致函清总理衙门，倘中国派遣留学生去日本学习，日本政府愿支付经费，告以二百人为限。康有为代御史杨深秀拟折，奏请接受其议，并陈述联日为可取。光绪帝谕准，由两国商订章程选派，并在七月二十六日以皇帝名义径函日本天皇，表示感谢，内称自矢野来华"凡遇两国交涉之事，无不准情酌理，归于公平，已征邻好"。（《光绪朝中日交涉史料》）表示了与日本修好的意向。同日降旨，免去了力主恃俄拒日的李鸿章总理衙门职务。中日战争中与李鸿章谈判的日本首相伊藤博文在这年夏季辞职，以游历为名来华活动。七月二十九日到达京师,订于八月初五日晋见光绪帝。此前,李提摩太曾向康建议,聘伊藤为实行变法的外国顾问。伊藤来华,京师多有风传。

光绪帝密诏杨锐后,见局势危急,八月初二日,又降明诏,命康有为速去上海督办官报。召见林旭,另付一密诏,命康迅速外出,不可迟延,意在保全。初三日康有为奉诏,痛哭跪诵,密折谢恩,称誓死救皇上。急访李提摩太求助,指望英国公使出面干预,英使不在。初四日,又往访伊藤博文。对伊藤说,"太后听满洲党谮言已多,彼等皆诬皇上以狂病,心存废立,未知确否。虽然,君侯见太后时,请极言皇帝贤明,行改革事为诸外国所深喜"。又说,"君侯见太后时,请极言满人汉人同为清国赤子","满汉界限,切不可分"。(引见汤志钧《乘桴新获》)伊藤唯唯敷衍。此时,光绪帝败局已定,康有为依靠外力的"良策",无济于事了。

召抚袁世凯——光绪帝宣诏变法后不久,慈禧后即命调荣禄署直隶总督,随后实授,兼北洋大臣,节制北洋水陆诸军。慈禧后与荣禄完全掌握了北洋军权,光绪帝陷于被挟制的境地。

袁世凯在中日战后经兵部尚书荣禄疏荐督办北洋军务,在天津小站编练新军,是北洋陆军的重要将领。康有为组建强学会时,袁世凯曾予赞助,又曾上书翁同龢,建陈参照西法改革用人、理财、练兵诸政。康有为以为袁世凯倾向维新,可以争取拥帝变法。光绪二十四年(一八九八年)六月,委派徐致靖之侄徐仁禄去袁幕联络,袁世凯虚与周旋。康有为在自编年谱记:"袁倾向我甚至,谓吾为悲天悯人之心,经天纬地之才","毅甫(徐仁禄字)归告,知袁为我所动,决策荐之"。七月二十六日,康有为代徐致靖拟摺奏荐袁世凯,内称:"今诚患无将帅之才,幸而得其人,必当隆其位任,重其事权,似不宜加以钤束,置诸人下。"建陈破格擢任袁世凯"使之独当一面,永镇畿疆"。(《戊戌变法档案史料》)同时又由谭嗣同密奏"抚袁以备不测"。康氏荐袁,旨在使光绪帝在军事上有所依恃,分荣禄之权,以保不虞,用意甚为明显。光绪帝览奏,即日谕电荣禄,传知袁世凯来京陛见。七月二十九日,袁世凯到京。正是慈禧后面斥光绪帝的同时。

八月初一日,光绪帝在颐和园毓兰堂召见袁世凯,退后即传谕:"直隶按察使袁世凯,办事勤奋,校练认真,著开缺以侍郎候补,责成专办练兵事务。所有应办事宜,著随时具奏。"令初五日请训。袁世凯破格擢升,次日谢恩。光绪帝对他说:"此后可与荣禄各办各事。"

八月初三日,荣禄发出急电,又派专差送信给袁世凯,称大沽口有英船游弋,命袁即日返津回防。袁回复荣禄,请训后即回津。

密谋杀荣除后——康有为在自编年谱《我史》中记载光绪二十三年五月自翁同龢处得知"上实无权,

太后极猜忌",即自书"然苟不能为张柬之之事,新政无从办矣"。所称"张柬之之事"是指唐宰相张柬之在武则天病重时,借羽林大将军李多祚等领兵入宫,斩张易之等权臣,迫使武后退位,拥立中宗之事。由此表明,除后拥帝是康氏久已蓄意的构想。

七月初八日慈禧后命光绪帝颁谕,九月间奉皇太后去天津阅兵。康有为疑虑慈禧后与荣禄将拥兵废帝。七月二十七日谭嗣同的好友毕永年来京。毕氏湖南长沙人,在长沙参加谭嗣同组建的南学会,著文宣传变法,又曾去汉口与哥老会联络。谭嗣同把他推荐给康有为,次日移居康氏居住的南海会馆。二十九日夜,康氏对毕永年说:太后要在天津阅兵时杀皇上。我要学唐朝张柬之废武后之举。已奏请皇上召袁世凯入京,让他做李多祚。八月初一日,康有为与梁启超晚餐时,得知光绪帝召见擢任袁世凯,以为成事在望。随即告毕,袁世凯统兵围颐和园时,"汝则率百人奉诏往执西后而废之"即奉帝诏拘捕慈禧后,废除皇太后名位。随后,康广仁、梁启超、谭嗣同也来聚议。毕氏在题为《诡谋直记》的日记,八月初二日记:"彼此交浅,何能深言,又何能行事耶?心中不决。"

初三日,康有为泣奉密诏,誓死救帝。由梁启超托人对毕永年说,"先生(指康)之意,其奏知皇上时只言废之,且俟往颐和园时执而杀之可也"。(《诡谋直记》)试探毕永年是否肯任此事。毕说:"我早就知道

120

他要让我做成济，你且等等看。"（成济，三国时魏人，行刺魏帝曹髦。见《三国志》魏纪甘露五年）当晚，又由谭嗣同夜访袁世凯。据袁氏事后编写的《戊戌纪略》（一九二六年《申报》刊布时题为《戊戌日记》）记：谭嗣同向袁出示一奏稿，内称荣某废立弑君，请付袁世凯

毕永年日记

朱谕，命带本部兵赴津见荣，宣诏正法。以袁某代为直督，率所部兵入京，派一半围颐和园，一半守宫。袁问："围颐和园欲何为？"谭说："不除此老朽，国不能保，此事在我，公不必问。"又说："但要公以二事，诛荣某、围颐和园耳。"袁说，本军粮械子弹均在天津营内，要布置半月二十天才能答复。谭嗣同说"上意甚急"，要袁立刻定议请旨。袁推说到九月巡幸时，由皇上下谕遵办。谭嗣同无奈，说：报君恩救君难在你，贪图富贵告变封侯也在你。你看着办吧！谭去后，袁世凯自记："反复筹思，如痴如病"，"细想如任若辈所为，必至酿生大变"。

　　毕永年曾对康有为说，他极怀疑袁世凯不可用。

121

康氏不听。初四日晨,谭嗣同将昨夜访袁情况告毕。毕永年说他不愿一起遭难。劝谭自作打算,不要同归于尽。当天下午即迁出南海会馆,一天以后,便离开京师,南下上海。

康梁谭等一厢情愿策划的倚用袁、毕杀荣除后密谋,不待发难,已成泡影。慈禧后先发制人,发动了夺取皇权的政变。

## 二、慈禧后夺取皇权

康有为对伊藤所说"未知确否"的太后与"满洲党""心存废立"之说,并非无根的猜测。不过,慈禧后与荣禄等人所策划的并非立即废帝,而是由慈禧后夺取皇权再度执政,仍保存光绪帝,以皇帝名义奉太后懿旨颁谕,名曰"训政"。

怀塔布被罢黜后即驰赴荣禄处密商对策。曾经弹劾强学会和康有为的监察御史杨崇伊、总管内务府大臣、户部侍郎立山(蒙军正黄旗人)等也去天津,参与谋划。八月初一日,光绪帝召见袁世凯后,杨崇伊往见荣禄,说皇上用袁,是要收兵权。荣禄已胸有成竹,对杨说,你是言官,可奏请皇太后训政,回去与庆王商量。荣禄亲致庆王奕劻一密信,交杨崇伊转递。初二日,庆王奕劻与端王载漪同往颐和园,与慈禧后谋划夺权训政。初三日,杨崇伊以监察御史奏请太后训政,理由两条。一是康有为被引入内廷"两月以来,变更成法,斥逐老成,藉口言路之开,以位置党羽"。一是"风闻东洋故相伊藤博文即日到京,将专政柄"。"倚藤果用,则祖宗所传之天下不啻拱手让人"。(《戊戌变法档案史料》)第一条即光绪帝裁冗官、开言路、用新人被慈禧后斥为坏祖法等事。第二条意指光绪帝借外力之助以挟制太后,自是慈禧后所痛恶。但奏称"风闻"并无实证。据风闻而请训政,不免难以自圆。此时慈禧后与荣禄及亲王等已然定议夺权。汉人御史的奏章不过是循例劝进。是日,光绪帝自颐和园回宫代传懿旨,皇太后定于初六日回宫。

西苑瀛台涵远楼

荣禄于初三日夜得到袁世凯答复。据传初四日晨曾化装秘密进京见慈禧后。初四日下午酉刻慈禧后自颐和园启銮,自水道经西直门入驻西苑(今中南海)。

光绪帝来接,留住在西苑瀛台的涵元殿。慈禧后随即命将新任四京卿签阅的文件,送呈查阅。

光绪帝见情势有变,不敢多言。初五日依原议接见伊藤博文,有庆王奕劻等陪同,只作简短的礼仪性谈话。袁世凯前来请训,光绪帝无答谕而退。慈禧后即日命以皇帝名义拟诏,请皇太后训政。次日慈禧后与光绪帝召见大臣,由光绪帝宣诏,称同治年间以来,"皇太后两次垂帘听政,办理朝政无不尽美尽善。因念宗社为重,再三吁恳慈恩训政,仰蒙俯如所请""由今日始,在便殿办事"。初八日在勤政殿行礼。

慈禧后乘朝中无备,突然回宫,一举夺取皇权,随即杀逐变法诸臣,罢废各项新政。

**杀逐诸臣**　慈禧后训政当日即命逮捕康有为、康广仁兄弟。康有为在初四日会见伊藤后,次日黎明即乘火车去天津,搭英船南下上海。后又得英国领事馆掩护,逃往香港。刑部尚书兼步军统领崇礼领兵查抄南海会馆,将康广仁逮捕。

御史宋伯鲁不知事变,初五日仍依康有为授意,上疏请与英日联合,荐用李提摩太、伊藤博文及康有为等。初六日宋伯鲁

康有为南下致徐勤书

124

以"滥保匪人",革职永不叙用。

袁世凯在初五日请训后回津,即往见荣禄"略述内情"。次日晨,又向荣禄"以详细情形备述"。袁氏自记:"荣相失色"说"近来屡有人来津通告内情,但不及今谈之详"。(前引《戊戌日记》)大抵袁世凯已将光绪帝召见、谭嗣同夜访的详情和盘托出。当晚杨崇伊来津,向荣禄通告慈禧后已宣告训政。在荣处得知袁世凯所述详情,初七日返京,即向奕劻禀报。奕劻驰奏慈禧后。慈禧后命逮捕谭嗣同等。

谭嗣同在初六日得知慈禧后训政,自知事败,对来访的梁启超说"我已无事可办,只待死期",劝梁去日本使馆避祸。次日早晨,谭去日本使馆见梁,将所著文稿托付梁保管,劝梁逃往日本。说:"不有行者无以托将来。不有死者无以酬圣主。"自己准备就义。梁启超于当日下午化装去天津。在日本领事馆掩护下,两天后与王照同乘日船逃往日本。

八月初九日,谭嗣同与杨锐、刘光第、林旭等四京卿相继被捕。同时被捕者还有屡陈变法的御史杨深秀和总理衙门大臣户部侍郎张荫桓、礼部侍郎徐致靖,均由步军统领衙门拿解刑部审讯。初十日,光绪帝谕内阁,自称有病,需要调治。慈禧后电命荣禄即刻来京。

十一日,崇礼奏称案情重大,请派大学士、军机大臣会同审讯。十三日,慈禧后以皇帝名义谕军机大臣等:"康广仁、杨深秀、杨锐、林旭、谭嗣同、刘光第等,大逆不道,著即处斩,派刚毅监视"。次日诏谕说:六人"实与康有为结党","同恶相济,罪大恶极","若稽时日,恐有中变","倘语多牵涉恐致株累,是以未俟复奏……即行正法。"(《光绪朝东华录》)所谓"语多牵涉"主要是怕涉及光绪帝,难以处置,所以不经审讯,不录口供,不分轻重,一并从速处决。八月十三日谕下,刚毅奉旨监斩,当日就将康广仁等六人押赴京师宣武门南菜市口刑场,一同斩首。京师震动。当时在京的严复作诗哀悼说:"求治翻为罪,明时误爱才。伏尸名士贱,称疾诏书哀。"后人称之为"六君子"。

　　被捕官员中张荫桓职位最高,声望最重。他以户部左侍郎入值总理各国事务衙门大臣,曾出使美、日、秘鲁及英国,经历法、德、俄诸国,在清廷办理外交事务的大臣中权位仅次于李鸿章。但两人长期不和。李主张联俄,张倾向联合英日。伊藤博文到京的当日,张荫桓即前往拜访。作为总理大臣陪同奕劻等会见后,又在八月初二日自设晚宴,宴请伊藤。他的部属原户部主事缪润绂上章参奏,说:"康有为与张荫桓结交尤密,常相往来,伊藤入华,计由二人秘定。"张荫桓被捕后,英、日驻华公使先后出面营救,通过已免职的李鸿章传语清廷,如杀张,将招致列强干预。十二日,清廷颁谕:"张荫桓屡经被人参奏,声名甚劣,惟尚非康有为之党,著刑部暂行看管,听候谕旨。"六君子处斩的次日,张荫桓被处以"居心巧诈、行踪诡秘、趋炎附势、反复无常"的罪名，发往新疆，严加管束。徐致靖由刑部永远监禁。

接替怀塔布的礼部尚书李端棻自知不免于祸，上章自请处置。十九日以"滥保匪人"（指康有为）罪革职，发往新疆，交地方官严加管束。

二十一日，清廷又将湖南巡抚陈宝箴以"滥保匪人"罪革职，其子吏部主事陈三立与翰林院庶吉士熊希龄等也被革职，并令南学会解散，保卫局裁撤。

以光绪帝名义于十四日颁布的诏谕，饬各省督抚严密查拿康有为、梁启超。谕中指康有为"乘变法之际，隐行其乱法之谋，包藏祸心，图谋不轨。前日竟有纠约乱党谋围颐和园劫制皇太后，陷害朕躬之事，幸经觉察，立破奸谋"（《光绪朝东华录》）。谕中说到谋围颐和园劫制皇太后而不称废弑，可见此时慈禧后等人所掌握的情况还只限于袁世凯向荣禄的陈述，并不知有废后杀后密谋，更不知有毕永年其人。毕永年幸免缉捕，自上海去日本。

**罢废新政**　慈禧后在杀逐变法诸臣的同时，又陆续颁布懿旨和皇帝诏谕，罢废若干新政，恢复旧制，择录于次。

八月十一日颁布皇帝诏谕：

所有现行新政中裁撤之詹事府、通政司、大理寺、光禄寺、太仆寺、鸿胪寺等衙门照常设立，毋庸裁并。

嗣后凡有言责之员，自当各抒谠论。其余不应奏事人员概不准擅递封章。《时务报》即行裁撤。

各省祠庙不在祀典者,苟非淫祀,著一仍其旧,毋庸改为学堂。

二十四日皇太后懿旨:

嗣后乡试会试及岁科考试等悉照旧制,仍以四书文、试帖经文、策问等项分别考试。经济特科即行停罢。

所有农工商诸务,仍应责成各督抚在省设局。京城现设之局(农工商总局)著即裁撤。

同日皇帝诏谕:前经降旨将官报时务报一律停止。近闻天津、上海、汉口各处仍复报馆林立,肆口逞说。著各该督抚饬属认真查禁。其中主笔之人,从重惩治。

二十六日皇太后懿旨:联名结会,本干例禁。著各省督抚严行查核,拿获入会人等,分别首从,按律治罪。

同日又颁懿旨:湖北、广东、云南三省巡抚现经裁撤。是否可裁,著军机大臣等议复。后经复奏,谕准三省巡抚,悉仍旧制,毋庸裁撤。已裁河道总督照旧设立。

自光绪帝于光绪二十四年四月二十三日宣诏变法至八月初六日慈禧后训政,历经一百零三日,被称为"百日维新"。光绪帝在百余日间推行的裁冗员、开言路等政体的革新以及科举改革等新政,慈禧后训政二十日内罢废殆尽。各地学会及报刊也遭禁止。九月初一日,慈禧后自颁懿旨称:"宵小之徒窃变法之说,为

128

煽乱之谋,当经严拿惩治,以遏横流。至一切有关国计民生者,无论新旧,仍应次第推行,不能因噎废食。"(《光绪朝东华录》)编练新军,各省开办学堂以及各省商务局倡行商办企业诸政仍得继续推行。

光绪二十四年干支纪年为戊戌,因而时人称光绪帝推行新政为"戊戌变法",称慈禧后夺权训政为"戊戌政变"。

# 第 七 章

# 列强入侵与清廷再变法

## 第一节　慈禧后临朝与八国联军入侵

### （一）慈禧后临朝训政

慈禧后临朝训政，得自颁懿旨或用皇帝名义发布谕旨，处理一切朝政。慈禧后一举夺得政权，在重重矛盾中建立起她的统治。

倚任荣禄——慈禧后训政后，荣禄入京，以大学士兼充军机大臣，管理兵部，又特命为钦差大臣节制北洋各军。集军政大权于一身，为清朝建国以来所未有，成为权势最重的臣佐。原在军机的礼部尚书裕禄（满洲正白旗人）出为直隶总督。满大臣兵部尚书刚毅、汉大臣户部尚书王文韶仍在军机。总管内务府大臣启秀授礼部尚书，充军机大臣。原值军机的汉大臣钱应溥、廖寿恒于次年先后免值。督办路矿的

130

总理各国通商大臣、刑部尚书赵舒翘因刚毅之荐入值军机。首席军机礼亲王世铎才具平庸。军机大权,实操于荣禄。

荣禄奏请将北洋陆军各部组建为武卫军,聂士成部驻芦台为前军,董福祥部驻蓟州为后军,宋庆驻山海关外为左军,袁世凯驻小站为右军。又自募亲兵万人为中军,驻扎京师南苑训练。北洋海军在中日战争中败溃。光绪二十二年(一八九六年),总理各国事务衙门向德国购造巡洋舰三艘。二十四年十月到达大沽,由直隶总督裕禄验收,开始重建北洋海军,也归荣禄节制。

立大阿哥——慈禧后临朝训政后,即策划废光绪帝,另立新帝。声言光绪帝抱病休养,照会各国公使。公使团请派西医入宫诊治,得知皇帝无病。两江总督刘坤一疏谏"保护圣躬"反对废立,又致书荣禄,称"君臣之义已定,中外之口难防",晓以利害。慈禧后经荣禄密谏,不敢轻易行事。

光绪帝四岁嗣位,系奉两太后懿旨过继为咸丰帝文宗子,生子后承继同治帝穆宗。光绪帝婚后讫无子嗣。慈禧后与端郡王载漪、军机大臣刚毅、启秀、穆宗后父崇绮(八旗蒙古,名将赛尚阿之子)、大学士徐桐(八旗汉军,反对变法)等谋划立载漪的幼子、慈禧后侄女那拉氏所生的溥儁为皇子,出继穆宗,做废立的准备。事先通告各国公使入贺。各公使知慈禧后阴谋废立,一致拒绝。李鸿章在政变前解除总理衙门职务,次年十一月受命署两广总督,赴任前自荣禄处得知密谋废立,对荣禄说:请问你有几个脑袋,敢做此事!又说:"若果举行,危险万状,各国驻京使臣首先抗议,各省疆臣,更有仗义声讨者,无端动天下之兵,为害曷可胜言?"(陈夔龙《萝蕉亭杂记》)刘坤一、李鸿章等疆臣的激烈反对,使慈禧后不能不有所顾忌。清室自雍正时即废除立太子制,改行密函建储。慈禧后在光绪帝健在时立太子,行废立,也不合祖宗家法。在中外一片反对声中,慈禧后改用满语称号,立溥儁为大阿哥(大皇子)出继穆宗,但不行废立,以为转圜。十一月二十四日以光绪帝名义颁谕,大阿哥在弘德殿读书,命崇绮、徐桐授读。两人均已年及八旬,是慈禧后宠信的守旧的老臣。

谕下两日后,上海电报局总办经元善等绅商一千二百余人联名致电总理衙门代禀"奏请圣上力疾监御,勿存退位之思。"《苏报》将此禀刊出并加按语说,二十四日上谕"名为立嗣实则废立"。清廷下谕将经元善革职治罪,查抄家产。经元善逃往澳门,次年二月被当地清朝官员拘捕(一年后获释返沪)。

中枢宗室贵族——端王载漪与其兄载濂、弟载澜在八月政变中依附慈禧后,得慈禧后宠信。立大阿哥后,载漪权势更重,受命统领京师新军虎神营。次年五月,又受命管理总理各国事务衙门。崇绮、徐桐均依附在载漪门下。刚毅、启秀也附和载漪。载漪等满洲宗室贵族与荣禄同居中枢，是慈禧后倚信的权要。

江南督抚绅商——江南地区历来是朝廷财赋所寄。同治以来开办的新式工矿企业多在江南。江南税收成为朝廷财政的主要来源。两江总督刘坤一以湘军名将负方面重任，赞助洋务，勋望甚著。湖广总督张之洞曾在湖北开办汉阳铁厂，设织布局，中日战争时代督两江，编练江南自强军，是江南举足轻重的名臣。李鸿章调任两广总督后，被称为洋务派的李、刘、张在江南各据一方，拥有雄厚的经济实力。江苏武进人盛宣怀是上海华盛纺织厂总办，又被委任为铁路总公司督办，是江南地区最有实力和权势的官商。江苏南通人张謇，光绪二十年状元，授翰林院编修，中日战争后经张之洞荐办通州商务局，创办南通大生纱厂，此后数年又陆续开办垦牧、江轮、矿冶等企业，形成大生资本集团（详见下章）。北洋是军事重心，江南是经济重地。慈禧后训政后，中枢与北洋军政为满洲宗室贵族所操纵，江南经济则为李、刘、张为代表的督抚和绅商所控制，形成北南满汉的对峙。

慈禧后临朝训政，太后与皇帝、守旧与革新、满臣与汉臣、中枢与地方，矛盾重重。临朝不久，即爆发了义和拳反洋教斗争，随后发生了八国联军的入侵。

## （二）义和团反洋教斗争

西方基督教传入中国以来,曾为传播西方的科学文化做出过贡献。清初康熙时,传教士的科学文化活动,仍然受到朝廷的器重和文士的欢迎。鸦片战争之后,清廷取消雍正时的禁令,开放传教。此后来华的外国传教士们仍有不少人在各地守法传教,与民众友好相处,为传播科学技术知识、兴办文教事业作出了贡献。但是,其中不少人恃有外国侵略的特权,在各地横行霸道,侵吞地产、欺压民众。一些奉教的中国恶人也以教会为靠山,称霸乡里,激起各地民众的强烈愤慨。因而自同治以来,各地即不断有所谓反"洋教"的教案发生。这些教案,本质上并不是简单的宗教信仰之争,而是反对外来侵略和压迫的群众斗争。这种斗争发展到义和团,形成巨大的规模,自山东而直隶,而津京,掀起巨大的浪潮。

山东——山东是基督教广泛传播的省分。据说七十二个州县中有教会一千三百余处,信教者多至八万人。信教的中国教民与不信教的平民之间,矛盾十分尖锐。光绪二十二年(一八九六年)六月,山东巡抚李秉衡在一个奏折中说:"民教之所以积不相能者,则以平日教民欺压平民,教士袒护教民,积怨太深,遂至一发而不可制"。(《义和团档案史料》)此前不久,山东曹州府单县的民间组织大刀会曾焚毁教堂，与官兵搏斗，遭到山东按察使毓贤的残酷镇压，会众二千余人被杀。这年十月，曹州府钜野县大刀会众，杀死德国传教士二人，德国出兵乘机强占胶州湾（参见前节）。次年春，清廷将李秉衡革职，赔偿六万九千两，并为德国新建教堂三所。二十四年秋，沂州府日照县居民发起反洋教斗争。次年春，德国自青岛出兵日照，攻入府城，大肆劫掠。

义和团，原称义和拳，是民间演习拳脚的组织。乾隆四十三年山东冠县已有义和拳活动的纪录。(《清高宗实录》)嘉、道以来，在山东各地广泛发展。清廷屡有禁令，不能禁止。光绪二十四年（一八九八年）九月中旬，东昌府冠县义和拳首领阎书勤等十八人号称十八魁（所属会众称十八团），联络直隶广平府威县首领赵三多等，在冠县梨园屯蒋家庄聚众二三百人，树起"助清灭洋"大旗，开始了反洋教的斗争。

在此以前，冠县梨园屯曾有德国传教士拆毁玉皇庙改建基督堂，阎书勤等十八魁率当地民众武装护庙，迫使教堂停建。清廷袒护教会，镇压拳民。光绪二十四年春，继任山东巡抚张汝梅调兵围梨园屯弹压。阎书勤遂联络赵三多起事，进攻冠县与临清交界的红桃园教堂，焚烧教堂及教民房舍，杀中国教民二人。行至威县三口村，遭到冠县官军的追击，拳民激战，伤亡二十余人。十八魁往来各地，继续战斗。

光绪二十五年（一八九九年）二月，清廷任毓贤为山东巡抚，查办教案，镇压拳民。三月，毓贤上奏说："迩来，彼教日见鸱张，一经投教即倚为护符，横行乡里，鱼肉良民，甚至挟制官长，动辄欺人"，"每因教民肆虚太甚，乡民积怨不平，因而酿成巨案"。（《义和团档案史料》）毓贤多次发布告示，禁止设场练拳，并不能禁。遂又出示，将义和拳改称义和团，视同地方团练。义和拳并未因而接受毓贤的收编，但此后也自称为义和团或义和神团。清廷官方文书仍称他们为"拳民"或"拳匪"。

冠县义和拳树旗发难后，东昌府茌平等县也爆发了反洋教的斗争。义和拳首领朱红灯原在长清县聚众设场练拳，提出"兴清灭洋"，率众攻打当地教堂，因遭地主武装民团镇压，光绪二十五年初转到茌平，扩展拳场至八百余处，先后焚烧教堂六七处，全县震动。这年秋季，济南府平原县义和团遭官府镇压，向朱红灯求援。朱红灯集合茌平、长清、高唐等地拳民开赴平原，有众千余人，焚烧平原教堂，击退来捕的县勇。济南府亲军营管带袁世敦（世凯弟）率骑兵捕勇前来镇压，被义和团战败，被杀十余人。袁世敦被革职查办。

平原战后，义和团在济南府和东昌府迅速发展壮大。禹城、博平、清平、高唐、恩县等地义和团先后展开了反洋教的斗争。清廷饬令毓贤从严惩办。毓贤命济东道出兵镇压，在博平将朱红灯逮捕。随后又在高唐拘捕义和团另一首领本明和尚（俗姓杨）。禹城义和团继续搏斗，攻下该县教堂十七处。外国传教士先后逃离。美国公使康格（E. H. Conger）照会总理衙门，指责毓贤镇压不力，肆意干涉中国内政，说："如果这位巡抚不愿或者不能控制暴徒，保护人民，他就应该立刻被调离，而另委一既愿且能者接替。如果他兵力不足就应该从天津调派训练有素的军队去帮助他。"（原载《美国外交关系》一九〇〇年。译文引据丁名楠等著《帝国主义侵华史》三编二章）并且威胁说，如中国故意漠视，将会"为自己带来最严重的困难"。清廷屈从，命毓贤来京陛见，另任在天津小站统率新军的袁世凯署理山东巡抚。十一月二十四日，袁世凯到济南接任，毓贤奉旨进京。此前两日，将朱红灯、本明和尚在济南处死。

袁世凯统带新军武卫右军赴任。到任后即在山东各地张贴"查禁义和拳匪告示"。随后向清廷奏陈：兼用治本、治标两种办法。治本是"调和民教"，教不得倚势凌民，民不得借端闹教。遇案不分民教，但论曲直。治标是"清除匪类，化导愚氓"。悬赏缉拿首要，解散徒众。袁世凯到任六天，肥城县即发生大刀会众杀死英国传教士卜克斯（Brooks）案。袁世凯将杀人者处死，向教堂赔款。济南、东昌、兖州、沂州、曹州等府及济宁、临清直隶州所属县界的义和团反洋教斗争相继遭到镇压。部分武装的拳民转入直隶境内活动。

直隶——直隶也是基督教广泛传教的地区。这时，共有教堂二千二百九十所，分布各县。山东冠县义和拳反教，曾与直隶广平府威县拳民相联络。直隶一些州县并曾自山东邀请义和拳师傅来本地传授拳术。山东义和团转入直隶后，被称为老团，各地组建新团，迅速发展。光绪二十六年（一九〇〇年）春，大名府、广平府、冀州、赵州、定州、正定府、保定府等属县村民中，相继出现义和团的拳厂，掀起了烧教堂、惩教民等不同形式的反洋教斗争。

三月间，易州涞水县高洛村村民请人授拳，组建新团。当地法国天主教堂建立武装准备镇压。涞水新团邀集附近州县团民持刀枪来助。四月十四日，烧毁教堂，聚集的团民渐至千人。直隶总督裕禄得涞水县急电，派遣直隶练军分统杨同福等率马步兵前来镇压。团民败退至涞水县北石亭镇，吁请新城、容城、涿州、易州等地团民来援，众至万人，与清军再战，刺死杨同福。清军马步兵七十余人被歼，余众败逃。

义和团众乘胜进驻邻县涿州（顺天府属）。涿州城内的义和团众起而内应。四月二十九日，义和团万人大军占据州城，树起"兴清灭洋"大旗，"声言涿州兵备空虚，洋兵将来，愿为代守"（柴萼：《庚辛纪事》）。知州龚荫培蹙居州衙，无计可施。义和团在城内遍设神坛，以八卦卦名编队，持刀矛把守城门，不伤百姓，不扰行旅。附近州县团民渐向涿州聚集。涿州于是成为义和团在直隶的武装据点。官方指称为"涿匪"。

义和团据有涿州,声势大振,遂由反对洋教进而反对被认为是来自外洋的事物,破坏铁路和电讯设施。入涿州后,接连三日拆毁南至高碑店北至琉璃河的新修芦(芦沟桥)保(保定)铁路百余里。五月七日,又攻打京津铁路的黄村车站,打退官兵,焚烧车站及沿线电线杆数十根。京津电讯陷于中断。清廷急派名将聂士成率领武卫前军布署弹压。聂士成命马队统领邢长春驻保定,左路统领杨慕时驻高碑店,以防义和团南下。五月初九日,义和团众二千余人来攻高碑店,与杨慕时部激战。官军不胜,被围在高碑店困守。初十日,聂士成亲率大军,自杨村开往黄村,行至廊坊与义和团众相遇。聂军开炮镇压。团众退入落岱等村庄。聂军火焚各村,枪杀团众四百余人。十一日,各地义和团再次来袭。次日,聂军退守杨村。

义和团在山东初起,原只是练习拳脚,反抗教会和教民的欺压。首领称十八魁,可见尚无固定的组织和名号。团内情况,外界不得其详。光绪二十六年(一九〇〇年)初,在直隶形成日益强大的武装队伍,转战各地,内部渐有组织,也渐为外界所知。依据仅存的义和团揭帖等文献及一些亲历或见闻的纪录,可知这时的义和团具有如下的特征。(一)以八卦的卦名分编部众。各部首领有大师兄、二师兄等名号。各部在各地分散活动,各自为政,相互联络。没有总首领统辖全团。(二)设厂练拳之外,又设坛祭神诵咒。声称"诸神附体,枪炮不入"。一个神坛形成一个基层单位。所祭诸神,各部各坛各自不同,并无全团共同信奉的尊神。(三)各地各部义和团先后树立"助清灭洋""兴清灭洋""扶清灭洋"等旗帜,所提口号也各不相同。反对洋教是各地所有义和团民的共同的斗争目标。

义和团传单

清朝官方指义和团为"邪教"。实际上,它既不同于佛、道等正规的宗教,也不同于历史上农民起义的秘密宗教,没有共同崇奉的尊神,没有共同的宗教信仰,也没有共同的领袖。祭奉的诸神,由各地神坛随意认定,有佛教的达磨、道教的玉皇以及民间流传的小说戏曲、评书、鼓词中勇猛善战的神话人物和历史人物,如孙悟空、关羽、赵子龙、黄天霸等等。诵咒扶鸾,声称某神下界某神附体,用以为自己壮胆,使旁人信服,并没有什么教义或教理可说。反对外来侵略的浩然正气与奉神信咒的愚昧迷惘溶为一体,反抗教会的

欺压与排斥外来的先进事物混为一谈。"灭洋"而又
"扶清",不同于农民起义,而是民间自发形成的松散
的反洋教武装。由焚烧教堂发展到烧铁路、断电线,斗
争目标日益混淆,破坏范围也随之扩大了。

天津——天津
是对外通商口岸,
也是西方列强设堂
传教的基地之一。
同治九年(一八七
〇年)爆发天津教
案,天津人民的反
洋教斗争遭到残酷
镇压,因而对洋教
历来怀有深刻的仇
怨。光绪二十六年
(一九〇〇年)初,
山东、直隶的一些
义和团师傅在天津
府属县及县城近
郊,相继设坛建团,

天津望海楼教堂现状

进而入驻天津县城,得到迅速的发展。

天津府静海县民曾充兵弁的曹福田在静海建团设
坛,率领静海、盐山、庆云、南皮等地义和团众数千人于
光绪二十六年春进入天津县城,在吕祖庙设总坛口,号

乾字团。直隶保定府新城县船户张德成，因山东师傅之介，在当地入团。光绪二十六年春，到天津府静海县独流镇建立坛口，号称天下第一团。五月间，率众七千人进驻天津县城，在小宜门设立总坛口，号坎字团。

直隶安次县义和团首领杨寿臣，津郊各地义和团首领山东人刘呈祥、韩以礼、滕德生、刘得胜等也先后在天津县城及近郊村镇设立坛口，分属乾、坎、震、离等编号。这年初夏，天津城乡共有坛口约三百个，有众约四万人。其中多为十八岁至二十几岁的青少年，练习拳棒刀枪，形成一支颇具规模的武装力量。天津船户妇女林黑儿加入义和团，组织妇女武装，号称红灯照，自号黄莲圣母。青年妇女多来参加。

天津义和团迅速发展，人数众多。但以卦名编号，下设坛口，组织较为有序。约束团众，纪律也较严格。斗争目标和斗争方式，则依然继承原有的传统。一张广为流传的义和团揭帖说："非是邪，非白莲，独念咒语说真言。升黄表，焚香烟，请来各等众神仙。神出洞，仙下凡，附着人体把拳传。兵法艺，都学全，要平鬼子不费难。拆铁路，拔电杆，紧急毁坏火轮船。大法国，心胆寒，英美德俄势萧然。洋鬼子，全平完，大清一统太平年。"（引据廖一中等编《义和团运动史》五章二节校订本）此揭帖在各处张贴，大体概括了天津义和团活动的宗旨。各坛口各自张贴揭帖，内容互有不同。五月初八日出现的一张揭帖，内称"只因四十余年内，

142

中国洋人到处行。三月之中都杀尽，中原不准有洋人。"（引自佐原笃介、浙西沤隐辑《拳乱纪闻》）。斗争目标更加扩大了。

京师——京师城内，光绪二十六年（一九〇〇年）初开始有义和团活动。景山园后及东安门河沿，都有人聚集练拳，请师傅传授。山东、直隶一些团众陆续进京。城内居民入团者日众。黄村车站被焚后，慈禧后自颐和园返回皇宫，命荣禄率武卫军加强防守京师，又调甘肃提督董福祥率甘军入城弹压。任载漪管理总理衙门，军机大臣启秀、内阁学士那桐在总署行走，处理外务。

五月间，京师的义和团迅速发展。附近州县义和团众陆续进京，或二三十人一群，或四五十人一群，一日之内即有上千人。城内居民入团者，一天也有数百人。到五月中旬，据说已有近十万人之众。来自外县者，仍以农民为主。城内加入者有各类工人、商贩、清军的士兵、宫廷的太监，以至无业游民等等。人众越聚越多，也日渐复杂。

京师义和团来源不一，发展迅速，不像天津义和团那样编团设坛组织有序。十万人众不相统属，组织散漫，纪律松弛。各个群体，各自立名号建团设坛，有公主团、龙团、虎团、仙团等团号，多则数百人，少则百余人。城内各街道遍设坛口，总计多至一千左右。端王载漪赞赏义和团的法术，反对镇压，力主招抚，王府内

京师西什库教堂旧照

许义和团设置坛口。庄王载勋王府也设坛口。一些官府衙署、官绅宅院听任义和团设坛，以求自保，以求神护。各坛口自树旗帜。义和团旗遍挂在京师街头。

各坛口散布揭帖，各陈己见，说法不一。"扶清灭洋"的口号被普遍采用。有的揭帖又提出"扶保中华逐去外洋"，"遍方铁道俱行拆毁"。有的揭帖倡言拆毁同文馆、京师大学堂，"师徒俱不饶放"。有的揭帖号召"协力同心，消灭洋鬼子"，"消灭洋鬼子之日，便是风调雨顺之时"。团众既多，良莠不齐，行为也不一致。有人记载说，义和团入民宅"不开一枪，不伤一人"。也有的记载说，坛口以收敛香钱为名，敲诈官吏，勒索商民。

大约五月初旬，顺天府京畿各县，已先后掀起烧教堂、逐教民的斗争。五月十七日，京师义和团开始焚烧城内的天主教堂。三日内东堂、西堂、南堂均被毁，只有西什库的北堂因有意、法等国军兵驻守，未能攻下。烧毁教堂的同时，又焚烧一些中国教民的住宅，杀逐教民，也往往夺取他们的财物。驻京官兵则乘机抢掠大户，不论教与非教。一个亲历者在家书中说："不意事变竟出官兵，且较土匪为尤烈也"。"其先抢者甘军也，而司弹压者则武卫中军也。不惟不能弹压，且随之而抢掠"。（前引《拳乱纪闻》）京畿各县教民因被驱逐纷纷逃来京师。京师富户为避抢掠，纷纷迁移京外。京城内外陷于一片混乱。

义和团揭贴

义和团的迅猛发展表明：广大民众长期积聚的对外国侵略和教会欺压的仇恨，一旦迸发，有如星火之燎原，清廷难以控制了。


## （三）八国联军入侵

中日战争后的几年间，列强竞相侵掠。德国曾以教案为由,出兵侵占胶州湾。其他各国也以各种借口,掠夺各种权益(见前)。义和团反洋教斗争的兴起,又成为列强侵掠勒索的借口。随着义和团斗争的高涨,英、法、德、俄、日、美、意、奥等八国联合举行了对中国的武装入侵。

## 一、联军入侵,天津失陷

义和团反洋教斗争,原是由于某些外国教会和中国教民欺压百姓而引起,焚烧教堂、杀逐教民,自是过激的行动,但此类教案前此屡屡发生,本可经由中外交涉商酌处理。法国联络英美德意等国竟在光绪二十六年(一九〇〇年)三月,动用军舰开到大沽口外(德舰在胶州湾),进行武装威胁,要求清廷对义和团全面镇压取缔。四月间,驻京使团传阅法国在京主教樊国樑(A. Favier)的密信,指称义和团将"消灭欧洲人",电请各国政府派出海军并派兵进京,保护使馆。五月初三日,英、美、法、意、俄等国从各国军舰调派水兵进京。日本并非基督教国,更不是欧洲人,但见有机可乘,有利可图,也派兵进京,加入侵略者的行列。初七日,各国再次派兵进京,进驻使馆。两次入京的外国兵士,共四百二十六人。初八日(西历六月四日),驻京各国公使决议,在中国水域有军舰停泊的各国,由各公使请求各国政府授权联合舰队司令官采取应变措施。英国远东舰队司令西摩(E. H. Seymour)率军舰八艘到达大沽,担任舰队司令官联席会议主席,组成两千三百人的联合特派军,由西摩任司令官,美国上校麦克卡拉(McCalla)任副司令官,俄国上校沃嘎克(K. A. Wogack)任参谋长,从十四日起陆续自天津乘火车向京师进军。联军出发后,俄国派遣的陆战队一千七百人到达大沽,驻留天津租界。

**联军入侵** 西摩率领的这支侵略军,以英军为主,将近千人。作为德国盟国的意大利、奥地利人数最少,都不满百名。联军出发后,清廷得讯,命总署大臣许景澄、袁昶赴各国驻京使馆劝阻,被拒。天津一带的义和团大批出动,破坏京津间的铁路。西摩率领的首批联军在出发后的次日,到达廊坊,被迫停车修路。预先设伏的团民群起冲杀,遭到后至的美军炮击,伤亡三十余人。各地团民续来参战,与联军激战两日。联军被困在廊坊,至五月二十日撤退杨村,又被义和团围攻,续有伤亡。西摩军不得前进,改由北运河经水路退回天津。二十七日晨至津郊西沽,夺占清廷军械火药局的武器库。清官兵与义和团民围攻武器库,联军被围不得出。直到五月三十日,西摩军才得俄军的救助,逃回天津租界。西摩联军此次入侵失败,遭到义和团民的沉重打击,伤亡近三百人,其中英军一百二十余人。义和团也付出巨大牺牲,伤亡甚众。

西摩率联军出发后,停泊在大沽口外的各国舰队,由俄国海军中将希尔德布兰特(H. Hirdebrandt)接替西摩任各国舰队司令官联合会议主席。此时各国驻泊的军舰,计有俄国九艘,英、德、日各三艘,美、法、意各二艘。希尔德布兰特召集各国司令官议定,武装夺取大沽炮台,以打通入侵的通路。

大沽地处海河入海口,是天津临海的门户。清军在此布设炮台,由天津镇总兵罗荣光率军约三千人驻守,有巡洋舰一艘,鱼雷艇三艘。五月十九日,联军先派日军三百名侵占塘沽火车站,法军侵占军粮城。次日,英、日、德、俄等军千人登陆,预伏在大沽炮台之后,又派炮艇、鱼雷舰潜入海河。随即向罗荣光发出通牒,以"代平匪乱"为由,要求交出南北两岸炮台,被罗荣光拒绝。罗荣光向直隶总督裕禄告急求援。二十一日凌晨二时,联军即发起总攻,各国军舰齐发大炮,攻打大沽炮台。罗荣光与副将韩照琦率守军开炮还击,打伤英舰一艘。预伏炮台后侧的俄军分路袭击。守军背腹受敌,奋勇抵抗,先后击中敌舰六艘。激战六小时,南北炮台相继失守。清军败退,千余人战死。联军伤亡一百三十余人。

联军侵占大沽炮台后,进占塘沽、新河等村镇,纵火杀掠,居民被杀或逃窜,村镇变为凄凉废墟。

**清廷应战**　自从西摩出兵,八国联军发动武装入侵的十日内,京师城内,局势日益混乱。

各国调派水兵入京进驻使馆,又招募志愿兵,组织救济队,以救助教徒为名,四处横行。五月十八日,德国公使克林德(von Ketteler)见义和团在沙地练拳,即发令开枪,打死团民约二十人。德国此举得到其他国家一些人的赞成,继续仿照行事,说是"在东方做事惟一之法门"。(《庚子使馆被围记》引自中国史学会编《义和团》资料)次日,美军枪杀在庙内集会的团民四五十人。二十日,又有外国水兵和志愿兵枪杀拘执中国教民的义和团民约三十人。此后,侵略军在各处擅自杀害团民之事,屡有发生,散见于中外亲历者的记述。

联军入侵,义和团的斗争更加高涨。五月二十日,放火焚烧前门外大栅栏出售西药的老德记西药房。大栅栏是商业集聚的街区。大火延烧十个小时。沿途商民千余户被烧毁。次日,各商户闭门停业。清廷谕各直省督抚称:"近因民教寻仇,匪徒乘机烧抢,京城内外扰乱已极",著各省迅速派兵驰赴京师(《义和团档案史料》)。又派李端棻、王懿荣为京师团练大臣督率弁勇巡逻。京城银号钱庄,纷纷停业,清廷谕户部暂拨借银二十万两流通。市井一片萧条。

五月十五日,曾有日本使馆书记生杉山彬去永定门外迎接日军,被守卫城门的董福祥甘军杀死。五月二十四日,德公使克林德去总署议事,与神机营巡逻兵相遇,克林德在轿中开枪,神机营章京还击,克林德中枪毙命。此事出自官军,并非义和团民但又成为侵略者保护使馆"代平匪乱"和威胁勒索的借口。

五月的京城,萧条骚乱,皇皇不可终日。以慈禧后为首的清廷一再诏谕镇压义和团,但自知剿不胜剿,又怕镇压过激,酿成巨变,自称"扶清"的义和团变成反清的太平军。宣抚劝散无效,义和团反而迅速发展。列强一再要求清廷剿灭义和团,并以出兵代剿为名,武装入侵。清廷自知依靠对日作战中战败改建的新军,难以抗御各国联军的侵略。劝阻求和也并不能改变各国入侵的图谋。衰弱的清廷对义和团"剿抚两难",对外国侵略者和战两难,陷于难以摆脱的困境。

　　五月二十日起,慈禧后连日召集王公大臣六部九卿谘议,商讨对策。以载漪为首的刚毅、启秀等满洲贵族力主"联拳灭洋",即联合义和团,与联军作战。袁昶、许景澄等大臣力陈清剿拳民,对外求和避战。光绪帝赞同此议。荣禄缄默寡言,也倾向于后者。几次会议上,两种意见激烈争论,慷慨陈词,但都只是申述己见,并无足以挽救危局的较周密的良策。

　　德使被杀当日,清廷照会各国公使,内称"各国有意失和,首先开衅","现在京城拳会纷起,人情浮动",请各国使臣及眷属兵弁离京赴津,免生意外。次日,荣禄与董福祥奉命率军包围东交民巷使馆区,不准使馆人员及卫兵外出,并曾向奥地利及意大利使馆构筑的军事工事开火。五月二十五日,由慈禧后定议,以光绪帝名义下诏,联团应战。

　　诏书中说:"彼(指列强)乃益肆枭张,欺凌我国家,侵占我土地,蹂躏我人民,勒索我财物。朝廷稍加迁就,彼等负其凶横,日甚一日,无所不至","此义勇焚毁教堂屠杀教民所由来也"。说到"令我退出大沽口炮台,归彼看管"等事,然后说:"朕今涕泣以告先庙,慷慨以誓师徒,与其苟且图存,贻羞万古,孰若大张挞伐,一决雌雄。"诏书并说到"近畿及山东等省义兵不下数十万人,下至五尺童子,亦能执干戈以卫社稷"。二十七日,又诏谕内阁说:"义和团民分集京师及天津一带,未便无所统属,著派庄亲王载勋、协办大学士刚毅统军。"(具见《义和团档案史料》)随后即令京师义和团民到刚毅处登记注册。

二十五日的诏书只在国内下达,并未送交外国公使馆或联军。书中泛称列强为"彼"或"彼等",不称任何国名,可见并不是对各国的宣战书,而只是向国人主要是向义和团宣示决意应战御外,承认反教有理。招抚义和团听从官员的统率,保卫社稷,以期平息动乱的局势。但诏书下达后,却在各地引起强烈的反响。

清廷颁诏后,又谕各省督抚,"招集义和团民,藉御外侮"。此时英国正在策划乘机入侵长江。上海官商各界深怕战火蔓延。由盛宣怀出面在外国领事及沿江督抚间斡旋避战。二十七日,盛宣怀致电两广总督李鸿章、两江总督刘坤一、湖广总督张之洞说:"今为疆臣计,如各省集义团御侮,必同归于尽",请速定办法保全东南。李鸿章复电说:"二十五诏,粤断不奉,所谓矫诏也"。指为假托帝意,拒不奉行,并将此意密电刘、张。刘与张原曾奏剿团避战,经磋商后,委由上海道余联沅于二十九日与各国驻上海领事会议,提出《中外互保章程》九条,长江及苏、杭等地由督抚保护各国商民教士,各国兵船不驶入长江登陆,时称"东南互保"。又提出《上海城庙内外章程》十条,各国租界由各国巡防保护,租界外洋人教堂、教民,由中国官员巡防保护。两章程并未正式签署,但经各国领事同意,照此执行。李鸿章全力支持。浙江巡抚刘树堂随即提出浙江全省列入互保。闽浙总督许应骙在福州与六国领事商订《福建互保章程》。广东、山东也加入互保。清廷命山东巡抚袁世凯派新军入援京津,袁世凯拒不赴援。调李鸿章进京,李鸿章拖延不动。

　　清廷二十五日诏谕下达后九日之内,沿海沿江十省地区的汉人督抚纷纷以"互保"求自保,拒不受命,抗旨不遵,实为清初三藩之乱以来所未有。这表明汉人督抚实力日强,软弱的清廷已然难以控驭。四川总督奎俊、陕西巡抚端方、李鸿章调任后署理两广总督的德寿等满人督抚也都声言赞同互保。以慈禧后为首的宗室贵族中枢,日益孤立,局势严峻了。

　　六月初三日,清廷传旨,电谕派驻各国的出使大臣,说此次中外开衅"处处不顺,均非意计所及",谕中缕述开衅由来,令各公使向各国外交部说明,"达知中国本意"。略称:先有"一种乱民"练习拳棒仇教,"焚烧教堂,戕杀教民"。各国调洋兵到京致有伤人之事,"匪徒乘隙横行,烧杀教民,益无忌惮","各国遂添调洋兵,中途为乱党截杀","朝廷非不欲将此种乱民下令痛剿",云云。谕旨中还说到突有德使克林德"被乱民伤害之案",不料大沽海口洋员炮击炮台。最后说:"自此兵端已启,却非衅自我开。且中国即不自量,亦何至与各国同时开衅,并何至恃乱民与各国开衅。此意当为各国所深谅",并说"此种乱民,设法相机自行惩办"。(《义和团档案史料》)清廷五月二十日诏书中曾称义和团为"义勇"、"义兵",几天后的这个电谕遂又斥之为"乱民"、"匪徒"、"乱党",并把官兵杀德使事推诿于"乱民伤害",声言"自行惩办,"以期得到各国的"深谅"。这个谕旨由驻外使臣向各国转达,完全暴露了清廷临战的虚弱和惊慌。初七日,又以皇帝名义,分别致书俄、日、英及美、法、德国君主重申此意,吁请调停息战。各国侵略军则按照既定计划继续武装入侵了。

**天津失陷** 各国联军攻陷大沽后,随即进兵侵入天津。

天津驻军原只有聂士成的武卫前军十营,淮军、练军等不到三营。由曹福田、张德成等人统领的义和团民,不仅人数众多,而且组织较为严密,战斗力也较强。义和团随同官军展开了反侵略的战斗。

五月二十一日,联军攻陷大沽炮台,即派进驻天津的英、德部队向邻近租界的天津武备学堂发起进攻,在校学生四十余人奋力抵抗。联军纵火烧房,引起校内军火库爆炸。在校学生全部遇难。二十七日,俄、英侵略军六百余人攻打津郊军工厂所在地东局子,来自文安、霸县等地的义和团与官兵武卫前军联兵作战,击退侵略军。六月初一日,俄、英、美、法、德等国联军二千八百余人再次来攻。守军奋勇作战。敌炮击库起火。候补千总宗永德监守火药库,知不能守,下令将库炸毁,勿以资敌。宗永德壮烈牺牲。东局子失守。天津火车站俗称老龙头。俄军一千七百人占据车站,义和团首领曹福田率团与俄军激战。五月二十二日俄军战败,死伤五百人。六月初一日,张德成自静海率团民七千多人入津,与曹福田并力作战。初三日,马玉崑率武卫左军来援,与义和团协同抗敌。激战两昼夜,给联军以重创。

直隶总督裕禄与聂士成、马玉崑会商,三面进攻联军集结的驻地紫竹林英法租界。马玉崑与曹福田继续进攻租界的老龙头车站。聂士成率炮兵自租界西南的跑马场进攻。张德成统率义和团众自法、日租界处的马家口由西向东攻打紫竹林。

初六日,张德成进攻租界阵地,激战五小时。初十日,联军来袭马家口,义和团伏兵截击,联军败退。张德成部进至紫竹林界,焚烧洋楼后退回。

聂士成部在跑马场及八里台驻军,十一日,进至租

154

界的小营河。各国侵略军此时已在租界区聚集一万四千人，由俄国海军中将阿列克谢耶夫（E. A. Alexeiff）指挥，以主力攻打聂士成军。十三日，自租界南界的大营门出兵六千人，向小营门进军。聂军寡不敌众，退至八里台。这时，联军已另派日军占领了八里台以南的纪家庄，北上攻打聂军。聂军遭南北夹击，奋勇抵抗，激战两小时。聂士成身中数弹，仍指挥抗敌，英勇牺牲。官兵三百五十余人阵亡。

十四日，攻打老龙头车站的马玉崑部战败。记名总兵李大川等将领战死，士兵伤亡甚多，被迫撤退。马玉崑移驻城南。

统领武卫左军的老将宋庆受命帮办北洋军务，奉旨于六月十四日来津，与裕禄共同主持军务。十七日，联军大举攻城，阿列克谢耶夫指挥俄军与德军攻打城东北部的水师营炮台，日本少将福岛安正指挥日、英、美、法、奥等国侵略军五千人，自日租界迤西的海光寺进攻天津城南门。聂士成死后，驻守城南的武卫前军，统归马玉崑统率。马玉崑部与练军及义和团民奋勇抗敌，激战竟日，灭敌七百余人，退入城内坚守。次日凌晨，日军轰开南门入城，枪炮齐发。马玉崑率部护送宋庆、裕禄逃往北仓。城内四处起火，居民纷纷向北门和西门外逃。侵略军在城中心的鼓楼架炮轰击。北门内外，尸横遍地。同日，水师营炮台（黑炮台）也被俄军攻占。天津失陷。义和团首领曹福田、张德成遇害。

天津是繁华的商埠，又是海关、盐务和督署所在地。侵略军入城后将各衙署储存的白银劫掠一空，又对钱庄、当铺、商店以至民户肆行抢掠烧杀，城内一片恐怖。阿列克谢耶夫倡议成立天津都统衙门，作为临时政府，由俄、英、日各出军官一名组成委员会，对城区及天津县、宁河县境各地实行统治。城内以鼓楼为中心，分为四区，分别由英、法、美、日统辖。俄国占据老龙头火车站、东局子等海河以东近六千亩的地区自行建立了所谓俄租界。天津城乡由此沦于外国的统治。

清廷得报，将裕禄革职留任，宋庆交部议处。

## 二、帝后出逃，联军侵掠

**清廷求和** 天津失陷，清廷依恃的武卫军五部中，聂士成战死，宋庆、马玉崑战败，前军与左军均遭重创。袁世凯统右军远在山东，只有荣禄的亲军与董福祥的后军（甘军）驻守京师。八国联军侵占天津后，指日侵京。京师兵力难支，危在旦夕。清廷不得不加紧求和。

六月二十日总理衙门致函各公使，称"中国自应加派队伍，严禁团民不得再向各国使馆放枪攻击，而各国使馆亦不得随时任意放枪，致众怒愈难解释。中国仍尽力弹压保护，以符通例"。（《义和团档案史料》）次日，又诏谕各直省保护教士及各国商民。同时，以大皇帝名义致函法、德、美各国元首，吁请"排难解纷"，

156

"挽回时局"（前引书）。

太常寺卿袁昶原曾屡陈剿团反战之议。清廷有意求和，二十七日又与总理衙门大臣许景澄联名上奏，慷慨陈词，内称"臣等愚谓时至今日，间不容发，非痛剿拳匪无词以止洋兵，非诛袒护拳匪之大臣，不足以剿拳匪"。（《太常袁公行略》，见中国史学会编《义和团》资料）自五月二十五日慈禧后定议颁诏应战以来，京师义和团已奉旨登记，随同官兵行动。天津义和团也已在作战中接受统一指挥。在清廷看来，收抚之策已见成效。袁昶在此时又陈"痛剿"之议，势将再生变故。慈禧后览奏大怒，将袁、许二人逮捕处死。

两广总督李鸿章奉旨调任进京。六月二十日才交卸启程，二十五日行至上海，又称病逗留。清廷严旨切责他"坐视艰危大局于不顾"，促令来京。七月初一日，刘坤一、张之洞等十三名督抚将军联名上疏，请授李鸿章以全权，在上海电商各国缓兵。七月十三日，电旨寄李鸿章，授为全权大臣，即日电商各国外部停战议和。这时，八国联军侵略军已自天津出发，直指京师了。

**帝后出逃** 八国联军侵占天津后，对进攻京师的时间和布署，意见不一。七月初九日各国司令官商定，先攻北仓，进取杨村。侵略军共约一万八千人，其中日军八千八百名，俄军三千七百余名，英军三千名，美军两千余名，法、意、德、奥各为百名至数百名。沿北运河

157

两岸,两路进军。初十日出兵,次日攻下清军据守的北仓,宋庆、裕禄、马玉崑退至杨村。十二日,联军攻打杨村。清军拒战半日。两战共伤亡三千余名。裕禄开枪自尽。杨村失陷。

降调四川总督、巡阅长江水师大臣李秉衡应诏来京,被授任帮办武卫军。十四日督湖广、山西等地援军四部及团民三千人至河西务抗敌,马玉崑败军也退至河西务。十五日,八国联军来攻,诸军溃败,河西务失陷。李秉衡经马头退至通州张家湾,十七日奏陈"各军纷纷逃溃,势不可止"。随即自杀殉国。

十八日,八国联军进攻通州,清廷命宋庆进京守城,马玉崑率部抗敌。是日,联军攻陷通州,距京城不远了。

董福祥率武卫后军及团民出城,防御城东。十九日午夜,俄军来攻东便门,董军抗御,激战至二十日凌晨二时,东便门失守。俄军进攻,董军继续抵抗,俄司令官中弹负伤,下午二时攻入城内。日军攻朝阳门也遭到抵抗,至日暮占领朝阳门。英军自广渠门入城。美、法军继入。城中满汉诸军溃败。董福祥率败兵西去良乡。

二十一日凌晨,慈禧后与光绪帝连夜自西直门逃出京城避难。随行者有载漪、溥儁父子,军机大臣赵舒翘,总理大臣奕劻及奉命统率义和团的宗室载勋、军机刚毅等人。急行至日暮,到达昌平县贯市。甘肃布政

158

联军攻陷的朝阳门城楼

使岑春煊率兵去察哈尔增防,途经昌平,前来谒见。慈禧后命岑春煊随行护驾。奉旨扈从的马玉崑留居庸关,以断后路。次日出关,二十三日到达怀来。传旨召董福祥率马步营前来随扈。荣禄、徐桐、崇绮留京办事。

荣禄、崇绮在帝后出逃后,才得知其事,见京城不保,率武卫中军逃往保定。二十六日到达保定后,才得知口传的谕旨,奏称在保定妥为筹商,"以收复京城为亟务"。崇绮得知其妻及家人在京城自尽,在保定自缢死。徐桐在京师城破后,也在京城自尽。

八月初二日,帝后到达怀安,命奕劻回京议和。

**联军杀掠** 京师城破,董军西逃,荣禄军南下,城内神机营等溃败,二十一日,联军进城已无官兵阻挡,长驱直入,不战而占领全城。联军下令,准兵士二十二

联军侵入紫禁城

日至二十四日抢掠三日。一个法国士兵回忆说:"我们奉命在城中为所欲为三天,爱杀就杀,爱拿就拿,实际上抢了八天。"京师全城遭到联军强盗们疯狂杀掠。

京师的义和团来自各地,原无严密的组织。随官兵作战的团民多已随军出城。驻在城内的团民或转移到城郊或分散各地。冒称团民的流民纷纷逃散,联军以剿杀义和团为名,见城内居民稍有可疑,即开枪射击。甚至将路上行人数十人逼入胡同,用机枪扫射,疯狂屠杀。又四处掳掠妇女,被迫自杀而死的女尸,随处可见。有人记述所见,说京师街上,尸横遍地,惨不忍睹。

西什库教堂北堂被神机营及团民围困两月,联军入城后,法国兵士进驻,神机营溃散,义和团转移。天主教北京主教樊国樑与传教士们自北堂出来,充当联军抢劫的向导,并且直接参与抢劫。各国使馆自公使

160

以下的官员、护兵也都一起外出抢掠。八国联军、外交官、传教士组成强盗式的抢掠大军，对京师居民展开残酷的洗劫。

联军士兵，走街串巷，随意闯入民宅，翻箱倒柜，白银、钟表，细软贵重物品，以至衣服、床帐、木器无所不抢。沿街商店中的商品抢劫一空后，放火烧店。繁华市区，火光冲天。王公大臣府第，指为坛口，即入内抢掠。樊国樑自称他经法国公使允准，也拿了礼王府的银子。端王载漪、庄王载勋的府第均遭劫掠。户部窖藏的库银三百万两，被日军抢先劫去。清廷各官署多被抢劫。翰林院所藏《永乐大典》三百余册，图书四万六千余册被焚毁或抛弃流散。联军闯入紫禁城宫禁地区，皇宫中收藏的历代珍贵文物、书画、古籍，也遭劫掠，损失惨巨。慈禧后议政的仪鸾殿珍宝被劫，只余空架。联军又侵掠颐和园，将各殿珍藏宝物用骆驼运走。

各国官员由此获得大量抢掠来的珍宝。英国公使窦纳乐(C. M. Mac Donald)夫人收罗的宝物装满八十七箱，俄国一名将官携回珍宝十大箱，法国提督装运四十箱寄运回国。英公使把士兵抢掠来的物品，在使馆公开拍卖，向各国官兵和中国商人换取外钞或白银，然后按照军官和士兵的等级分配给各人，坐地分赃。法国士兵抢掠的赃物，由樊国樑出面以法国银行的支票在北堂收购，教堂成了窝赃的巢穴。

八国联军和外交官、传教士们的烧杀抢掠，使古老的北京遭受了历史上从未有过的浩劫,在世界历史上也属罕见。消息传出,使西方舆论界为之震惊。英国《评论之评论》第二十二期发表社论说:"我们已经将文明的外衣抛在一边。我们正像海盗时代的海盗祖先们一样行动。我们的文明只不过表皮,良心对于人的兽性的制约,被中国[发生]的事粉碎了。"在京师目睹一切的记者林奇(G. Lynch)在《独立》杂志撰文揭露了日本士兵屠杀平民、强奸妇女和德国士兵拷打平民等暴行。随后又在《文明的战争》一书中评论说:"我们的这个西方文明不过是野蛮表面的一层虚饰而已。真正的事实从来没有被揭示出来,这次也不会例外。"美国记者密勒(T·F. F. Millard)撰文说:"列强已经被狂乱的报复情绪所支配","在世界的道德风尚方面,给后代留下了污点"。

八国联军入侵,声称由于义和团"乱民"、"拳匪"烧教堂、围使馆违犯了国际约法。联军和外交官们的烧杀抢掠,却正好说明,他们确是一伙乱军和海盗,完全无视一年前刚刚签署的海牙国际法禁止战争中抢掠私人财物的约法,充分发泄了强盗式的贪婪、残暴和野蛮。自诩文明而兽性大发,在各国历史上留下了不可磨灭的污垢。

联军抢掠数日后,组成北京管理委员会,由俄、英、日、美、法各出委员一名,进行统治。皇城以外的内、外城地区分片划归各国分别占领。此后大规模的集团抢

162

掠暂告停止。但各国士兵在该管区内的劫掠仍在继续。士兵们把抢获的珠宝玉器古玩字画及绸缎衣物等沿街摆摊出售,不以为耻,反以为荣。

八国联军原无共同的统帅,德国与俄、英等国协商,最后得到法国的同意,由德皇威廉二世(William Ⅱ)派遣德国将军瓦德西(A. L. Waldersee)出任联军司令。七月二十日(西历八月十九日)瓦德西与增派的德军三万名乘军舰自德国出发,闰八月初二日到达大沽。两日后移驻天津。

调任直隶总督,又受命全权大臣议和的李鸿章自上海乘英国商船,由俄军舰护送,于七月二十五日到达天津。在此期间,俄国得李鸿章同意,占领了北塘炮台,控制塘沽铁路。英国抢在俄国之前,占据山海关。英俄互不相让,矛盾激化。瓦德西来津后,力图调和,定议山海关和火车站归各国联军共同占领。各炮台由各国军队分别驻守。瓦德西随即部署联军兵力,北京城内留驻意、英、法、日军各约三四千人,美军一千四百人。天津留英、法、日、俄四国军队各约二千至五千人。另组织德、法、英、意军万余人兵分两路,于闰八月十九日分别自京津出发南侵保定。德国远征军分为三个旅队,分别长驻京津和保定。

原来统率武卫中军移驻保定的荣禄,奉旨赴行在扈从,于闰八月十三日离保定北上。保定由布政使廷雍驻守。李鸿章电令廷雍勿轻用武,促提督吕

163

本元领兵退出保定,剿办义和团。联军至保定,不战而入城,随即将廷雍及守尉奎垣、参将王占魁拘捕枪决。

联军占领保定后,又以搜捕义和团为名,四出侵掠。南下正定、出兵获鹿,侵井陉。东南入河间,至东光,逼近山东。西路经阜平至五台山,西北自广昌入灵丘,都已侵入山西省境。行经之地,州县官员不战而降,侵略军结纳各地教士对义和团民和平民残酷屠杀,所经村舍也多遭焚掠。

## (四)清廷屈辱议和

慈禧后与光绪帝于七月二十一日逃出京师后,加紧布置议和乞降。二十三日暂驻怀来,二十六日颁布所谓"罪己之诏",内称"近日衅起团教不和,变生仓猝","自今以往,斡旋危局,我君臣责无旁贷"。八月十四日,行至山西代州原平镇,诏谕直隶剿办义和团,说:"义和团实为肇祸之由。今欲拔本塞源,非痛加铲除不可。"饬地方官员,严行查办。闰八月初二日,又在太原颁诏,因李鸿章、刘坤一、张之洞、袁世凯等奏陈外国公使要求惩办祸首,将受命统率义和团的载勋、刚毅、载澜、英年及端王载漪、刑部尚书赵舒翘等革职议处。慈禧后在出逃途中采取的这些措施,表明她急于投降停战,决意屈从侵略者,为奕劻、李鸿章的议和谈判,准备条件。

奕劻加授全权大臣议和,于八月初十日回到京师,李鸿章于闰八月十八日由天津抵京。两人邀约海关总税务司英人赫德商议,由赫德代拟照会并附谈判纲领五条致各国公使。各公使不予答复,声言"先办祸首,后再开议"。随后又列出王公大臣十一人,要求清廷一律正法处死。

联军占领京师后,列强之间的利益冲突,逐渐显露,以俄、法为一方与英、美、日为另一方,矛盾重重。俄国利在侵占中国的东北(详见下节),英国利在长江。俄国首先提出自京师撤兵的建议,遭到英国的反对。德国故意拖延,以待德军到来,攫取更多的利益。闰八月二十四日,瓦德西到京。此后,各国连续召开公使团会议,各自依据本国的利益,提出各种要求。历经两月余的协商,德、法、英、美、意、奥、俄、日等八国与未曾出兵但在华教会曾遭受攻击的比利时、西班牙、荷兰等国达成共同的协议。十一月初三日以十一国的名义向清廷提出议和大纲十二条,包括遣使道歉、惩凶、赔款、使馆划界、大沽撤防等多项苛刻的内容,要清廷允从。

慈禧后、光绪帝于九月初三日到达西安,以督署为行在问政。奕劻、李鸿章将大纲电奏,称各国"词意决绝,不容辩论"。慈禧后急切求和,十一月初六日电谕"应即照允","惟其中利害轻重……设法婉商磋磨,尚

冀稍资补救"。(《义和团档案史料》)

奕劻、李鸿章作为全权大臣，代表清廷与各国公使依据和议大纲逐条谈判。各国坚持"严惩祸首"，经反复婉商，清廷被迫于光绪二十七年（一九〇一年）正月初三日宣谕将王公大臣十一人处死或论死。载勋、英年、赵舒翘论斩，赐自尽。启秀、徐承煜（徐桐子）等人正法。已自尽的徐桐、李秉衡及扈从途中病死的刚毅均论斩，不再置议。载漪、载澜论处斩监候，因是皇室宗亲，发往新疆监禁。此前，列强曾一致要求将统率甘军扈从的董福祥处死，清廷恐生变故，经奕、李等在会议时言明，先行革职，从缓定罪，算是达成了"婉商磋磨"的协议。随后，各国又要求惩处反洋教的各省官员，清廷先后三次诏谕，惩处一百余人。

赔款事由各国各自提出要求，竞相敲索。俄国索要银一亿三千万两，德国索要四亿马克，英国索要六百五十万英镑。各国相互争夺，至光绪二十七年（一九〇一年）三月，向清廷提出赔款总额四亿五千万两。奕劻、李鸿章电奏西安行在，四月初九日奉旨"著即照准"。

议和大纲所列其他各项，大体均照各国所提要求，由奕劻、李鸿章与公使团首席公使西班牙（大日国）葛络干（B. J. Colgan）及各国公使往复商洽，制定各项实施办法。七月二十五日在京签订和约十二款，主要内容如下：

166

一、道歉立碑　德使被杀事,清廷派醇亲王载沣为专使去德国,代表清帝向德皇表示"惋惜之意"。日本书记生被杀事,派户部侍郎那桐为专使去日本,代表清帝向日皇表示"惋惜之意"。德使被杀处建立牌坊,各地被掘的各国人士坟墓,立碑昭雪。

二、惩办祸首　条约开列清廷惩处的王公大臣名氏,并写明将承认获罪的各外省官员分别惩办。又由清廷颁谕"将诸国人民遇害被虐之城镇,停止文武等各科考试五年"。

三、赔款　清廷付各国的赔款,分三十九年还清,年息四厘。清海关进口货税增至切实值百抽五,与常关、盐政进款作为赔款来源之担保。

四、划界驻兵　京师各使馆界,划为专用,由使馆管理,驻兵防守,不准中国人民在界内居住。自京师至山海关,包括天津等十二城镇,由各国分兵驻守(各国在京师使馆区及各地驻军,后经商定共六千人)。清廷将大沽炮台及海口至京师的各炮台一律削平。两年内禁止自外国进口军火及制造军火的器械、材料。

五、各国原订通商行船条约,各国认为应商改处,清廷允与议商。

六、总理各国事务衙门改为外务部,班列六部之前。改定诸国使臣觐见清帝及呈递国书等礼节。具载觐见礼节说帖,作为条约的附件。

光绪二十七年的干支纪年为辛丑。史家习称此和约为辛丑条约。它是马关条约之后又一个更加屈辱的投降书。列强各国不顾海牙国际公法在京津等地大肆烧杀抢掠之后,反而胁迫清廷赔偿巨额的军费,从而得以长期控制清廷的税收和财政。使馆划界,沿途驻兵,严重侵犯中国的领土主权,并得以长期威胁清廷的京师。由外国侵略者指名诛戮宗室王公大臣并且载入条约,更是前此所未有,历史上所罕见。清廷被迫处死或论死的诸臣多是慈禧后再度执政后所组建的中枢要员。经此变故,满洲贵族的统治空前地衰落了。

列宁曾经指出"帝国主义是资本主义发展的最高阶段,这个阶段只是在二十世纪才达到的。"(《列宁全集》第二卷,《社会主义与战争》)八国联军入侵时,作为俄国革命家的列宁,发表《中国的战争》一文,说:"欧洲各国政府(最先恐怕是俄国政府)已经开始瓜分中国了"。"他们盗窃中国就像盗窃死人的财物一样,一旦这个假死人试图反抗,他们就要像野兽一样猛扑到他身上"。(《列宁全集》第四卷,《火星报》一九〇〇年创刊号)八国联军对中国的盗劫正是表现了帝国主义国家对外掠夺的本质。

依据和约的规定,联军于八月初五日自京城撤退。八月初十日由直隶省撤退。八月二十四日,慈禧后与光绪帝自西安启程回京。

## 第二节　列强对边境的侵略

### （一）俄国侵占东三省

八国联军侵掠京津,清帝出逃之际,俄国乘机出兵,侵占了中国的东北三省。

光绪二十六年(一九〇〇年)六月二十一日,中俄边界黑龙江岸的俄国军官大肆驱杀在俄领海兰泡务工和经商的中国居民。据亲见者记述"俄兵各持刀斧,东砍西劈,断尸粉骨","伤重者毙岸,伤轻者死江,未受伤者皆投水溺亡"。(周继功《庚子俄难》,载《近代史资料》四四号)驱杀三日,死五千人。在此同时,又侵入黑龙江岸清领江东六十四屯,烧杀抢掠,居民死七千余人。俄军的暴行,震惊世界,遭到各国舆论的谴责。八国联军侵占天津之后,俄国派出总数达十一万六千余人的侵略军,在陆军大臣库罗帕特金(А. И. Kuropatkin)指挥下,分四路侵入中国东北。七月间,自海兰泡出发的一路攻下瑷珲,进侵齐齐哈尔,清黑龙江将军寿山自尽,八月初四日齐齐哈尔失陷。自伯力进军的俄军,经边城同江,攻占三姓和哈尔滨。从海参崴出发的俄军,经边城珲春,八月初七日攻占宁古塔。清吉林将军长顺投降,八月二十九日吉林失陷。另一路

169

俄军自驻地旅顺攻占牛庄、海城。闰八月初六日攻占辽阳，初八日攻下奉天府（沈阳），盛京将军增祺出逃。黑龙江、吉林、奉天三省全被俄军侵占，俄军进而攻占锦州，控制了山海关至东三省的通道。

俄国乘联军入京、清帝出逃之际，派兵侵入东北三省，随即拟定约稿，打算通过与地方官员签约，永久侵占。俄军统帅阿列克谢耶夫受俄政府的指示，自新民厅招还增祺，要他派员签约。增祺派遣已革道员周冕去旅顺草签俄国提出的《奉天交地暂且章程》，随后又由增祺签押。据此章程，俄军留驻奉天省城等处，奉天将军所属之清军一律撤散，收缴军械，拆除炮台、营垒。增祺回任后，沈阳设俄总管一员，预闻要事。营口等处，则全由俄官经理。依照这些规定，清朝的东三省实已沦为俄国军事占领的殖民地。

增祺签署《暂且章程》并未向清廷行在奏报。十一月，出使俄国大臣杨儒受命为全权大臣与俄国政府谈判，才知有此章程。清廷电谕杨儒废除暂约，不予承认。消息传出后，英国、日本政府向俄国提出质问。日本驻华公使告李鸿章说："若东省阴为俄有，英必占长江，德必踞山东，日本亦不得不起而争利"（《李文忠公全集》电稿）。十二月，俄国不得不同意另议新约。二十八日另行提出正式约稿送交杨儒。约稿共十二款，仍然坚持俄国在东三省驻兵，中国不再驻军，只设巡捕；中国将军官员，如经俄国指诉，即予革职;并提出东北及蒙古新疆各要地,非经俄允许,中国不得自行修路,也不得将矿路及其他利益让与他国;北境水陆师不用他国人训练等项扩大侵略的蛮横要求。杨儒与俄国外交大臣多次谈判,反复驳难,坚决拒绝。

光绪二十七年(一九○一年)正月二十日,俄外交大臣向杨儒提出修改稿十一款,删去"北境水陆师不用他国人训练"一款,其他各款做了某些文字修改,限期十五日内签约,不能再改一字。又由德国驻华公使商请李鸿章敦促签约。李鸿章电告杨儒"酌量画押"。杨儒电称"非有画押之旨,不敢擅专",坚持拒绝签约。

俄国霸占东三省,与日本对朝鲜和东北的侵略发生严重的利益冲突。各国和约(辛丑条约)订立后,俄国仍然不自东三省撤兵,俄日矛盾,日益激化。光绪二十七年十二月二十一日(一九○二年一月三十日),英国与日本订立同盟条约。其中声明,如中国的满洲(东三省)和朝鲜受到外国侵略或国内骚乱的威胁时,应采取必要手段以保护双方在此两国之利益。这一条约为保护英、日两国对中国的侵略,公然把中国视同殖民地保护国,显然是对中国主权的侵犯和国格的侮辱。湖广总督张之洞哀叹说:"至赖人保全,清韩并列,令人痛心。"但这一条约的订立也显然是针对俄国的侵略,不能不对俄国产生威胁性的影响。两个月以后,俄国在国际上失利的形势下，于光绪二十八年（一九〇二年）三月初一日，与清廷订立中俄交收东三省条约。俄国自东三省分三批撤退全部军队。每批六个月撤完。第一批，在签约后六个月内撤退奉天省辽河以西驻军并交还关外铁路。第二批，撤退吉林省内驻军，第三批撤退黑龙江省内驻军。

九月初，俄军第一批自奉天大部地区撤出。但第二批迟迟不撤，故意拖延，待到次年三月限期时，俄国驻华临时代办突然向清廷提出七项要求作为撤军的条件。其中包括俄国交还的中国领土，不得转让给他国；未经俄国同意不得开商埠与外国贸易；中国北部满蒙等地不得聘用外国人管理行政和矿务，应委托俄人督导，并提出蒙古地方体制不得变动等无理要求。清廷复照指其在条约之外另立条款，断难应允，严词拒绝。六个月后，第三批撤军到期，俄国又将七条删改为五条提出，作为撤军条件。日本出面干预，向清廷提出警告。清廷再次拒绝了俄国的要求。俄国遂中止谈判，不再履行条约撤军，并且移军进驻已撤军的奉天省，九月初九日再次占领沈阳。

在此期间，俄国政府于七月初九日（俄历七月三十日）任命阿列克谢耶夫为远东大总督，总管中国东北及远东事务。随后又在九月间成立由俄皇亲自统领的远东事务特别委员会，督率远东大总督扩大在远东的侵略势力。

## (二)日 俄 之 战

　　日本与俄国都早已蓄谋侵略中国的东北三省。一八九五年中日战争后,俄国联合德、法迫使日本交还辽东半岛,随后又将旅顺租占。日俄两国间侵略利益的冲突,日益激化。八国联军入侵,两国由于共同的侵掠而实现暂时的联合。俄军侵占东北,日本与英国结盟迫使俄国签约撤军。俄国提出七条和五条要求,日本政府多方阻挠。俄国毁约拒不撤军,日本政府遂直接出面,与俄国举行分割权利的谈判。

　　一九〇三年,在俄国任命远东大总督的同一天,日本向俄国政府提出草案六条要求谈判。西历十月三日,俄国遣使去日本东京,提出草案八条。两国间的谈判继续到次年一月,仍无结果。日本的提议主要是要求俄国承认日本在朝鲜的"特殊利益",日本承认俄国在东三省经营铁路的利益,但要"尊重中国的独立和领土完整",即放弃对东三省的侵犯。俄国的提议主要是俄国承认日本在朝鲜的利益,要求日本承认东三省及其沿岸是日本的利益之外,即不得干预俄国在这些地区的侵略活动。日本侵占朝鲜已是既成的事实,两国争议的焦点在于对东三省的侵略。相互争夺,有如水火。

　　一九〇四年西历二月五日,日本对俄宣告终止谈

173

判。三日后,不待宣战即向旅顺的俄国军舰发起袭击。十日,两国正式宣战。一场争夺侵华权益的大战在中国境内展开了。

两国宣战两日后,清光绪二十九年十二月二十七日,清廷采袁世凯议,发布上谕,宣称"日俄两国失和用兵,朝廷轸念彼此均系友邦,应按局外中立之例办理"。(《清季外交史料》卷一八一)又在照会中承诺有外国驻兵未撤之处,不实施中立。奉天颁布《两国占地及中立地条章》划出西起盖平东至安东县一线南至于海为"指定战地"。清廷宣告中立,划出战场,听任日俄两国侵犯中国领土主权。当地人民惨遭蹂躏了。

日俄两国都动用了百万以上的重兵。俄军由库罗巴特金与阿列克谢耶夫统率,日军由大山岩为总司令。一九〇四年西历四月,日陆军自朝鲜渡江在九连城与俄军交战,北上指向辽阳。海军在大连登陆,占领金州围攻旅顺。八月,辽阳大战,俄军伤亡一万七千人,日军伤亡二万四千人。十月在沙河会战,俄军战败,伤亡四万二千人,日军伤亡二万人。旅顺俄军舰二十余艘突围。在黄海被日海军截击。一九〇五年初,日军攻占旅顺,伤亡五万九千余人。俄军伤亡二万人。西历三月,两军在奉天府附近决战,俄军又败,伤亡九万人。日军伤亡七万人。日军北上占领开原、昌图厅。五月间,俄国调派波罗的海舰队至日本海日本国西北的对马海峡,开展海战,被日军击败,全军覆没。七月,日海

174

军北上,在库页岛登陆,将该岛占领。

日俄两国开战以来,俄军屡败,损失惨重。日军获胜,但也承受重大的伤亡。美国出面调停。八月间,两国派出全权代表在美国的朴茨茅斯会谈。九月五日签订日俄和约。俄国将旅顺、大连的租借权和长春以南的路矿让与日本。旅大以外东三省各地的两国军队在十八个月内陆续撤出。只在各自管辖的铁路线内每公里留驻护路兵十五名。此外,俄国承认日本对朝鲜的统治和对库页岛南部的占领。依据和约,日本从俄国手中夺取了旅大租借地和东省南部的路矿,俄国仍保有北部的铁路经营权,算是完成了两国对中国东三省侵略权利的分割。

日俄谈判开始时,清廷曾声明,倘有牵涉中国事件,未经与中国商定,一概不能承认。朴茨茅斯和约中规定,俄国转让诸事须经中国同意。和约签订后,清廷派奕劻、袁世凯等与日本谈判。光绪三十一年十一月二十六日(一九〇五年十二月二十二日)签订《会议东三省事宜》正约及附约,正约第一款写明"中国政府将俄国按照日俄和约……允让日本之一切,概行允诺。"又允诺在东三省各大城市开埠通商。允设中日植木公司在鸭绿江右岸采木。日本在战争时期修造的新民至奉天的铁路,议价售与中国。

东三省自俄军入侵以来,至日俄开战时已被占领近四年之久。各地民众遭受俄军的残暴统治,曾组成忠义军等起而反抗,付出巨大的牺牲。日俄战争中,两国军队到处横行,并不理会所谓"指定战地",战火遍及奉天全省。两国侵略军在各地强迫征发劳役,抢掠物资,乃至烧杀淫掠,无所不为。各地人民屡屡起而反抗,遭到镇压。战火所及之处,更是死伤无算。有人估计,中国人民在日俄战争中死亡的人数甚至超过了两个作战国的伤亡。

日俄战争又像两个野兽在中国身上扑食,分剥皮肉,显示帝国主义列强对中国的侵剥,日益横暴。衰弱的清朝,亡国之祸,迫在眼前。


## (三)英国入侵西藏

日俄开始瓜分东北之际,英帝国主义的侵略军侵入了西藏。

俄国在侵略东北的同时,蓄谋把侵略势力扩展到蒙古、新疆和西藏地区。英国在一八八八年入侵西藏,划界订约之后,也在时刻准备继续入侵。英俄两国在西藏地区互相注视,伺机争夺。一九〇三年西历四月,英国从俄国得到许诺,不以西藏为目标,但如西藏出现重大事变,也不能坐视。(荣赫鹏:《印度与西藏》,中译本《帝国主义侵略西藏史》)俄国调兵东北,日俄开战在即,英国遂乘机制造事端,武装入侵。

这年秋季,英国的印度总督寇松(G. N. Curzon)派遣上校荣赫鹏（F. E. Younghusband）为团长率卫队三百名到西藏干坝宗，借口边界纠纷，要求举行边界和通商谈判。未及开议，即由准将麦克唐纳（J. R. L. McDonald）率侵略军两千余人，以护卫使团为名，越过印藏边界侵入西藏的春丕，在光绪二十九年（一九〇三年）十月二十五日占领了亚东。荣赫鹏的卫兵进而随同侵占帕里。

越冬之后，光绪三十年（一九〇四年）二月，各地侵略军汇合，经过整顿，由荣赫鹏与麦克唐纳率领，北上向江孜进发。途经骨鲁地方，藏军代本率部起而阻截。代本战死。藏军约八百人牺牲。三月初英军到达江孜。藏族军民展开英勇的战斗，猛烈袭击敌军。各地藏军来援，聚集至一万六千余人，持续作战近三个月之久。终因武器落后，战术不济而失败。英军在江孜及附近村庄，烧杀抢掠，破坏寺院。藏族军民伤亡惨重。付出巨大的牺牲。

荣赫鹏出兵侵藏，俄国驻军大使曾向英外大臣提出抗议。英国答称"不应把这次措施看成是有意兼并或永久占领西藏领土的表现"（英国《蓝皮书》一九二〇帙）。

六月间，英军自江孜北上，渡过雅鲁藏布江，六月二十二日侵入拉萨。达赖十三世在七天以前逃离拉萨，经青海、甘肃，去外蒙古库伦避祸。英军进入拉萨后四处抢掠，将大批历史文物及经卷抢走。七月初，荣赫鹏向清廷驻藏大臣有泰提出议和条约十条，要求西藏噶尔丹寺座主（有泰奏折译作干殿池巴）噶伦、三大寺盖印。藏制：达赖不在时，例由噶尔丹寺座主摄政，称"贾曹"。时任座主的罗桑坚赞（又译罗生戛尔）拒不用印。有泰奏报清廷，外务部复电，称十条有损主权，并称"此事应由中国督同藏番与英立约，不应径由英与藏番立约"，嘱勿画押。

荣赫鹏见条约被拒，遂通知有泰代约西藏噶伦等官员，七月二十八日在布达拉宫晤谈。届时，荣赫鹏率卫兵全副武装到会，麦克唐纳率英军将布达拉宫包围，准备在"必要时"发动攻击。荣赫鹏先命人用藏语宣读约稿。主要内容有：在江孜、噶大克、亚东开埠通商，英国派员监管，削平自印度边界经江孜至拉萨的各炮台。因英军曾被攻击，由西藏地方赔付兵费七百五十万卢比，每年兑银十万卢比，七十五年交清。英国在春丕驻兵至赔款交清为止。又规定，西藏未经英国照允，不许任何外国进入。约稿宣读后，荣赫鹏又扬言，当日如不签约，拖延一日增加赔款五万卢比，胁迫西藏噶伦及三大寺用印，最后由摄政代盖达赖喇嘛印章。荣赫鹏以英国边务大臣名义签署。有泰电奏清廷，外务部复示"坚持勿画"（《清季筹藏奏牍》有泰奏牍）。

英政府因寒冬将届，英军不宜在西藏久驻，促令荣赫鹏撤军。荣赫鹏于八月十四日自拉萨撤退，留军占领春丕。

荣赫鹏在拉萨迫签的条约,未得清廷代表或驻藏大臣画押用印,自属无效。经印度总督报送英国政府,英政府也不予批准,提出异议。这是由于条约以赔款为由长期占领春丕,不仅违背一八九三年中英藏印条约的规定,也违反了英国对俄国及其他列强所作的不占领土的许诺,势将引起列强的干预。依据清廷与列强所订立的"利益均沾""最惠国待遇"等条款,各国也可据以提出对西藏的领土要求(清外务部已向有泰指明此点),而这将对英国极为不利。一九〇四年西历十二月二日,英国印度事务大臣波罗德里克(J. Brkdrick)致函印度总督,重申英国的政策目标是"排除其他列强","西藏应保持孤立的状态"。信中提到条约中赔款规定,"等于我们好像至少存心占领春丕谷七十五年","这一规定与英王政府历次所作的使团不应陷入领土占领以及一当赔款得到保证就应从西藏撤军的宣言是矛盾的"。他命令印度总督"应就英王政府的训令对条约加以修正"。(英国《蓝皮书》五二四〇帙)印度总督唵士尔据此指示,在拉萨条约加入修改附款,将赔款减为二百五十万卢比,在初缴三年三期(每期十万卢比)之后,英军自春丕撤兵。

　　英国政府向清廷提出就此事进行谈判。光绪三十一年(一九〇五年)正月,清廷派遣外务部右侍郎唐绍仪偕同参赞张荫棠、梁士诒去印度加尔各答。英国派英印政府外务秘书费礼夏(S. M. Fraser)为议约专使,在加尔各答谈判议约。英方提出在拉萨迫签的所谓《英藏条约》，要求定期画押，唐绍仪提出拟稿，坚持须由中英两国政府另行议约。双方各自坚持，不得结果。四月中，唐绍仪致电外务部，自请撤遣回国。

光绪三十二年（一九〇六年）初，清廷采唐绍仪建策在北京与英国重开谈判。清廷仍派唐绍仪为代表，英国以驻华公使萨道义（E. M. Satow）为代表。双方于三月间达成妥协性的协议。中英两国政府另订新约作为光绪十六年藏印条约及十九年藏印条款的续定条约，是为正约。拉萨所订英藏条约及修改附款作为附约附录。正约第二款明确规定："英国国家允不占并藏境及不干涉西藏一切政治。中国国家亦应允不准他外国干涉藏境及其一切政治。"（《光绪条约》英约）条约经两国政府批准，四月初四日，唐绍仪受命为大清国全权大臣，萨道义为英国全权大臣，代表两国政府，在京正式签约，称《续订藏印条约》。

续订的条约维护了中国在西藏的领土主权，但清廷仍被迫接受了附约中关于开商埠、赔款等要求。英国侵略军武装侵入西藏，到处烧杀抢掠，不付赔偿，反而索要兵费赔款，自是英国的勒索，清朝的屈辱。谈判中唐绍仪只是坚持赔款不能由西藏地方支付而由清朝政府承担，算是维护了在西藏的主权。

光绪三十四年（一九〇八年），清廷偿付了三年三期赔款，并将附约规定二百五十万卢比赔款全部付清。

侵占春丕的英军撤退。九月二十日,中英两国签署《修订藏印通商章程》,对江孜等商埠及沿途有关事宜的若干细节做了较明细的规定。英国由此获得了在藏通商的许多特权。

达赖十三世自库伦经山西于这年九月初三日到达京师。二十日受到慈禧后和光绪帝的接见。十一月离京,返回拉萨。

## 第三节　清廷的再变法与赋税的征敛

### (一)清廷的变法自救

列强入侵,帝后出逃,命垂一线。清廷统治,岌岌可危。慈禧后倚信的满洲贵族中枢陷于解体。宗室王大臣二十余人因"护拳构祸"论死。各省官员因"庇团反教"而遭惩处。侵略军在北方各地四处横行。只有原来抗旨不遵的东南各省免遭侵掠,得以幸存。面对残破的河山,以慈禧后为首的满洲皇室要挽救清廷的统治,不得不倚用曾经抗旨但拥有实力的汉人督抚,也不得不接纳变法革新的普遍要求,以争取朝野的支持,为垂死的清朝再创生机。但是,反对变法、策划废帝出自慈禧后,"联拳灭洋"也出自慈禧后。慈禧后要想继续维护她的统治,重整旗鼓,就不能不先对这两件大事做出回答。

光绪二十六年(一九〇〇年)十二月初十日,清廷在西安以光绪帝名义宣诏变法求言。诏中说:"自播迁以来,皇太后宵旰焦劳,朕尤痛自刻责"。"懿训以为取外国之长,乃可去中国之短;惩前事之失,乃可作后事之师"。命中外大臣"各就现在情弊,参酌中西政治",当因当革,各抒所见。"改弦更张,以祛积弊"。诏书中专有一段话追述丁(酉)戊(戌)间的变法。说:"康逆之谈新法,乃乱法也,非变法也。该逆等乘朕不豫,潜谋不轨。朕吁恳皇太后训政,乃得救朕于濒危,而锄奸于一旦。实则剪除叛逆,皇太后何尝不许更新,损益科条。朕何尝概行除旧。酌中以御,择善而从。母子一心,臣民共见。"这段话指康有为的新法,是"乱法"不是"变法"。光绪帝被幽禁,是由于自请太后训政。慈禧后是剪除叛逆,并非不许更新,与光绪帝母子一心。诏书用这些与"臣民共见"的事实迥不相侔的编造,对慈禧后曲为回护,算是对反变法谋废帝一案向臣民作了交待,并以此表白慈禧后的更新不同于康有为的变法。

半月之后,清廷批准议和条款,又在十二月二十六日,依慈禧后意旨,以光绪帝名义颁布"自责之诏"。说已电饬议和全权大臣"量中华之物力,结与国之欢心"。对列强允订和约,深表感激。说"今兹议约,不侵我主权(指帝后皇权),不割我土地。念列邦之见谅,疾愚暴之无知。事后追思,惭愤交集"。诏中对列强之侵掠,不置一词,说帝后"仓皇西狩""莫非拳匪所致"。"拳匪之乱"起于民教争讼,地方官办理不善"是则地方官之咎也"。直隶练军弹压不力"此则将领之咎也"。王公大臣中习拳资拳,"首祸诸人叫嚣堕突","此则首祸王大臣之罪也"。此诏首称"宜颁自责之诏",实则把责任推诿给文武百官,对慈禧后全无微辞。同日,又颁上谕,命将夏季战乱间的诏谕销除,以便为慈禧后开脱,不留文据。上谕说:"当时所颁谕旨,首祸诸人竟于事机纷扰之际乘机矫擅,非出朝廷之意","著内阁将五月二十四日以后七月二十日以前谕旨汇呈,听候查明,将矫擅妄传各谕旨提出销除"(《义和团档案史料》)。这期间,慈禧后自颁的懿旨和以皇帝名义颁布的诏谕,均出自慈禧后反复无常的旨意,为臣民所共见。推诿为已论死的"首祸诸人"矫诏,自是欺人自欺,不能掩盖天下人的耳目。有人作诗说:"矫诏连篇尽滑稽,翻云覆雨太支离。"(《方家园杂咏记事》,见《近代稗海》)反映了人们对诏谕的嘲讽。

慈禧后向列强开战之际,刘坤一、张之洞等实行东南互保,拒不受命,袁世凯拥兵山东,拒不援京,都曾遭到清廷严谕责问,说"如有疏失,惟各该督抚是问"。(《义和团档案史料》五月庚午谕)十二月二十六日的"自责之诏",改为温言慰藉,予以赞许。说"东南之所以明订约章极力保护者,悉由遵奉谕旨不欲失和之意。

故列邦商务得以保全,东南疆臣亦藉以自固"。清廷的赞许,旨在争取东南诸臣的拥戴,襄助变法。次年三月,袁世凯即率先奏陈变法之议十条。六月,原来实行新法的刘坤一、张之洞联名会奏变法三摺,先后提出开设学堂、整顿中法、采用西法等建策二十七条。

七月,中外和约签订。八月初,清廷定议回京。军机大臣荣禄向慈禧后面奏,变法一事,关系甚重,请告诫天下,以示志在必行。荣禄此奏,显然是有鉴于旧事,故请慈禧后重申此次变法出自她本人。二十日,以皇太后名义颁发懿旨,称"严加责成尔中外臣工,须知国势至此,非苟且补苴所能挽回厄运。惟有变法自强,为国家安危之命脉,亦即中国民生之转机。予与皇帝为宗庙计,为国民计,舍此更无他策"。要诸臣"力任其难","补救时艰"。(《义和团档案史料》)慈禧后此旨申明,变法出自她本人和皇帝,为"挽回厄运","更无他策"。懿旨并饬令刘坤一、张之洞会奏各条"其可行者,即著按照所陈,随时设法择要举办"。从而开始了变法的实施举动。

光绪二十七年(一九○一年)十一月,慈禧后与光绪帝回到京师。在回京前后的一段时期里,采取了若干举动以示改弦更张。

设政务处——清廷宣诏变法后,光绪二十七年(一九○一年)三月初三日,诏谕设立督办政务处,作为变法的统汇机构。派奕劻、李鸿章、荣禄、崑冈(满

184

洲正蓝旗人,同治元年进士,曾任翰林院掌院学士、署镶蓝旗蒙古都统,留京办事)、王文韶及户部尚书鹿传霖为督办政务大臣,刘坤一、张之洞遥为参与。四月又加派工部尚书瞿鸿禨为督办政务大臣。督办政务处不是行政权力机构,职责是汇总王大臣关于因革事宜的条陈,经政务大臣集议上奏,参议朝政的更张,在变法中起着关键的作用。

改建外部——中外议和过程中,列强曾向清廷提出改总理各国事务衙门为外务部及改订外交礼仪等要求。和约正式签订前,清廷即在六月初九日在西安颁谕:"总理各国事务衙门,著改为外务部,班列六部之前",简派庆亲王奕劻总理外务部事务,大学士王文韶为会办外务大臣,工部尚书瞿鸿禨为外务部尚书、会办大臣。下设左右侍郎二人。以下应设司员章程由政务处与吏部会同核议。清廷此举,是对外交机构与外交事务的一项改革。

废大阿哥——慈禧后谋废光绪帝,另立载漪子溥儁为帝,遭到中外强力反对,被迫立为大阿哥,徐图废立。载漪被指为首祸罪臣,发往新疆监禁。群臣对大阿哥之立,更多非议。慈禧后与光绪帝回京途中,十月二十日行至开封,颁布上谕,称奉皇太后懿旨,"更正前命","溥儁著撤去大阿哥名号,立即出宫"。(《光绪朝东华录》)慈禧后此举是要向臣民表明,她已彻底放弃了另立新帝的图谋,要与光绪帝"母子同心","挽回厄运"了。

整建军机——联军入侵,帝后出逃时,军机大臣原有七人,其中满臣五人,汉臣二人。礼亲王世铎以老病不随扈从,随即罢值。刚毅在随行途中病死。载漪在战后监禁,启秀、赵舒翘处死。军机旧臣只存荣禄、王文韶二人。江苏巡抚代摄总督鹿传霖募兵至山西扈从,授两广总督,入值军机。礼部侍郎出督江苏学政瞿鸿禨,于光绪二十七年四月奔赴西安行在,晋工部尚书,命值军机。自是年十一月帝后回京后年余,军机只有荣禄、王文韶、鹿传霖、瞿鸿禨四人,满一汉三,为前此所罕见。二十九年(一九〇三年)三月荣禄病死,庆亲王奕劻为首席军机大臣。九月,增补管学大臣、户部尚书荣庆(蒙古正黄旗人)入值军机,兼为督办政务大臣。

擢任疆臣——清廷颁诏变法,即对东南疆臣,温言赞许。帝后回京途中,以皇太后名义颁发懿旨,奖赏有功诸臣,又及东南。懿旨称:"刘坤一、张之洞、袁世凯共保东南疆土,尽心筹画,均属卓著勋劳,自应同膺懋赏。"刘坤一赏加太子太保衔,张之洞、袁世凯赏加太子少保衔。(《光绪朝东华录》)首倡东南保护之议的原铁路总公司督办盛宣怀在上海被任为办理商税事务大臣,与刘坤一、张之洞拟议商约税则。

光绪二十七年(一九〇一年)九月,直隶总督北洋大臣李鸿章病死,年七十九岁。袁世凯以山东巡抚擢

186

任署直隶总督兼北洋大臣(次年实授)。帝后回京后,命袁世凯参与政务处,助行变法。二十八年九月又命充督办商务大臣,与张之洞会同办理商务兼议各国商约。袁世凯身居要路,兼领数职,成为李鸿章以后的北洋头领。同年九月,两江总督刘坤一病死。湖广总督张之洞署两江总督兼南洋大臣,督办商务,参与中枢政务处变法政务。北袁南张,成为清廷变法的主要臣佐。

## (二)"新政"的实施

光绪二十六年(一九〇〇年)十二月,初诏变法,即指康有为"新法"为乱法,并称"自丁戊以还,伪辨纵横,妄分新旧","今者恭承慈命,一意振兴,严禁新旧之名"。盛宣怀代清廷草拟的致列强各国书稿,原有"敝国现议实行新法"语,被改为"力行实政",讳言新旧。但臣民之间仍把清廷变法实行诸事,称之为"饬行新政"。自宣诏变法至光绪三十二年(一九〇六年)七月诏谕预备立宪(详见后章)以前,所谓新政,主要是编练新军,废科举办学堂;奖励实业和改订法律等几个方面。为实行这些新政,清廷中枢设立了练兵处、学部、商部和大理院等新建机构。

**编练新军**　八国联军入侵,清廷倚为劲旅的武卫军各路相继败溃。武卫后军(甘军)在京师抢掠后,残部由董福祥率领扈从。中外议和,董福祥被革职,从缓定罪。武卫军五路军中,只有袁世凯统领的武卫右军(小站新军)在山东镇压义和团,继续扩展。清廷宣诏变法后,又在光绪二十七年(一九○一年)六月将江南自强军调归袁世凯指挥训练。

清廷定议回京,京师兵力空虚,各地兵勇虚耗粮饷,多不能战。因而整顿军旅守卫京畿,成为面临的首要问题。七月间和约签订,随即颁诏整军。"著各省将军督抚,将原有各营严行裁汰,精选若干营,分为常备、续备、巡警等军,一律操习新式枪炮,认真训练,以成劲旅"。诏书说:"朝廷振兴戎政,在此一举",著政务处与各省核议改练章程。

袁世凯受任直督参预政务处,奉命练兵。十二月奏准自顺直拨款一百万两银,在直省募练新军。次年正月,奏上募练新军章程十九条。奏请委所部武卫右军王英楷、王士珍在直隶正定、大名等地精选壮丁六千人训练,试行有效,再当推广。奉旨准行。五月,在保定直署设军政司统领军政,下设兵备、参谋、教练三处,委由直隶道员刘永庆、段祺瑞、冯国璋分领。所选兵丁,均出自各地土著居民,在当地注册登记,严格纪律。装备购自德、日等国的新式武器,以外国操法训练。一年后,首批新军募练完成,编为一镇,称北洋常备军左镇,包括步兵、马兵、炮兵、工程兵、辎重兵等兵种,共二十五营。此后,逐年添练。

清廷见北洋新军募练有方,命在八旗兵丁中选出三千名,也交袁世凯依新法训练,以兵部侍郎铁良(满洲正白旗人)为京旗练兵翼长。光绪二十九年(一九〇三年)六月训练完成,称京旗常备军。

湖广总督张之洞遵旨在湖北训练新军七千余名,光绪二十八年(一九〇二年)十月奏报。其他各省,整军成效甚少。清廷谕令河南、山东、山西派员赴北洋学习操练,江苏、安徽、江西、湖南赴湖北学习操练。但各省因财政困难,兵费无着,仍少进展。二十九年十月,清廷采袁世凯议,在中枢设立练兵处,督办各省练兵事务。命庆亲王奕劻总理,袁世凯为会办练兵大臣,铁良襄办。练兵处实由袁世凯主持。原管武卫右军营务处的徐世昌(天津人,进士出身,曾授翰林院编修)任提调,下设军令司、军政司、军学司,段祺瑞、刘永庆、王士珍分任各司正使,都是袁世凯的旧部。次年八月,练兵处依仿北洋新军章程增订为《陆军营制饷章》奏呈,请饬各省遵行。章程规定常备军一军二镇,各镇包括步、马、炮、工程、辎重等兵种,分编为协、标、营、队、排、棚,一镇有兵一万余名。各省新军划一编制,设督练公所募练。

章程下达后,各省因筹办困难,依然收效不大。只有湖北依新制建成一镇一协,分驻武昌、汉阳。铁良去各省考察,湖北新军号为最优。此外东三省建成一镇驻吉林,二协驻奉天。江南与福建各成一镇。其他各省多只有一协,或只有标、营。北洋新军历年添募,至一九〇四年已成三镇。日俄战争发生,清廷饬令加强北方边防。袁世凯奏准自山东、河南、安徽等地募兵,编练一镇。次年,又将武卫右军与自强军编练为新军一镇,原在山东募建的武卫右军先锋队,扩募兵丁,练成新军一镇。至此,北洋新军已成六镇,有兵丁八万余名,分驻在京师南北近畿及天津、保定、山东等地。定名为陆军第一至第六镇。

袁世凯就任直隶总督后,还曾于光绪二十八年(一九〇三年)四月,在保定创设巡警总局,依仿外国警务制度,募练巡警五百名,管理地方治安交通等事。奏呈获准,又扩充到三千名。同年七月,列强撤销在天津所设之都统衙门,袁世凯前往接管,即将保定巡警调往天津,在天津设立巡警局,并通令直隶各府设置巡警。九月,清廷谕令各省依直隶警务章程仿照办理。三十一年,清廷设巡警部,并设京师内外城巡警总厅,徐世昌擢任巡警部尚书,入值军机,与铁良并为军机大臣。

北洋陆军六镇的建成为垂危的清廷统治筑起了军事支柱。北洋汉人军政集团权势的增长也由此成为满洲皇室所面临的威胁。

北洋海军在中日海战中,几乎全军覆没。战后续自英、德购买兵船,分驻南北洋。一九〇二年,福州船政局制成浅水巡洋舰二艘。一九〇四年,湖广总督张之洞自日本购买鱼雷艇四艘,浅水炮舰六艘。次年,清廷以萨镇冰为广东水师提督,总理南北洋海军,以图恢复。

**废科举办学堂** 清廷沿袭前明旧制,实行科举取士,考试内容主要是四书、五经的经义。文章限以八股程式。官员由科举考试入仕,知识、思想受到禁锢,于世界大势茫然无知。光绪二十四年,光绪帝下诏变法,科举考试废除八股文,改试策论。创办京师大学堂,试行新式教育。变法失败后又曾考试八股文,停办京师大学堂。清廷在西安下诏变法求言,袁世凯、张之洞等人都曾切陈改革科举,兴办学堂之必要。光绪二十七年(一九〇一年)七月,诏谕科举考试废除八股文程式,加试中国政治史事论、各国政治艺学策,但仍考四书义二篇、五经义一篇。十二月,以刑部尚书张百熙为管学大臣,时任政务处提调的荣庆为副,恢复京师大学堂,制定学堂章程。次年十一月,京师大学堂开学。二十九年闰五月张之洞晋京陛见。张百熙奏称"张之洞为当今第一通晓学务之人",请饬派会同商办学务制定章程。十一月,张百熙、荣庆会同张之洞奏陈"递减科举,注重学堂",请自次科丙午(光绪三十二年)科起,每科递减原额三分之一。光绪三十年年甲辰(一九〇四年)五月,科举殿试,取状元刘春霖(直隶肃宁人)等二百七十三人进士及第。这是清朝最后一次科举取士,也是中国历史上最后一次科举考试。次年八月,袁世凯、张之洞等联合奏请立停科举、兴办学堂,获准。清廷颁谕："著即自丙午科为始，所有乡、会试一律停止。各省岁科考试，亦即停止"（《光绪朝东华录》）。自隋朝以来实行一千三百年的科举取士，至此宣告终结。

康有为曾奏请各地设立中、小学堂，未及实行而政变。光绪二十七年（一九○一年）五月，刘坤一、张之洞奏请兴办学堂。八月初二日，清廷颁谕，各省所有书院省城改设大学堂、府改设中学堂、县改设小学堂。详细章程，著政务处与各省酌议。张之洞原在湖北武昌创办两湖书院，讲授新学，包括自然科学和军事学，卓有成绩。盛宣怀曾与江南绅商在上海创办南洋公学，讲授新学。清廷颁诏后，袁世凯随即在济南创办山东大学堂。此后两年，又奏准在保定建直隶大学堂，在天津建北洋大学堂（原中西学堂）。山西、陕西、四川、广东、贵州也先后奏请筹建大学堂。二十九年十一月，清廷谕准张百熙、荣庆与张之洞共拟的《奏定学堂章程》颁布。规定蒙养院四年，初等教育九年（初等小学五年、高等小学四年）、中等教育五年、高等教育十一年至十二年（预科性质的高等学堂三年、分科大学堂三至四年、研究院性质的通儒院五年）。学生从进入小学至通儒院毕业约需二十五至二十六年。普通教育之外，另有师范、实业两个教育系统。是年干支纪年癸卯，通称"癸卯学制"，在全国各地推行。与此同时，清廷又因张之洞奏请，将管学大臣改为学务大臣，由东阁大学士孙家鼐充任。

光绪三十一年(一九〇五年)十一月,因山西学政宝熙奏请,经政务处与学务大臣合议,谕准设立学部,统管各地学堂。以荣庆为学部尚书,熙瑛、严修为侍郎。随后,各省设提学使司,府州县厅设劝学所,下分若干学区,逐级管理学堂教育。三十二年正月,慈禧后谕令学部振兴女学。次年颁布女子学堂章程与女子师范学堂章程,清朝始有女学。

光绪二十七年(一九〇一年)七月,清廷废除八股文考试后,即诏谕停止武科考试,命各省会建立武备学堂,培养将才。北洋、湖北原设有武备学堂,山东设有随营学堂,酌量扩充。其余各省仿照办理。袁世凯在保定创设警务总局后,又建立了警务学堂。

清廷废科举办学堂,讲授科学知识,即所谓"西学",自是重大的革新,但学堂课程,仍力求保存科举考试的内容,即所谓"中学"。张百熙等拟定学堂章程后奏称"博考外国各项学堂课程名目,参酌变通","以西学瀹其智识,练其艺能,务期他日成材,各适实用",又称"兹臣等现拟各学堂课程于中学尤为注重","凡科举所讲习者,学堂无不优为"。(《光绪朝东华录》)学部设立后,荣庆等奏陈教育宗旨五条:忠君、尊孔、尚公、尚武、尚实,奉上谕照准。忠君列于首位,奏称"务使全国学生每饭不忘忠义","一切犯名干义之邪说,皆无自而萌"。(同上书)

全国各地陆续兴办学堂,发展迅速。据统计,一九〇三年各地各级学堂共有七百十九所,一九一〇年发展到五万二千余所。一九〇二年,全国各级学堂学生不满七千人,一九一〇年,发展到一百五十六万二千余人。

光绪二十四年光绪帝宣诏变法,曾提出派遣留学生去日本等国学习。光绪二十七年(一九〇一年),刘坤一、张之洞会奏力陈派遣留学生之必要,并拟具实行办法上奏。清廷诏谕各省选派学生出洋留学,发给经费。自费留学者,学成回国,也与选派学生一体奖励。学部设立后,制定留学生派遣、考验等章程,留学生回国后,按所学科目参加考试,以备任用。几年间,有大批学生出国留学,其中去日本者最多,并且逐年增加。一九〇一年,日本在学的中国留学生为二百七十四人,至一九〇五年增至一万二千人。据学者考证,其中一些学生兼有数校学籍,实际人数约在八千六百人左右。出国留学生学习自然科学,也学习各种社会政治学说,对清季的思想界产生了很大的影响。

**振兴工商**  光绪二十四年康有为曾奏请设立商部,立商政以开利源,未能实行。光绪二十八年(一九〇二年),奕劻之子载振去日本大阪参观博览会回国后,向总管新政的政务处建言设商部,经政务处奏请清廷,谕准。次年,清廷谕载振、袁世凯与奉调回国的出使美国等国大臣伍廷芳拟订商律,作为则例。随后开部,以载振为尚书,伍廷芳、陈璧为左、右侍郎,徐世昌为左丞、唐文治为右丞。商部设四司,保惠司,管理各地商务局所、招商及商部司员升调。平均司管理农、牧、水利。通艺司管理工业、铁路、矿业。会计司管理税务、银行、货币及商部财务。名为商部并非专管商业贸易而是综理工矿、铁路、金融及农牧等各项产业。重在新型工矿企业的督办,为朝廷开拓利源。光绪二十四年设立的路矿总局随即裁撤,并于商部。

早在中日战前,光绪帝已感到官办工业的不足恃,诏谕改弦更张,倡导商办即民办(《光绪朝东华录》光绪二十一年六月庚寅)。中日战后,列强获得在华经营工商的特权。八国联军入侵后,外国在华开矿办厂,经济势力进一步扩张。中国商办的新型企业受到地方官府的刻剥,又遭受外力的排挤。商部设立后,采取一系列举措,以扶植商办企业的发展。

保护商利——商部于光绪二十九年(一九〇三年)七月成立,八月即奏请力行保商之政。九月初一日,清廷准奏,诏谕各省督抚,整饬不肖官吏勒索关税、留难商船等事,"力除留难延搁各项积弊,以顺商情而维财政"。十一月,商部又奏陈南洋华侨商人返回原籍后,地方胥吏遇事刁难,苛索勒诈,不利于招徕华商兴办事业。诏谕福建、广东等沿海各省督抚,"严行查禁,认真整顿","随时随事,实力保护"。

奖励集股公司——同年八月,商部奏请设立铁路、矿务、农务、工艺等各项公司。由商部在各省招股创办或各省自行筹办,知照商部,或全由商股承办,商部维持保护。九月,又奏准颁行《奖励公司章程》,集股五千万元以上者,奖加头品顶戴,准作为商部头等顾问官。集股二千万元、一千万元及一千万元以下者,分别加给二品至七品顶戴,作为商部的顾问或议员,可直接向商部进言。官员出资经商,也照章奖励。

制定路矿章程——修铁路,开矿产,是列强在华竞相争夺的产业。为保护权益,奖励华商修路,商部于光绪二十九年(一九〇三年)十月,拟具《重订铁路简明章程》二十四条,奏准颁行。章程规定,无论华洋官商均照此章程办理。华商集股修路,地方官一体保护。集股以华股为主,附搭洋股不得超过华股。华商独资修路,投资银五十万两以上,并著有成效者,请旨优奖。(《中国近代铁路史资料》第三册)次年二月,又将原有的矿务章程修改增补,拟定《矿务暂行章程》三十八条奏准颁行。章程也规定"集股开矿,总宜以华股占多数为主",附搭洋股以不逾华股之数为限,并不得另借洋款。(《中国近代工业史资料》第二辑上册)

颁行公司律——光绪二十九年(一九〇三年)十二月,商部尚书载振遵照拟定商律的谕旨,奏上《公司律》,奉旨颁行。《公司律》共一百三十一条,区分公司为合资公司、合资有限公司、股份公司、股份有限公司

196

四类。公司的创办只需呈报商部注册，不必经由官府其他部门。对股东权利、公司的经营管理也都作了详细的规定。又写明入股的洋商与华商应一律遵守公司律及有关章程。《公司律》卷首列有《商人通例》九条，规定商人的守则和应享的权利。《公司律》颁行后，又在次年颁布《公司注册试办章程》规定公司注册办法。注册的公司受到商部的保护。（具见《大清光绪新法令》）

载振奏称袁世凯因差务太繁，请开去兼差，《公司律》系与商部侍郎伍廷芳筹议拟订。广东新会人伍廷芳，出生于新加坡，曾留学英国林肯法律学院，后在香港做律师。光绪七年（一八八二年）回国，在李鸿章幕府供职。中日战后，任出使美国等国公使大臣。光绪二十八年（一九〇二年）奉调回国，助袁世凯、张之洞会办商务，在上海会议各国商约，回京参与主持商部，旋调任外务部侍郎。载振在奏呈《公司律》时称："现在伍廷芳奉旨调补外务部侍郎。臣等深悉该侍郎久历外洋，于律学最为娴熟。嗣后筹议商律一切事宜，仍随时与该侍郎会商，以期周妥。"（《光绪朝东华录》）得旨允行。

商标注册章程——光绪二十九年（一九〇三年）外务部因与英、美、日本等国议定商约，载有互保商标条款，由总税务司赫德代拟商标注册章程咨送商部。次年十二月，商部奏称中国向无保护商标章程，"此商牌号有为彼商冒用者。真货牌号,有为伪货搀杂者,流弊滋多",因就总税务司代拟条款,采择各国通例,酌量添改,拟订试办章程二十八条奏呈,并请在商部设立商标注册总局,在天津、上海海关设分局,办理其事。无论华商洋商照章注册,一体保护。照会各国驻京使臣,华商标号也应受到各国政府的保护。清廷准议,所拟章程由商部刊刻颁行。

上述诸事之外,商部还曾拟具《商会简明章程》、《试办银行章程》,开办实业学堂,培养专门人才。商部曾自称:"保商之政,次第举办"。民间集股投资,受到鼓励和保护,商办的新型企业因而得到较快的发展(详见下章)。振兴工商的新政,取得显著成效。但由于吏治的腐败,上下官吏的贪贿勒索,依然不能禁止。奕劻、载振父子就曾被劾贪污挥霍,由于身居高位,官官相护,不了了之。

**修订法律** 刘坤一、张之洞会奏变法摺中曾陈言修订清律。光绪二十八年(一九〇二年)二月,清廷谕令袁世凯、刘坤一、张之洞荐举熟悉中外律例人员开馆编纂。袁、刘、张三人联名会保刑部左侍郎沈家本、出使美国大臣伍廷芳"修订法律,兼取中西"。四月,清廷谕准,派沈、伍"参酌各国法律,悉心考订,妥为拟订,妥为拟议,务期中外通行"(《光绪朝东华录》)。伍廷芳此时尚在国外,奉调回国后又任商部侍郎。次年十一月,才以外务部右侍郎的身分参与其事。三十年

198

四月,修订法律馆正式开馆,翻译外国法律,德意志《刑法》、《裁判法》,俄罗斯《刑法》,日本《现行刑法》、《改正刑法》、《陆军刑法》、《海军刑法》、《裁判所构成法》等作参考,并聘用日本等国法学家和归国留学生,着手删修《大清律例》。清律沿袭明律,陆续增益,死罪多至八百四十余条,成为中国有史以来苛繁律例之最。三十一年三月,沈家本、伍廷芳奏请删除凌迟、枭首、戮尸、刺字等重刑、酷刑,并建议轻罪不准刑讯,笞杖改为罚银或劳役,得清廷谕准。次年,沈、伍奏请试行《刑事民事诉讼法》,设立陪审员及律师。《刑事民事诉讼法》五章二百六十条,为前所未有。张之洞等督抚大臣认为该法"于中法本原似有乖违",未能公布施行。同月,沈、伍二人奉命会同商部拟订《商律》中的《破产律》获准。四月二十九日,伍廷芳请假回籍修墓,此后,修律工作由沈家本单独主持。闰四月二十一日,沈家本奏陈《禁革买卖人口变通旧例折》,主张废除奴婢律例。九月十六日,清廷将大理寺改为大理院,沈家本任大理院正卿、修订法律大臣。不久,京师法律学堂开学,又任管理京师法律学堂事务大臣。

光绪三十三年(一九〇七年),沈家本参酌西方法律,主持完成《刑律草案》的编纂,清廷发交各部院、督抚核议。因有异议,屡加修订,两年后才作为《大清新刑律》颁行。

上举诸端,光绪二十四年光绪帝与康有为等变法时,大都曾经议及。或未实行或实行未久而停罢。也有一些新政,如张之洞在湖北设商务局办厂,盛宣怀督办铁路总局诸政,在政变后仍然延续。联军入侵后,慈禧后和光绪帝再变法、行新政,其实是"戊戌新法"的继续与发展,已为世人所共见。光绪三十年(一九〇三年)五月,以慈禧后七旬寿辰施恩为名,由光绪帝颁谕,称奉皇太后懿旨,除康有为、梁启超外"其余戊戌案内各员,均著宽免其既往,予以自新。曾经革职者俱著开复原衔。其通饬缉拿并现在监禁及交地方官管束者,著即一体开释"。(《光绪朝东华录》)慈禧后此举是在新政实施后不得不为戊戌获罪诸人湔雪,也意味着对戊戌新法的事实上的认同。

光绪帝康有为变法,随即停罢,成效未显。慈禧后和光绪帝再变法,推行数年,成效渐著。清廷由此有了直隶和湖北等地编练的新式陆军。废科举办学堂解除了对西学或新学的禁锢。振兴工商诸政有效地促进了资本主义企业的发展(见下章)。然而,这些并不能挽救清朝的覆亡。新政虽曾议及整饬吏治,但举国上下腐败的吏治并未因而刷新。满洲皇室贵族的腐朽依然无可救药。新政实施几年来,各地农民的反抗不断兴起,汉人督抚绅商的军政实力和经济实力空前增长,民主革命思想广泛传播,满洲皇室的专制统治覆亡之期不远了。

200

## （三）财政的困窘与赋税的征敛

中日战前，清廷每年财政收入约在八千万两以上，收支相抵，略有盈余。中日战争的军费借款与支付赔款的借款，高达银三亿五千万两，此后，每年需支付外债利息约银二千万两。列强入侵和实施新政以来，清年既需要依据"和约"每年支付巨额的赔款和债息，又要支付实施新政所需的巨额费用。皇室及清廷的日常经费，也因扩大开支范围，不断膨胀。新政实施以来的几年间，清廷财政日益陷入了支出远远超过收入的困境。

清廷中枢和地方州县不断扩大加征田赋、盐税、厘金等各项赋税和以新政名义加派各种捐税。农民的负担成倍增长，日益贫困。一些地区出现了农民抗粮、抗捐、抢米等反抗斗争。

## 一、财政的困窘

八国联军入侵前的光绪二十五年（一八九九年），御史熙麟奏称："伏查近今之大费有三：曰军饷、曰洋务、曰息债。"他估算军饷需银三千余万两，洋务二千余万两，息债二千余万两。此外，国用常经一千九百余万两，边防及河工近三千万两。二十七年，中外和约订立前，总税务司英人赫德在《致北京公使团赔款委员会意见书》中,依据户部不完全的案卷统计,联军入侵前的清廷的财政收支状况是,赋税岁入八千八百万两,支出一万万余两。(《帝国主义与中国海关》第九编)二十八年以后,清廷偿付赔款、实施新政,财政支出急速增长。(以下统计数字,均自汪敬虞主编《中国近代经济史》第十章转引)

**赔款与债息**　光绪二十八年(一九○二年)以后,清廷依据和约的规定,每年要向列强偿付赔款(通称庚子赔款)及加息在二千万两以上。依据光绪二十九年的记载,这年实付庚子赔款二千一百八十二万九千五百两,旧欠外债本息二千三百三十万两。合计四千五百一十二万九千五百两。而这年清朝的全部财政收入不过一万万余两。

**军兵经费**　清廷实施新政编练新军,需自国外购买新式武器,新军的装备训练等也需要大量军费。直隶与湖北著有成效,在各省推广。多数省分都因经费困难,进展迟缓。至清末统计,共成二十六镇。据宣统二年(一九一○年)度支部(原户部)编制的次年预算军费为五千八百七十六万两。连同军事学堂、兵工厂、制造局所等项总计在八千万两以上。各地设置巡警的费用无详细统计,有记录可查的奉天省巡警费多至三百余万两。

光绪三十三年(一九○七年)清廷设海军处筹办海军。据前引度支部编制的预算,海军经费逾千万两。

清廷编练新军后,原已无力作战的八旗兵和绿营兵虽经一再裁减,仍存十余万人,每年虚耗兵饷三千余万两。

**办学支出**　清廷行新政,废科举,各省开办新式学堂。据宣统元年(一九〇九年)的统计,各省办学支出约计一千三百余万两。中枢学部直属各学堂经费,清末预算一百八十四万两。

**政府常经**　清政府日常经费中,满洲皇室的靡费,占有很大的数量。光绪二十七年(一九〇一年)八月,帝后自西安回銮,十一月返京。行前诏谕"一切供应,务从俭约"。直隶总督袁世凯办理差务,沿途备置行宫需用,三个月耗银一百五十余万两。其中七十万两分派给江苏等九省协济。宫廷日常需费及内务部经费,由户部指拨和各省解送,清末宗人府及内务部年预算,多至六百十四万两。中枢部院经费,行新政后成倍增长。总署改建外务部后,在十五个国家设立使领机构,派出公使十人总领事十二人。国内外务扩展,经费激增。中日战前额定外务专款一百万两,清末预算多至三百五十四万两。新设的政务处、商部、学部等机构,都要开支经费。各省的行政经费也因行新政而膨胀。一九〇九年统计为一千五百余万两,较一九〇〇年增加一倍。

以上是光绪二十八年(一九〇二年)以后几项大费可供考索的支出概况。清廷财政收支并无准确的官方纪录。光绪二十八年以后的几年间,收入虽续有增长,但支出超过收入的数字在不断扩大。有人估算,二十九年,超支约三千万两,三十一年约三千三百五十余万两。收支差距日益扩大,财政日益困窘。

货币的混乱和地方财政的奏报不实,更使清廷财政陷于困境。

币制的混乱——清廷币制原以银两(银锭)与铜钱并行。明末传入中国的墨西哥银元,道光朝以后大量流入,在中国市场上通用,被称为"鹰洋"。美国、日本等国的银元也流入中国。光绪十四年(一八八八年),湖广总督张之洞在广东设银元局,仿鹰洋自铸银元。次年铸成发行,铸有"光绪元宝"、"广东省造"字样,幕铸蛟龙,俗称"龙洋"。银元以银两为铸造标准,分为库平银七钱二分至三分六厘大小四种。光绪二十八年,直隶总督袁世凯在天津设银元局,仿铸银元。湖北、江西等七省也相继开铸,但因成色参差,不便行用。光绪二十九年,清廷在天津设户部造币总厂,留江南、直隶、广东三厂为分厂。

清初顺治年间曾印造钞币,行用十年停罢。咸丰时,又曾印造纸币,称"户部官票",额题"大清宝钞"。因缺少必要的钞本,钞值低落,不久即废。民间商办的钱庄,自行印发"庄票",在商业贸易中通用。各省官办的官银银号也竞相发行各种名目的银票。英国的汇丰银行中日战前已在中国大量发钞,多至五百余万。

联军入侵后,继续发行银行钞票,控制了中国的外汇市场。日本的正金银行在东北各地统一发行银行券。俄国的道胜银行发行卢布纸币。光绪三十年(一九○四年),清廷户部试办银行,发行库平银五两至一百两五种银两票和银元票纸币。但外钞和各地的银票依然继续行用,不为取代。

银锭与铜钱,外国的各种银元与中国各省的银元,外国发行的各种纸币与中国各省官商发行的各种票钞,通行市场,漫无的准,日益陷于混乱。

财政的清理——清廷财政收入,主要来自田赋、盐税、常关税及厘金、海关税(洋税)。其中田赋收入约占半数左右。各省征收的赋税,部分留省支用,称"存留",其余奏报户部,由户部调运京师或协济他省,称"起运"。各省每年财政收支状况,造册呈报户部审核,称钱粮奏销。不需报部者为外销款。光绪二十八年(一九○二年)以后,清廷将历年偿付的赔款和债息分摊给十二个省,又向各省分派实行新政的经费。各省实行新政的经费,也由地方自行筹办。原来的奏销制度陷于紊乱,各省奏报,多有不实。光绪二十九年(一九○三年)九月,清廷专设财政处,整顿财政,派庆亲王奕劻总理其事,军机大臣瞿鸿禨与新任外务部尚书那桐会办。光绪三十二年,财政处并于度支部(原户部),开始清查各省财政。据各省册报,三十四年总计岁入包括外销款共计库平银二万六千三百二十一万两,岁出二万六千九百八十七万两。出入数都较原报数多出一万万余两,但入不敷出,差距六百六十万两。次年,朝廷中枢的出入差距多至六千万两。度支部编制的一九一一年全国财政预算,包括中枢及地方的收支差距竟高达八千万两。清廷的财政,濒于崩溃了。

## 二、赋税的征敛

清廷财政自中日战前的基本平衡到清末濒于崩溃,经历了收入与支出不断增长,收支差距不断扩大的过程。收入的增长主要来自田赋和各种税收的一再加征。对外贸易的关税,在各项中外商约中已有规定,且作为赔款的担保,受到列强的控制(参见下章)。清廷兴办的专利企业,铁路、邮电诸项,末季渐有盈利,但有官办商办部办省办之别,分配股利和支付经费开支外,纳入财政收入者已经无多。《清史稿》交通志记清末情况说:"岁之所入,路约银二千万,电约一千万,邮六百余万,而岁支外所盈无几,无乃分其利者众欤?"据光绪三十四年(一九〇八年)的记录,铁路经费高达一千九百余万两,电二百余万两,邮一百六十余万两。各项盈余的财政收入在总收入中只占微末的地位。光绪二十八年(一九〇二年)以来,历年增加的岁入,主要还是沿用传统的聚敛方式,利用行政权力,强征各种赋税,以剥夺农民和广大的民众。

田赋——清季立国,仍然以农为本,田赋是国家的主要收入。八国联军入侵以前，每年实征田赋不足三千万两。光绪二十八年（一九〇二年）以后，各省因分担偿付庚子赔款及实施新政，不断以各种名目加征田赋。二十九年，户部奏报全国实征田赋已超过三千七百万两。宣统元年（一九〇九年），清理地方财政，各省实征田赋四千三百九十六万两。一九一一年的预算近五千万两。

分摊赔款的十二个省，在定额田赋之外，以各种名目加征捐税。浙江年增八十万两，四川、山东五十万两，陕西四十万两。各地实行新政的费用，也在田赋额外附加。东三省加征警、学亩捐（垧捐），直隶、河南、山西、广东随田赋附加学费、警费。办巡警与办学堂等新政以外，一些地方也还以新政名义，随意加征。

光绪朝定额的田赋，主要是地丁银粮（包括耗羡）与漕粮（折银交纳者为"漕折"）。田连阡陌的地主大户，通过各种手段把田赋转嫁给租田的佃农和"自田"的小户。无地的佃农和占有少量土地的自耕农是田赋的主要承担者。田赋由三千万两加征到五千万两，广大农民难以承受了。

盐课——盐课历来是清廷的重要财政收入。朝廷统一规定盐价。向产盐的盐户征收场课（税），向运销商人征收引课，统称盐课。中日战争时，因军需增加盐价，每斤加收钱二文。光绪二十七年（一九〇一年）因筹还庚子赔款，每斤再加四文。三十四年又加四文。

加价半补练兵经费,半归产盐省分留用。盐斤加价后,盐课随之成倍增长。《清史稿》食货志载:道光二十七年盐课岁入七百五十万二千余两。光绪末,合课厘(厘金)共计二千四百余万两。清末度支部预算,为四千五百万余两。编者说:"新政举行,罔不取诸盐利"。盐斤加价,盐课倍增,民间食盐的零售价因而增长了一倍至两倍。盐是人民生活所必需,加征盐课的负担还是落在了广大民众的肩上。

厘金——咸丰时为筹办军饷创设的厘金,由各省向过往商货自行征税,税率不一。光绪二十八年以后,各省因负担筹款,纷纷加征厘金。厘金征收的名目增多,税率提高。普遍征收厘金的茶、糖、烟、酒等商货,各省一再加征,由加征二成到一倍不等。各省征收总数不如实上报,难以确指。二十九年,户部报告各省解送一千一百七十九万余两。清理财政后,清末预算的全国厘金岁入为四千三百十八万余两。厘金的大量加征,阻碍了商货的正常流通,市井物价普遍上涨。

杂税——以上三项大税外,各省又以各种名目新征各种杂税,如契税、房捐、典当捐、牲畜屠宰税等多至数十种。收入总数无统计数字。清末预算列入"正杂各税"项下的杂税,有两千六百余万两。

光绪二十七年(一九〇一年)以来,全国各地以偿付庚子赔款与实施新政为名,一再增加赋税的征敛,加征速度之快与数量之多,超过了清代的任何时期。广

208

大农民遭受的剥夺,空前严酷了。

## 三、农民的反抗

八国联军入侵,所经之处,广大农民遭到巨大的灾难。未到之地,反洋教的民众也受到迫害。战争过后,历年偿付赔款和举办新政,又为农民群众增加了沉重的负担。广大农村日益贫困,农民生计维艰,水旱地区尤为严重。贫困无告的农民被迫逃离家乡,另谋生计。

一是涌入城市谋生。随着中外企业的开办,一些商埠的人口急剧增长。实施新政后又有进一步的增长。新型企业密集的上海,据《海关十年报告》上海口的报告,一八八〇年人口十万七千余人。一八九〇年人口十六万八千余人。一九〇〇年三十四万五千余人。一九一〇年激增到一百一十八万五千余人。其他商埠的人口也有不同程度的增长。城市中激增的人口主要来自农村。入城谋生的农民,部分成为新型企业的产业工人。其余多依靠手工业、商贩或在服务性行业服役,总数当在百万人以上。各地兴修铁路和开矿的工人也来自农村的农民,估计约有数十万人。

二是出国务工。晚明以来,沿海各省居民,即不断到海外务工经商。中日战后,外出务工者渐众。清廷行新政,兴商求言。南洋侨商张振勋奏陈条议,说"今天下生齿日繁,民无生业,濒海各省之民,散出外洋各埠者,日多一日"。他估计在东南亚各地印度、缅甸以及美洲各国的华工,不下五百余万人。这是历年外出的总计,清季日多一日,当有不小的数量。

三是应募从军。清廷编练新军,行募兵制,自各地农民中精选壮丁。兵必合格,人必土著,不用市井游惰。农民应募入伍,家属可得兵饷,田亩免除徭役。至一九一一年清朝覆亡前,全国新建陆军二十六镇,总计士兵约三十万人。这在农民总体中只是少数。但士兵选自贫苦农民,却形成新军的显著特点。

外出谋生只是农民中的一小部分,留居本土的广大农民不堪横征暴敛,纷纷起而反抗。饥饿无告的农民则起而抢掠粮米。光绪二十七年(一九〇一年)以来,各地不断出现农民抗税抗捐和抢米的纪录。现参据李文治编《中国近代农业史资料》辑录的有关事例,摘要编列于次,以见一斑。

光绪二十七年:山东即墨农民反抗抽收新税,聚众万余人围攻县城。县令被迫许减新税。

直隶深州反抗交捐偿付庚子赔款,聚众至二十余万人。(《义和团档案史料续编》)经奕劻奏准将教堂赔款归入庚子赔款。(《光绪朝东华录》六月条)

安徽和州因水灾出逃的农民抢米。知州姚锡光奏称"职州亲往查抚,见其鹄面鸠形,男啼女哭,老幼僵卧,妇女赤身,即在壮丁,亦半馁饿骨立,目睹心伤,令人泣下","讯其缘由,皆因穷饿已极",借粮不得,遂致抢米。(《吏皖存牍》卷下)

210

二十八年：直隶广宗武举景廷宾聚集民众抗交摊派庚子赔款之捐税，遭官军镇压，脱逃。又聚众至二万余人攻打法国教堂，杀传教士。清军前往镇压，杀民众二千余人。景廷宾被捕处死。(《义和团档案史料续编》)南宫县民东八牌聚众响应抗捐，遭官军镇压，死亡无算。

二十九年：福建仙游县因派偿赔款，加征粮捐、房捐、铺户捐和土产货捐。乡民二、三千人至县署理问，拆毁办捐的绅董住宅及捐局。莆田兵勇赶来镇压，乡民散去。

三十年：河南临颖县民反抗增税，聚众二千人，捣毁县衙。汝州乡民聚众抗税。邓州抗征厘金，扒毁厘局。江西乐平因行新政办学堂，加征靛(染料)捐。当地山区以产靛为生的贫民起而反抗，拆毁地方官署及局所。

三十二年：江西庐陵设清赋局，清理财赋，向农民逼征旧欠捐税，并附加夫马费。农民聚众入城，请求缓征旧欠、酌减票钱(粮票加征)、严惩差役。官军诬良为匪，杀伤四十余人。吉安也因清赋局催征旧欠，乡民数千人聚集暴动，与官兵接仗，互有死伤。瑞昌饥民因税收苛重，捣毁统税卡，抢走票簿银钱。余干县因行新政开办白土(白垩)统捐。乡民数千人聚众反对学堂绅董。陕西扶风、华州、华阴、渭南先后聚众数千人，反抗征收亩捐，打毁厘金局及学堂。华州新办的官学堂

211

被焚毁。华州、华阴、渭南并砍去电线八十余里。河南府关林地方，乡民聚众抗捐。新野县民抢掠厘税局。江苏徐州农民因歉收拒纳田租，聚众反抗。江苏各地相继出现饥民抢米。扬州、泰州、苏州、震泽等地因米价腾贵，饥民无食，入城抢掠米行店铺。清江乡民千人抢掠米行后，并抢去官船的军米。宝应县民拆毁县署大堂，抢掠米行、钱庄、当铺，又焚毁学堂一所。浙江杭州因米店抬价，贫民聚众打毁。仙居县与长兴县泗安镇均有贫民抢米。安徽徽州府属县也有饥民抢夺米肆。

三十三年：浙江定海加征钱粮，说是充学堂经费。乡民数千人起而反抗，打毁新旧学堂各一所，并捣毁发起办学的乡绅丁某之家。

三十四年：直隶隆平县，因筹办巡警及学堂经费，加征捐税。乡民千余人持械进城，要求免征。警兵开枪镇压，打死九人，伤六人。群情激愤，将巡警局砸毁。

宣统元年（一九〇九年）：直隶永平府迁安县民因反抗加派各种杂捐，为首者被拘捕。村民遂聚众万余人入城理论，到征捐的绅董家中，捣毁一空。江西袁州宜春县，因征收学务及新政捐款，任意加收学米捐。乡民聚众入城，被官兵阻截，死伤数人。又聚集千人攻打县城，攻入西门，遭官兵镇压，死十余人。浙江湖州乌程县及归安县乡民抗纳漕粮，聚集千余人入城。县令被迫准被灾之民免征，其余应征户以七成交纳。德清县民数千人入城，要求减免田赋。官兵拘捕四人，为首者处死。嘉兴府桐乡县乡民数千人入城要求豁免租赋，拆毁县署，割断电线，官兵镇压，拘捕十余人，为首者被处死。

宣统二年，各地抗税抗捐和抢米的斗争，形成高潮。

直隶易州筹办新政，抽取苛捐。各处乡民奋起，拆毁各学堂，声势汹涌。

河南密县筹款办理新政，加征亩捐。乡民一千七百余人拥至县署拆毁大堂，抢劫仓库，殴击兵勇。长葛县知县江湘，因办乡村巡警，加征巡警经费钱。乡民指为借口新政多次敛钱，聚集五千七百余人，闯入县署，拆毁大堂及知县住所。江湘逃匿。村民在各地印发传单，说："江官到任，即科派差钱，一年共派七次，吾民之力实不能支。""查田地一亩现已交正赋差钱、新政钱七百文，另差在外。刻如再加，将及一千四百文矣。"

山东莱阳县借口新政经费，苛征重税，过于正供。间架有税，人头有税，甚至牛马皆有常捐，民不聊生，群起反抗。聚集数万人，围攻县署，将境内教堂、学堂一律焚毁。

广西永宁州怀远县一百二十余村农民因县令加抽油捐，聚众反抗。县令被撤职，以平众怒。

江苏松江府奉贤县煎盐的板户，因饥饿起事。通州如皋县有东台县灶民捣毁广益学堂。淮安府清河（清江浦）饥民四万余人围攻大丰面粉厂。又有饥民拦抢采运豆麦杂粮船三艘。海州新浦有饥民千余人冲击海丰面粉厂，被击毙九人，饥民聚众二万余人焚抢厂内之麻袋及机器。徐州宿迁县饥民数千人抢夺富户及米行存米，又焚烧永丰面粉公司，抢去小麦数千石。

　　湖南遭遇水旱灾荒，米价暴涨。省城长沙有饥民近万人围困巡抚衙门，焚毁大堂二堂。巡抚岑春煊称病避匿，饥民焚烧城内外学堂、教堂及外国商店，抢掠米店百余家。府属益阳县民也起而抢米。

　　湖北黄州府属广济县武穴镇饥民连抢米店。垅坪饥民响应，抢米店数家。

　　安徽和州饥民抢掠富绅，进城至州署索米。州署被迫出粜米谷。宁国府属南陵县乡民因被水灾抢掠乡绅稻米。宣城县饥民千余人四处抢米求食，官不能禁。

　　江西抚州饥民抢米行十三家，聚众至万人。临江府属樟树镇及新喻县乡民也聚众抢米店。

　　奉天安东县赵氏沟乡民因商船运米出境，群起将米抢尽。汤池子乡饥民二百余人，盘查富户，均分粮食。各地饥民起而仿效。安东县属五区都聚众均分富家粮米。

以上散见的零星纪事表明,末季的清朝,农民的抗税抢米斗争遍及各地,此仆彼起。农民的贫困、农村的动荡摇撼着清朝的统治基础。农民的反抗为垂亡的清朝敲起了丧钟。

# 第 八 章

# 资本主义企业的发展与
# 资产阶级的形成

　　八国联军入侵以后的十年间,随着满族皇室统治的衰落与新政的实施,社会经济出现一些新现象。主要是:(一)列强各国凭借攫取的特权,进一步扩展在中国的经济势力;(二)中国自办的各种形式的资本主义企业,借助于引进外国机器设备和生产技术,得到初步的发展;(三)随着资本主义企业的发展,拥有资本、占有生产资料、雇佣工人生产的企业主形成为新的社会群体资产阶级。产业工人开始了自发的斗争。

　　本章分别对有关情况做简要的叙述。①

---

　　① 本章引据的资料未注出处者具见汪敬虞主编《中国近代工业史资料》第二辑及《中国近代经史》(1895—1927)有关章节。

## 第一节　列强各国经济势力的扩张

中日战争之后,外国在华的经济势力逐渐扩张。八国联军入侵与日俄战争之后,帝国主义各国依恃攫夺的特权,在华经济势力又有更大的扩张。金融业的扩张,进一步控制了中国的金融市场,通过对清朝的外债贷款,控制了清廷的税收。又通过对工商业者的贷款扼制了民办企业。各国之间争夺修建铁路和开采矿产的特权,形成这一时期外国经济势力扩张的显著的特点。航运业则扩展到中国的内河。

## （一）银　行　业

**机构的扩建**　中日战前,英国的汇丰银行在外国在华银行中占居首要的地位。战后十多年间,英、法、德、日、俄、美等国相继在中国扩建了他们的银行机构。

英国——汇丰银行实力日益增强,继续扩展。一九〇七年,资本增加到一千五百万元。麦加利银行也在继续发展。一九〇七年资本达到一百二十万镑。

上海法国东方汇理银行

法国——总行设在巴黎的东方汇理银行（Bangue de L'Indo-china）由越南进入中国。一八九四年在香港成立分行。一八九九年在上海和天津设立了分支机构。资本增加到三百万法郎。原来在华的法兰西银行退出中国，由东方汇理银行取代。

德国——由德意志银行联合几家企业创建的德华银行，一八九〇年在上海成立总行。此后十年间，陆续设立了天津、青岛、汉口、香港四处分支机构。

日本——以经营对外贸易和汇兑为主业的日本正金银行，一八九三年在上海建立了办事处，一八九五年扩建为分行，实力急速增长。一八九四年资本四百五十万日元，一八九六年增加到一千二百万日元，一八九九年竟达二千四百万日元。一九〇〇年

在牛庄建立分行。一九〇四年起的三年间，又在大连、辽阳、抚顺、铁岭、安东、长春、哈尔滨、开原等地扩建机构。一

天津华俄道胜银行

九〇七年在东北各大城市先后建立了十处分支机构。

俄国——一八九五年底，俄国在法国银行的支持下建立道胜银行。总行设立在彼得堡，资本六百万卢布。次年，即在上海、汉口、牛庄、天津设立了分行。一九〇〇年以后的几年间，又陆续在新疆的喀什噶尔，东北的齐齐哈尔、吉林、海拉尔、沈阳，蒙古的库伦、恰克图以及乌里雅苏台和其他边域城市设立机构。道胜银行的分支机构遍布于中国北方的边疆地带。

美国——美国的花旗银行（International Banking Corporation），一九〇一年成立。总行设在纽约，资本五十万美元。次年，增到三百万美元，在上海设立了分行。此后六年间，又在广州、香港、厦门、汉口、天津等

219

地扩建了分支机构。

**经营的扩展** 中国战争以后的十多年间外国在华银行经营业务的范围逐渐扩展,渗入也更为加深。

汇兑——国内商埠间的贸易周转仍由英国的银行所控制并且迅速扩展。汇丰银行一八九五年经营的汇兑约八千四百万港元,一九一〇年增加到一万二千一百万九千元。麦加利银行初建时汇票业务不足一万镑,一九〇三年即增加到六万镑。对外贸易的周转,一直由汇丰银行操纵外汇市场。一九〇〇年以后,一家独裁的局面逐渐改变。一九〇一年英、德、法、美成立了四国银行团。

贷款——中日战后,清廷因承担巨额赔款,不得不向其他国家借债。一八九五年,清公使与"俄国各银号商董"商订借款合同,借款额四万万法郎,年息四厘,三十六年还清。清廷以国家名义,以中国海关税收为"押保"(抵押)。俄方发行借款股票,由圣彼得堡的各国商务银行办理。合同开列的承办银行,包括了法国巴黎的霍丁格尔银号(银行)、巴黎和兰(荷兰)银号、利杭(里昂)银号等多家法国银行。合同订立约半年之后,他们即作为股东加入了新建的俄国道胜银行。一八九六年,清廷与英国汇丰银行、德国德华银行在北京订立借款合同,向英、德两国银行借款一千六百万英镑,年息五厘,三十六年还清。一八九八年,又与汇丰、德华两行在北京订立续借款合同再借一千六百万英

220

镑,年息四厘五,四十五年还清。以江浙一些地区商货的厘金和鄂、皖的盐厘为抵押。中日战后三年间,清廷这三笔巨额借款,总额折合库平银高达三万万两。俄、法、英、德等国由各国银行出面经办,受各国政府的操纵。四国政府从而获得了若干特权并控制了清廷的部分税收。

八国联军入侵后,清廷依据和约负担的巨额赔款,分摊给各省承担,逐年偿付。各国在华银行又直接向地方政府推行贷款。一九〇〇年,俄国侵占东北期间,即曾向奉天省贷款三十万两。一九〇三年,又向新疆贷款二百万两。日本台湾银行在一九〇一年向闽浙总督贷款一百五十万银元。此后又多次向福建布政使贷款,包括了福建的对外借款。一九一一年贷给广东一百六十万日元。正金银行一九〇六年向湖北贷款二百四十万两,一九〇八年向江苏贷款一百万两。一九一〇年又贷款给东三省总督二百二十万日元。英国的汇丰银行。一九〇四年向两广总督贷款港币一百四十万元。一九〇七年贷款给广东二万万两,一九〇一年又贷款三百万港元。此外,又曾在一九〇五年,贷款给闽浙总督三十万两。一九〇七年贷给新疆一百万两。德国的德华银行一九一〇年向山东贷款五千五百两。英、法、德、美等国的在华银行还曾几家联合向湖北、江苏、广东等地方官府贷款,至一九一一年秋,总额超过银一千万两,港币五百万元。各地政府的这些高额的

221

借款多以本地的税收或资产作抵押。各国银行从贷款中获得大量利息和各种权益。列强政府则从而控制了各地的财政税收。

此外,清廷为兴办实业,也向外国银行借款。如光绪二十二年(一八九六年)由督办津芦铁路的胡燏棻向英国汇丰银行、麦加利银行借款一百万两,次年又向俄国道胜银行借款三十万两。二十四年,盛宣怀为开采萍乡煤矿向德国礼和洋行商借四百万马克,三十年又向俄国道胜银行借银十三万余两。

收购公债——清廷推行新政,编练新军,光绪三十年(一九〇四年)袁世凯建策以直隶税收与长芦盐课为担保,在国内发行公债四百八十万两,以应军需,经清廷照准。公债分摊给各省州县,称为"劝募"。地方层层苛派,只认购百余万两。日本正金银行见此事有利可图,收购了三百万两。湖北依直隶章程,发行公债二百四十万两,日本横滨正金银行收购七十六万五千两,俄国道胜银行收购二十万两。次年,湖南发行一百二十万两,只在省内售出二十万两,其余全被日本的正金银行和三井洋行收购。清廷以税课为担保的国内公债于是演化为向外国银行借贷的外债。

房地产投资——外国银行在投资外国在华企业的同时,又扩展到房地产和股票债券交易。英国的汇丰银行在香港、上海、汉口、厦门、福州、天津、北京、广州各大城市,大都经营码头堆栈和一般房地产业务。到清朝灭亡时共投资二百七十余万元,约占各项企业投资总额的三分之一。股票债券交易也成为外国银行投资的重要项目,日益扩展,被认为是"非常重要的生意"。

各国银行金融活动的扩展显示,资本输出日益成为列强扩张在华经济势力的重要手段。

## (二)航　　运

中日战后十多年间,外国在华航运业的扩展,日益深入中国的内河,特别是长江流域。航行在中国内河各口岸的外国轮船的吨位超过中国商船数倍,从而垄断了中国内地各港的航运之利。

清廷在中日战后签订的马关条约中曾写明,允准日本轮船驶入开列的口岸,附搭行客,装运货物。从上海驶进吴淞江及运河以至苏州、杭州。这项丧失内航主权的条款,依据所谓"利益均沾"的许诺,也可适用于日本以外的其他各国。一八九七年,英国在续订缅甸条约中,乘机取得在西江航行的特权。一八九八年,俄国在强租辽东半岛后攫夺了航行辽河的利权。同年,英国作为对清廷贷款的条件,要求对外国船只开放内地航行。清廷命担任总税务司的赫德拟订《内港行船章程》,宣布中国内港均准华洋各项轮船往来贸易,并说明"内港"即"内地",包括"沿海、沿江、沿河及陆路各处不通商口岸"。辛丑条约签订后,一九〇二年,英、美等国又要挟清廷分别订立了通商行船续约。这些续约,按照各国的要求增开通商口岸,允准外国在内河两岸租设码头、栈房,并规定中国对外轮货物课税不得超过本国轮船的货税。外国轮船往来内港,中国不得"借辞禁止",外轮禁行的内河,"华轮亦应一律禁止"。

列强各国凭依中日战后和八国联军入侵后订立的一系列条约,攫取了在中国内河内港航运的多种特权。外国轮船可在中国内港往来穿行。中国商船在本国境内的江河航行,反而受到限制。内河航运之利为外国所垄断,势在必然了。

英国——内河航运业,英国始终占居首位。怡和、太古两公司继续垄断长江及沿海各港的航运。广州与港、澳间的航运也由英国的省港澳轮船公司包揽。一八九五年,英轮进出各口岸的吨位已超过两千万吨,占中外轮总吨位的近百分之七十。德国约占百分之八,日本只占千分之四。此后十多年间,英轮吨位逐年增长。一九〇八年超过三千四百万吨。由于日本等国的扩张,英轮在中外轮总吨位中的比例下降到百分之四十,但吨数仍居各国之首。

日本——日本自一八九五年的侵略战争之后,从中国获得巨额赔款和多种侵略权益,随即大力扩张在华的经济势力。一八九六年,日本政府颁布航海和造船的奖励法,由日本政府命令扩张的海外航路,称为"命令航路",给予专项补助。中国的长江航路被列于首位。同年,日本在上海新建的大东新利洋行即开辟了上海至苏州航线,次年初又开辟了上海杭州间的航行。一八九八年改组为大东轮船合资会社,每年获得三万日元的政府补助。一九〇〇年又改组为大东轮船株式会社,政府补助增加到五万日元,控制了上海、苏州、杭州之间的航线。成立于一八八五年的大阪商船株式会社在一八九七年接受日本政府的指令,开辟上海、汉口、宜昌间的"命令航路"。次年,在汉口设立分公司,上海设立代理处,先以小吨位的货轮开辟了上海至汉口间的航线。一八九九年日本造出载重一六九四吨的新型轮船大元号在汉口宜昌一线航行。一九〇〇年新造载重超过两千吨的大亨、大利两船在上海汉口线航行。次年,又新造吨位两千七百余吨的大员号在上海汉口间航行。吨位超过两千吨的大吉号加入汉口宜昌线。总吨位增加到一万一千余吨。沪汉线月航八次,汉宜线月航六次。在这一线上的航运实力骤然超过了英国。一九〇二年日本财界人士又成立湖南汽船会社,开辟汉口至湘潭航线,一九〇四年开始航行,至一九〇七年,共有船三支,吨位总计三千三百余吨。一九〇三年经营远洋运输的日本邮船株式会社收购了英商麦边洋行轮船公司在长江流域的轮船、码头,扩展经营长江航运。一九〇六年,向日本的一家造船所订购三千五百吨的大船三艘，准备扩大规模。一九〇七年，日本政府决定将大东、大阪、湖南和日邮的长江航路业务合并组建日清汽船株式会社统一经营。总社设于东京，在上海和汉口设立分社。由日本政府派员董理，每年补助八十万日元。日邮预订的三艘大船归日清所有。日清接收四家资产，共有大小轮船三十四只。一九〇八年进出中国口岸的吨位达到一万八千余吨，占中外轮船总吨数的百分之二十一，仅次于英国，位居第二。

德国——德国的北德轮船公司原以经营中德之间的航运为主。一八九八年强租胶州湾后，随即开辟上海——胶州——天津沿海航线，进而侵入长江内江，与德国亨宝轮船公司共同经营。一九〇〇年，德国进出中国口岸的轮船吨数增加到四百万吨，占中外轮总吨数近百分之十，仅次于英国，位居第二。一九〇六年又增长到七百四十七万余吨。但这年日本已猛增到一千一百万余吨，使德国退居第三。

法国——法国原来主要经营中国与欧洲的远洋航运。一八九八年强租广州湾后，成立东方轮船公司，开辟西江和长江的航线。一九〇六年，在各口岸货轮增长到三千一百余万吨，约占中外轮总吨数的百分之四。

俄国——俄国在一八九六年成立东省铁路公司船舶部，未经清廷允准，即在松花江航运客货，侵夺航权。一八九八年强租辽东半岛后，又侵入辽河经营航行。

上举各国以外,美国、挪威、丹麦、荷兰、西班牙、奥地利、葡萄牙等国也相继来中国经营远洋及内河航运,但规模不大,所占份额比例很低。

英、日、德等国的航运业,在中日战后的一八九六年至八国联军入侵及日俄战后的一九〇六年呈现比较明显的发展变化。现将一八九六年、一九〇六年和清亡前的一九一〇年中外商船出入通商口岸的吨位统计,列表于下:

|  | 1896 年 | 1906 年 | 1910 年 |
|---|---|---|---|
| 中　　国 | 7251292 | 16186751 | 19597822 |
| 英　　国 | 21847082 | 33450560 | 34253439 |
| 日　　本 | 565992 | 11376430 | 18903146 |
| 德　　国 | 1945019 | 7477518 | 7060521 |
| 法　　国 | 434415 | 3125479 | 4923492 |
| 俄国及其他 | 1281479 | 2851680 | 3312990 |

上表数字表明:中日战后十五年来,各国经济势力不断扩张,中国的航运每年约有百分之八十操于外人手中。包括帆船在内的中国商船自营的业务不过百分之二十上下。列强各国攫取了在中国内地经营航运的权益,从而得以扼制中国的商业贸易与水上交通。航运的侵占也为各国掠取中国各地的资源、扩大在华市

场提供了必要的条件。

与航运相关的船舶修造业,中日战后也有新的扩展。一八九六年,英商在上海建立大型的和丰船厂,突破了祥生、耶松两公司的垄断。一九〇〇年,又创设瑞瑢船厂,装有最新式的机器设备。一九〇五年设立万隆铁工厂修造船舶,厂内机器用电力引擎。一九〇七年,日本神户的川崎船厂在大连建立分厂造船。次年,大连又出现日本设立的西森造船所。

## (三)煤　　矿

外国航运业的扩展,急需大量燃料。中日战后,英、德、俄、日等国在发展航运的同时,竞相以各种手段攫夺开采各地煤矿的特权。掠取中国的煤矿资源,役使廉价的劳力,投资开矿成为各国资本输出的重要途径。

直隶开平煤矿——光绪初年,清廷设开平矿务局,以新技术开采唐山开平煤矿,在总办唐廷枢主持下,进展顺利,逐年增产。光绪十八年(一八九二年),唐廷枢病死。李鸿章任命江苏候补道张翼继任。张翼主持几年后,矿局冗员充斥,贪污受贿风行。二十三年为扩建秦皇岛码头,经由天津海关税务司德人德璀琳(G. Detering)向德华银行借款六十万两。次年,又经英商墨林(C. A. Moreing)发行秦皇岛债券一百四十万两

228

（二十万英镑），以开平矿务局全部资产作抵押。二十六年八国联军入侵，占领开平。已升任矿局督办的张翼委任德璀琳为"代理总办""予以便宜行事之权"，并同意"广招洋股""中外合办"。德璀琳于是以矿局代表的身份与英商墨林的代理人商订所谓"移交约"，将开平矿务局及属矿全部资产，移交给在伦敦注册的英国和比利时商人合办的"开平矿务有限公司"。原开平煤矿发行每股一百两的股票改换面值一英镑的股票二十五股作为补偿。为收买张翼签署，又订立"副约"，写明"将矿局改为中英公司，按英例注册"，"张大人翼仍为该公司住华督办，与在华各外国人充总办者，权力一般无异"。光绪二十七年二月，张翼在两约签字，由清朝的开平矿务局督办变成了英国开平矿务公司的督办。英国乘联军入侵，轻而易举地将开平煤矿骗取到手，由开平矿务公司接管经营。签约四个月后，张翼向西安的清廷谎报"开平矿务局加招洋股，改为中外合办有限公司"。清廷自顾不暇，未及追究。次年，由于直隶总督袁世凯的揭发，才得知真相，责令张翼设法收回，但已无济于事了。

英国公司在签约后即行接管，当年十月开始复工。次年，更新设备。一九〇六年，装置发电机挖煤抽水，生产率大为提高，年产煤量达到二百万吨。

河南焦作煤矿——一八九七年英商与意大利商人成立福公司，在英国注册。次年，由意大利商人罗沙第(Luzatti)来华与山西商务局联络,企图开采山西煤矿,遭到山西官民的抵制,未能实现,遂转向河南活动。代表福公司与翰林院检讨吴式钊等人虚构的豫丰公司订立河南开矿章程,呈河南巡抚刘树堂批准,开办"怀庆左右黄河以北诸山各矿",由福公司总董经理,豫丰公司总办会同办理,福公司投资一千万两,作为向豫丰公司的借款。一九〇二年起,福公司即在河南修武县属的焦作镇(今属焦作市)开掘矿井,至一九〇八年共开矿井八处,安装机器设备采煤。次年,产煤二十三万余吨,获利一百二十八万余元。

山东潍县、淄川煤矿——德国强租胶州湾后,一八九九年即在柏林成立德华山东铁路和矿务公司,策划在山东开矿。随后在青岛设立总局。一九〇〇年,联军入侵后,即在潍县和淄川(今淄博市)开矿采煤。一九〇一年,在前此已经勘探的潍县坊子镇,开挖第一口竖井,称"坊子竖井"。一九〇四年和一九〇五年续开两井,用机器提煤排水,并设置用机器操作的洗煤厂和炼焦厂。一九〇六年产煤十六万四千余吨。一九〇四年开始在淄川凿井采煤,一九〇六年和一九一〇年又续开两井,一九一〇年产煤二十三万七千余吨。德华矿务公司开采两矿获利最多的一九〇七年,盈利至三十万马克。但自一九〇九年以后连年亏损。

奉天、抚顺、辽阳煤矿——中日战后,日俄战前,俄国在抚顺和辽阳侵夺了三处煤矿。(一)抚顺千山台煤矿。原由候选经历王承尧在一九〇二年集资十万两组成华兴利煤矿公司开采。另由俄国道胜银行认股六万两,实际只交二万七千两。次年出煤,俄国派兵进入矿山,将产煤全部掠去。(二)抚顺杨柏堡等处煤矿。原由候选知县翁寿与俄商组建抚顺煤矿公司开采,公司全由俄国控制。(三)辽阳县烟台煤矿。原为奉天官办,分为八区开采。一八九八年俄国收购了五区,产煤全部供应东省铁路(参见下节)需用。

日俄战后,日本指以上三处煤矿为俄国资产,全归日本占据。一九〇六年八月,日本成立南满洲铁道株式会社,经营南满铁路及煤矿。一九〇九年,清廷与日本签约,正式承认日本对奉天三处煤矿的开采。一九一一年抚顺矿产煤一百三十万余吨,辽阳烟台矿产煤三十九万吨。

## (四)铁　　路

铁路运输是近代工业发展的必备条件,也是商业交通发展的基础。一八七六年,英国怡和洋行曾在上海修建至吴淞的窄轨小铁路十四公里。清廷因有损主权于次年购赎拆毁。一八八一年,开平矿务局因运煤的需要,在唐山至胥各庄修建标准轨距的铁路一段,是中国自建的最早的铁路。中日战后,直隶总督王文韶、湖广总督张之洞奏请成立铁路总公司,荐举天津海关道盛宣怀为督办铁路大臣，筹建京畿芦沟桥至湖北汉口的芦汉铁路。此后，列强各国竞相争夺修建铁路的权益，成为扩张在华势力的一个新手段。

下面是清朝末季列强各国在各地修建的几条主要铁路。

东省铁路——中日战后，俄国以交涉还辽为由，向清廷索取酬报，提出所谓"借地筑路"，即将俄国境内的西伯利亚铁路延伸，通过中国的东北修到海参崴。光绪二十二年（一八九六年）九月，清廷驻俄、德公使许景澄在柏林与俄国道胜银行总办签订建造经理中国东省铁路合同。次年，李鸿章访俄时秘密协议，以道胜银行名义成立中国东省铁路公司修建此路，称为东省铁路（后又称东清铁路、中东铁路）。光绪二十四年，订立旅大租地条约时，又允准俄国自干线至旅大筑一支路，称为"东省铁路南满洲支路"。

东省铁路绥芬河站

铁路名为中俄合办,清廷入股银五百万两,以许景澄为名义上的"总办",专责督查。光绪二十六年(一九〇〇年)许景澄因向清廷进谏被处死,此后清方不再任总办,全由俄方经管。合同规定铁路运行八十年内,收益全归公司所有,并免纳税。东省铁路载运货物进出清境减税三分之一,运入中国内地的货物纳税减半。客货运费由俄国政府核定。铁路轨距与俄国一致。俄国获得多项特权,雇佣中国工人修路,备加虐待。一九〇三年底,全线铺轨完成。

一九〇四年二月开始的日俄之战,俄国战败。一九〇五年的朴茨茅斯和约议定,俄国将长春至旅顺间的铁路及支路的一切权益,无偿割让给日本。一九〇七年,日本在大连设立"南满洲铁道株式会社"(简称"满铁"),经营南满铁路权及煤矿、水运、电气等事业,成为日本在东北扩张势力的代理机构。日本在战争期间擅自修建的奉新、奉安两段铁路也归满铁经营。

胶济铁路——德国在强租胶州湾的同时,又从中德《胶澳租借条约》获得与华商合办修建胶济铁路的特权。一八九九年,山东铁路公司经德国胶州总督府特许,不顾合办的规定,自行派员勘测路线,并开始在青岛动工修路。一九〇〇年春,山东铁路公司总办与山东巡抚袁世凯订立《中德胶济铁路章程》,商定"胶济铁路先由德人暂时经理,华人集股超过十万两后,再

胶济铁路青岛站

由山东派员入公司会办。嗣后,山东省拨库银十二万五千两购买公司股票,但仍然只能派一名管理员驻潍县办理有关交涉。公司对铁路的修建和经营,全由德人管理。轨距采用德国标准。一九〇四年,青岛至济南的干线和张店—博山、淄川—洪山两支线,全部建成通车。铁路通车后,公司规定,凡经青岛运输的中外贸易商货,都只收低廉的运费,从而使青岛的进出口货运激增。潍县和淄川的产煤也因有铁路外运而扩大了营销。

道清铁路—— 一八九八年,英国曾向清廷提出《承办铁路合同范本》要求承办长江流域天津至镇江、河南至长江等五段铁路的特权。道清铁路是由河南通至长江的一段。英国提出要求的理由是为福公司开采的焦作煤矿开辟道路。福公司提出修路计划,经河南巡抚允准,矿西的清化镇(今河南博爱),东经修武至获嘉,与途径新乡的芦汉铁路联接,南通汉口。另自获嘉修一支路经新乡北抵道口(今河南

234

滑县），统由福公司筹款修筑。一九〇二年夏开工，至一九〇四年，因经费不足，难以继续。一九〇五年，由英国驻华公使提议，经清廷铁路大臣盛宣怀与福公司商订《道清铁路借款合同》，以借款、作价七十万镑，将道清铁路收为国有，由福公司派员代为经营。次年，又借款十万镑，将未修完的柏山至清化段修筑完成。

滇越铁路——中日战后，法国与清廷签立《续议商约》，其中写入越南铁路可由两国酌商接至中国境内。一八九八年，法国公使照会总理衙门，由法国银行组建公司承包修筑越南至昆明的铁路。随后议定《中法滇越铁路章程》，规定：轨距按法国标准，与越南铁路相同；筑路工人，尽量招募本省人民；延请华人或外国人充当巡捕长、管带，驻扎弹压；云南省派员协助公司办事，由公司向省署兑付薪金。随后，法国驻越南的印度支那总督杜梅（Doumer）即派人入云南境内勘测，因遭到当地人民的反抗，被迫中止。一九〇〇年杜梅回国述职。次年与法国东方汇理银行等四家银行订立合同，由四行集股一千二百五十万法郎，印度支那总督府津贴一千二百五十万法郎，成立法国滇越铁路公司修筑滇越铁路，盈利由总督府与公司酌分。同年开工，修筑越南境内自海防经河内到达中越边境的老街。一九〇三年完工。一九〇四年起，接修云南境内路段。高路多峡谷，瘴气甚重，受雇的民工备受虐待。修路五年间,据说有十余万人病死。一九一〇年修至昆明,全路完工通车。

## (五)其他工业

中日战后,列强各国在争夺路矿权益的同时,还在通商口岸开办了一些工厂。

水电——上海划定外国租界后,一八六四年英美公共租界即出现英商开办的煤气厂,称为大英自来火房。两年后法租界也由法商开办自来火行,主要都是提供照明。一八八二年,英商成立上海电光公司,开始在租界装设电灯。一八八八年改组为新申电气公司。一八九三年由公共租界工部局接管。此后至清亡的十多年间,电力照明迅速发展。工厂收入逐年增长。上海法租界于一八九六年开设电灯厂和自来水厂,此后又开办电车公司,一九〇七年与电灯厂合并成法商电车电灯公司,又租并自来水厂,垄断了法租界的水电等公用事业。

一九〇〇年,英商在天津开办汽灯公司。一九〇二年法商开办天津电灯房,获得法租界的专利。一九〇六年,比利时商人开设天津电车电灯公司,天津市内开始有电车通行。

日俄战后,日本接收了俄国在大连开设的发电厂,此后又开办了奉天电灯厂和长春电灯厂。

各地电力工业的开办,在提供工业动力的同时,也对各大城市的居民生活产生了深远的影响,促进了居民生活方式的改变。

纸烟——烟草自明季由美洲输入,以后在各地广泛传播。一八九七年,美国纸烟公司和老晋隆洋行在上海设厂开工,利用机器制造纸卷的香烟(又称卷烟或烟卷),规模很小。一九〇二年英美两国巨商在伦敦合建英美烟公司,来上海购了美国的两烟厂。次年设立上海浦东烟厂,逐年扩展。一九〇八年又在汉口设厂,日产量达到一千万支。一九〇九年,设立沈阳烟厂,专营收购压丝。次年,汉口又建新厂,安装新型的标准卷烟机。英美烟公司不断扩展业务,更新设备、改进包装,并在各地区建立了推销网。中国的纸烟市场全被英美烟公司垄断。

一九〇九年,日本在营口开办东亚烟草株式会社,生产纸烟,据说日生产能力也可达千万支,但仅在东北地区销行。

棉纺——英国经济势力侵入中国后,棉布即是输出的主要商品。中日战后,马关条约规定的特权,列强利益均沾,因而获得在通商口岸自办工厂的权利。一八九七年,英国在上海成立了怡和棉纺公司和老公茂棉纺公司,又兼并华商的裕晋纱厂成立协隆纱厂。同年,美国在上海开设鸿源棉纺厂,德国设立瑞记棉纱厂。一年之内,五家外商经营的棉纺厂相继在上海成立,共有纱锭十六万锭,远远超过上海华商的华盛总厂。英、美、德各厂开办后,每年可盈利百分之三至四。

一九〇二年,以三井洋行为主的日本商人在上海先后收购原由华商经办的兴泰纱厂和三泰纱厂(原名大纯),一九〇八年组成上海纺绩株式会社的第一厂和第二厂,但清亡以前,无多发展。

## 第二节　中国资本主义企业的发展

资本主义作为一种新的生产方式,它的基本特征是以机器大生产为基础,企业主拥有生产资料,雇用工人劳动,获取剩余价值。从这个意义上说,同光之际,官员们所兴办的所谓"洋务"的某些新式工业,已带有资本主义的色彩,只是企业所有者不属私人资本而是属于官府,兴办的目的也不是单纯追求利润而是指望"富国强兵"、"师夷以制夷"。尔后出现"官督商办"、"官商合办"等经营方式,官股与商股并存,更为明显地具有资本主义性质,但由于吏治腐败,官府刻剥,不如全由私人资本"商办"的新型企业更著成效。中日战争,清兵屡败,光绪帝已看到"官办"的不足恃。光绪二十一年(一八九五年)六月二十一日的上谕说:"中国原有局厂,经营累岁,所费不赀,办理并无大效。亟应从速变计,招商承办,方不致有名无实。"(《光绪朝东华录》)八国联军入侵后,清廷惨遭劫掠,财政窘困,已不再有余力投资兴办大型企业。在新政的实施中,屡次制定各种章程以鼓励民间投资。此后几年中,虽然一些企业仍然存在官商合办等经营方式,但民间集资全由商办的资本主义企业得到初步的发展。

下面是金融业、交通运输业和若干工业部门的发展概况。次序的编列,只是为了叙述的便利,别无深意。

## (一)银　　行

中国金融业,原由旧式的票号钱庄经营,鸦片战后资本主义各国的银行陆续来中国,控制了中国的金融市场。中日战后,中国才有了仿效资本主义经营方式的本国的银行。

上海中国通商银行

中国通商银行——成立于光绪二十三年(一八九七年),号为中国第一家银行。由轮船招商局督办盛宣怀招商集股创办。总行设在上海。额定资本五百万两,开办后实收二百五十万两。其中大部分是盛宣怀个人资本和招商局股金。银行设董事会,董事九人均由盛宣怀指任。账房办事人员分设华大班与洋大班,招聘洋人管理外文账据。银行经营业务,仿效汇丰银行,包括汇兑、存放、发钞、房地产等多项。存放款不限于中国商人,一九〇一年贷给外商洋行的放款高达二百万两。

上海交通银行发行的纸币

户部银行——光绪三十年(一九〇四年)正月,户部同财政处奉旨试办银行,官商合办,资本四百万两。官方与商股各筹一半,户部派张允言为总办,财政处提调徐世昌为监察。总行在京师设总管理处。次年,在上海、天津、汉口开办分行,聘用各地知名商人为经理、协理。按照商家章程,总办任监察,不侵经理、协理之事权,因而得到商界的信任。一九〇六年京、津、沪、汉四行共盈利六十六万两。一九〇八年,改名大清银行。当年盈利总额近一百五十万两。

交通银行——光绪三十四年(一九〇八年)二月

240

由清廷邮传部开办。总行设在京师。资本额定一千万两,实收五百万两,官股四成,商股六成,官商合办。银行的总理、协理由邮传部指派。经清廷度支部允准,航运、铁路、邮政、电力等款项,均由交行保管出纳。前此在外国银行的存款转由交行经理。大额的放款主要是贷给地方铁路公司。银行开办后,商民认股异常踊跃。天津、上海、汉口、广州等地试办分行之外,又陆续在济南、南京、营口、长春、香港、新加坡等地设立分支机构。一九〇九年,除股本官利外,净盈利三十七万五千两。一九一〇年,增加到六十九万六千两。

浙江兴业银行——光绪三十三年(一九〇七年),由浙江商办的全浙铁路公司(参见下文)倡办。总行设于杭州。次年,在汉口、上海、设立分行。主要经营存放款业务,并为全浙铁路公司经理路款。额定资本一百万元,公司认股一半。一九〇七年开办时实收二十五万元。一九〇九年增收至五十万元,当年盈利八万八千元。

以上是几家主要的官商合办和商办银行,可见一斑。据统计,自通商银行成立至清朝覆亡前的十多年间,以本国资本兴办的大小银行共有三十家。其中官办和官商合办约十三家,商办十七家。这些银行,虽然都还不能摆脱官府的控制,但突破了外国银行的垄断,促进了中国资本主义经济的发展。

本国银行出现后,原来的钱庄由于民族企业和对外贸易的扩展仍然继续有所发展。其中为各省经办钱粮赋税或关税、盐税的官银号、官钱局，多由地方政府改组为地方银行，仍然沿袭原有的经营方式。原以经营汇票为主的票号，虽然力图扩展存放业务，但已失去在金融界的竞争能力，日益衰落。

## （二）航　　运

中日战前，民间自办小轮船航运，曾遭禁止。光绪二十一年（一八九五年），清廷电谕各省督抚，准许内河行小轮，以杜洋轮攘利。同年出现三家商办的小轮公司。二十四年，清廷因英国的要挟，制定《内港行船章程》，准许注册的华洋轮船，专作内港贸易。此后，外国轮船大批进入内河，中国民办的小轮航运也同时得到较快的发展。

依据远不完全的记载，光绪二十四年以来，每年都有新创办的内港小轮公司二三十家，光绪三十三年一年多至六十三家。光绪二十一年至清朝覆亡的十六年间创办的小轮公司共约五百家。据海关登记历年中国轮船的船只及吨位数字记录，（见严中平等编《中国近代经济史资料选辑》）一八九五年至一八九七年的小轮，平均每只可载二百余吨。一八九八年以后，登记船只增多，吨位减少。平均每只多不过百余吨，少则数十吨。这些小轮在长江干流上无力与外轮竞争，多在长江、珠江的支流和内湖地区航行,为这些地区的城乡贸易提供货运。长江上游的川江航运历来为外商所觊觎。四川民办的川江轮船公司自英国购置载重近百吨的小轮"蜀通"号,宣统元年(一九〇九年)九月自宜昌经三峡到达重庆,是川江出现的第一艘中国自营的货轮。

中国民办的小轮航运业,虽然由于外轮的垄断、官府的盘剥以及资本、技术等限制,只能在有限的范围内经营,但和原来的帆船货运相比,无疑是明显的进步,因而得以持续发展。

在此期间,也出现了民办的大轮船公司。旅居上海的浙江宁波商人为抵制英、法等国对上海宁波间航运的垄断,光绪三十四年(一九〇八年),以富商虞洽卿为首,集聚商股,组成宁绍商轮公司,议定资本一百万元。次年,自马尾造船厂购置载重两千六百余吨的货轮一只,取名宁绍号,又购载重一千五百余吨的货轮一只,名甬兴号;在上海宁波间航行。英、法轮船以降低票价等手段,多方排挤。宁波商人约定货运优先宁绍。又组织航业维持会,补贴宁绍十余万元。宁绍商轮公司依靠宁波商人的大力支持,才得以继续营业,与外轮竞争。

航运业中最大的企业轮船招商局,改为官督商办后,经营规模并没有多大发展。在"官督"的体制下,招商局每年要向清廷"报效"十四万两,用于北洋兵轮费六万两,北洋及南洋公学经费八万两。余利如超过七十万两,还要照数加捐。清廷可指令借银,光绪二十年户部即向招商局借银四十一万一千两。此外,还要承担军需、赈粮等运输,核减半价。有时甚至不付费用,作为"报效"。为避免官府的无餍索取,熟知官场情事的招商局督办盛宣怀与帮办郑观应制定了"敛字诀",即收敛、控制招商局的规模,不求扩展。招商局原有资本二百万两。光绪二十三年(一八九七年)盛宣怀将公积金一百万两,保险项下一百万两都转作股本,填发股票发给各股东收执,以防官府侵夺。经营盈利也陆续转为其他企业的商股。如上海的通商银行、机器织布局、华盛纺织局以及湖北铁厂等,光绪二十一年(一八九五年)以后由招商局投资的项目共十七项。一九一一年统计,总金额达三百一十三万两。拥有招商局商股的股东由此成为以盛宣怀为首的江南资本集团的大亨,招商局拥有的轮船则始终在三十只左右,并无扩展。

光绪二十八年(一九〇二年),盛宣怀因父丧辞职。次年,北洋大臣袁世凯任命北洋集团的杨士琦为招商局总理,重大局务均需经袁世凯核准。接办后当年即亏损六七十万,股票跌落。光绪三十三年(一九〇七年),盛宣怀致函郑观应说"局中总理、会办,全属外行,一味官气,不谙商情",设想"改归商办","勿庸官督"。郑观应联络各股东,宣统元年(一九〇九年)

在上海开会,选出以盛宣怀为主席的董事会,要求商办。北洋集团的要员、邮传部尚书徐世昌以邮传部名义奉旨接管。宣统三年(一九一一年)七月,被迫交归董事会商办,部派监察。自袁世凯执政以来,官商之间、北洋军阀集团与江南资本集团之间争夺权利,矛盾重重,招商局盈亏不定,也使航运事业难以顺利发展。

## (三)矿 业

中日战后,列强各国在扩展内河航运的同时,竞相攫取各地煤矿,用新式机械开采。中国原以人力开采的手工业式的土矿,无法与"洋矿"竞争。只有湖北汉冶萍公司经营的煤铁矿与直隶滦州新开的煤矿,装备机械,用新法开采,颇具规模。其他地区也出现了一些民办的煤矿以新法采煤,供应铁路运输的需求,收效不大。

汉冶萍矿业——早在光绪十九年(一八九三年),湖广总督张之洞创办汉阳铁厂,自英国购进酸法及碱法炼炉各一具,开采大冶铁矿石,自炼钢铁。次年五月开工,因焦炭不足,十月间即停工。二十一年,自开平煤矿远道运输焦炭开炼,不久又停产。六月间清廷诏谕原有局厂,"从速变计,招商承办"。(《光绪朝东华录》)二十二年,张之洞委任天津海关道盛宣怀"招集商股，官督商办"。盛宣怀制定招商章程，募集商股。预定资本五百万两。商民以原系官办且无成效，认购者寥寥。盛宣怀从他掌管的轮船招商局、电报局、通商银行等企业的股本投资铁厂，凑足一百万两。接办后，因开平煤价甚高，炼出生铁两万三千余吨，开采大冶铁矿石三万九千吨，亏损七十万两。盛宣怀聘郑观应为汉阳铁厂总办，着手解决燃料焦炭的来源，议定开发萍乡煤矿。二十四年，以萍乡县东南安源为中心，购买附近原用土法开采的土矿，自国外购置机器设备，用新法采煤炼焦。次年，向德国银行借款四百万马克（实收银一百三十万两），继续购买机器，扩建厂矿。经过六七年的建设，至光绪三十年（一九〇四年）矿区周围九十二公里，有机矿平巷三条、直井一口，安装各种新式机器设备。矿山基地有大小机器厂、洗煤机、洋式炼焦炉，矿外有栈房、运输码头和大小驳船三十余只。煤及焦炭产量逐年提高。光绪二十五年（一八九九年）产煤一万八千吨、焦炭三万二千吨。光绪三十年产煤十五万四千吨、焦炭十万七千吨。焦炭质量精良，焦一吨可炼铁一吨，比用开平或国外购进的焦炭节省一倍。盛宣怀在咨端方文中自赞："东南缓急有可恃之煤，地方无外权侵入之害。"

萍乡煤矿开采成功，解决了焦炭的需求。但汉阳铁厂只能生产钢轨和生铁，而且质量低下，产量很少。光绪三十年（一九〇四年），盛宣怀派遣出身译员的铁厂总稽核李维格携带样品去欧美等国咨访。经英国专家鉴定，大冶铁矿石与萍乡焦炭俱属上品，钢铁低劣是因为炼法不合。李维格回国后，盛宣怀任他为汉阳铁厂总办，拆除原购酸碱两炉，重新装备碱性马丁炉四座，大调和炉四座，并改建轧钢厂，扩建电机厂。光绪三十三年改建完工，开炉出钢。当年炼出生铁六万二千余吨，出钢八千五百余吨，开采大冶铁矿石十七万四千余吨。质量与产量都大为提高。

汉阳铁厂生产的钢轨，因各省修筑铁路，销路甚畅。矿石则多有剩余。光绪三十年（一九〇四年），盛宣怀与日本兴业银行签订三百万日元的借款合同，期限六十年，每年以大冶铁矿石作价偿还。铁厂与煤矿生产渐有成效，但资本严重不足，多靠借债投资，难以发展。盛宣怀在各地广招商股，煤矿认股者多，铁矿认购者少。盛宣怀奏请清廷，将煤铁合并经营，改为商办。光绪三十四年获准成立商办汉冶萍煤铁公司。当年新招股本一百六十三万元。次年举行第一次股东大会，推举盛宣怀为公司总理。原经营人李维格、王锡绶、林志熙分任汉厂、冶矿和萍矿的总办。同年新招股本三百一十余万元。宣统二年（一九一〇年）又招股本一百二十二万元。向日本横滨正金银行借款六百万日元，期限十五年，逐年以生铁作价偿还。

直隶滦州煤矿——八国联军入侵，英国乘机霸占开平煤矿。开平矿务局总办周学熙不满督办张翼的签约,拒绝附署,愤而辞职。其后,主持北洋银元局,见英人抬高开平煤价,建议北洋大臣袁世凯在唐山另开新矿,以抵制英人对燃煤的垄断。袁世凯札委周学熙筹办,由天津官银号招股集资。光绪三十三年(一九〇七年)成立北洋滦州官矿公司,开采滦州煤矿。又成立滦州矿地公司,征购矿区三百三十平方里官地民地,作为地股。自德国购买新式机器,在滦州马家沟采矿。在附近的赵各庄建机器修理厂。周氏因有开平办矿经验,滦州矿开工后进展顺利,产量逐年上升。一九〇八年产煤一万二千六百余吨,一九〇九年,猛增到二十三万一千余吨,一九一〇年又增至三十五万七千余吨。

清亡前后,英国霸占的开平局对滦州煤矿大力排挤。在滦煤的主要销售地天津以低于成本的低价倾销,迫使滦矿削价,难以支撑。一九一一年,英国的开平局总经理提出与周学熙谈判两矿实行所谓联合。清亡后,一九一二年签订联合办理合同,合并为开滦矿务局,实权操于英人。

此外,山东峄县、河北临城、河南安阳、安徽宿县和辽宁锦西等地,也陆续有民办的新式煤矿采煤,年产多不过几十吨少至几吨。清亡以前,并没有太多的发展。据一九一二年的统计,土法采矿煤产量仍占全国产量的百分之四十三。

## （四）铁 路

中日战后十多年间，在外国竞相在华修路的同时，中国也开始有了自己的铁路运输事业。光绪二十四年（一八九八年），清廷设立矿务铁路总局，光绪三十二年路政归邮传部管辖，另设铁路总局经办借款筑路等事。自有铁路的修筑，主要通过三种途径：一、借助外力，二、自建，三、民办。

**借款铁路** 光绪二十二年（一八九六年）盛宣怀受命筹建芦汉铁路（自京师芦沟桥至湖北汉口），奏准招募商股，并设法借款，商借商还。次年，铁路总公司与比利时银公司在武昌草签借款合同，向比国借银二千万两，利息五厘，并规定修路物料除中国自产外均向比国购买，工程技术人员自比国聘用。一八九八年，比国又提出新的条件，签订《芦汉铁路比国借款续订详细合同》和《行车合同》，除前约规定的诸条件外，又规定铁路完工后，行车等路务由比国银公司派人"代为调度经理"，分取余利。比利时除借款利息外，包揽了修路的投资、工程技术、购置物料、调度经理、分取余利等全部权利，只是中国铁路总公司还拥有对铁路的主权。一九〇六年，芦汉铁路全线建成通车。此后，中国向外借款修路，大体参照芦汉路的模式。

下面是修筑的借款铁路：

汴洛铁路——光绪二十五年（一八九九年），盛宣怀奏准从开封至洛阳修筑铁路作为芦汉铁路的支线。比国银公司随即要求承办。光绪二十九年（一九〇三年）签订汴洛铁路借款合同，全依芦汉铁路借款合同规定，由比国银公司承办。

沪宁铁路——光绪二十三年（一八九七年），盛宣怀采纳张之洞的拟议，着手筹建上海至江宁的沪宁铁路。英国见比利时借款获大利，由驻华代办致函总理衙门，胁迫清廷向英国借款修路。次年，盛宣怀与英商中英公司签订借款合同。英方派出总工程师承办修路工程，完工后由该公司参与经营管理。

津浦铁路——光绪二十四年（一八九八年）英国向清廷提出承办天津至镇江的津镇铁路（见前），涉及德国在山东的势力范围，因而受到德国的抗议抵制。次年，英德两国分别照会总理衙门，提议合办。光绪三十四年议定英德两国借款的《天津浦口铁路借款合同》，共借五百万英镑。铁路由清廷官办，聘用英、德总工程师各一人经管。路线改为天津至浦口，称津浦铁路。

正太铁路——光绪二十二年（一八九六年），山西巡抚胡聘之奏请自直隶正定至山西太原间修筑铁路作为芦汉路的支线，以利山西产煤的外运。获准自借洋款，商借商办。俄国道胜银行闻讯，商请山西，愿借款承修。二十四年草签柳太铁路借款合同。（"柳"指正定柳林堡）。二十八年,签订正太铁路借款详细合同,借款额为四百万法郎,不久之后,道胜银行又转给法国银行承办。

关内外铁路——中日战后,英国怡和洋行向总理衙门申请承办山海关外铁路续修工程。光绪二十四年（一八九八年）,由汇丰银行并代怡和洋行经理华英公司,与清廷督办铁路大臣签订关内外铁路借款合同。借款二百三十万英镑,合华银一千六百万两。规定总工程司聘用英人,各路所有收款、进款存天津汇丰银行。

广九铁路——光绪三十三年（一九〇七年）,英国向清廷提出借款修建广州至九龙的广九铁路,以深圳为界,界南为英段,由英国修建,界北为华段,由英国借款给中国,用英人兴造,完工后归英国执管。清廷被迫签约,借款一百五十万英镑。当年开工,一九一一年修筑完成。

**官修铁路**　清廷官修的铁路,这一时期也取得了成就。其中较重要者有以下几路:

津沽铁路——开平矿务局光绪七年（一八八一年）修建的最早的铁路唐山至胥各庄路,到中日战前,向北延修已到山海关外的中后所,向南已修到天津。战争期间被迫停工。战后由铁路总公司复工,接修天津至芦沟桥的津芦段铁路。光绪二十三年（一八九七年）完工通车。统称津沽铁路。

萍株铁路——光绪三十二年（一八九六年）盛宣怀受任督办铁路大臣后，作为汉阳铁厂的督办决定开采煤矿，为便于产煤的运送，在萍乡至株州之间修筑长四十四公里的铁路一段。次年完工。

京张铁路——光绪三十年（一九〇四年），清廷采直隶总督袁世凯的建策，拟修京师至张家口的铁路，以联塞北。经勘测，沿路山岭险峻。为免列强相互争夺，定议不用洋款洋人，自关内外铁路赢利中每年拨款一百万两，计划四年完工，任命中国铁路总公司的工程师詹天祐为京张路总工程师承修。詹天祐，咸丰十年（一八六一年）生于广东南海。光绪三年（一八七八年）赴美国留学，攻习土木工程。光绪六年回国，曾在福建造船厂实习、广东博学馆任教。光绪十四年，应铁路总公司之聘，参与修筑津沽铁路，成绩显著。光绪三十一年，清廷宣布自费自力修路后，国外一些报刊，蜚声四起。在京的英人莫理循（G. E. Morrison）在写给在沪的

京张铁路南口通车典礼

濮兰德（J. O. P. Bland）的信中嘲讽说，能够修造这条铁路的中国工程师"还没有出生"。詹天祐在他的《日记》中写道，他曾面告袁世凯"我们中国人能够修筑此项工程"。光绪三十一年（一九〇五年）十月开始动工。詹天祐与中国的工程技术人员，协力策划。在难度极大的京郊青龙桥站山道，设计出人字形过山线路，又在八达岭等处修建隧道四条，使铁路穿山而过。宣统元年（一九〇九年）五月全线修筑完工，三个月后正式通车。京张铁路全靠中国自力筑成，举世震惊，在中国铁路史和科学技术史上，写下辉煌的篇章。在备受列强凌侮的年代，京张路的修成，也使国人为之气壮。

**商办铁路** 中日战后，面对外国在华筑路或借款修路获得特权，不断有人呼吁商办铁路以维护利权，振兴工商。光绪二十四年（一八九八年），清廷颁行矿务铁路章程。二十年，又制定铁路简明章程，允许商民持章办路。此后数年间，先后有十四个省成立了商办的铁路公司，筹划修筑本省铁路。

光绪二十九年（一九〇三年），四川总督锡良因英美等国提出借款修路，为抵制外力入川，奏请自办川汉铁路获准。资本主要来自抽租之股。即由收租十石以上的地主，抽租百分之三，摊派入股。原为官办，光绪三十三年改为商办，定名为商办四川省川汉铁路公司。但公司总理仍由总督奏委，不由股东公推，仍带有官督色彩。公司因执事者意见不一，办事不力，直到宣统元年(一九〇九年)才定议先修宜昌至秭归一段。一九一一年停工，只完成宜昌以西十七公里铺轨工程。

浙江、江苏、广东三省相继成立商办的公司，自办铁路，成效显著。

浙江绅商光绪三十一年(一九〇五年)在上海集会，集资成立全浙铁路有限公司，推汤寿潜为总理，刘锦藻为副理。湖州丝商及全省士绅富户认购股金，先集六百万元开创。清廷《简明章程》原曾规定，华商办路可附搭洋股。公司自订章程，明白规定"以专招华股为主，不入洋股一文"，又规定："凡附本公司股份者，无论有无官职，均认为股东，一律看待"，是完全的商办。汤寿潜提出"路有国界而无省界"，与江苏协议，分段修筑上海、杭州、宁波间的沪杭甬路。光绪三十二年(一九〇六年)底动工，宣统元年(一九〇九年)完成浙江段枫泾至闸口一百二十五公里。公司采用西方先进的管理经验，工程进展顺利，逐年积有盈余，取得显著成效。全路在一九一四年修至宁波完工。

江苏在光绪三十二年(一九〇六年)闰四月成立苏省铁路有限公司，王清穆为经理，张謇为协理。预定资本一千万元。工商踊跃认股，实收四百余万元。公司成立后即与浙路协作，修筑沪杭甬路江苏段，光绪三十四年各完成上海南站至枫泾段六十一公里，得与浙段联接。又修筑北路清江浦至杨庄线十一公里，一九一一年完工。

254

江浙两公司顺利修建沪杭甬路，引起英国的嫉视。光绪二十四年（一八九八年）盛宣怀曾与中英公司草签借款修筑沪杭甬路合同，并未实行。事隔七年有余，中英公司见苏杭修路，忽又提出借款议约。清廷被迫允借一百五十万英镑，光绪三十四年（一九〇八年）订立合同。借款暂存邮传部，待全路竣工后用以赎归国有。

　　广东省在光绪三十二年（一九〇六年）成立粤路有限公司，经理人为原招商局会办郑官应（观应）。公司全由商办，与省督岑春煊议定"永免派员督办"，"一切用人理财，地方官概不干涉，大小衙署不得私荐一人"。集资不用摊派，公开招股，并在上海、香港和海外华侨中募集股份，进展顺利。预定资本两千万元，分三期实收，至清亡时共收两千一百八十八万元，超过了预定金额。

　　光绪二十四年（一八九八年）湖广总督张之洞曾与美国合兴公司草签合同，借款修建广州至汉口的粤汉铁路。美公司代建代管，受铁路大臣节制，三年建成。签约后，美国合兴公司并未履行。三年期满，再签续约，但仍无力承办，将股份的三分之二暗中卖给比国。湘、鄂、粤三省商民愤起要求收回自办。光绪三十四年，张之洞向香港当局借款一百一十万英镑作为赎金，向合兴公司收回合同，由三省铁路公司自行承办。粤路公司承办广州至韶州（今韶关）段铁路修建工程。

255

一度因股东间意见不同,工程迟滞。宣统二年(一九一〇年),聘任詹天祐为总理兼总工程师,开工修建。一九一一年修成广州至黎洞(今黎溪)段一〇六公里。全路至一九一五年修至韶州完工。

湖南湖路公司也成立于光绪三十二年(一九〇六年),由绅商袁树勋、王先谦经办,集资约九百万元。湖广总督张之洞命商办接受"官督",不能越分争权,控制较多。湘路公司承修的粤汉路湘段,至一九一一年仅完成长沙至株州五十公里。

一九一一年清室覆亡以前,江西赣路公司修筑南浔铁路九江至德安段五十二公里,福建闽路公司修成漳厦铁路嵩屿至江东桥段二十八公里。

中日战后至清亡以前的十多年间,逐渐建立了民族资本的铁路运输业并得到初步的发展。据统计,截至清亡,各地已有国人筹建的铁路,近五千公里。铁路运输促进了工农业商品的流通和沿路城镇的发达,成效显著。只是由于外资铁路的竞夺和清廷腐败的统治,发展不能是顺畅的。

## (五)纺　织

纺织业中的缫丝和纺纱工业,中日战前已创办多处使用先进机器生产的工厂,是民族资本主义企业的先导。中日战后,集中在江、浙、粤地区。由工厂主聚

256

集资本购置机器,雇佣工人集体生产,得到较大的发展,成为民族资本主义企业的重心和基地。

**缫丝业** 依据不完全的资料统计,光绪二十一年(一八九五年)至二十六年,全国新建商办的机器缫丝厂,共有六十六家。其中四十家集中在江苏和浙江,包括江苏的上海、苏州、吴县、镇江和浙江的杭州、富阳、绍兴、海盐、萧山、嘉兴、平湖等地。这四十家商办丝厂的平均资本,估计约在十五万元左右。其中只有四家的资本在三十万元以上,平均拥有的丝车约在三百至五百部之间。

光绪二十六年(一九〇〇年)以后的十年间,江浙地区又新建商办丝厂三十六家。江苏的上海和无锡形成为机器缫丝工业的基地。

上海是新兴的商埠也是蚕丝贸易中心。光绪二十年(一八九四年)已有中国商人自办的丝厂五家(详见前章)。二十六年有丝厂十八家。三十三年有二十八家。宣统三年(一九一一年)发展到四十八家,共有丝车一万三千七百余部。其中较大的丝厂,如光绪三十年富商祝大椿兴办的源昌丝厂,资本有五十万元。振纶等其他几家丝厂,资本也约略相当。据报道,机器缫丝在市场的售价,较手工缫丝可高出一半。投资办厂,利润丰厚,因而缫丝工业急速发展。

江苏、无锡及其附近县镇多是蚕丝的产地。中日战争前后,原在上海洋行供职的无锡商人周舜卿在无锡开办裕昌祥茧行,收购蚕茧。光绪二十八年(一九〇二年),自上海购买旧丝车九十六部,雇工缫丝,获利丰厚。后因厂房失火,重新集资建厂,购置丝车九十八部,改名裕昌缫丝厂,是无锡第一家商办的丝厂。宣统元年(一九〇九年)商人顾敬斋创办源康丝厂,置车三百二十部。宣统二年(一九一〇年),曾在上海缫丝厂任职的无锡商人许稻荪创办振艺机器缫丝厂,购置丝车五百二十部,资本十万两,是清末无锡规模最大的丝厂。同年,又有无锡商人孙鹤卿筹建乾甡丝厂,置车三百二十部,次年投产。

广东珠江三角洲地区,也是蚕丝业的著名产地。早在同治十二年(一八七三年)南海县即已出现缫丝工厂(参见前章)。此后,顺德、番禺、三水等地相继建立丝厂。据文献纪录,光绪二十八年(一九〇二年)顺德已建丝厂八十六家,共有丝车三万四千六百部。宣统二年(一九一〇年),三角洲地区各地建有缫丝厂一百零九家,共有丝车四万二千一百部。成为缫丝工业最为集中的地区。

**棉纺业** 包括纺纱与织布两大部门的棉纺业。自光绪三年(一八七七年)上海机器织布局成立,新建的商办企业因经营纺纱资本稍轻,销路较好,多开办纱厂,而不营织布。中日战后几年间,江浙地区新建的商办棉纺业,大都是装备新型机器的纱厂。光绪二十二年,浙江宁波退职盐官严信厚集资商办通久源纱厂,资本三十万元,有纱锭一万八千锭。苏州商务局开办苏纶纱厂,资本四十二万元,纱锭一万八千二百锭,委在籍士绅原任国子监祭酒的陆润庠经办。同年无锡开办业勤纱厂,资本三十三万元,杭州开办通益公纱厂,资本五十三万元。光绪二十四年,湖广总督张之洞在湖北武昌设立湖北纺纱官局,有资本一百二十万元,纱锭五万锭,是资本最为雄厚的官督商办的纱厂。同年,上海开设裕通纱厂,资本二十一万元。次年苏州商务局又委在籍士绅原翰林院修撰张謇在本籍南通创办大生纱厂,资本近七十万元,纱锭两万余锭。同年,浙江萧山商办通惠公纱厂,资本约五十六万元,纱锭一万锭。以上纱厂中只有较早创办的通久源纱厂有布机四百台,兼营织布。此后各厂都是专营纺纱。

多年来,国内市场棉纱供不应求,因而销售甚畅。八国联军入侵,市场萧条。此后几年间不见有新纱厂开办。光绪三十一年(一九〇五年)才又复兴。江苏常熟有裕泰纱厂创建。次年,江苏太仓有济泰纱厂,浙江宁波有和丰纱厂。礼部尚书孙家鼐在河南安阳创办广益纱厂,有纱锭两万两千余锭,是河南地区第一家新式纱厂。三十三年,张謇与恽莘耘等合股,在江苏崇明创建大生第二厂,购置山西官机一万二千锭,英国纱机一万四千锭。同年无锡荣宗敬、荣德生兄弟在本籍集股创办振新纱厂。有纱锭万余。三十四年,上海新办同昌纱厂,江阴新办利用纱厂。宣统二年(一九一〇年)北方的直隶宝坻县也出现了一家利生祥纱厂。据统计,光绪三十一年以后各地新办的纱厂,共有资本约五百万元,纱锭近十三万枚。

光绪三十一年(一九〇五年)以后,机织棉布的工厂复苏,办厂也形成高潮。这时,外国进口的棉布明显减少。有人统计,光绪三十二年进口的棉织品较上年减少四分之一强。此后几年间,南起广州,北至京师。包括江、浙、皖、闽等省均有机器织布工厂创建。有文献纪录的共有二十三家。其中光绪三十一年创立的广州亚通织布局、江苏如皋因利染厂,三十三年创立的广州黄埔织造社合资公司、上海宏兴织布厂等四家,资本都在五万元以上,是较大的布厂。其余都是资本在三万元以下的中小厂。同一时期,自东北的奉天至西南的四川,全国各地也又开办应用手织机的手工织布工场,约有六十余家。

## (六)其　　他

清朝末季,民办的资本主义企业中还有以下几个新兴的行业。

**面粉**　中日战后,安徽盐商孙多鑫、孙多森兄弟在上海见到英国商人创办增裕面粉厂,用西方的机器磨制精细的面粉销售,获得厚利,光绪二十四年(一八九八年)着手筹建自办的面粉厂。孙多鑫亲自去美国考

260

察,购买美国制作面粉的机器一部,聘请美国技师一人,回国后聚集资本四十余万元,在上海雇用工人开办阜丰机器面粉厂。光绪二十六年投产,是最早建立的机制面粉厂。清朝与列强订立的通商条约,曾准许外国在通商口岸销售面粉免征正税。据此成例,民办面粉厂销售,也获免税。阜丰厂日产面粉五千包,行销南北各大城市,获利甚溥。

光绪二十七年(一九〇一年),荣宗敬、荣德生兄弟见面粉厂无税,在无锡创立保兴面粉厂。次年投产。此后几年间,江浙一带经营纺织的富商,因市场萧条,多转向面粉制作工业。大生纱厂业主张謇在南通投资创办大兴面粉厂。光绪二十八年开业。光绪三十年,源昌丝厂业主祝大椿在上海创办华兴面粉公司,投产资本约四十二万元。裕通纱厂业主朱幼鸿在上海集资创办裕丰面粉厂和裕顺面粉厂。浙江宁波通久源纱厂业主严信厚也在当地开办了面粉厂。

光绪三十一年(一九〇五年),汉口先后出现五家商办机器面粉厂。次年,天津也有一家商办的小厂涌源面粉厂。

东北三省地区,自中日战争至日俄战争期间战乱频仍。光绪三十一年(一九〇五年),无锡保兴面粉厂改组为茂新面粉厂,购置英国钢磨六部投产,日产面粉八百包,大量产品发往东北各地销售。吉林宁古塔建有商办的裕顺面粉厂和裕顺利面粉厂。日俄战后俄国原在哈尔滨创办的两家面粉公司转卖给当地的中国商人,建立了盛泰益面粉公司和广源盛火磨。

据统计,清亡以前,全国各地先后建立的机制面粉厂共有三十八家。其中江苏有十八家,是机制面粉业的基地。

**纸烟** 英美纸烟输入后,畅销各地。英美烟草公司垄断了中国市场。光绪二十八年(一九〇二年)天津曾仿办北洋烟草厂,资本官股两万七千元,合商股共九万元。光绪三十年,盛宣怀在上海创办三星烟公司,集资十万元,有卷烟机八台,一月可产纸烟二百箱(一箱五万支),次年,上海、广州、烟台、北京等地都有新建的烟厂开业,共计十一家。光绪三十二年,全国各地又有八家烟草厂投产。广东商人在汉口创办的物华纸烟公司集资三十万元,资本最为雄厚。其他各厂,大都资本不足,规模不大。

英美烟草公司一九〇八年在汉口设分厂,日产烟一千万支。约当盛宣怀创办的三星烟公司一个月的产量。公司在各地的销售网,规定不准代销中国卷烟,以排挤国产。一九一一年,英美烟公司在中国各地总销售量高达十三万箱(一箱五万支),始终保持对中国市场的垄断。国人自办的烟厂,或被迫报歇,或勉力维持,举步维艰。

**火柴** 元代杭州曾削木为小片,顶部镕硫磺,用以发火,名为"发烛",但应用不广。清人吸烟,仍用火石

262

与金属器取火。约在同、光之际,外国机制的盒装摩擦火柴输入中国,轻便适用,被称为"洋火"。光绪五年（一八七九年）,广东佛山创办巧明火柴厂,确立"火柴"之名,是国人最早建立的火柴工业。中日战后十年间,各大商埠创建的火柴厂有五十余家,平均资本五万余元,大都因机器设备落后,技术不精,以致产品质量较低,难以与进口的"洋火"争夺市场。进口火柴渐为日本所垄断。一九〇二年,日本火柴输入一百五十万罗,占总进口量的百分之九十九。此后几年曾有所下降,但仍占居四分之三。

**机器修造**　中日战前一度发展较快的船舶修造业,在清末十多年中,随着应用机器制作的各种企业的兴办,转而经营或兼营其他机器的修理或制作。船舶修造业发展为机器修造业。

上海求新制造厂

在船舶修造方面继续取得进展的企业,可举上海商办的大隆机器厂和求新机器制造厂为代表。创办于光绪二十八年（一九〇二年）的大隆机器厂专为外国轮船修配机体，名声渐著，生意兴隆。光绪三十年建立的求新机器制造厂，原来只营修配，尔后以造船为业，可制作载重几百吨的小轮船。光绪三十三年制成轮船"大新"号，舱面宽二十英尺、船身长一百三十八英尺，时速达十海里。各地商办的轮船公司和汉冶萍公司都向求新订造轮船。求新机器制造厂于是成为成效最著的民办造船厂。

早在中日战前，上海修造船舶的永昌机器厂就曾制造过意大利式的缫丝车和供丝厂用小马力水汀引擎。大隆机器厂在光绪三十一年以后，也转而经营修配和制造纺织机件。又曾为英国恒丰洋行包工制造机械传动装置，接受英人的技术指导。大隆的修造技术逐渐提高，成为著名的机器厂。求新机器厂自光绪三十二年（一九〇六年）制造引擎，此后几年中又制造铁路客、货车、电力和织布机、织袜机等多种机器。

清末的上海有机器厂约三十余家。上海以外，江南的一些都市也开办过一些机器厂，但都因经营困难，没有多大发展。

**水泥制作**　水泥又称洋灰。清末修建路矿，需用大量水泥，多仰赖于外洋。光绪二十八年（一九〇二年），原开平矿务局总办周学熙向英国交涉索回原由唐廷枢经办的唐山细棉土厂,改建为启新洋灰厂。光绪三十二年与孙多森等招股集资,成立官商合办的启新洋灰公司。由直隶总督袁世凯委任周学熙任总理,孙多森为协理。有资本六百万元。工厂装备由德国购进最新式的机器,聘用外国技师,据说"可以和世界上任何一家水泥工厂相比美"。又在马家沟设厂,生产水泥砖瓦、管道,盈利甚厚。宣统二年(一九一〇年)洋灰产量增至四十三万桶,行销全国并远销海外。同年,湖北大冶也开办了商办的湖北水泥厂,但无力与启新竞争。

**酿酒** 中国传统的酿酒业以米粮为原料。葡萄酒虽然早已自西域传入内地,但仍以米粮酒为正宗。光绪九年(一八九二年),南洋富商张振勋应盛宣怀之邀归国,督办闽广路矿。因在南洋曾开设酒行,经营垦殖,又知法国葡萄酒在海外盛行,遂在山东烟台投资办厂,酿造葡萄酒。光绪二十一年集资一百万元,开设张裕酿酒公司,购地百亩建立厂房。次年,聘用奥地利酒师,自国外购买设备,以西法酿酒。光绪二十三年以后又自国外连年购买葡萄良种,在烟台市郊造园千亩,雇工千人,与烟台葡萄嫁接,获得优于国外的新种。光绪三十三年,改为股份公司,资本增加到一百六十万元。次年生产出质地优良的红葡萄酒与白兰地洋酒,获得成功。设计产量,年产二百万瓶。宣统元年(一九〇九年),又开设玻璃料器厂,以解决瓶装。张裕葡萄酒远销南洋及美洲各地。清朝亡后,张裕白兰地酒曾在一九一五年美国三藩市(旧金山)举行的巴拿马国际博览会上获得金奖,遂命名为"金奖白兰地"。张振勋在庆祝宴会上致词说:"唐人(华人)是了不起的。只要发愤图强,后来居上,祖国的产品都要成为世界名牌"。(魏明康等编《中国近代企业家传略》)

清朝末季,中国资本主义企业的发展显示如下的一些特点和弱点:

一、中国资本主义企业的产生,并不是如像英国工业革命那样,由于纺织机、蒸汽机等的发明出现机器大生产从而产生资本主义的生产方式,而是在社会生产力特别是工业生产远为落后于西方资本主义国家的情况下,借助于从外国引进机器设备和生产技术,乃至聘用外国技师"洋匠",利用本国的资源和劳动力建立起自己的企业。从清廷办"洋务"初创的工业到清末商办的较大规模的新型企业,大多如此。有些企业还要向外国银行借款,以聚集资本。这就使得中国自办的资本主义企业长期依赖于外国,又落后于外国。当资本主义列强凭借攫取的特权,向中国输出商品进而输出资本在中国开办企业时,中国自办的企业便难以与外国在华企业的实力相抗衡,也难以与外国输入的商品争夺市场。既要依赖外国机器设备和生产技术的输入,又要遭受外国侵入的经济势力的排挤,成为中国资本主义企业显著的特点和弱点。

二、中国资本主义企业的产生，不是起自民间，而是源于封建国家的图强御侮。自洋务派官员的兴办军事工业到"官办"、"官督商办"、"官商合办"的各种新型企业，不仅都是处在清朝的统治之下，而且是由清朝官府直接主持和参与。企业的主要经营者由官方选任。经营方式也不免渗入官场的积习和陋习。官方操持企业兴废的大权，除法定的赋税和厘金外，还可以"报效"为名向企业勒索。全由商办的资本主义企业也必须通过各种途径争取官方的支持，并要承受官府的盘剥。既要依赖封建王朝的支持，又要忍受官府的控制，成为中国资本主义企业的又一个特点。

三、清朝末季的所谓资本主义，主要是指若干新型企业的生产方式，而并不是指社会制度，更不是国家制度。基于上述的两个特点，资本主义企业始终处于本国封建势力和外国侵略势力的压制之下，形成有所发展又不能顺利发展的格局，因而只能是初步的有限的发展。

## 第三节　资产阶级的形成与工人的斗争

伴随着资本主义企业的发展，大小企业主形成为一个新的阶级——资产阶级。由于中国资本主义企业,有它自己的特点和弱点。中国资产阶级的形成也相应地具有自己的特点和弱点。

## (一)阶级成员的构成

依据有文献可查的纪录,清末具有一定规模的资本主义企业的所有者和经营者,从社会地位和身分来说,大致来源于以下几类人员:

**官员文士**　清末废科举以前,文士学而优则仕,官员与文士两者溶为一体。其中转而成为兴办实业的业主,有以下几类人。

"洋务"官员——清季兴办新型企业即所谓"洋务"事业的官员中的一些人,逐渐熟知工业路矿的经营,进而投资于各种企业,成为官督商办、官商合办和商办企业的股东,部分或全部地拥有某些企业。他们虽然是清廷委办企业的命官,但已是拥有巨资的企业所有者。代表人物是江苏武进人盛宣怀(一八四四——一九一六年)。盛宣怀并非科举出身,捐官为主事,改官直隶州知州。同治时,入李鸿章幕府,委任为轮船招商局督办。光绪初,任电报局总办,集资创办上海华盛纺织厂,署天津海关道。中日战后,受张之洞委任接办汉阳铁厂,开办萍乡煤矿,任汉冶萍煤铁公司总理。又经办芦汉铁路,督办中国铁路总公司。八国联军入侵,首倡"东南互保"。战后充任办理商税事务大臣。清廷行新政,设邮传部,任邮传部尚书。盛宣怀历任督办商务的高官,但和倡办"洋务"并无个人投资的李鸿章不同,他不仅以官位之隆而得以操持航运,路矿、纺织、金融等部门的权柄,而且在官督商办、官商合办和商办的若干大型企业中拥有个人的巨额股份,是这些企业的主要的股东和企业主,从而成为由官而商的资产阶级巨魁。其他经办洋务或商务的官员,在任期间也每有投资于企业,成为亦官亦商的资产阶级成员。

科第士绅——清季所谓"商"非指狭义的商业,而是包括金融、交通、矿业、各种工业和商业的泛称。传统儒学以农为本以商为末,文士不屑经商。中日战后,随着维新思潮的兴起,兴办新型工业被视为富国、救国的途径,开办厂矿企业也因而成为受人尊重和羡慕的事业。宦海浮沉,官场腐败,也使得一些科举出身的文士不愿仕进,转而投资企业,经营工商。代表人物当推状元出身的江苏南通人张謇(一八五三——一九二六年)。张謇字季直,出身富有的农家。光绪二十年(一八九四年)甲午科状元及第,授翰林院修撰。清廷对日作战失败,工业救国之论繁兴,张謇遂弃绝仕途,以兴办实业为己任。受两江总督张之洞委任,在家乡南通设商务局,创办大生纱厂,将官机折价入为官股,官方只收"官利",不干预厂务。张謇与盛宣怀分别筹集商股,自行经办,号为"绅领商办"。一八九九年大生纱厂开业。张謇以其学识的广博和才能的卓越，锐意经营，两年后资本由约七十万积至八十一万元。此后，又在南通投资创办通海垦牧公司及油厂、蚕桑、轮运、铁冶、酿酒、面粉等各种企业共十七家，在崇明设立大生第二厂。此外，在江苏各地的轮船、铁路、渔业等公司及江西景德镇的瓷业公司等九家企业投资入股。张謇因善于经营，积累资本赢利，扩大再生产，取得显著的成功。据光绪三十三年（一九〇七年）的统计，张謇创办和入股企业的资本，总计超过一千万元。张謇声望日隆，是公认的资产阶级代表人物。一般贡举出身的富家子弟，也往往不求仕进，投资兴办新型企业，一时形成风气。

休退仕宦——官员休退家居，投资兴办企业，是当时形成的又一种风气。江苏元和人同治十三年（一八七四年）甲戌科状元，授翰林院修撰陆润庠，中日战前官至国子监祭酒，以母病归养，在苏州开办苏经丝厂和苏纶纱厂。其后又被起用入仕，亦官亦商。浙江慈溪人严信厚，以贡生入李鸿章幕从军，加知府衔，督销河南盐务。光绪十一年（一八八五年）署天津盐务帮办。居盐官十余年，家资巨万。中日战后，回浙江兴办实业，在宁波投资开设通久源纱厂，尔后又在上海开办通久远面粉厂、龙章机器造纸公司、同利机器纺织、麻袋公司等企业，被盛宣怀委为中国通商银行董事，是上海颇有影响的豪富。江苏无锡人杨宗瀚曾在

270

刘铭传属下总办台湾商务,中日战后在家乡无锡投资二万两,借积谷公款十万两,集资开办业勤纱厂。府县各级休退官员投资兴办企业,所在多有,由官场步入资产阶级的行列。

达官子弟——上自中枢下至地方的各级达官子弟,凭借与官场往来的便利和家资的富有,投资开办企业,成为改换门庭的企业大亨。可举薛南溟与周学熙为代表。薛南溟出身江苏无锡世家。父薛福成,光绪十五年(一八八九年)任出使英法意比四国大臣,是享有盛名的使节。光绪二十二年在上海病死。生平力倡工商立国,主张商办工业,有《庸庵全集》传世。南溟,不求仕进,光绪二十六年在上海开办永泰丝厂。尔后,其子寿萱继承父业续有发展,薛氏家族成为缫丝业的巨子。周学熙是安徽建德的世家子弟。父周馥官至两江总督、两广总督。光绪三十二年,周学熙在唐山建启新洋灰厂,主办滦州煤矿,创建京师自来水厂。周氏久居天津,是北洋著名的资产阶级代表人物。

以上各类人员原与清朝官方有着各种密切关系。他们中间的代表人物投资企业,资本雄厚,规模宏大,是资产阶级的核心。

**洋行买办**　外国在华开设洋行原只经营中外贸易,尔后,逐渐投资于金融、航运。中日战后,列强各国凭借特权,扩大在华经济势力,在各地开设的洋行多至九百余家,直接投资于银行、路矿和各种工业企业,不断扩展。洋行的业务,雇用经管的华人,习称"康白渡"(comprador),有总买办、买办、副买办、帮买办等职名。买办是洋行的专职,并非泛称。经手洋货的内销和国产的外运,除薪金外,另有经纪费用。据一八九〇年以来二十年间对外贸易总值的统计,如经纪费用为百分之五,则各地买办获取的费用,总数将在五万万两左右。(参阅严中平《中国棉纺织史稿》)买办熟习外商管理模式和外界情况,积累资金后,可以继续在洋行任职,也可脱离洋行自办新型企业,成为实力雄厚的资产阶级成员。早在同治时,上海英商宝顺洋行的副买办、广东香山人徐润就曾脱离洋行,自行经商。又与同乡怡和洋行总买办唐廷枢合办保险公司,被李鸿章委为轮船招商局会办。光绪初曾被委办开平煤矿。光绪二十八年在上海开办景纶机织衫袜厂。尔后又创办同文书局,石印古籍,名噪一时。浙江定海人朱葆三出身于上海日商平和洋行买办。光绪初,自设新裕商行,经营对外贸易。在厂矿、金融等众多企业投资入股。光绪三十一年在上海投资开办面粉厂、榨油厂、麻袋厂,次年又以巨资在广州开设自来水厂,在汉口开设水电厂,是上海拥有巨额资本的著名浙商。江苏青浦县人出生于上海的朱志尧,早年从事航运。光绪二十四年起,在英商东方汇理银行任买办约六年。光绪三十年,自行投资创办求新机器制造厂获得成功,又投资于其

272

他企业。江苏无锡人祝大椿，原在上海开办源昌号经营五金，后任英商怡和洋和的买办。光绪二十六年以后，先后在上海和无锡开办面粉厂、缫丝厂，在苏州和扬州开办电灯厂，拥有多处企业，总计资本逾二百万元，是上海的巨商。

洋行买办以下的各类职员，也有一些人积资自办企业。洋行出身的大小企业主是资产阶级形成过程中的重要成分。

**归国侨商**　明代末季以来，东南沿海各地即陆续有居民往南洋各地务工。其中一些人在当地经营致富，开办企业，经济地位已属于当地的资产阶级。归国后在国内投资兴办实业，成为国内资产阶级的成员。清季的代表人物首推广东大埔县人张振勋。一八五六年张振勋去南洋在今印尼、马来西亚、新加坡等地经营酒行及橡胶、咖啡等垦殖业致富。光绪十八年（一八九二年）回国，在烟台投资开办张裕酿酒公司，光绪三十四年投产。所产葡萄酒，远销海外（参见前节）。又曾受命督办闽广农工路矿，在两广投资矿业，在广东惠州开办福惠玻璃厂。有人估计，他在海外的资产，积至七千万两。经张振勋荐引，南洋侨商林焕章、陈绍康等也回国在惠州投资兴办实业。曼谷的侨商简照南、简玉阶兄弟归国创办南洋兄弟烟草公司。欧美等地的侨商也有人在清末归国投资。

**各地工商**　各地大小工商业者,自行集资开办新型企业,是资产阶级的又一群体。无锡荣氏兄弟是典型的代表。荣宗敬、荣德生兄弟原来都是上海钱庄的学徒,后在上海自办广生钱庄获利。光绪二十八年(一九〇二年)在无锡开办保兴面粉厂(后改名茂新),光绪三十年又在无锡开办振新纱厂,被誉为无锡面粉业与纺织业的巨子。浙江镇海人叶澄衷,出身农民家庭,咸丰四年(一八五四年)十五岁到上海杂货店做店员,后在浦江驾船运销中外商货。光绪十六年(一八九〇年)在上海创办燮昌火柴厂,二十年又在上海开设纶华缫丝厂。二十三年与同乡宋炜臣在汉口创建火柴厂分厂,并在通商银行投资入股。叶氏在光绪二十五年病死,约有家资三百万两。生前曾捐资在上海创办澄衷学堂,闻名于世。宋炜臣也是店员出身。叶澄衷曾委任他为上海燮昌火柴厂副经理。投资合办汉口分厂,自任经理。又在汉口创办既济水电公司。集资开办扬子机器制造公司、华胜军服公司等企业,被称为汉口的"头号商人"。

以上只是资产阶级各类社会成员的一些代表人物,举其大者,以见一斑。投资企业,拥有较多股本的股东,是企业的部分所有者,属于资产阶级的组成部分。拥有巨资的富商,雇佣职工劳动,也往往投资于企业,兼为企业的股东。

新生的资产阶级的构成,形成如下的特点:

一、从家世出身来考察,新生的中国资产阶级的核心人物并不是来自传统手工业的业主,而是来自学习西方兴办实业的官宦科第之家、外国在华企业的买办等职员和新型工商业者。他们既要承受清廷的压迫和外国侵略势力的排挤,又和清朝官府、外国企业有着各式各样的密切联系,形成显著的特点。

二、从民族成分来考察,投资办企业的资产阶级业主,基本上是汉族。居于统治地位的满洲贵族,虽然也有人支持倡办新型企业,却不见有人投资办厂。各地八旗民户,日益贫困,光绪之初,虽已开放限制,准许到外省谋生,但也只是勉维生计,不可能跻身于资产阶级。处于被统治地位的汉民族中形成了新生的资产阶级,随着资本主义企业的初步发展,日益握有经济实力。个别企业家如张振勋的个人资产甚至相当清廷一年的财政收入。汉人资产阶级财力的日益增强与清廷财政的日益窘困,形成明显的对照。

三、从地域上说,投资办企业的资产阶级大企业主,以江苏、浙江、广东等省籍人士为数最多,资本最厚。广州是最早开放的商埠,与洋商和侨商联系较多。江、浙历来是人文荟萃之地,上海、宁波开埠后,兴办实业渐成风气。拥有大型企业和巨额资本的江南业主于是成为新生资产阶级的核心力量。东南企业集团与北洋军政集团形成南北两大势力。

## (二)商会的组建

　　传统的手工业和商业的经营者,原来依不同行业组成行会,以维护本行业的利益。晚清各地工商业者依据不同行业和经营者的籍贯,以同行或同乡的公所和会馆,作为相互联络和处理行务的基点。随着资本主义企业的发展和资产阶级的形成,原有的行会显然已不能适应新生的资产阶级维护本阶级利益和发展企业的需求。

　　西方资本主义诸国,如法、德、英、美的工商界在十九世纪时已陆续组成商会或工商会。日本在中日战前也已有商会,称为商法会议所。各国商会设在各地区,依据政府的法规,由工商业者自办,自行选举主持人。列强在华开办企业后,香港、广州、上海、天津等地的各国工商业主也联合组成了洋商总商会,向各地官府交涉攫取利权,与中国企业竞争。

　　光绪二十一年(一八九五年)以来,郑观应、康有为、张謇曾相继提出过效法建立商会之议。光绪二十四年,光绪帝并曾颁布过筹办商务院和商会的诏谕,由于发生政变而中止。光绪二十八年,受任会办商约大臣的盛宣怀因对外交涉的需要,奏准筹建上海商业会议公所,委托严信厚与上海各业商董集议,仿照洋商总会章程,制定"暂行章程六条"。随后,天津也建立了商业会议公所。光绪二十九年,清廷成立商部后,年底制定《商会简明章程》二十六条奏准颁布。各地商会可据以自行商定简章报部。次年,上海改建为商务总会,制定章程。公选严信厚为总理,徐润为协理。朱葆三、孙多森等五人为会董。入会的会员一百七十人包括轮船业、银行业、纱厂业等三十二个行业。天津也改建为商务总会,光绪三十二年有会员五百八十一家六十二行。此后四年间,京师、厦门、苏州、杭州等十九个大都市陆续组建商会。海外侨商也援例成立十余处商会。至清廷覆亡时,全国各地成立的规模不等的商会将近千处(虞和平《商会与中国早期现代化》)。宣统元年(一九〇九年),上海商务总会曾草拟华商联合会章程,倡议筹建全国性的商会,未及实现,清亡。

商会之所谓"商",与习称的"商办"一样,并非仅指狭义的商业,而是包括金融、航运、各类工业和商业的总称。商会依地区组建,不限行业和经营者的籍贯,是本地区工商业者的联合团体。原有的公所也可参加本地区的商会,因而会员中包括了大量的旧式工商业者在内,但各地商会的中坚力量则是资本主义新型企业的经营者,商会的主持者和领导者也大都是当地资产阶级具有实力的人士。

商会规定的宗旨是联络商情,启发商智,促进商业,保护商利。清廷倡办商会,旨在加强对工商业的管理,扩大商利收入,实现振兴工商的新政。工商业者组建自办的商会,主要任务是维护自身的利益,向清廷争取商权,抵制洋商洋货的排挤,以求得资本主义企业的发展。各地商会的建立,标志着资产阶级的自觉的联合,组成了代表本阶级利益的社会团体。

商会建立后,曾经在一些地区参与过抵制洋货或官府的某些具有政治色彩的社会活动(详见后章)。但商会还不是以夺取政权为目标的政党。此时的中国资产阶级还处在形成时期,远没有强大到足以取代清朝的统治。他们中的大多数人仍然把发展资本主义企业的希望寄托于清朝施政的改良。

## (三)产业工人的斗争

自同治年间,清廷开办新型工业和外国经济势力在中国设厂以来,即出现了受雇于中外企业主、从事机器大生产的产业工人群体。依据可查文献的估计,中日战前全国各地的产业工人总计约有十万人,其中约三分之二受雇于中国官商开办的企业,三分之一受雇于洋商。从地区分布看,约有近半数集中在上海,其次是广州、汉口。中日战后,随着外国在华经济势力的扩张和中国资本主义企业的发展,产业工人的队伍急速扩大。依据江苏、广东等十个省区在一九〇〇年至一九一〇年间不同年代的资料统计,中国自办的厂矿一百一十六处共有工人十三万余人。依据江苏、奉天等十个省区（不包括广东、福建等省）这一期间不完全资料的统计，外国厂矿四十处，共有工人近十一万人。清朝覆亡前，全国产业工人的总数，无确切的记录可据，估计当有数十万之众。

清季的上海，工商业发展，人口大量增长。《海关十年报告》自一八八〇年至一九一〇年，增长一百万余人。上海聚集的产业工人，来源于邻近各县和广东、安徽及浙江宁波等地外出务工谋生的农民、手工业工人等平民。其他城市厂矿的工人，也大多是外县外省生计困难的农民和手工业者。各地各行业的工人，状况不尽相同。有关资料显示，工人每天的工作时间可长达十二小时以上，但只能拿到微薄的工资。一九〇三年，某外国人士考察中国矿业的报告说：中国工人每月工资仅五六元。"寻常工值一日，不及外洋一下钟之工价"。一九一〇年，美国绢业协会考察各国纺织业的报告说，"中国工人劳动最多，所得最少"。美国织工（男工）每日工资为一元五至三元（美元）。中国工人只有一角至一角二分。事实说明，中国的产业工人比资本主义国家工人遭受着更为严酷的剥夺。

资本主义企业的发展，建立在工人阶级贫困化的基础上。以上海大生纱厂崇明分厂为例。据纱厂的主人张謇的记述，光绪三十三年（一九〇七年），每箱纱价为一百〇七元五角，每箱所付工资为二元八角，相当纱价的百分之二·六。宣统二年（一九一〇年）每箱纱价涨到一百四十五元九角,每箱工资却降到一元四角七分,只相当百分之一。据这期间上海工部局关于上海米价的报告,一九〇五年每担二元六角五分,一九一〇年上涨到四元一角四分。工资菲薄的工人只能以稀粥过活。外商所办的企业可举日本满铁的抚顺煤矿为例。一九〇七年煤的年产量为二十二万五千八百余吨(英吨),矿工的日工资平均八角。一九一〇年煤产量增至八十二万七千六百余吨。矿工的日工资却下降到四角二分。

各地各行业工人的劳动,都要受到工头、把头或包工等的严格控制,动辄遭到罚款、克扣工资乃至鞭打等虐待。中外企业主为了降低成本、牟取利润以求企业的发展,尽量在劳动条件、防护设备等方面压缩投资。工人在恶劣的环境下劳动。各地厂房往往发生爆炸、倒坍及机器事故,造成工人伤亡。煤矿情形尤为严重,矿井塌陷爆裂等事故,时有发生。矿工死于非命,屡见不鲜。

早在中日战前,中外企业的产业工人即陆续举行罢工等斗争。光绪五年(一八七九年)上海美商耶松船厂和英商祥生船厂的中国工人因工头克扣工资和虐待而罢工。九年,江南制造局的工人因反对延长工时而罢工。十七年,开平煤矿的广东籍工人因反对外国技术人员和工头的压迫,起而反抗。上海织布局的工人也举行过罢工。中日战后,随着中外企业的开办,工人的罢工斗争更加发展。二十一年汉阳铁厂工人二百余人曾因反对责打工人而罢工,遭到官府营勇的镇压。三十四年一年中,上海即有中外经营的五家纱厂工人因要求合理工资而罢工。依据光绪二十一年(一八九五年)至宣统二年(一九一〇年)间各地的零星报道,六年间华商企业发生罢工二十八次,其中十八次在上海。外商企业发生华工罢工十八次,其中十二次在上海。上海而外,湖北、安徽、浙江、福建、奉天境内及江苏其他地区的厂矿也都曾发生过工人罢工。罢工的目标主要还在于反对虐待和争取合理工资的经济斗争,范围也只限于本厂,各厂矿之间尚未实现联合。所以,从总体上说,清季工人的罢工斗争还是属于自发的分散的行动。中国的工人阶级此时还没有建立起代表本阶级利益的工会组织。

# 第 九 章

# 民主革命与清朝覆亡

## 第一节　民主革命的兴起
　　　　　与同盟会的成立

### （一）孙文发动革命

　　清朝统治日益衰落,列强侵略日益严重的年代,发生了民主主义革命。革命的领导者是出身农民家庭、留学海外、胸怀救国大志的政治家孙文。

　　孙文,字德明,号逸仙。同治五年十月六日(一八六六年十一月十二日)出生于广州府香山县(今中山市)翠亨村。西方国家多称他为孙逸仙。国人则因他曾化名"中山樵",尊称为中山先生。孙氏原是贫苦农家。孙文兄孙眉曾为地主佣工,后去夏威夷岛的茂宜岛垦荒务农,开办农场、商店,成为富有的侨商。孙文自幼参加耕作,十岁时入家乡私塾读书。十二岁去夏

威夷投依孙眉。在
檀香山（火奴鲁鲁）
英、美基督教会创办
的学校读书，学习西
方社会政治学说和
自然科学的基础知
识。他后来自述说：
"自是有慕西学之
心，穷天地之想"
（《答翟理斯教授
书》）。同治九年（一
八八三年）回乡，与
同乡好友陆皓东反
对居民的迷信活动，

僕姓孫名文字載之號逸仙籍隸廣東
廣州府香山縣生於一千八百六十六年華
歷十月十六日幼讀儒書十二歲畢經業
十三歲隨母往夏威夷島始見輪舟之奇
滄海之闊自是有慕西學之心窮天地之
想是年母俱回華文遂留島依兄入英監

孙文手书自传

捣毁佛殿神像，因而不为乡里所容，去香港拔萃书室
读书，后转入香港中央书院。十二年入广州博济医
院学医。次年又转入香港西医学院。在校时结交广
东新会人陈少白、顺德人尤列、香山人杨鹤龄等青年
好友，聚谈反满革命，被人戏称为"四大寇"。光绪十
八年（一八九二年）毕业后，在澳门和广州行医，声名
甚著。

**建立兴中会**　孙文自称，在檀香山留学时即立志
"改良祖国、拯救同胞"。后虽学医，仍志在救国。光
绪十一年（一八八五年）中法战后，即已萌发"倾覆清

檀香山兴中会集会地

廷"之念,但仍寄希望于清廷的自强。光绪十九年(一八九三年)曾与陆皓东去天津,上书李鸿章,建言治国之策,不被理会,怏怏而返。次年秋季中日战争期间,孙文再赴檀香山,与侨商刘祥、何宽、邓荫南等二十余人,建立兴中会,提出"振兴中华"的号召,密谋反清。兴中会于光绪二十年十月二十七日(一八九四年十一月二十四日)在何宽寓所正式成立,刘祥为主席,何宽为副主席。孙文草拟章程和宣言,痛陈"强邻环列,虎视鹰瞵","蚕食鲸吞,已效尤于接踵,瓜分豆割,实堪虑于目前",号召"振兴中华,维持国体"。入会者秘密宣誓:"联盟人某省某县人某某,驱除鞑虏,恢复中国,创立合众政府,倘有二心,神明鉴察。"兴中会明确揭示出推翻清朝统治创立合众政府的奋斗目标,一场伟大的民主革命由此发端了。

兴中会在檀香山成立后,孙文得孙眉和邓荫南等的资助,与邓荫南等少数会员,携款五千美元回国发动革命。光绪二十一年(一八九五年)正月初一日,孙文到达香港。二十七日，与陆皓东、陈少白、广州博济医院同学郑士良（三合会成员）联合香港以"开通民智讨论时事"为宗旨的辅仁文社杨衢云、谢缵泰等人在香港成立兴中会总部，对外称"乾亨行"以为掩护。

**策划广州起义**　香港兴中会总部成立后，随即策划在广州发动武装起义。由孙文驻广州指挥，杨衢云驻香港，负责军需和经费。二月间，孙文多次要求日本驻香港领事提供武器援助。声称拟奉康有为为统领，在两广成立共和国。三月初，孙文、郑士良、陈少白、陆皓东等到广州，建立秘密机关，以"农学会"名义活动。镇涛号兵舰管带程奎光等数百人加入兴中会。新安、深圳等地的会党，中日战争后遣散的部分营勇，三元里、香山等地的民团以及北江、顺德等地的绿林豪杰等纷纷参加起义队伍。计划在九月九日重阳节由杨衢云率领集中在香港的会党分子三千人作前锋，攻击广州地方衙署，其他队伍分头埋伏在广州城内响应起事。香港人何启以英文草拟了对外宣布的起义宣言，陆皓东还制作了以青天白日为图案的旗帜。

八月二十二日，总部在香港集会，选举孙文为会长，称伯里玺天德（president）。次日，孙文将会长职位让与杨衢云，自返广州布署起义。九月九日晨，孙文与各路起义者埋伏在广州城内，接杨衢云电报，声称"货不能来"。孙文电告杨衢云："货不要来，以待后命"，遣散会党首领。这时，官府已侦知有关消息，两广总督谭钟麟派兵搜缉，陆皓东等五人被捕。杨衢云派朱贵全、丘四等率二百人轮运七箱军械往广州，登岸后即遭清军缉拿，朱贵全、丘四等十五人被捕。孙文在广州守候三天，与陈少白、郑士良等东渡日本，邓荫南避走澳门，杨衢云去往南洋，远走南非。清廷下令缉捕孙文。

陆皓东被捕后，坚贞不屈，在供词中称："愤异族政府之腐败专制，官吏之贪污庸懦，外人之阴谋窥伺，凭吊中原，荆榛满目，每一念及，真不知涕泪之何从也。"又称："要知今日非废灭满清，决不足以光复汉族；非诛除汉奸，又不足以废灭满清，故吾等尤欲诛一二狗官，以为我汉人当头一棒。今事虽不成，此心甚慰，但我可杀，而继我而起者不可尽杀。"说："吾言尽矣，请速行刑！"（邹鲁《乙未广州之役》）表现了革命党人的坚强信念和豪迈气概。九月二十一日与朱贵全、丘四、程奎光同时被害牺牲。

**流移海外**　孙文与陈少白逃到日本横滨，得侨商冯镜如、冯紫珊兄弟帮助，在当地华侨中建立兴中会分会，推冯镜如为会长。随后，孙文又去美、英等国华侨中活动。一八九六年秋，在伦敦停留期间，清廷驻英公使龚照瑗将他诱骗到使馆内拘禁，准备押送回国。孙文被拘禁四十五日，经他当年的老师康德黎（J. Cmtlie）营救，得以自使馆逃脱。孙文撰写《伦敦蒙难记》刊布，指斥清廷的迫害，产生很大的影响。次年秋,孙文又回到日本,与日本友人宫崎寅藏、平山周等结识,得到多方的帮助。孙文在日化名中山樵,往来于东京、横滨之间。

**与康梁的来往**　光绪二十四年(一八九八年)慈禧后发动政变后,康有为、梁启超等人逃亡日本。继续在日本游说"助皇帝复位"。孙文托日本友人向康有为致意,康声称奉有皇帝密诏,不便与革命党来往。孙文又派陈少白访康。康有为答以"惟有鞠躬尽瘁,力谋起兵勤王","其他非余所知"。次年二月,康有为离开日本,远游欧美各国求助。六月间在加拿大与侨商李福基等成立"保救大清皇帝会",简称保皇会。康有为任会长,梁启超、徐勤为副会长。在海外开展保皇宣传。

梁启超到日本后,得冯镜如等侨商的帮助,在横滨创办《清议报》,继续宣传拥帝的政见,介绍西方文化。康有为离日后,梁启超逐渐倾向民主共和,曾与孙文协议合作,并推陈少白、徐勤起草联合章程。徐勤密报康有为。康有为责令梁启超立即离日赴美,参加保皇运动。

## (二)武装起义与革命舆论的传播

### 一、湖北广东的武装起义

孙文与康梁先后逃到日本避难,所持政见不同,孙倡革命,康梁保皇,但此时都以反对慈禧后执政的清廷为目标,光绪二十六年(一九○○年)先后发动了湖南和广东的武装起义。

**湖北自立军起义**　与谭嗣同共创南学会的唐才常在慈禧后发动政变后不久即东渡日本,向康有为提出在湖南组织义军"起兵勤王"的建议,得康氏认可。在此以前,毕永年到达日本横滨会见孙文,加入了横滨兴中会。光绪二十四年(一八九八年)十月,唐才常与毕永年往见孙文,商讨在湖南、广东等省先后起义,得到孙文的赞同。唐、毕回到汉口,邀集原湖南时务学堂学生林圭(湖南湘阴人),策划联络哥老会等会党在长沙起事。次年秋季,唐才常再赴日本,邀集当时已在日留学的林圭及在日的南学会会员秦力山、田邦璇、留日学生吴禄贞等人回国举事。十月自日启程,孙文、梁启超及日本友人宫崎寅藏、平山周等都来饯行。十一月,唐才常等以东文译社为掩护,秘密成立正气会。自撰序言,称"日月所照,莫不尊亲。君臣之义如何能废。"声明旨在保皇。光绪二十六年(一九○○年)二月改名自立会,依照会党组织惯例,设立富有山堂。毕永年原在香港联络会党,临时来上海,劝唐才常与保皇会决裂,唐氏不听。毕永年南下广州。

慈禧后谕令向列强开战后,受到东南各省的抵制。(见前)七月一日唐才常在上海愚园召开中国国

288

会,容闳、严复、文廷式、汪康年、章炳麟(号太炎。浙江余杭人。曾任《时务报》撰述,后被通缉去日本。光绪二十五年回上海办报)等名士五十二人参加。国会宗旨是:不认"通匪矫诏"之伪政府,联络外交,平定内乱,保全中国自主,推广中国未来之文明进化。(孙宝暄《日益斋日记》、日人井上雅二《日记》)会议投票选举容闳为会长,严复为副会长。三日,国会再次会议,章炳麟提出反对"光绪帝复位",主张"救出光绪帝为平民"。据章氏称,会上辩论,"言保皇者十得八九,言复汉者十得二三"(《致中国旬报》)。他愤而决裂。

林圭负责联络各地组织义军。在汉口英租界设立机关,兵分七路:秦力山、吴禄贞统前军,驻安徽大通;田邦璿统后军,驻安庆;陈犹龙统左军,驻湖南常德;沈荩统右军,驻湖北新堤;傅慈祥、林圭统中军,驻汉口。另两路为总会亲军与先锋队。唐才常任各军总司令。号自立军。计划七月十五日各地同时举兵。康有为驻新加坡,主持一切。唐才常因经费不济,将起义日期改为七月二十八日。秦力山因远在安徽,不知改期,七月十五日即起兵宣布"讨贼勤王",声言"保全中国自立之权,请光绪帝复辟",占领大通。十七日,清军援兵开到,义军败退九龙山。

七月十五日,唐才常自上海启程赴汉。二十日,慈禧后、光绪帝出逃,八国联军攻入京师。二十二日,唐才常赶到汉口,致函沈荩,告以"此时此机,绝大题目,万不可失",拟于二十九日起事,夺取汉阳兵工厂,拘禁湖广总督张之洞等官员。容闳用英文起草《通告友邦书》,称:"不再认满洲政府有统治中国之权","我等定议,恢复光绪皇帝权位,建立立宪制国家,务使成为二十世纪最高智力与启蒙之模范。"(引自《井上雅二日记》)

唐才常等人的活动早已受到张之洞的严密监视。七月二十七日,张之洞从英国驻汉口总领事处取得逮捕证,连夜派兵搜捕英租界自立军机关,将唐才常、林圭、田邦璿、傅慈祥等三十人逮捕。次日凌晨处死。唐才常就义前慷慨赋诗:"七尺微躯酬故友,一腔热血溅荒丘。"沈荩急率新堤右军起义,全军溃败。秦力山在大通得知失事消息,解散队伍,逃往国外。

**广东兴中会起义** 孙文起义计划的主要发动地仍在广东。光绪二十六年(一九○○年)五月十二日,孙文偕郑士良、宫崎寅藏等人乘轮赴港,决定在广州、惠州两地同时并举,但仍以夺取广州为主要目标。六月,香港议政局议员何启向陈少白建议,请港督卜力(N. A. Blake)出面,联络两广总督李鸿章宣告独立。十二日,清廷调李鸿章为直隶总督兼北洋大臣。过港时,卜力劝李留在南方实行两广独立,并拟安排孙、李见面,被李拒绝。孙文与杨衢云、陈少白及宫崎寅藏、平山周等集议,先由郑士良在惠州联络会党起义,然后沿海岸向厦门进军。八月,孙文经上海返回日本。闰八月二日,偕日本志士山田良政等一行赴台湾坐守,拟利用该地储存军械,募集日本退役军人,在义军进抵厦门时渡海督师。

郑士良选定惠州归善(今宝安)所属三洲田为根据地,集合三合会众,组成义军。以三合会领袖黄福为元帅,郑士良为军师。义军头缠红布,身穿白布镶红号褂,旗帜上书"大秦国"字样。闰八月十三日起兵,夜袭广东水师提督何长清部,略有斩获。与清军作战屡次获胜。闰八月二十八日,抵达三多祝,发展至二万余人。但因缺乏军械弹药,无法前进。

孙文原得菲律宾独立军代表彭西应允,将一批在日本订购的武器借给中国革命党人。不料所购武器均系废铁,不堪使用。又向日本台湾总督儿玉求援。日本外务省严令儿玉,不得帮助中国革命党人。孙文无奈,派山田良政向郑士良传达,"政情忽变,外援难期,即至厦门,亦无所得",要郑自行决定进退。郑随即决定返回三洲田,从香港购取械弹,会合新安、虎门义军,进攻广州。义军大部散去,仅数百人回到原地,也因饷弹殆尽,于九月十六日解散。郑士良等逃亡香港,山田良政在归途中遇害。孙文自台湾返日。

兴中会会员史坚如原定七月间在广州联络会党起

义,也因军械未到未能举行。三洲田发动后,史坚如拟炸毙粤督德寿,以为响应。挖通督抚衙门后墙,安放炸药,于九月六日晨引爆。震塌督署围墙,德寿自床堕地,未受伤害。次日,史坚如被捕。九月十八日遇害。

惠州起义后,兴中会接连遭受损失。光绪二十六年(一九〇〇年)十一月,杨衢云被广州当局雇人刺死于香港。次年七月,郑士良在香港暴卒。毕永年隐居广州,同年病死。

**广州顺天国起义** 香港兴中会会员谢缵泰出身于澳大利亚洋商。光绪二十五年(一八九九年)结识洪秀全侄洪全福。洪全福原名春魁,封瑛王,太平天国失败后逃亡香港。这年十二月,杨衢云辞去兴中会会长职务,谢缵泰决定单独行动。次年八月,谢缵泰、洪全福及华侨富商李纪堂集议,召集香港及广州的洪门兄弟起义,夺取广州。李承担全部军费,事成后推容闳为临时大总统。起义以"大明顺天国"为号,声明"脱我汉人于网罗之中,行欧洲民共主之体,天下平后,即立定年限,由人民公举贤能为总统"。洪全福在香港、广州建立机关,计划在广州官吏元旦去万寿宫行礼时,纵火为号,占领军械局及各衙署。

光绪二十八年(一九〇二年)十月,容闳来信,称已作好准备,将尽力满足谢缵泰等人的要求。十一月,洪全福先后两次出入广州,做好了除夕发动的准备。不料香港洋行为吞没李纪堂预交的巨额军械订款，向广东官吏告密。港警和粤吏分头搜查，在香港查获军械、旗帜、册籍多种。在广州逮捕起义者二十余人。洪全福化装出逃。谢缵泰得免于难。起义失败。

## 二、留日学生的革命活动

日本是晚清留学生最多的地区。留日学生是传播革命思想的群体。孙文发动革命后，留日学生纷纷创办报刊、组织团体，宣传革命，极大地推动了国内革命运动的发展。

**报刊与团体** 光绪二十五年（一八九九年），东京高等大同学校学生郑贯一等创办《开智录》，随《清议报》附送。次年，杨廷栋等创办《译书汇编》，介绍卢梭《民约论》、孟德斯鸠《万法精理》、穆勒的《自由原论》等西方政法名著。秦力山参加自立军起义失败后，回到日本，光绪二十七年（一九〇一年）三月，创办《国民报》。发表章炳麟的《正仇满论》，明确倡导反对满洲皇室的统治。此外，留日各省同乡会也纷纷创办《游学译编》、《湖北学生界》、《浙江潮》、《江苏》等刊物，宣传救国革命。

秦力山在起义失败后愤而组织国民会，号召"愿为国民而不愿为奴隶"的中国人入会。光绪二十八年（一九〇二年）三月十九日，章炳麟、秦力山、马君武、冯自由等十人在东京发起召开"支那亡国二百四十二年纪念会",以纪念明亡鼓吹反清,因为日警所阻,改于次日在横滨举行。同年冬,叶澜、秦毓鎏、张继、苏子谷、冯自由、陈由己等创办青年会,"以民族主义为宗旨,以破坏主义为目的",是东京留学生中革命色彩最鲜明的团体。

光绪二十九年(一九〇三年),俄国入侵东三省的侵略军拒不依条约撤军(参见前章)。四月初一日,在上海的十八省爱国人士集会张园,致电清廷外务部及各国政府,抗议沙俄的侵略要求。初三日,东京中国留学生集会,成立拒俄义勇队,有黄兴等一百三十余人签名入队,声言开赴东北,与俄国侵略者决战。四月六日,改名学生军。十五日,又改名为军国民教育会。十八日,军国民教育会派遣汤槱、钮永建二人为特派员,到天津向北洋大臣袁世凯请愿,不被接见,无功而返。五月十一日,军国民教育会召开大会,特派员汇报归国之行。秦毓鎏等十五人提出《意见书》,将原订宗旨中的"实行爱国主义"改为"实行民族主义",以鼓吹(宣传)、暗杀、起义等手段推进反清革命运动,派十二人称为运动员归国活动,组成暗杀团,待机行事。

**《革命军》的刊行** 光绪二十七年(一九〇一年)去日本留学的东京同文书院留学生四川巴县人邹容,在学期间写成《革命军》一书。二十九年春因愤而剪去清廷留学生监督姚文甫的辫发,被迫令回国。在上海参加张园拒俄大会,慷慨陈词。所著《革命军》一书,得章炳麟作序,在国内刊行。邹容自称"革命军中马前卒",以通俗的语言热烈歌颂革命是天演公例、世界公理、争存争亡过渡时代之要义,中国欲独立,欲与世界列强并雄,长存于二十世纪新世界之上,都不可不革命。最后,喊出"皇汉人种革命独立万岁!""中华共和国万岁!""中华共和国四万万同胞的自由万岁!"说理畅达、感情炽烈,刊行后传播极为迅速。孙文称之为"排满最激烈的言论"(《有志竟成》)。鲁迅说:"倘说影响,则别的千言万语,大概都抵不过浅近直截的'革命军马前卒'邹容所做的《革命军》"(《鲁迅全集》第一卷《杂忆》)。几年间此书重印二十余次,总印数在一百万册以上。

**《猛回头》的刊行**　作者是湖南革命党人陈天华。字星台,湖南新化人。光绪二十九年(一九〇三年)留学日本。曾加入拒俄义勇队及军国民教育会,是该会归国"运动员"之一。同年《猛回头》在日本东京刊行,以弹词形式陈述列强瓜分中国的危急形势,指斥清廷是"洋人的朝廷",号召同胞奋起救国。最后殿以唱词:"那怕他,枪如林,炮如雨下;那怕他,将又广,兵又精强;那怕他,专制政,层层束缚;那怕他,天罗网,处处高张。猛睡狮,梦中醒,向天一吼,百兽惊,龙蛇走,魑魅逃藏。改条约,复政权,完全独立;雪仇耻,驱外族,复我冠裳。到那时,齐叫道,中华万岁。才是我,大国民,气吐眉扬。"此书传入国内,在社会上和军营、农村广泛流传。

陈天华还写有一本小册子《警世钟》。纯用白话,具有较多的理性分析成分。如,提倡"文明排外",反对"野蛮排外",主张"要拒外人,须先学外人的长处""要想自强,当先去掉自己的短处"。深入浅出,切中时弊。

一九○五年冬,日本文部省公布《关于许清国人入学之公私立学校规程》,对中国留日学生多方限制,被称为"取缔规则"。东京留学生三百余人集会抗议,指为有辱国体,联合罢课。日本报纸辱骂中国留学生"放纵卑劣"。陈天华深受刺激,以自杀表示抗议。十一月十一日写就《绝命书》,说"心痛此言,欲我同胞时时勿忘此语,力除此四字,而做此四字之反面,坚忍奉公,力学爱国。恐同胞之不见听而忽之,故以身投东海,为诸君之纪念。"次日,投大森湾自杀。

### 三、上海地区的革命宣传

上海是资本主义企业集中的地区,也是爱国维新人士群英荟萃之地。孙文发动革命后,上海成为宣传革命的重要基地。

光绪二十三年(一八九七年),盛宣怀在上海创办南洋公学,聘请中西教习,讲授中学与西学。二十七年,聘任进士出身深研西学的原翰林院编修、绍兴中西学堂监督蔡元培(浙江绍兴府山阴人)为总教习。二十九年,蔡元培在上海创立中国教育会,沪上名士章炳麟、吴稚晖、汪德渊、马君武、陈范、张继、刘师培等多人入会。次年,南洋公学发生学生退学风潮。中国教育会为支持退学学生成立爱国学社教学。蔡元培任经理,吴稚晖(举人,留学日本)为学监,聘请义务教员分设四班开学,成为爱国师生的活动据点。邹容回国后即加入爱国学社。

光绪二十二年(一八九六年)创刊于上海的《苏报》,原由日人出面经营,报馆设于公共租界。二十六年,陈范(举人,曾在江西任知县,因教案革职)收购自办。二十九年,聘请蔡元培、吴稚晖及爱国学社师生为《苏报》撰稿。专辟《学界风潮》一栏,支持学生的爱国活动,倡言革命。发表评论说"非革命不足以破坏,非破坏不足以建设,故革命实救中国之不二法门也"。五月间,聘请爱国学社的章士钊(湖南善化人)为主笔,所发社评,无一篇不谈革命。又刊布文章,赞誉邹容的《革命军》"以国民主义为干,以仇满为用",堪称"今日国民教育之第一教科书"。摘刊章炳麟的《驳康有为论革命书》,指名抨击光绪帝"载湉小丑,不辨菽麦"。

清廷命对爱国学社等团体"严密查拿,随时惩办"。五月二十八日,署湖广总督端方致电两江总督魏光焘,指责《苏报》"悍谬横肆,为患非小"。魏光焘指令上海道袁树勋查办。闰五月五日上午,租界侦探、巡捕等多人闯进苏报馆,出示查禁爱国学社及《苏报》,捉拿章炳麟、邹容、陈范等七人的命令。次日,巡捕到爱国学社抓人。章炳麟事先已得消息,仍留在社内,对巡捕说:"馀人都不在,要拿章炳麟,我就是!"章被捕后,又写信动员邹容等人投案。在狱中写成《答新闻报》文,指此案是"满洲政府与汉种四万万人"之间的"大讼","吾辈书生,未有寸刃尺匕足与抗衡,相延入狱,志在流血"。闰五月二十一日,租界会审公廨举行第一次审讯。律师指责章炳麟触犯"圣讳",章答:我只知道载湉是满清人,不知所谓"圣讳"。邹容承认,因愤于满人专制,故有《革命军》之作,并表示"现在我意欲改作《均平赋》一书,令天下人无甚贫富。"光绪三十年(一九〇四年)四月七日,上海知县会同英国副领事复讯,判处章炳麟监禁三年,邹容监禁二年,罚作苦工。陈范逃往日本,次年返回上海被捕,年余出狱。邹容于光绪三十一年二月二十九日,死于狱中,年仅二十岁。次年五月八日,章炳麟刑满出狱,去日本东京。

《苏报》被封后,章士钊等继刊《国民日日报》,重点转向对旧文化的批判,先后发表《箴奴隶》、《革天》、《道统辨》等文,不久也被封闭。

## （三）中国同盟会的革命活动

### 一、各地革命团体的兴建

随着革命形势的发展，国内外各地陆续建立起一些革命团体，宣传革命，策划推翻清朝满族皇室的统治。

**华兴会** 创办人黄兴，原名轸，湖南长沙府善化人，与章士钊同乡。光绪二十四年（一八九八年）入武昌两湖书院。二十六年参加自立军起义密谋。二十八年赴日本，入弘文学院师范科。次年加入拒俄义勇队及军国民教育会，担任归国运动员。同年回乡，任教于长沙明德学堂。九月十六日，黄兴三十岁生日，章士钊与留学日本参加过拒俄义勇队的刘揆一等湖南志士为他祝寿，商量组建华兴会发动起义。十二月三十日，华兴会正式成立，湖南人士杨笃生、宋教仁（武昌学生）、刘道一（揆一弟）、吴禄贞等陆续入会。

华兴会拟具武装起义计划，"湘省首义，各省纷起"，"或由会党发难，或由军学界发难，互为声援"，"直捣幽燕"。黄兴派刘揆一携亲笔函去醴陵与哥老会马福益联络。光绪三十年（一九〇四年）初，黄兴与刘同到湘潭与马福益会见，定于十月初十日慈禧后七十岁生日时在长沙起义。九月，湖南乡绅王先谦探得华兴会起义消息，向署理湖南巡抚陆元鼎告密。十六日,清兵搜查华兴会机关,会党首领游德胜、萧贵生被捕处死,黄兴化装出走上海。在汉口登船时,护送的圣公会教士黄吉亭要他到沪后拍一"兴"字电报,以示平安。此后即废本名,改名黄兴,与刘揆一逃往日本。

华兴会策划起义时,杨笃生、章士钊在上海与蔡元培等组织爱国协会响应。十月十三日,志士万福华在上海酒楼谋刺前广西巡抚王之春,未成,被捕。

长沙起义计划泄露后,马福益逃往广西。光绪三十一年(一九〇五年)三月,自桂返湘,途中被捕解往长沙,被害。

**科学补习所与日知会** 光绪三十年(一九〇四年)五月二十日,黄兴的学生、华兴会会员胡瑛、吕大森、与湖北武备学堂学生刘静庵等在武昌成立科学补习所,以进行课程补习为名,组织革命活动。胡瑛任经理,吕大森、曹亚伯(两湖书院学生)、宋教仁等任干事。胡、吕曾赴长沙与黄兴联络,拟配合华兴会起义。胡被推为华兴会鄂分部总理,吕被推为湖南及四川分部总理,与刘静庵等议定,一俟长沙发动,即在武汉刺死湖广总督张之洞,劫夺火药库起义。

华兴会起义被破坏,胡瑛等紧急布置隐蔽,未被查获。光绪三十二年(一九〇六年)正月,刘静庵又以中华圣公会阅览室的名义,成立日知会。自任总干事。

**光复会** 光绪二十九年(一九〇三年)九月,浙学会会员王嘉祎等人在东京秘密集会,商讨建立革命团体,联络浙籍留学生陶成章、龚宝铨、魏兰等,回国分头活动。光绪三十年(一九〇四年)正月,陶、魏二人到浙东,访问会党首领,宣扬"人种之分"与"民族之说",计划响应华兴会的长沙起义,在金华、衢州、严州三地起事。华兴会起义失败,陶成章于同年十月到上海,与龚宝铨另建革命团体。因章炳麟有"改制同族,谓之革命;驱逐异族,谓之光复"之说,取名光复会,又名复古会。推举蔡元培为会长。会员入会举行仪式,刺血发誓,宣读誓词"光复汉族,还我河山,以身许国,功成身退。"

十二月,绍兴府学堂副监督徐锡麟到上海会见蔡元培,加入光复会,热心会务,成为光复会的实际领袖,光复会逐渐自上海移到绍兴。光绪三十一年(一九〇五年)正月,陶成章、魏兰再到东京,成立光复会东京分部,由王嘉祎主持。

**其他团体** 这一时期还出现一些规模较小的革命团体。

公强会——光绪二十八年(一九〇二年)成立于四川,成员有杨庶堪、朱之洪等。

旅沪福建学生会—光绪二十九年(一九〇三年)成立于上海。由闽籍学生何枚士等发起,成员有郑权、林森、陈子范、林述庆等。

共爱会——光绪三十年(一九〇四年)成立于日本,成员有秋瑾、胡彬夏等十人,宗旨是"反抗清廷,恢复中原",主张女子从军,救护负伤战士。

易知社——光绪三十年(一九〇四年)成立于江西,社长张惟圣,成员有江西武备学堂、陆军小学堂学生等约六十余人。

岳王会——光绪三十年(一九〇四年)成立于安徽。成员有柏文蔚、陈由己(独秀)、常恒芳等。宗旨是继承岳飞遗志,"尽力排满"。成员大部分为安徽公学教员。

强国会——光绪三十一年(一九〇五年)春成立于江宁,成员有柏文蔚、赵声、张通典、杨卓林等。

汉族独立会——光绪三十一年(一九〇五年)春成立于福州,发起人为林斯琛等。

国内外各地大小革命团体的兴建表明:分散的革命力量联合行动,已是历史发展的要求。

## 二、中国同盟会的成立

孙文遭清政府通缉,往来于日本、檀香山、越南等地开展革命活动。光绪二十九年(一九〇三年)闰五月,自越南回到日本,开始重建革命组织。七月,在日本军事学家日野熊藏等人的支持下,于东京青山创办革命军事学校,入学者十四人,孙文主持宣誓,誓词是:"驱除鞑虏,恢复中华,创立民国,平均地权",九月,又去檀香山建立革命组织,名为"中华革命军",发展数十人。在《致友人书》中说:"今在檀香山,已将向时党字改为军字。今后同志当自称为军,所以记〔邹容〕之功也。"

光绪三十年(一九○四年)十一月,孙文自美国纽约到达英国伦敦。次年春,因在比利时留学的贺之才等人邀请,去到布鲁塞尔。与留学生们彻夜长谈,表示"今后将发展革命势力于留学界,留学生之献身革命者,分途做领导之人。"提议组织革命团体,宣誓誓词与东京青山革命军事学校相同,加盟者约三十多人。

光绪三十一年(一九○五年)四月,孙文在贺之才陪同下,访问设在布鲁塞尔的各国社会主义政党联合组织第二国际执行局。向该局主席王德威尔德(E. Vandervelde)和书记胡斯曼(C. Huysmans)介绍中国革命组织的宗旨:一、驱逐篡权的外来人,使中国成为中国人的中国。二、土地全部或大部分为公共所有,很少或者没有大的地主,由公社按一定章程将土地租给农民。说:"中国社会主义者要采用欧洲的生产方式,使用机器,但要避免其种种弊端。""防止往往一个阶级剥夺另一个阶级,如像欧洲国家都曾发生过的那样。"并表示愿为第二国际的成员。

五月初九日,孙文经法国东归。六月十七日,抵达日本。经宫崎寅藏介绍,与黄兴在东京相见。二十六日,孙文偕宫崎访问《二十世纪之支那》杂志社,会见陈天华、宋教仁等人。指出,"现今之主义,总以互相联络为要。"次日,华兴会成员在黄兴住处集会,讨论和孙文合作问题。二十八日下午，来自国内十省的革命志士七十余人在东京赤阪区桧町三番黑龙会会所会议，推举孙文为会议主席。会议决定成立中国同盟会，以"驱除鞑虏，恢复中华，建立民国、平均地权"为宗旨，并通过孙文起草的盟书。与会者纷纷宣誓入盟。

七月十三日，留日学生在东京麴町区富士见楼开会欢迎孙文，到会一千八百余人。孙文发表热情洋溢的演说，呼吁人们"取法乎上"，"择地球上最文明的政治法律来救中国"。七月二十日（西历八月二十日）同盟会在东京赤阪区霞关阪本金弥子爵的宅邸召开成立会。会议通过黄兴等人起草的会章，选举孙文为总理。下设执行、评议、司法三部，黄兴为执事部庶务，日本法政大学留学生汪兆铭为评议部评议长，邓家彦为司法部判事长、宋教仁为检事长。本部下设支部，支部下设分会，国内设南部、东部、中部、西部、北部等五个支部，各处设分会，由主盟人主持党务。国外设南洋、欧洲、美洲、檀岛等四个支部。

同盟会的成立标志着民主革命进入了一个新阶段。九月初二日，孙文兴奋地写信给南洋华侨说："近日吾党在学界中，已联络成一极有（为）精彩之团体，以实力行革命之事。现舍身任事者已有三四百人矣，皆学问充实、志气坚锐、魄力雄厚之辈，文武才技皆有之。"（《孙中山全集》第一卷《复陈楚楠函》）

同盟会成立后，陆续制订《军政府宣言》、《对外宣言》等一系列文件,规定了革命的目标及相关政策。

## 三、《民报》的创刊

同盟会成立会上,黄兴提出,以《二十世纪之支那》作为机关报,但不久该刊即被日本政府禁止。光绪三十一年(一九〇五年)十月二十日,同盟会在东京创刊《民报》月刊,规定宗旨:"颠覆现今之恶劣政府"、"建设共和政体"、"维持世界真正之和平"、"土地国有"、"主张中国、日本两国国民之连合"、"要求世界列国赞助中国之革新事业"。由评议部评议员胡汉民编辑,司法部判事张继发行。创刊后立即受到广大读者欢迎。第一号即发行六版。至第七号时,发行至一万七千余份。光绪三十二年(一九〇六年)五月,章炳麟出狱,东渡日本,加入同盟会。《民报》自第七号起,改由章炳麟主编。次年十一月辞职,自第十九号起由张继编辑。同年十二月,张继因参加日本无政府主义者的活动,被日本政府追捕,逃往法国,《民报》改由加入同盟会的光复会领导人陶成章编辑。陶声明"专以历史事实为根据,以发挥民族主义,期于激动感情,不入空漠"。至第二十三号,仍由章炳麟编辑。光绪三十四年(一九〇八年)九月,日本政府以"激扬暗杀"为由,禁止《民报》第二十四号发行。章炳麟等向日本政府提出诉讼,被判禁止出版。

《民报》刊行以来,刊布孙文的三民主义学说,批驳康梁的保皇言论,为民主革命的发展奠定了理论基础。

**三民主义** 兴中会最早誓词只有民族、民权两项内容。一九〇三年青山革命军事学校的誓词,加入"平均地权"。孙文为《民报》所写《发刊词》提出"余维欧美之进化,凡以三大主义,曰民族、曰民权、曰民生"。在《民报》创刊周年纪念的演说中进而指出:"民报发刊以来已经一年,一年所讲的是三大主义,第一是民族主义,第二是民权主义,第三是民生主义"。(《民报》第十号)后来习称为三民主义。

民族主义的主要内容是"驱逐鞑虏",推翻满洲皇帝的统治。孙文说:"民族革命的原故,是不甘心满洲人灭我们的国,主我们的政,定要扑灭他的政府,光复我们民族的国家。"又指出,"我们并不恨满洲人,是恨害汉人的满洲人。假如我们实行革命的时候,那满洲人不来阻害我们,我们决无寻仇之理。"

民权主义的主要内容是"建立民国"。孙文尖锐地指责君主专制制度是"恶劣政治的根本"。说:"中国数千年来,都是君主专制政体。这种政体,不是平等自由的国民所堪受的。""所以我们定要由平民革命,建国民政府。"《军政府宣言》称:"凡为国民皆平等而有参政权;大总统由国民共举;议会以国民公举之议员构成之;制定中华民国宪法,人人共守。敢有帝制自为者,天下共击之。"

民生主义讨论避免欧美已经出现的严重社会矛盾,实现民生幸福的途径。《发刊词》指出:"近世志士舌敝唇枯,惟企强中国以比欧美。然而欧美强矣,其民实困,观大同盟罢工与无政府党、社会党之日炽,社会革命其将不远"。吾国治民生主义者,"诚可举政治革命、社会革命毕其功于一役"。周年演说中进而指出:欧美各国"富者极少,贫者极多","因此农工诸业都在资本家手里"。"这种现象中国现在虽还没有","不如今日预筹个防止的法子"。"文明有善果也有恶果,须要取那善果,避那恶果"。孙文吸收美国经济学家亨利·乔治(Henry George)的理论,提出"平均地权"说。《军政府宣言》称:"文明之福祉,国民平等以享之。当改良社会经济组织,核定地价。其现有之地价,仍属原主所有;其革命后社会改良进步之增价,则归于国家,为国民所共享。"孙文认为这可以永绝"少数富人把持垄断的弊窦",并且"私人永远不用纳税"。

　　《民报》刊布的孙文关于三大主义的论述,在当时还未形成为系统、完备的学说,所论不免简括,民生主义的设想尤为疏略。但明白提出推翻清朝建立民国的革命目标和学习欧美防止弊端的预见,较其他革命团体所揭示的主张,实为最明确、也最全面的革命纲领。因而此说一出随即在国内外产生了广泛的影响。

　　**驳保皇论**　光绪二十五年(一八九九年)冬,梁启超自日本去檀香山,宣传保皇。次年,向当地华侨兴中会员提出保皇与革命的调和主张。说是"举皇上为总统","两者兼全,成事甚易","名为保皇,实则革命",并将此说函告孙文。光绪二十八年(一九〇二年),自新加坡侨居印度大吉岭的康有为发表《与同学诸子梁启超等论印度亡国由于各省自立书》指责梁说,坚持主张君主立宪,并写信给梁启超,痛斥他"背义",说要与之"决绝"。梁启超连复两电,表示"悔改"。光绪二十九年(一九〇三年),孙文再去檀香山,得知梁启超在当地华侨中散布的影响,愤而在当地的《隆兴报》上发表《敬告同乡书》,明白宣称"革命保皇二事,决分两途,如黑白之不能混淆,如东西之不能易位。"又写信给上海中国教育会的禅僧黄宗仰说,梁氏"名为保皇实则革命"之说较之康有为的"明白保皇"更为险毒,"非将此毒铲除不能做事"。(冯自由:《革命逸史》第二集《记上海志士与革命运动》)《民报》创刊后随即对康梁的保皇论展开批驳。

光绪二十七年(一九〇一年)春梁启超经澳洲返回日本横滨。同年冬,所办《清议报》因火灾停刊。光绪二十八年(一九〇二年)正月,又在横滨创办《新民丛报》半月刊,宣传西方学术文化(参见第十章)。《民报》开展对保皇论的批评后,梁启超在《新民丛报》连续撰文反驳,两报间的论战激烈展开。其后,又陆续发展到新加坡、曼谷、仰光、旧金山、温哥华等地的报刊。

一九〇六年春《民报》第三号专刊《号外》,题为

308

《民报与新民丛报辩驳之纲领》，向读者宣告，自第四期以下，将对《新民丛报》所刊的"中国存亡一大问题"，分类辩驳。

两报的论战持续年余，主要环绕"种族革命"、"政治革命"、"社会革命"等问题展开。

关于"种族革命"。《民报》揭露清廷的民族歧视和民族压迫，说二百六十年来，"满洲之对于汉民也，无一而非虐"；揭露清廷签订不平等条约，媚外卖国，认为只有坚决推翻"蔑弃我国家权利之异族专制政府"，才能使中国强盛。后又指出，清廷的"预备立宪"（详见下节）不过是满洲贵族中的"阴柔派"愚弄汉人的手段，以"立宪为表，中央集权为里"，目的是延长爱新觉罗政权的寿命。

《新民丛报》否认满洲皇族所实行的民族歧视和民族压迫，说满洲是中国国土，不是异国；满族早已同化于汉族；满洲入关是中国统治者的更迭，不是中国的灭亡。梁启超撰文批评排满论是褊狭的民族主义，主张"多从政治上立论，而少从种族上立论"。结论是清政府是"四万万人之政府"，没有推翻的必要，只须监督改良。对清政府的"预备立宪"，寄以希望。

关于"政治革命"。《民报》主张彻底改造君主专制政体，实行民主共和，宣传共和制没有等差，没有阶级，可以使国家长治久安，是最美好、最适宜的制度。认为实行代议制，选举议会可以发挥调和人民利益冲突的作用。《新民丛报》宣传君主国的君主超然于利害之外,可以调和冲突;共和国没有超然于利害之上的君主,无法调和冲突。

梁启超说,骤然实行共和,必将导致"下等社会"猖獗,形成阶级争夺,大乱不已。《新民丛报》质问:是实行普遍选举还是制限选举? 倘使实行前者,让"贫民"中选,"议会果复成何议会而政府果复成何政府"?《民报》载文反问道:何以"贫民"就不能具有选举资格? "犹是横目两足,犹是耳聪目明,独以区区阿堵(钱财)故,不得有此权利,吾不知其何理也?"

关于"社会革命"。《新民丛报》宣传中国不必进行社会革命。理由是,欧美贫富悬殊,而中国则豪富之家极少,只须实行"社会改良主义"。《民报》认为,中国虽然不像欧美那样贫富悬隔,但贫富之分仍然存在,埋藏着第二次革命的危险,因此,仍然需要实行"社会革命",以"定价收买"的办法,实行"土地国有"。

《新民丛报》认为资本家是"国民经济之中坚"。必须以奖励资本家为第一义,以保护劳动者为第二义,在初始时期即使"牺牲他部分人之利益",也在所不辞。《民报》载文反驳说,不能置"他部分人之利益"于不顾,必须郑重研究社会分配问题,避免贫富悬殊状况。

关于革命与瓜分。《新民丛报》一再刊登梁启超等人的文章,激烈反对暴力革命。说民气如火,一旦进行,各地难免会发生闹教案、杀西人一类举动,列强就会出兵干涉,实行瓜分。一旦打起来,列强船坚炮利,中国人不可能和洋人相抗,其结果必然是四万万人被杀尽,至少也将沦为牛马。《民报》反驳说:瓜分的原因在于不能自立,不能自立的原因在于满人专政;只有排满,只有革命,才能免除瓜分之祸。如果革命仅限于国内,善守国际法,列强将保守中立,不会干涉。

《新民丛报》还宣称:革命定会引起内乱,短则十余年,长则数十年,蒙革命之害者动辄百数十年。《民报》反驳说:现在的革命的不同于中国历史上的农民暴动,可以避免群雄相争的局面,为中国革命史开辟新纪元。

两报的论战涉及革命的任务、国家的前途等许多方面。论战接触到值得探讨的若干议题,也反映出当时人们认识上的若干局限。两报所刊文章都有一些发人深思的议论,可资借鉴,但论战的主旨始终是革命与保皇之争,即要不要推翻清王朝的专制统治。《民报》力斥清廷,理直气壮,宣传民主共和,一往无前。《新民丛报》的保皇论与革命亡国论在论战中日益理屈词穷。至光绪三十三年(一九〇七年)春,稿源日枯,秋季即自行停刊。

中国同盟会关于建立民主共和国的革命目标和三民主义学说在对保皇论的批驳中广泛传播,受到越来越多人们的拥护。同盟会建立时入会者约四百余人。至光绪三十三年(一九〇七年),海内外入会的会员已逾万人。各地革命团体的会员多已加入同盟会。蔡元培、陶成章等光复会领导人也已相继入会,但光复会仍保持原有的组织,继续活动。

## 四、同盟会领导的武装起义

中国同盟会成立后,即着手发动武装起义。孙文与黄兴、章炳麟等共同编定革命方略,包括《军政府宣言》、《对外宣言》、《招降满洲将士布告》等多种宣言、章程、规则、布告、文告,说是"以为各地起义之应用"。起义军称中华国民军,领导机关称军政府。各种文告的制定和散布,使起义者有了明确的革命目标和行动准则,也使同盟会的革命纲领和政策得以在民众中广泛传布。

孙文关于起义的设想是:先取广东,再进广西、云南。占领南方七省,北出长江。

**萍浏醴起义** 光绪三十二年(一九〇六年)春,同盟会自东京派遣会员湖南湘潭人刘道一、江西萍乡人蔡绍南回乡发动起义。蔡绍南到长沙,得到明德学堂学生魏宗铨的帮助,联络浏阳会党头目龚春台等,成立洪江会,推龚为大哥,以忠孝仁义堂为最高机关,制定誓词:"誓遵中华民国宗旨,服从大哥命令,同心同德,灭满兴汉,如逾此盟,人神共殛。"附近贫苦农民和萍乡、安源矿工纷纷入会,官府见会员日众,出兵镇压。八月二十日,清军突袭麻石,洪江会第三路码头官李金石投水牺牲。十月十八日,龚春台、蔡绍南等集会,讨论起义时机。龚、蔡因军械不足,主张稍缓,码头官廖淑保主张立即起义,争持不下。廖独自到麻石举旗发动,迫使龚、蔡不得不通知各路,同时动作。十月十九日,萍乡矿工与浏阳、醴陵农民的起义全面爆发。

义军定名为中华国民军革命先锋队,龚春台为都督,檄文宣称,"破除数千年之专制政体","建立共和民国","使地权与民平均,不致富者愈富"。(冯自由《中华民国开国前革命史》上编)义军迅速发展至三万余人。二十一日,攻克上栗镇。浏阳洪福会的姜守旦也宣布起义,称新中华大帝国南部起义恢复军,表示不受洪江会约束。

江西、湖南、湖北三省督抚调集官军镇压。义军仓促起事,缺乏统一领导,武器以鸟枪、抬炮、大刀等居多,在清军围攻下,逐渐不支。十月二十三日、二十六日,龚春台两次进攻浏阳,未成。二十五日,清军攻克上栗。二十七日,龚春台、蔡绍南战败。蔡在请援途中遇害,龚秘密转往长沙。其后,姜守旦部受到清军堵击逃亡。起义领导者刘道一、魏宗铨陆续被害。起义失败。

**潮州黄冈起义**　光绪三十二年(一九〇六年)夏,孙文去南洋各地发展同盟会。新加坡侨商许雪秋(广东海阳人)入会,被任命为中华国民军东军都督,发动潮州起义。许雪秋到广东潮州建立炎兴堂。萍浏醴事起,他认为时机成熟,要求孙文派人协助发动。光绪三十三年(一九〇七年)四月十一日,会党头目余丑聚集七百余人攻克潮州府饶平县黄冈,成立军政府,以陈涌波、余丑为正副司令,以"大明都督府孙"或"广东国民军大都督孙"名义出示安民。当地米价昂贵,军政府限价出售,颇得当地贫民拥护。(《京报》,光绪三十三年四月二十七日)十四日,义军进击清朝潮州镇总兵黄金福部,失利。十六日,陈涌波、余丑决定解散义军,保存实力。

**惠州七女湖起义**　曾参加惠州起义的邓子瑜,光绪三十一年(一九〇五年)在新加坡加入同盟会。光绪三十三年(一九〇七年)四月,奉派到香港,委派陈纯等在惠州府归善、博罗、龙门三地起事。四月二十二日,陈纯一路在惠州府近郊七女湖劫夺清军防营枪械。二十五日,进攻泰尾。二十七日,克杨村。二十八日,计划进攻博罗,因军械不继,又受到清军李准部的进攻,不得已埋枪解散。

**防城起义**　光绪三十三年(一九〇七年)三月,广西僮族会党首领王和顺加入同盟会。七月二十四日,率二百余人在钦州起义。发布《中华国民军南军都督王》告示,自述由"反清复明"到接受孙文革命纲领的经过,说"民族主义虽足以复国,未足以强国,必兼树国民主义,以自由、平等、博爱为根本,扫专制不平之政治,建立民主立宪之政体,行土地国有之制度,使四万

314

万人无一不得其所。"(《中国日报》,一九〇七年九月二十八日)二十七日,攻入防城。同日,进攻钦州,原定响应的清军统领郭人漳临时变计,义军改攻灵山,计划进入广西。八月初一、初二两日,与清军激战,因饷械两缺,不能坚持,王和顺率少数部下退至越南。

**镇南关起义** 广东各地的起义一再失败后,逐渐转向广西。光绪三十三年(一九〇七年)十月二十七日,广东钦州会党领袖、僮族人黄明堂等率乡勇八十人,潜袭镇南关,相继占领三个炮台。次日,孙文、黄兴、胡汉民等人自越南越境来到镇南关。二十九日,清军来攻,孙文亲自发炮还击,感慨地说:"反对清政府二十余年,此日始得亲发炮击清军耳!"(《胡汉民自传》)同日,清军参将陆荣廷派人持密函登台,表示愿以所部投入麾下。孙文当即复函陆荣廷,要他密为内应,同时决定回越南筹款筹械,命黄明堂坚守五日。十一月三日,清廷指责广西巡抚张鸣岐失去重隘,交部议处。清军以四千人的优势环攻镇南关。四日,黄明堂等弃关,退入越南燕子大山。

**钦州、廉州起义** 光绪三十三年十二月二十一日(一九〇八年一月二十四日),越南法国殖民当局应清政府要求,驱逐孙文出境。孙文命胡汉民留守河内机关。黄兴为总司令,再次在钦州、廉州地区发动起义。次年二月二十五日,黄兴率领云南旅越青年二百余人,组成"中华国民军南路军",在钦州、廉州、上思一带转战四十余日，多次击溃清军，所向皆捷，但终因缺乏后援，又无力支付收买清军所需的赏银，不得不解散义军，退回越南。

**河口起义** 河口地当中越边境，既是通商口岸，又是军事要地。光绪三十四年（一九○八年）三月，孙文命黄明堂、关仁甫等策划云南起义。事先，关仁甫与清军约定，凡携械来降者赏银一元。二十九日夜，黄明堂率二百余人自越南渡河入境，清军一部响应，共同占领河口。四月一日，成立云贵都督府，布告称："拟欲推倒现今之清政府，建造社会主义之民主国家，同时对于友邦各国益敦睦谊，以维持世界之和平。"宣布保护占领地外国人生命财产，并声明清廷与外国所签条约，"皆得继续有效力"。同月四日，孙文电委黄兴为云南国民军总司令。八日，黄兴到达河口，催促黄明堂进攻昆明，黄明堂担心军粮不继，犹疑不决，黄兴决定亲率军队北征。黄兴派出百人，出行不久即纷纷哄散，只好折返河口。十日，黄兴返回河内，第二天北上，经过老街时被法警解送出境。

河口起义过程中，清廷多次向法国外务部交涉，法国政府表示："自当竭力相助。"（《驻法公使刘式训致外务部电》，光绪三十四年四月初七日）其后，越南法国殖民当局即封锁边界，阻止起义人员及粮械进入云南。四月二十五日，河口失守，黄明堂率六百余人突围，进入越南境内后被解除武装，强行押送新加坡。

**绍兴、安庆起义**　起义领导者秋瑾（女），字璿卿，号竞雄，又号鉴湖女侠，浙江山阴人。光绪三十年（一九〇四年）东渡日本留学，同年归国，在绍兴经徐锡麟介绍，加入光复会。次年，再赴日本，加入同盟会，任评议部评议员和浙江主盟人。光绪三十一年（一九〇五年）冬，中国留日学生反对"取缔规则"，秋瑾力主全体归国。光绪三十二年（一九〇六年）十二月初一日，在上海创办《中国女报》。不久，回到绍兴，接任大通学堂督办，广召金华等地会党成员到学堂学习兵操，准备起义。次年四月，秋瑾将各地会党编为八军，用"光复汉族，大振国权"八字为号，商定五月二十六日在金华起义，处州继起，夺取杭州，如事不成则转入江西，联络安庆，和在当地任巡警学堂堂长的徐锡麟呼应。

五月二十一日，光复会员叶仰高被捕，供出部分党员的别名或暗号。两江总督端方电告安徽巡抚恩铭，恩铭转示徐锡麟，徐发现自己的别名就在其中，决定于次日巡警学堂举行毕业典礼时起事。当夜，陈伯平起草告示，提出"光复汉族，剪灭满夷"，"遇满人者杀"，"遇汉奸者杀"，"不杀汉官"等条例。（《马宗汉供》，《神州日报》，一九〇七年七月十七日）二十六日，恩铭等到学堂参加典礼，徐锡麟发现收支委员顾松意图告密，疾步趋前，向恩铭行礼报告："回大帅,今日有革命党起事!"迅速从靴筒内抽出两支手枪,左右手同时开枪将恩铭射死。随后,徐锡麟、陈伯平、马宗汉三人即命学生到军械所夺取枪炮,被清军包围。双方激战四小时,陈伯平战死,徐锡麟、马宗汉被俘。审讯中,徐问恩铭中枪后情况,按察使联裕谎说仅受微伤。联裕接着说:"尔知罪否? 明日当剐尔心肝矣!"徐锡麟大笑,说"然则恩铭死矣! 恩铭死,我志偿。我志既偿,即碎我身为千万片,亦所不惜。区区心肝,何屑顾及!"当晚临刑前,徐锡麟神色自若地说:"功名富贵,非所快意。今日得此,死且不悔矣!"慷慨就义。

六月一日,秋瑾得知安庆起义失败,派学生二十余人到杭州埋伏,准备在嵊县会党王金发兵到后起义。四日,王金发到来,商定于九日统军进入绍兴。午后,杭州清兵开入绍兴,有人劝秋瑾离学堂暂避,秋瑾拒绝说:"我怕死就不会出来革命,革命要流血才会成功,如满奴能将我绑赴断头台,革命至少可以提早五年。"她遣散同志,毅然留守学堂,被捕后百问不答。六月六日凌晨,在绍兴轩亭口就义。

同盟会发动武装起义并没有自己直属的军队,主要依靠联络民间帮会性质的会党,作为起义基本队伍。各地会党情况不同,但会众大都缺少军事训练和政治素养,军纪往往松弛,战斗力不强,加以武器军费不济,难以持久,各地起义发动后不久,即相继遭到清军镇压而失败。

## 第二节　清廷"预备立宪"与溥仪继统

### （一）清廷的"预备立宪"

慈禧后执政的清廷,在八国联军入侵后,满洲统治集团解体,不得不倚用"东南互保"的汉臣,再度实行变法维新。新政推行后,争议已久的政治体制改革也不能不随之再次提上日程。

面对满洲皇室统治的衰落与腐朽,汉人疆臣与维新人士对政体改革的要求,已不再限于裁冗员、用新人、开言路,而是直接要求实行君主立宪,开设国会,以限制满洲皇室的专制权力。

**预备立宪**　光绪三十年（一九〇四年）春,出使法、俄、英、比等国大臣孙宝琦、胡惟德、张德彝、杨兆鋆等人即已奏请仿照英、德、日等国,实行君主立宪,定为立宪政体。实业界泰斗张謇力倡立宪,曾为湖广总督张之洞、两江总督魏光焘代拟吁请立宪奏摺。六月间,张之洞与幕僚赵凤昌刊刻《日本宪法》送呈清廷备览。又刊《日本宪法义解》和《议会史》分送满洲权要。次年,张之洞与两江总督周馥、两广总督岑春煊,直隶总督袁世凯先后奏请派大臣出洋考察外国宪政,被慈禧后采纳。六月十四日颁谕云："朝廷屡下明诏,力图变法","兹特简载泽、戴鸿慈、徐世昌、端方等,随带人员分赴东西洋各国考求一切政治,以期择善而从。"(《光绪朝东华录》)八月二十六日,载泽等五大臣(另一人为绍英)自京师乘火车登程,保定志士吴樾持炸弹在车站行刺。吴樾被炸牺牲,载泽、绍英受伤,出洋推迟。清廷设巡警部,以徐世昌为尚书,随后又入直军机,不再出国。绍英负伤疗养。另派山东布政使尚其亨、顺天府丞李盛铎随同镇国公载泽出洋考察。十一月,出洋考察五大臣分两路启行。载泽与尚、李随带人员十余人自上海乘船去日本,在京都晋见日本天皇、总理大臣,次年二月,转赴美国拜会美国总统,再往英国拜会英王,去法国拜会法国总统,次年间四月去比利时考察。五月,载泽、尚其亨率随员启程回国。李盛铎留任驻比出使大臣。另一路由户部侍郎戴鸿慈、湖南巡抚端方率随员熊希龄等三十余人,自上海乘船经日本去美国考察,又自美国乘船经英、法至德国,在德考察四十日后去丹麦、奥匈帝国,转赴俄国考察一周,去芬兰游历后,在意大利考察十日,启程返国。考察期间先后拜会美国总统、德皇、俄皇、意大利国王和各国政要,谘询政体。

光绪三十二年(一九〇六年)六月,两路考察大臣先后回到京师,向清廷奏报,并向慈禧后及光绪帝面陈所见,建言立宪。载泽上密折,奏陈立宪之利有三:皇

320

位永固、外患渐轻,内乱可弭(止)。端方、戴鸿慈奏称"世界政体,厥有二端:一曰专制,一曰立宪。专制之国任人而不任法,故其国易危。立宪之国,任法而不任人,故其国易安。"请立宪法为国中根本之法。七月,慈禧后命醇亲王载沣与军机大臣、政务处大臣、内阁大学士及北洋大臣袁世凯公同阅看考察大臣的奏折,请旨办理。诸大臣多赞同立宪。载沣及军机大臣瞿鸿禨建言先行预备。七月十三日光绪帝奉太后懿旨颁谕,略称:"载泽等回国陈奏……各国之所以富强者,实由于实行宪法,取决公论"。"时处今日,惟有及时详晰甄核,仿行宪政。大权统于朝廷,庶政公诸舆论,以立国家万年有道之基"。又说:"但目前规制未备,民智未开,若操切从事,徒具空文"。"必从官制入手……次第更张,并将各项法律,详慎厘定,而又广兴教育,清厘财政,整顿武备,普设巡警,使绅民明悉国政,以预备立宪之基础"。"俟数年后规模粗具,……妥议立宪实行期限,再行宣布天下"。(《光绪朝东华录》)次日,诏谕更定官制,命满大臣载泽、大学士世续、那桐、学部尚书荣庆等八人与汉大臣户部尚书张百熙、巡警部尚书徐世昌、户部侍郎戴鸿慈、北洋大臣袁世凯等六人共同议定,由军机大臣奕劻、孙家鼐、瞿鸿禨三人总司核定,候旨遵行。

**改订官制** 诏谕改制后,七月十八日设编纂官制馆,聚集士人草拟新制。规定程序:馆拟方案,送议制的满汉大臣同意后,再呈总司三大臣核定,奏报候旨。

出洋考察大臣回国后,戴鸿慈、端方曾奏请仿责任内阁之制,将军机处归并内阁,置总理大臣一人,副大臣二人,与各部国务大臣组成合议制政府,代君主负责,奏请皇帝裁决。端方又上密折,请将京师各衙门,"除满汉缺分名目"(满汉各一人),"不问籍贯,唯才是用"。编制馆参据考察大臣之议,拟具责任内阁的改制方案,议制诸大臣意见不一。总司大臣载沣、瞿鸿禨以为责任内阁将削弱皇权,改拟后奏呈。九月二十日,光绪帝奉太后懿旨颁谕,裁定新制,对奏拟诸事或拒或采,主要有以下几个方面:

一、内阁军机仍行旧制。总司三大臣奏称:"内阁有总理大臣,各部尚书亦为内阁政务大臣,故分之为各部,合之为政府。""或改今日军机大臣为办理政务大臣,各部尚书均为参预政务大臣。"诏谕称"军机处为行政总汇","相承至今,尚无流弊,自毋庸复改。内阁军机处一切规制,著照旧行"。(《清末筹备立宪档案史料》)

二、更定各部。旧制原设六部,推行新政后又增设新部。诏谕更定为十一部一院。外务部、吏部仍旧。巡警部改为民政部,户部改度支部,礼部以太常、光禄、鸿胪三寺并入,学部仍旧。兵部改陆军部。刑部改法部,专任司法。大理寺改大理院,专掌审判。新设邮传部,专司交通邮电。理藩院改理藩部。各部设尚书一员,侍郎二人,不分满汉。

三、准奏设资政院,博采群言作为立法及设议院之预备,设审计院核查经费,以次设立。其余中枢及京师各机构,均不做更改。

清廷诏下后次日,任命更定各部尚书侍郎。旧制各部满汉各一人,新制不分满汉。十一部尚书中,满洲及蒙军旗共六人。汉人五人。

清廷拒不采纳责任内阁制,以维持皇权旧制。官制的改订只是机构的调整,并无实质性的变动,招致各方不满。保皇会人士也深感失望。上海《时报》连续发表文章,指责清廷"汲汲以中央集权为秘计"。保皇会员徐佛苏写信给梁启超说:"竭数月之改革,迄今仍是本来面目。"

慈禧后命奕劻等编制各省地方官制,交各省督抚议复。袁世凯、张之洞等意见分歧,改制暂停。

**立宪请愿**　清廷宣告仿行宪政,但立宪无期,官制改订也不厌人望,各地主张立宪的人士纷纷组织团体,宣传宪政,敦促清廷尽快立宪。

预备立宪公会——光绪三十二年(一九〇六年)八月,张謇在上海联络在上海的江苏、浙江、福建等地的绅商组织宪政研究公会。十一月初一日改建为预备立宪公会,推举郑孝胥(福建闽侯人)为会长,张謇、汤寿潜为副会长。三十四年出版《预备立宪公会报》半月刊,宣传立宪。据宣统元年(一九〇九年)的会员题名录,已有会员三五八人,其中上海实业界人士与退职官员将近半数。次年会报停刊,改在京师出版《宪志日刊》及宣传宪政的普及读物。

宪政讲习会——中国留日学生总会干事长杨度(湖南湘潭人)曾为出国考察大臣译述各国宪法。光绪三十二年(一九○六年)冬,在日本东京创刊《中国新报》鼓吹立宪。三十三年夏,在东京组建宪政讲习会,推举在日本游历的官员熊范舆为会长。讲习会在宣传保皇立宪的上海《时报》发表意见,主张"改造责任政府","设立民选议院"。次年在北京、上海设立分会。

政闻社——光绪三十三年(一九○七年),梁启超在日本东京联络侨居人士创办《政论》月刊,组建政闻社。梁启超不出面任职,推举天主教神父江苏人马良为总务员,保皇会员徐佛苏(公勉)、麦孟华为常务员主持社务。政闻社发表宣言,提出政纲四条:一、实行国会制度,建设责任政府。二、厘定法律,巩固司法权之独立。三、确立地方自治,正中央地方之权限。四、慎重外交,保持对等权利。三十四年(一九○八年),政闻社本部迁到上海,马良、麦孟华等人回国。马良等致电清宪政编查馆:"乞速宣布期限,以三年召集国会"。政闻社遭清廷查禁,是年秋季解散。

此外,各地先后成立的敦促立宪的团体,湖北有宪政筹备会,上海有宪政研究会,贵州有宪政预备会,广东有粤商自治会。全国新建的立宪团体,约近八十。

由宪政讲习会等团体发动,各地掀起了设议院行宪政的请愿运动。

光绪三十三年(一九〇七年)秋,宪政讲习会的熊范舆与曾在日本留学的法部主事沈钧儒(浙江嘉兴人)等人上请愿书,请在一两年内开设民选议院。熊范舆回湖南宣传,湖南最先派出代表到京师请愿。次年三月,熊范舆去河南演说。河南发动省内签名请愿,派代表到京师呈递请愿书。此后,各省相继效法,纷纷派代表请愿。签名者自五千人至万余人。京师旗人(满人及蒙汉军旗人)也有一千五百人参加签名请愿。行民选开议院立宪政的请愿运动一时形成遍及各地的浪潮。

**颁布宪纲** 清廷于光绪三十三年(一九〇七年)七月,依军机大臣奕劻奏请,将出洋考察所设考察政治馆改为宪政编查馆,编译外国宪法,调查本国地方政治,由军机处督办,设提调办事。八月,依新订官制,设资政院作为立议院的基础,由宗室溥伦与孙家鼐充正、副总裁。九月,又命各省设谘议局,为将来资政院选举议员之预备。请愿风潮兴起后,光绪三十四年(一九〇八年)六月,慈禧后命宪政编查馆、资政院王大臣奕劻、溥伦等拟具《宪法大纲》、立宪期限、选举办法及预办事宜等具奏。八月初一日,准据所拟,将《宪法大纲》与议院设议前逐年筹备事宜清单颁布。

《宪法大纲》依仿日本帝国宪法,正文十四条都是规定"君上大权"。第一条:"大清皇帝统治大清帝国万世一系,永永尊戴"。第二条"君上神圣尊严,不可侵犯"。以次各条胪列颁行法律、召集解散议院、设官制禄、统率陆海军、宣战媾和、戒严、赏赦、总揽司法、委任审判衙门等,大都规定"议院不得干预"或"不付议院表决"。另订《臣民权利义务》九条与《选举法要领》《议院法要领》作为附件。主要规定臣民在法律范围内有集会结社等自由,非法律规定不得逮捕监禁,臣民财产不加侵犯,臣民有纳税、当兵、遵守纪律之义务等。(《光绪朝东华录》)

筹备事宜清单,定自光绪三十四年筹备,至第九年正式宣布宪法,举行上下议院议员选举。条列议院开设前各年应办事宜。当年由各省筹办谘议局,颁布城镇乡地方自治章程。

九月二十九日,慈禧后又颁布懿旨,命各衙门在六个月内将九年间本管应办事宜,胪列奏报。

早在光绪二十四年(一八九八年)光绪帝宣诏变法前,朝野已有开设议院之议。恪守祖宗家法的慈禧后遏制十有余年,至此算是做了最后的让步,她的专制统治也到了最后的时刻。

## (二)溥仪继统,载沣摄政

光绪三十四年(一九〇八年)十月二十日,光绪帝得病。慈禧后颁懿旨，命醇亲王载沣之子溥仪入宫中教养，载沣封摄政王。二十一日，光绪帝载湉死于西苑瀛台涵元殿，年三十八岁。庙号德宗，谥景皇帝。遗诏，遵皇太后懿旨溥仪嗣位。二十二日，慈禧后病死，年七十四岁，以慈禧徽号为谥号，庙号加孝钦显皇后。

十一月九日年仅三岁的溥仪宣告即位，摄政王载沣监国，改明年年号为宣统。光绪帝的皇后叶赫那拉氏称"兼祧母后"，上徽号隆裕皇太后。慈禧后死前降旨：军国大事由摄政王请皇太后懿旨施行。

摄政王载沣是光绪帝的胞弟，光绪三十三年（一九〇七年）五月入直军机，年二十六岁。次年受命摄政，辅佐幼子，随即实行若干措施，以建立新朝的统治。

**罢免袁世凯**　袁世凯自"戊戌政变"，得慈禧后、荣禄的信任，授任山东巡抚。八国联军入侵后，清廷再次变法，授任直隶总督、北洋大臣，统领新军，并任参与政务处大臣，督办新政。先后兼任督办关内外铁路大臣，督办商务大臣，督办电政大臣、会办练兵大臣。光绪二十九年（一九〇三年），荣禄病死。袁世凯又依附首席军机大臣庆亲王奕劻，成为慈禧后、奕劻倚信的权臣。清廷预备立宪，袁世凯一再奏请设立责任内阁，谋夺内阁大权。因慈禧后拒绝，不能得逞。清廷改订官制，督办政务处改为会议政务处，各部尚书为会议大臣，又设陆军部统领全军，邮传部统管邮电路政。袁世凯兼领诸职,都已分属,只得奏请开去各兼差,专任直隶总督,但又以直隶须有重兵为由,请将北洋陆军永平、小站两镇仍归直隶统辖。清廷谕准两镇"暂由该督调遣训练"。光绪三十二年(一九〇六年)九月清廷改订官制时,原以尚书入直军机的大臣鹿传霖、荣庆、铁良、徐世昌均罢直,专管部务。只有奕劻、瞿鸿禨仍在军机。补入大学士世续、候补侍郎林绍年。次年五月,瞿鸿禨被弹劾"暗通报馆""阴结外援",罢免。鹿传霖回任。载沣入直军机。七月,慈禧后命袁世凯兼任外务部尚书,授军机大臣。又授张之洞军机大臣,兼管学部。

袁世凯在"戊戌政变"中依附慈禧后、荣禄而得擢任,自为光绪帝所痛恨。以载沣为首的满人枢臣,陆军部尚书铁良、民政部尚书善耆等也都痛恨袁世凯专权,存在权力之争。传说载沣曾面斥袁世凯跋扈,形同水火。汉人言官交章弹劾袁世凯权势太重,排挤异己,揽权营私。慈禧后逝世前一月,御史江春霖上疏,列举袁世凯"交通亲贵"至"吸食鸦片"等十二条罪状,请予罢免。载沣摄政,袁世凯势在必除了。

光绪帝、慈禧后死后,侨居海外的康有为随即在十月二十五日与梁启超联名通电各省讨袁。电称:"两宫祸变(指戊戌政变),袁为罪魁,乞诛贼臣,申公愤"。(日本《有松英义关系文书》:《清国革命领袖及行动调查》)满洲枢臣善耆、载泽密陈载沣,说"此时若不处置,则内外军政方面皆是袁之党羽","且恐祸在不测"。(载涛:《载沣和袁世凯的矛盾》,见《辛亥革命回忆录》六)汉人御史赵炳麟等上章弹劾袁世凯"树植私党,挟制朝廷",请速罢斥。载沣拟将袁世凯革职治罪,经奕劻、世续、张之洞等军机大臣劝阻,以防北洋军变。光绪三十四年(一九〇八年)十二月十一日颁谕,称病免袁,不加责斥。谕称:"军机大臣外务部尚书袁世凯,夙承先朝屡加擢用,朕御极后,复予懋赏,正以其才可用,俾效驰驱,不意袁世凯现患足疾,步履维艰,难胜职任。袁世凯着即开缺,回籍养疴,以示体恤之至意。"袁世凯被罢免,回河南闲居。

康有为、梁启超策划乘机为"戊戌变法"案翻案。康有为曾拟具上书载沣的文稿,述及当年围园除后的密谋,寄给在日本的梁启超酌议。书未上,袁已罢免。梁启超复信说:"戊戌密谋,鄙意谓必当隐讳。"将康稿改写,并说已写信入都"皆力辩戊戌绝无阴谋,一切悉由贼(指袁世凯)虚构。专归罪于彼一人,则可以开脱孝钦(慈禧后),而事易办"。(蒋贵麟:《万木草堂遗稿外编》下)梁启超依托肃亲王善耆等大臣在朝中通关节。清廷只在宣统元年(一九〇九年)五月,为戊戌免职的已故协办大学士翁同龢开复原官。对康梁企图平反事,不予理问。

袁世凯罢后,外务部会办大臣那桐入直军机。宣统元年(一九〇九年)八月,张之洞病死,法部尚书戴鸿慈补入军机。军机大臣五人,满大臣奕劻、世续、那桐,汉大臣鹿传霖、戴鸿慈。

**集中军权** 载沣摄政后,大力集中军权,由皇族掌握军队,以维护新朝的统治。新建直属的亲军"禁卫军"一万二千人,由胞弟载涛与步军统领贝勒毓朗(乾隆帝长子永璜后裔)为训练大臣。宣统元年(一九〇九年)正月设立筹备海军事务处。五月,任命胞弟载洵为筹办海军大臣。宣布皇帝为全国海陆军大元帅,皇帝亲政前,由摄政王代行职权。增设军咨处,以载涛、毓朗为管理军咨处事务大臣,职责是"赞助皇上通筹全国陆海军事宜",在陆军部之上。

宣统二年(一九一〇年)正月,军机汉大臣戴鸿慈病死,以吏部侍郎吴郁生补授,七月罢直。鹿传霖于七月间病死。徐世昌入直军机。同月,满大臣世续罢直,专管内阁事务。毓朗入为军机大臣,免去禁卫军训练大臣。七月以后,军机四大臣,满人居三:奕劻、那桐、毓朗。

**设立谘议局与资政院** 光绪帝及慈禧后病死前,颁旨九年内开资政院,各省设谘议局,作为设立议院的预备。宣统帝即位后,元年正月诏谕各省,筹备立宪事宜,依限成立,不得延误。

自三月起,各省陆续开始谘议局议员的选举。依据光绪帝生前制定的《谘议局章程》，各省年满二十五岁的男子，中等以上学堂毕业或贡举生员出身在本省办理公益事业著有成绩，拥有资本或资产五千元以上者，具有选举资格。依此规定，最发达的行省，如直隶、江苏等省登记的选民只占全省人口的百分之五左右，边远省分如甘肃，不足百分之二。选举结果，各地倡行立宪的人士，江苏张謇、湖南谭延闿、湖北汤化龙、四川蒲殿俊等当选为本省谘议局局长。

《资政院章程》全文在宣统元年（一九〇九年）七月才正式公布。规定钦选（朝廷指派）和各省谘议局推选议员各一百人。资政院讨论清廷交议的案件，参议朝廷预决算税法、公债等事项。通过的议决案如军机部院持有异议，"请旨定夺"。宣统二年四月，清廷颁布议员名单，八月，告谕议员，说"资政院为上下议院之基础，尤为立宪政体之精神"，要求议员"上为朝廷竭协赞之忠，下为民庶尽代议之责"。资政院原副总裁孙家鼐已病故，任命法律大臣沈家本为副总裁。九月初一日，资政院正式开会，预定会期百日，审议各案。

## （三）群众请愿与内阁改制

### 一、群众请愿活动

各地宪政团体和吁请立宪人士要求清廷实行的宪

政,包括制定宪法、开设选举产生的议院即国会、建立责任内阁等内容。宣统帝即位后,摄政王载沣依据前朝诏准的九年清单,逐步筹备。各地谘议局和民间团体则要求迅速召开国会,建立责任内阁,掀起了群众性的请愿活动。

上海预备立宪公会的发起人张謇发表《请速开国会建设责任内阁以图补救意见书》,宣统元年(一九〇九年)十二月初,召集十六省的代表五十余人在上海集会。商定组织请愿代表团,以直隶谘议局议员天津人孙洪伊为领衔代表,率请愿团进京。张謇作序送行,说"得请则国家之福,设不得请,至于三,至于四,至于无尽。诚不已,则请不已。"十二月初六日,请愿团到京向都察院呈递请愿书,要求清廷一年内召开国会,并分头拜访王公大臣,呈送请愿书副本。二十日,摄政王载沣拒绝了代表们的要求,颁谕称:"筹备既未完全,国民知识程度又未画一","遽开议院,恐反致纷扰不安"。

宣统二年(一九一〇年)正月,梁启超在上海创办《国风报》旬刊,以"忠告政府,指导国民,灌输世界之常识,造成健全之舆论"为宗旨。孙洪伊等着手组织国会请愿同志会,总部设在京师,各省设立分会。同年四月,各地代表进京,南洋和澳洲华侨也派出了自己的代表。入京代表总数达到一百五十余人,各地签名者三十万人。五月初十日,代表八十余人按省籍及团体

332

的不同向都察院分别递交十份请愿书,又向载沣另上请愿书,陈述"主少国疑,民穷财尽,外患鸥张,饥馑四告,革命党又前仆后起"。"弭乱救亡之策非开国会果有他术乎"?二十一日,载沣发布"上谕"称,由于"财政艰难"、"地方遍灾"、"匪徒滋扰"不能提前召开国会,"毋得再行渎请"。

六月初六日,湖北省谘议局与国会请愿同志会集会,声称"不开国会,人民不承认新捐税"。七月初五日,各省谘议局成立联合会,在京召开第一次会议,推举汤化龙为会长,蒲殿俊为副会长,孙洪伊等为审查员。九月初五日,孙洪伊等与天津赶来的代表温世霖等十七人往摄政王府请愿,途遇东三省旅京学生赵振清、牛庄生等。赵牛二人分别割臂、割股,书写血书,以示决心。抵达王府时,载沣外出,孙洪伊等决定留下六人守候。直到民政部尚书善耆亲自到场,允代交请愿书,代表们才离开。初七日,代表团又向几天前开议的资政院呈递了请愿书。资政院在九月二十日,纳入议程。湖南议员罗杰提出:本院议员应全体赞成通过速开国会案;议长应从速上奏;摄政王应速允即开。全场起立通过,高呼"大清帝国立宪政体万岁"!钦选议员汪荣宝起草奏章,由总裁上奏朝廷。清廷指责溥伦、沈家本不能威慑议员,免去总裁副总裁职务,任命内阁大学士世续为总裁,学部侍郎李家驹为副总裁。

各地请愿群众举行大会游行。九月初三日,天津

333

各界三千余人举行大会,推举请愿代表,列队前往总督府,要求直隶总督陈夔龙代奏。十四日,开封各界三千余人集会游行,要求巡抚宝棻代奏,并向咨议局提出:"此次请愿如不得请,学则停课,商则罢市,工则休作,咨议局亦不许开会。"二十七日,成都各界三千余人集会,会后游行至督署,要求总督赵尔巽代奏。奉天、福建等地都出现了类似的场面,投入请愿活动的群众日益增多。

请愿活动也得到了督抚大员的支持。九月二十三日,东三省将军锡良领衔与湖广总督瑞澂等十七省督抚、将军等联名上奏,要求"立即组织内阁","明年召开国会"。二十六日,载沣将请愿折稿交王公大臣阅看。十月初二日,召集王公大臣会议。次日,宣布"于宣统五年实行开设议院","万不能再议更张"。谕令民政部及各省督抚,晓谕各省代表人等,"即日散归,各安职业"。

清廷被迫将开设议院的限期由九年提前到五年,曾得到江苏、浙江咨议局电贺,但其他各省多不满意。湖北咨议局联合三十九个团体的代表二千余人集会,要求总督瑞澂代奏,提前召开国会。成都六千人集会,要求赵尔巽代奏。十一月初一日,奉天学生到咨议局面见副议长袁金铠等,要求再次派出请愿代表进京。有两个学生当场割指,书写血书。初三日,三千学生向督署请愿,继续有人割指。初五日,咨议局组织万余人再次请愿,《商务日报》编辑张进治割破左手食指,用血书写游行旗帜。初十日,奉天派出的第四次进京代表启程。路过天津时,激起天津学生回应。十一月十九日,天津学界联合谘议局等三千余人集会,进行途中,砸毁横冲直撞的督署调查局总办的马车。二十一日,各校学生决定罢课请愿。清廷谕令直隶总督陈夔龙"开导弹压","查拿严办"。十一月二十三日,清廷又命将东三省在京请愿代表押送回籍。有几名代表坐地不动,不饮不食,坚持到次日清晨,被军警强行押上火车。十二月初二日诏谕各省,对各地学生"轻发传单,纷纷停课,聚众要求","随时弹压","倘再有前项情事,立即从严惩办,并将办学人员一并重处"。初九日将天津请愿代表普育女学校长温世霖遣送新疆,严加管束。

资政院开会期间,因核办湖南、云南、广西谘议局议员提出的各该省督抚不执行谘议局章程事,清廷不予支持,十一月初七日通过决议,指责军机大臣不负责任,再请速建责任内阁,由总裁上奏。十七日,摄政王载沣自行颁谕,称设官是朝廷大权,说:"军机大臣负责与不负责,暨设立责任内阁事宜,非该院总裁所得擅预,所请著毋庸议"。资政院议员群情激愤。有人说"遇事便抬出君主大权,使人一句话也不能说"。还有人说:"人民没有别的法子,只好拿出他的暴动手段出来!"各省请愿代表团被清廷勒令解散后,集会于国民公报馆,相约回省后,向各省谘议局报告:"清廷政治绝望,吾辈公决秘谋革命,并即以谘议局中之同志为革命之干部人员,若日后遇有可以发难之问题,则各省同志应立即竭力响应援助,起义独立。"清廷对请愿活动的压制,促使原来拥护君主立宪的人们,转而倾向革命,垂亡的清廷更加孤立了。

## 二、内 阁 改 制

清初承袭明制,设立内阁,殿阁大学士职同宰辅。雍正朝始设军机处,遴选大臣入值,随侍皇帝左右,参预机要,权势渐重。历朝相沿不改。清廷预备立宪,官制编纂馆曾拟具设立责任内阁制方案,被慈禧后拒绝。载沣面对朝野官民吁请建立责任内阁巨大浪潮的不断冲击,宣统三年(一九一一年)四月初十日,颁布宪政编查馆与会议政务处拟订的《内阁官制》与《内阁办事章程》,诏谕建立责任内阁,以应付朝野的压力,维护皇族的统治。

新颁内阁官制依据已公布的《宪法大纲》在原编纂馆拟订方案的基础上略有修订。内阁由国务大臣组成,设总理大臣为领袖。原各部尚书改称大臣,参预国务。依仿日本的君主立宪制,责任内阁对君主负责而不对议院负责。国务大臣由君主任免。议院只有弹劾之权,无权罢免。

清廷在颁布内阁官制的同时,宣谕裁撤原内阁、军

336

机处及会议政务处并宣布了以皇帝名义任命的内阁大臣名单。

原首席军机大臣庆亲王奕劻任内阁总理大臣,内阁大学士、军机大臣那桐(满洲镶黄旗人)、徐世昌(汉族,天津人,生于河南)为协理大臣。以次各大臣是:

外务大臣梁敦彦(汉族,广东顺德人)

民政大臣善耆(宗室,肃亲王)

度支大臣载泽(宗室,贝勒衔镇国公)

学务大臣唐景崇(汉族,广西灌阳人)

陆军大臣荫昌(满洲正白旗人)

海军大臣载洵(宗室,郡王衔贝勒)

司法大臣绍昌(觉罗)

农工商大臣溥伦(宗室,贝勒衔贝子)

邮传大臣盛宣怀(汉族,江苏武进人)

理藩大臣寿耆(宗室)

同时设军谘府,参议军政。军谘大臣二人:载涛(宗室贝勒)与原军机大臣毓朗(宗室贝勒)。又设弼德院,用备顾问。原内阁大学士陆润祥为院长,协办大学士荣庆(蒙古正黄旗人)为副院长。任命顾问大臣三十二人。

清廷改建的内阁,原军机大臣、内阁大学士仍居首要。大臣不分满缺汉缺,内阁十三名大臣中,汉臣四人,满人九人,其中皇族宗室(直系)觉罗(旁系)多至七人。军谘大臣两人也都是宗室。新内阁的组建,重在加强皇族的统治权力,是显然的。

内阁官制与内阁人员名单公布后,立即引起各省议员的强烈不满。五月初三日,国会请愿同志会与各省谘议局联合会发起合建宪友会,制定章程"以发展民权完成宪政为目的",继续抗争。初八日,在京举行成立大会,选举雷奋、徐佛苏、孙洪伊为常务干事。总部设在京师。各省陆续建立支部。五月十四日,各省谘议局联合会上书清廷,指新建的内阁是"皇族内阁",与君主立宪政体不能相容,请另简大员任内阁总理。又在《国风报》上发表《谘议局联合会宣告全国书》,指责新内阁"名为内阁,实则军机。名为立宪,实则专制"。六月初十日,各省谘议局议员又经都察院上奏,指陈:"今中国之改设内阁,适与立宪国之原则相违反。方疑朝廷于立宪之旨有根本取消之意"。"仍请皇上明降谕旨,于皇族外另简大臣组织责任内阁,以符君主立宪之公例"。清廷当日即下谕斥责,称"黜陟百司系君上大权,议员不得干预。该议员等一再陈请,议论渐近嚣张"。又说"尔臣民等均当凛遵钦定宪法大纲,不得率行干请,以符君主立宪之本旨。"(具见《清末预备立宪档案史料》)

载沣摄政的清廷,以改建责任内阁之名,行皇族专制之实,以求巩固满洲皇权的统治。结果适得其反。皇族内阁的建立,预示着满洲皇权末日的临近。

## 第三节　武昌起义与议和

### （一）同盟会与革命运动的发展

清廷预备立宪、光宣递嬗的几年间,中国同盟会的发展经历了曲折的过程,会员间出现了分歧。被清廷"通缉"的孙文继续奔走海外,领导和推动着国内革命运动的发展。

#### 一、同盟会的分歧与分化

中国同盟会自一九〇五年以来,总部设在东京。清廷一再下令通缉孙文,向日本政府提出交涉。光绪三十三年(一九〇七年)正月,日本政府劝告孙文离开日本,资助孙文五千日元。日本商人铃木久五郎也资助一万元。孙文离日去越南,指挥两广云南等地武装起义,留两千元作为《民报》经费,余款用于发动起义。章炳麟与同盟会司法部判事张继因此对孙文深为不满,会员刘师培甚至指孙文受贿。五、六月间广东起义连续失败。张继、章炳麟要求在东京主持会务的执事部庶务刘揆一(黄兴离日,参加发动起义)召开东京会员大会,革除孙文总理职务。刘揆一坚决反对,至与张继激烈争吵,同时致函在香港的评议部评议员冯自由、胡汉民,要他转请孙文向总部"引咎谢罪"。孙文得知总部情况,深为愤懑。八月初复信刘揆一,说"党内纠纷,惟事实足以解决,无引咎之可言。"此后即与黄兴、胡汉民等领导广东、云南起义(见前),失败后在新加坡、吉隆坡、槟榔屿等地建立同盟会南洋支部,胡汉民任支部长。孙文复函张继说:"南洋之组织与东京同盟会不为同物。"此后,孙文即着力经营南洋支部,对东京总部事不再多问了。

孙文离开日本后,同盟会东京总部的一些领导人相继参加了其他团体。

**东亚同盟会** 一九〇七年春,日本社会党分裂为以片山潜和幸德秋水为首的两大派别。这年夏季,幸德秋水建立东亚同盟会,又名亚洲和亲会,号召东亚各国革命党人参加。会章由章炳麟起草,宗旨是"反抗帝国主义,期使亚洲已失主权之民族各得独立"。"凡亚洲人,除主张侵略主义者,无论民族主义、共和主义、社会主义、无政府主义皆得入会"。章炳麟、张继、刘师培及中国同盟会会员多人参加了这一团体。朝鲜、越南也有人参加。

**社会主义讲习会** 光绪三十三年(一九〇七年)七月二十三日,张继、刘师培在东京成立社会主义讲习会,创办《天义》杂志,宣传马克思主义的阶级斗争学说,但提倡无政府主义,主张建立没有任何"在上之人"的"完全平等"的社会,他们指责当时的革命者"仅辨民族之异同，不复计民生之休戚"。批评孙文主张的共和政体是"不共不和"，"平均地权"是像王莽一样的愚民政策，对三民主义猛烈抨击。

章炳麟支持社会主义讲习会的活动并曾到会讲演。同年十月，他要刘师培回国活动，企图得到两江总督端方的资助，以便去印度为僧，同时了解印度革命党人的活动，"知所观法"。先后六次写信给刘师培指示交涉办法。刘师培因反对孙文，竟行叛卖，向端方保证，回日本后将迫使《民报》停刊，三年内杀掉孙文、黄兴。次年正月，刘师培返日，策反同盟会执事部外务程家柽，悬赏十万元购取孙文首级。又创办《衡报》，提出"颠覆人治，实行共产"，宣传无政府主义。章炳麟与刘师培反目，两人关系破裂。十月间《衡报》被日本政府查封。刘师培返回上海，将章炳麟给他的信件拍成照片寄给黄兴。此后即投入端方幕府，充当幕僚。

**共进会** 光绪二十六年（一九〇六年）同盟会领导的萍浏醴起义失败后，参加起义的会党首领多人逃往日本。同盟会增设联络部，负责联络各地会党事务。以云南主盟会员吕志伊（天民）为部长、日本东斌步兵学校学员张伯祥（四川广安人）为副部长，焦达峰（湖南浏阳人）为调查科长。张伯祥原为川陕孝义会首领，后去日本学习军事。焦达峰原为湖南浏阳哥老会成员，曾参加萍浏醴起义，也去日本学习。张、焦两人不满孙文专意于两广起义，遂谋另建团体，策划中部地区起义。光绪三十三年(一九〇七年)七月,邀约在日本的同盟会员湖北人刘公、居正、孙武、刘英、彭楚藩及江西人邓文辉,四川人吴永珊等在东京成立共进会,以张伯祥为总理,下设内政、外交、军务、财政、党务等部。

　共进会草拟文言、白话宣言各一份。文言宣言号召"四万万黄帝子孙"奋起为祖宗复仇,声称"共进者,合各党派共进于革命之途,以推翻满清政权,光复旧物为目的"。白话宣言则严厉指责清廷"奉承洋人,做洋人的奴隶","只顾请洋人来保他做皇帝",号召人们"拼命去杀那满鞑子",只要中国整顿好了,洋人也就不敢来欺负了。并将同盟会誓约中的"平均地权"改为"平均人权"。会员入会模仿会党开堂、烧香等办法,其《光复堂诗》云:"堂上家家气象新,敬宗养老勉为人。维新守旧原无二,要把恩仇认得真。"

　光绪三十四年(一九〇八年)三月,同盟会在云南河口发动的起义,共进会的居正、孙武曾赶往参加。起义失败,共进会与同盟会分道扬镳的趋向日渐明显。当年夏,黄兴曾询问焦达峰"何故立异",焦答:"同盟会举止舒缓,以是赴急,非敢异也。"黄兴再问:"如是,革命有二统,二统将谁为正?"焦笑答:"兵未起,何急也! 异日公功盛,我则附公;我功盛,公亦附我。"谭人凤则批评共进会模仿会党,是从"文明"向"野蛮"倒退。

342

张伯祥担任共进会总理为时不久,即行归国,由邓文辉继任。孙武为共进会制订三等九级军制,并制定旗帜:红底、黑心,轮角,外加十八颗黄星,象征黄帝子孙十八省人民铁血精神。

**光复会** 光复会陶成章于光绪三十二年(一九〇八年)十一月二十日加入中国同盟会。十二月接办《民报》。至光绪三十四年秋,经费日益窘困。第二十三号仍由章炳麟编辑。陶成章于八月间亲赴南洋,发行《民报》股票以筹集经费,去新加坡要求孙文为《民报》拨款。孙文将自己的手表等物交陶氏变卖济急。陶氏要求代筹五万元,孙文告以断难办到。陶成章遂决意独自经营。九月间,章炳麟编辑的《民报》第三十四号被日本政府封禁停刊。十月,陶成章到缅甸募捐,在当地《光华日报》上发表所著《浙案纪略》,宣传秋瑾、徐锡麟的革命事迹,以江、浙、皖、赣、闽五省革命军布置决行团名义发行债券。正面印章为"浙江同盟分会",背面声明"光复会由来已久","更改为难"。十一月,陶成章到槟榔屿等地筹款,遂在当地及爪哇、泗水、新加坡等地相继成立光复会。

宣统元年(一九〇九年)夏,陶成章联络时在槟榔屿任教的原华兴会会员李燮和等七八人,以川、广、湘、鄂、江、浙、闽七省同志的名义起草《意见书》,指责孙文"谎骗同志"、"残贼同志",在香港、上海存款二十万,要求开除孙文的同盟会总理职务,废除南洋支部章程,另订新章,令南洋各地分会直属东京总会,重开《民报》机关。七月,陶成章赶赴东京,要求总部黄兴开会讨论。当时,汪兆铭在东京筹备续出《民报》,未邀章炳麟参加,章氏愤而刊发《伪民报检举状》,指责孙文"怀挟巨资,而用之公务者十不及一"。张继因被日警追捕,于去年再次逃亡法国,这时也致函孙文,要他退隐深山,或辞退同盟会总理职务。一时之间,再次形成倒孙风潮。

黄兴在收到刘师培所寄章炳麟命他和端方交涉的信件后,即不再让章炳麟参与同盟会机密事务,陶章二人发表攻击孙文的文章后,黄兴、刘揆一与曾参加广西、云南起义的谭人凤联名致函李燮和等,列举事实,为孙文一一辨诬。在越南的同盟会会员也发表《河内公函》,详述孙文在广西、云南发动起义的实情。南洋革命党人派人调查,发现孙文在九龙的住宅"家徒四壁";其兄孙眉也因支持革命破产,自盖了草房种地。刘师培叛降端方后,香港《中国日报》发表《为章炳麟叛党事答复投书诸君》等文,指责章是秘密通敌的"两截人物"。孙文将章炳麟致刘师培信件交美洲《少年中国晨报》发表。在此前后,同盟会会员吴稚晖主办的巴黎《新世纪》以及日本《日华新报》、新加坡《中兴日报》也都发表了批评章炳麟的文章。

陶成章到东京后,对章炳麟说:"逸仙难与图事。吾辈主张光复,本在沪上,事亦在同盟会先,曷分设光复会?"宣统二年(一九一〇年)正月,在东京重建光复会,章炳麟为会长,陶成章为副会长。本部设于东京,在南洋设行总部。

光复会重建后,"专主个人运动,以教育为根本","实事求是,以图渐进"。不赞成武装起义。在东京创办用白话文写作的《教育今语杂志》,宗旨为:"保存国故,振兴学艺,提倡平民教育。"宣统三年(一九一一年)正月初三日,陶成章因在东京处于孤立状态,无法活动,又去南洋。

如上所述,中国同盟会总部的会员之间不断出现意见分歧和组织上的分化。身为总理的孙文不能不亟谋整顿振兴。宣统二年(一九一〇年)正月十八日,孙文去旧金山建立同盟会分会,将同盟会原来的十六字纲领修改为:"废灭鞑虏清朝,创立中华民国,实行民生主义"。盟书中的中国同盟会会员改称中华革命党党员。同年秋,孙文到达槟榔屿,通知南洋各同盟会分会一律照改,但各地同盟会员并未认同。

宣统二年(一九一〇年)五月,孙文自檀香山秘密来日本,与黄兴等商谈改良会务。商定东京同盟会本部工作,当总理不在时,由执事部庶务(常务)刘揆一代理。因日本不能久留,孙文随即离去。宣统三年(一九一一年)二月上旬,刘揆一发表关于汉、满、蒙、回、藏民党的《意见书》,主张"融和汉、满、蒙、回、藏之民党","内可倾倒政府,而建设共和国家,外可巩固边疆而抵抗东西强权。"强调汉、满两族反对列强瓜分和皇族统治的一致性，"使满人而知断送满洲桑梓地者为满洲皇族也，知汉族不强，满族亦随而亡也，知非建立共和政府满汉种族之意见终不能融洽也，吾恐汉人虽不革命，满人犹当首先排去其皇族而倾倒其政府矣。"（日本外务省档案MT一六一四一）在此以前，同盟会所提纲领口号，多是不加区分地笼统反满。孙文在檀香山新建分会才改为废灭清朝。刘揆一的《意见书》更为明确地把革命对象指向列强和满洲皇族的统治，强调满人与满洲皇族利害之不同，争取满族志士与民众对革命与共和的支持与参与，是中国同盟会的重大进步。

孙文离去后，东京同盟会会员间的意见分歧并未能全部消除。对孙文立足南洋，发动两广云南边地起义的战略仍多持异议。谭人凤邀约曾在清廷新军任管带、标统、因受排挤弃职来日本投身革命的同盟会员赵声（江苏丹徒人）、同盟会司法部检事长宋教仁（湖南桃源人）等多人集议。宋教仁认为"在边地进行为下策，在长江流域进行为中策，在首都和北方进行为上策"。与会者多以中策为可取，商议筹建中部同盟会。会后，谭人凤去香港，与在香港策划广东起义的黄兴、胡汉民商议。黄表示须有经费，胡则坚决反对。谭人凤愤然对胡说："本部在东京，总理西南无定踪，总于何有？理于何有？""劝君放开眼界，天下事断非珠江流域所能成"。谭人凤返回日本,中部计划难以推动。这年冬季,宋教仁应邀去上海,担任上海同盟会会员于右任(陕西三原人)创办的《民立报》的主笔。宣统三年(一九一一年)闰六月,谭人凤去上海与宋教仁及《民立报》的同盟会会员吕志伊、陈其美(浙江吴兴人)等人在上海召集湖南、浙江、四川、福建、江苏、安徽、云南等七省会员代表二十九人集会,于初六日宣布成立同盟会中部总会。湖北虽无人出席,但谭人凤已在会前与孙武等联系,表示赞同。会议通过《中国同盟会中部总会章程》和《宣言》,称该会由中国同盟会员"表同意者"组成,"以推覆清政府,建设民主的立宪政体为主义","会员一律平等"。实行"合议"制,防止专制独断。并声明"奉东京本部为主体,认南部分会为友邦"。对于武装起义则批评此前收买乌合之众,希冀侥幸成事,主张"培元气,养实力",进行长期准备。中部总会选举谭人凤为总务会议长。在安徽、湖北、湖南等省建立分会。

## 二、武装起义的发展

光宣易代之后,同盟会员及其他革命团体继续发动武装起义反清。孙文仍把重点放在广东,但与以前不同,起义队伍的主力不再是只靠联络民间会党,而是依靠清廷各地新军中的同盟会员和接受革命思想的官兵。新军中曾在各地新型军事学校和日本军校学习的一些志士,接受进步思想,学成后担任各级军官,在新军中宣传革命。其中一些人并且加入同盟会或其他革命团体,发展官兵加盟入会,形成武装起义的中坚力量。新军官兵投入反清武装起义,标志着民主革命的新发展。

**安庆起义** 浙江金华人张恭原来是龙华会副会主,曾参加秋瑾组建的光复会,任分统。后去日本,曾为同盟会的《民报》工作。光绪三十四年(一九〇八年)十月回到上海,乘光宣易代之际,联络自日本学习军事回国的浙江同盟会员陈其美、安徽光复会员熊成基策划在安徽、浙江同时起义。熊成基原籍江苏扬州,曾在安徽武备学堂及江苏江南炮兵学堂学习,毕业后任江宁新军排长。光绪三十四年调任安庆马营炮营队官。熊成基与安庆新军商定,十月二十六日晚十时举行起义。熊成基为总司令,率所部马营、炮营攻城。驻在城内的步营薛哲、辎重队范传甲内应。当日有城内士兵两名被捕,泄露起义计划。薛、范二人难以行动。熊成基攻城一日夜,清守军有备,起义军攻城不克,退至集贤关,再退庐州,残兵不足百人,只好散去。薛哲被捕,范传甲谋刺清军协统,不成,被清军处死。

张恭在上海邀集会党,拟在浙江衢州、嘉兴发动起义。时在上海的刘师培得知,向总督端方告密。起义未及发动,张恭被捕。

熊成基于宣统元年(一九〇九年)正月,逃到日本,加入同盟会。次年八月化名张建勋回到东北活动。十二月,在哈尔滨被捕。次年正月被清廷处死。

**广州起义** 熊成基在安庆举义前,安徽新军的炮兵管带、同盟会员倪映典(安徽合肥人)曾策划联熊起义,被官府发觉,南下广州,任新军炮兵排长。在新军士兵中,讲述岳飞抗金、清兵入关、扬州屠城等历史故事,宣传反清。同盟会评议员朱执信(广东番禺人)于光绪三十二年(一九〇六年)自日本回广州任教,与广东同盟会会员姚雨平(广东平远人)在广东陆军速成学校、讲武堂、学兵营等处学员中宣传革命,发展会员。毕业学员多为新军和广州防营的基层军官,又在士兵中广泛发展。至宣统元年(一九〇九年)冬,广州新军中已有官兵三千余人加入同盟会。同盟会在香港设立南方支部,以胡汉民为支部长,倪映典为运动新军总主任。十二月,倪映典到香港报告起义计划,订于宣统二年正月十五元宵节时发难。远在美国筹募经费的孙文同意这一计划,黄兴、赵声及湖北共进会的孙武等陆续抵港,香港商人李海云提供经费支持。除夕日,广州新军二标士兵与警察互殴,数百人持械入城,包围巡警局。当夜,倪映典赶至香港报告,黄兴等决定提前至正月初六日起义。次日元旦,倪映典回到广州,初三日,进入炮、工、辎营,射杀管带等人,宣布起义。倪为司令,率千余人进至沙河。清军李准、吴忠禹部闻讯赶来,双方对阵。倪映典被吴部诱入营中谈判,出营时被

349

乱枪击毙。起义军被迫撤退，部分士兵被俘。

**辛亥广州起义** 新军起义失败后，孙文提议，再在广东组织一次起义。宣统二年（一九一〇年）十月十二日，孙文在槟榔屿召开会议，黄兴、赵声、胡汉民、南洋及国内东南各省代表出席，光复会的李燮和也应邀参加。孙文鼓励到会者"为破釜沉舟之谋"，"举全力以经营"。会议决定以广州为起义地点，以新军为主干，同时联络防营和会党。先定经费十万元，即席捐得八千元。会后，黄兴、胡汉民等赴南洋，孙文赴美洲募捐。在南洋荷属殖民地捐得三万二千五百五十元，英属殖民地捐得四万七千六百六十三元，美洲捐得七万七千余元。

黄兴绝笔信

十二月，黄兴在香港跑马地三十五号设立统筹部，自任部长，以赵声为副。其后，陆续在广州设立秘密机关三十八处。次年三月二十五日，黄兴写信给南洋同盟会邓泽如等，说"本日驰赴阵地，誓身先士卒，努力杀贼，书此以当绝笔"。自日本归国参加起义的林觉民（福建闽侯人）致妻函称："吾充吾爱汝之心，助天下人爱其所爱，所

350

以敢先汝而死,不顾汝也。汝体吾此心于啼泣之余,亦以天下人为念,当亦乐牺牲吾身与汝身之福利,为天下人谋永福也。"福建同盟会会长方声洞在给父亲的信中写道:"此为儿最后亲笔之禀,此禀果到家,则儿已不在人世者久矣!""但望大人以国事为心,勿伤儿之死,则幸甚矣!"

三月二十九日下午五时半,黄兴乘坐肩舆,其他人打扮成侍从,臂缠白布为记,直扑总督衙门。黄兴手持两枪,连连发射,数十人在螺号声中冲入内堂,两广总督张鸣岐匆忙转入李准的水师行台。黄兴等放火后出署,与李准的亲兵大队激战,黄兴被打断一节手指,仍以断指继续射击。其后,黄兴兵分三路,喻培伦等攻督练公所,徐维扬等攻小北门,黄兴亲率方声洞、朱执信等出大南门,接应巡防营。在激战中,方声洞身中数弹,仍以手枪击毙多人。三路先后失败。三十日,赵声来见,二人相抱痛哭,次日,黄兴化装返港治疗。

起义失败后,清廷谕张鸣岐"搜捕余党,从严惩治"。被捕革命党人林觉民、陈可钧、李雁南、喻培伦、陈更新、程良等二十九人英勇就义,连同方声洞等其他战死者遗骸,共七十二具,由广东同盟会员潘达微(番禺人)收葬于白云山红花岗,改名黄花岗。后人尊称为"黄花岗七十二烈士"。一年后,黄兴发表纪念演说,称"此次死义诸烈士,皆吾党之翘楚,民国之栋梁。其品格之高尚,行谊之磊落,爱国之血诚,殉难之慷慨,

广州黄花岗七十二烈士墓

兴亦不克言其万一。他日革命战史告成,必能表彰诸
先烈之志事"。(《黄兴集》)

宣统三年干支纪年为辛亥,为别于上年之起义,习
称辛亥广州起义。

**暗杀活动** 同盟会成立后,即曾组建暗杀团,聘请
俄国虚无党人教习。《民报》发表文章,鼓吹暗杀。吴
樾谋杀出洋五大臣,徐锡麟行刺恩铭,都曾轰动一时。
革命党人武装起义连遭失败后,暗杀活动再起。宣统
元年(一九〇九年)十二月,汪兆铭与黄复生、喻培伦、
陈璧君(女)等人组建暗杀团策划暗杀摄政王载沣。
在京师琉璃厂开设守真照相馆作掩护。黄、喻在摄政
王府附近的什刹海银锭桥下埋放炸弹,企图在载沣经

352

过时引爆。炸弹被居民发现报警。清廷侦破此案,于次年三月将汪兆铭、黄复生等逮捕入狱,判处永远监禁。汪在狱中吟诗:"慷慨歌燕市,从容作楚囚,引刀成一快,不负少年头。"各地民间广为传诵。"谋刺摄政王"案,震动京师。

宣统三年(一九一一年)三月,马来西亚归国华侨、同盟会员温生才,在广州预谋持手枪暗杀水师提督李准,误将广州将军孚琦击毙。被捕受审,答称"杀一儆百,吾愿已偿",慷慨赴义。

马来西亚归侨林冠慈在香港参加同盟会员刘思复组织的暗杀团,宣统三年回广州,谋刺李准。闰六月在大南门向李准乘坐的官轿投掷炸弹。李准腰部受伤未死,随从兵士死二十人,林冠慈当场被炸牺牲。

孙文对同盟会组织暗杀,并不完全赞同,认为其结果"不过个人甲乙之更替"。但对暗杀牺牲的志士则称赞他们"奋不顾身",使敌人胆落,懦夫立志。

### 三、保界保路运动

**保界拒约运动** 宣统二年十二月(一九一一年一月),英国派兵侵占云南边境片马;宣统三年(一九一一年)正月,英法合办的隆兴公司强索云南七府矿产开采权。同月,俄国借修订《伊犁条约》及所属《改订陆路通商条约》之机,企图攫取新疆、蒙古、张家口等地的自由贸易权、免税权、土地所有权和在中国全境的治外法权。面对列强对边境的觊觎,各省谘议局议员、同盟会会员和商界、学界等各界人士掀起了保界拒约运动。

宣统二年十二月二十八日,云南谘议局致电全国报馆称"英人派兵据我片马","拟先文明对待,不卖英货,请转各商协力进行。"宣统三年(一九一一年)正月九日,云南绅商在谘议局集会,成立中国保界会。二月一日,江苏谘议局议长张謇提议联合各局议长上奏"俄旧约万不可徇"。十一日,资政院在京议员上书总裁溥伦,认为"修订中俄商约一事,实关系西北大局",要求溥伦根据院章,奏请召开临时会议,溥伦置之不理。议员再上书内阁,内阁"温谕阻拒。"

四月十四日,各省谘议局联合会在京开会,谭延闿为主席、汤化龙为审查长。会上,代表们普遍提议编练民兵,保卫边疆。五月二十八日,联合会通过由湖北省谘议局副议长张国溶起草的《通告全国人民书》,全面抨击皇族内阁的内外政策,指陈英国要求"永远租借片马","实割让土地之变名词"。

宣统三年正月二十八日,东京中国留学生一千二百余人集会,接受同盟会刘揆一、邹资州、陈策三人提议,坚决拒绝俄约,成立国民军,联络各省谘议局。会后,在同盟会员河南留学生刘基炎率领下,全体人员列队到中国公使馆,要求支持。二月五日,留日各省同乡会代表集会,决定不用"国民军"名义,而称中国国民会,各省推举代表组成演说团,分往二十一省演说,宣传救亡。

二月十五日,留日学生代表四十八人到中国公使馆静坐。十六日,各校留学生闻讯赶来达五六百人。清廷学部致电使馆,声称"学生干预政治,例禁綦严","倘有抗拒情事,仍应从严究办"。十八日,清廷驻日公使汪大燮接见国民会理事长李肇甫等,要求解散国民会。十九日,中国国民会全体职员开会。三月八日,发布经过修订的《中国国民会章程》,放弃组织"国民军"的提法,宣称"以提倡尚武精神,养成军国民资格为主,并研究政治、教育、实业诸大端"。二十日,云南、四川、山东、东三省、直隶、浙江等省留学生各派出代表一人(均为同盟会会员)由东京启程回国,分赴各省活动。三月下旬,各省选出的归国代表已达五十七人。

同盟会云南分会会长杨大铸及会员王九龄到上海《民立报》社,会晤宋教仁,发布《通告书》,声称"我国人欲死战,则必先练民兵"。二月十二日,上海企业家沈缦云、虞洽卿等联合发表启事,号召组织全国商团联合会,以达"人自为兵"之目的。以李平书为会长,沈缦云、叶惠钧为副会长,虞洽卿为名誉副会长。五月十五日,上海各界四千人在张园召开大会,宣布成立中国国民总会,以沈缦云为正会长,马相伯为副会长,叶惠钧为坐办。国民会成立后,清廷皇族内阁立即电令各省严防国民会员至内地"煽惑"，并查禁国民军。各地不顾禁令，继续组建团体。浙江成立了国民尚武总会，绍兴、台州、宜兴、江都、丹徒、丹阳等地普遍建立了国民分会、商业体操会、体育会、商团体育会等各种名目的团体。七月二十二日，吉林成立国民会分会，满蒙人士也踊跃参加，蒙族人庆山与杨梦龄为会长，满族人士松毓为副会长。

**四川保路运动**　清廷实行新政后，铁路的修建，大别为列强借款修路、清廷官修与商办等几类。列强借款，据以攫取种种特权，从而侵入各地。四川为抵制外国势力的侵入，拒绝英美等国提出的借款修路。光绪二十九年（一九○三年）奏准，自筹"租股"成立商办的四川省川汉铁路公司，但公司总理仍由清廷委派，经营多有困难。（参见上章）宣统元年（一九○九年）十月，自日本留学归国的进士蒲殿俊（四川广安人）当选为四川谘议局议长，召开谘议局会议，商讨整顿川汉铁路公司办法。随后召集公司董事会，决定成立股东会，由副议长萧湘为会长，又成立董事局，以副议长罗纶主持其事。谘议局从而掌握了公司的部分领导权，以牵制官派的总理。

宣统三年（一九一一年）四月十一日，即"皇族内阁"成立的次日，清廷即发布上谕，将商办铁路收归国有。宣称"干路均归国有，定为政策。所有宣统三年以前各省分设公司集股商办之干路，延误已久，应即由

356

国家收回,赶紧修筑。除支路仍准商民量力而行外,其从前批准干路各案,一律取消。"并宣称:"如有不顾大局,故意扰乱路政,煽惑抵抗,即照违制论。"(《宣统政纪》)十二日,湖南谘议局即分电有关各省谘议局,建议共同力争,取消"国有"。长沙各界连日聚会抗议,声讨邮传大臣盛宣怀,声称如政府不同意商办,即闭市、停课、抗租。十八日,长沙各团体代表到巡抚衙门请愿,有长沙—株州段工人一万多人参加。同日,四川省汉铁路公司致电邮传部,请俯顺舆情,维持商办成案。

四月二十日,清廷任命端方为督办粤汉、川汉铁路大臣,前往湖广、两广、四川等地办理收归国有事宜。二十二日,盛宣怀与英法德美四国银行团代表在京签订《湖北、湖南两省境粤汉铁路、湖北省境内川汉铁路借款合同》。向四国借款六百万镑,由英法美三国派遣工程师主持修路。二十四日颁谕:"自降旨之日起,所有川湘两省租股一律停止。"

五月一日,川汉铁路公司举行临时股东预备会。同盟会会员龙鸣剑等反对国有,谘议局议员邓孝可等要求政府退还路款,保住股本。会后,川汉铁路董事局要求护理四川总督王人文代奏,恳请清政府暂勿收路,缓刊停止租股消息。五月四日,清廷下旨斥责王人文,同时指责谘议局及川路公司。次日,盛宣怀、端方联名致电王人文,声言公司已用款和现存之款,一律发给国家股票，概不还现。要求退还路款的希望完全落空，舆论日益激愤。十七日，罗纶对四国借款合同逐条批驳，联络二千四百余人请王人文代奏朝廷。邓孝可著文称"卖国邮传部！卖国奴盛宣怀！"表示强烈抗议。

五月二十一日，成都各界在岳府街铁路公司集会，邓孝可、罗纶等相继发表演说。罗纶称："我们四川人的生命财产——拿给盛宣怀，给我们出卖了，卖给外国人去了！川汉铁路完了！四川也完了！中国也完了！"说至此，嚎啕大哭，满场人都跟着大哭。坛上坛下，哭声一片。连在场的警察、杂役也莫不动情。罗纶高呼"誓死反对"，砰然击案，与会者纷纷呼应，汇成巨响。罗纶宣布"要组织一个临时的机关"，既联络本省人，也联络外省的、全国的同胞，"一致反抗，反抗到底！"（郭沫若：《反正前后》）会上商定成立保路同志会，以蒲殿俊为会长，罗纶为副会长，会后到总督衙门请愿。王人文对请愿群众说："只要于国计民生有关休戚的事，无论怎样要据理力争。"五月二十三日，王人文上疏参劾盛宣怀，请治以欺君误国之罪。六月二日，又将罗纶等人对借款合同的签驳上奏朝廷，附片自请处分。王人文受到清廷申斥，被革职。

保路同志会成立后，四天内要求入会的成都群众超过十万人，各街道、行业纷纷成立保路同志分会。成都以外，重庆等地也陆续建会。自五月二十一日至七月十五日，各地成立保路同志会六十四个。同志会于

358

闰六月七日选派刘声元入京，会同已在京的萧湘请愿。启程北上时，各界三万人冒雨送行，刘慷慨表示："若力争不能破约，誓不生还!"抵京后，即被强行押解回籍。

清廷任命川滇边务大臣赵尔丰为四川总督前往处治。闰六月八日，到达成都。盛宣怀与端方合谋，委派川路公司驻宜昌总理李稷勋继续主管宜昌至秭归段工程。李未经川路公司同意，即以个人名义呈文邮传部，请派员往宜昌清理账目，并称今后去留各事，由邮传部裁夺。邮传部命李继续总理该段工程，使用川路公司存款修筑。闰六月十四日，川路总公司致电宜昌董事局，要求董事质问李稷勋，令其自行辞职。十六日，特别股东会要求赵尔丰代奏，纠劾李稷勋与盛宣怀"私相授受"，"违旨盗权"。十九日，股东会直接致电李稷勋，声明"全体股东不认部咨"，限李在十天内辞职。二十五日，清廷下旨，钦派李稷勋仍总宜工，同时饬令川督查明川款，实力奉行。

川路公司股东于七月一日召开紧急会议，商议对策。下午，保路同志会召开大会，几万群众涌进会场，要求罢市、罢课、罢捐。会议进行中，街头的罢市业已开始。赵尔丰当即调派军队入城戒备。股东会用同志会名义刊发公启，要求"勿在街头群聚"，"不得打教堂"，"不得侮辱官府"，引导群众"文明争路"。又用黄纸刊印光绪皇帝的神位，左右分别书写"庶政公诸舆论,川路仍归商办"各六字,分发各户张贴门前,早晚焚香礼拜,以示遵行光绪时确定的商办宗旨。

成都罢市后,四川各地纷纷响应,出现"千里内外,府县乡境,一律闭户"的局面。七月二日,赵尔丰派官员上街劝谕商民开市,无效。五日,与成都将军玉昆及各司道官员会衔代奏,请准川路"暂归商办",借款筑路一事交资政院讨论。八日,蒲殿俊、罗纶等按照赵尔丰的要求成立"官绅商学界联合维持会",企图化解冲突,维持秩序。

清廷邮传大臣盛宣怀致电赵尔丰,声称"要胁罢市、罢课即是乱党",应捕拿倡首人物。七月五日,端方参劾赵尔丰"抚驭无术"。七日,清廷告谕赵尔丰,查款、收路不变,也不准备交资政院或谘议局讨论,"倘或办理不善,以致别滋事端,定惟该督是问"。(《宣统政纪》)

九日,川路公司股东会决定不纳正粮,不认捐输,不买卖田房,不认外债分厘,通告全国。赵尔丰、玉昆奉谕后即谋划镇压。七月十四日,公司股东会议,有人散发《川人自保商榷书》,赵尔丰指为"隐含独立"。十五日,兵备道王棪谎报乱民将在成都起事。赵尔丰以议事为名邀集蒲殿俊、罗纶、邓孝可及股东会副会长颜楷前来总督衙门议事,遂加捆缚,分别拘押,并查封川路公司、铁道学堂及保路报刊。民众闻讯,或手捧光绪帝牌位,或燃香顶礼,纷纷奔向总督衙门请愿。突然官兵枪声大作,马队驰逐,当场被打死三十二人,伤者无数。十六日,赵尔丰又派兵进攻城外的民团,谎称"匪党攻城,已被击退"。诬指蒲殿俊、罗纶"借争路名目阴图不轨",并且伪造信件,捏造"血书"、"盟单"等物,企图置蒲、罗等人于死地。

中国同盟会会员长期在四川哥老会中活动。保路运动发生后,同盟会会员、省议员龙鸣剑及荣县民团训练所督办王天杰等人即积极活动,聚集力量。重庆同盟会员朱之洪被推选为股东代表到成都开会,与龙鸣剑等密商,认为成都防范严密,不如在外县发动,分头出发。川西哥老会首领、同盟会会员张达三、张捷先等都已作好起兵准备。川西南哥老会首领侯宝斋邀集九府哥老会与同盟会员龙鸣剑等在资州罗泉井开"攒堂大会",决定组织同志军。七月十五日,成都血案发生后,龙鸣剑等在大量木板上书写"赵尔丰先捕

成都辛亥保路死事纪念碑

361

蒲、罗,后剿四川,各地同志速起自救自保"字样,投入江中,顺流而下,向各地报警,人称"水电报"。十六日,同志军千余人在秦载庚率领下赶到成都,进攻东门。接着,侯宝斋所部也在成都南郊与清军交战。七八天内,各路同志军到达成都郊外者已近二十万人。

七月二十日,进攻东门的秦载庚部在与清军苦战后退到简阳休整,与占领仁寿县城的龙鸣剑、王天杰部会师,成立东路民军总指挥部。八月四日,王天杰与奉同盟会之命回川工作的吴永珊(玉章)合作,在荣县宣布独立,推同盟会员蒲洵主持县政。

东路秦部既退,进攻成都南关的侯宝斋部也于闰六月二十三日前后退到双流,与起义清军周鸿勋部会合,八月上旬共同攻下新津,八月二十二日又被清军夺回。西路以张达三为总指挥,转战于崇宁、灌县等地。

清廷命在汉口的督办粤汉川汉铁路大臣端方率领湖北的鄂军入川镇压。七月起程,九月至四川资州。所部鄂军响应起义,将端方刺死。

## (二)武昌起义,各省独立

### 一、湖北新军武昌起义

四川保路运动为清朝的统治敲起了丧钟,也为湖北新军的武昌起义吹响了进军的号角。清朝的末日到来了。

湖北新军刘静庵等创立的日知会在光绪三十二年（一九〇六年）十月萍浏醴起义时,曾策划响应。孙文自日本东京派遣在日本加入同盟会的日知会会员朱子龙（湖北荆门人）、梁钟汉（湖北汉川人）与胡瑛来湖北会同指挥。十一月十一日刘静庵邀集三人与日知会同志集议,被官府得知,四人及与会的李亚东、张难先等五人先后被捕入狱。日知会组织遭到破坏。此后,湖北新军中的同盟会员和日知会员即转入秘密活动,在新军中建立革命组织。

　　湖北军队同盟会——创始人是原日知会联络员任重远（湖北潜江人）。光绪三十四年（一九〇八年）二月,投入湖北新军第二十一混成协第四十一标当兵。与原日知会会员李长龄商议召集日知会旧日同志,重加组织,得到被系狱中的李亚东、梁钟汉等人的赞同。六月二十八日,在武昌洪山召开成立会,为保守秘密,不订章程。李亚东在狱中与同志协办《通俗白话报》,撰文鼓吹革命。不久,被官府禁止。任重远去四川联络,湖北军同盟会停止活动。

　　群治学社——发起人是新军第四十一标士兵杨王鹏。光绪三十四年（一九〇八年）十月,杨在安徽太湖参加湖北与南洋新军的联合会操,适值熊成基在安庆发动起义。杨王鹏与湖北新军中的日知会员钟琦、章裕昆等商议集会。会操结束后,回到武昌即召集会议,筹建群治学社。杨王鹏、钟琦等十人为发起人。十一月二十日,在武昌东门外金台茶馆召开成立会,推钟琦为庶务。会议通过宣言,规定宗旨"研究学识,讲求自治,促睡狮之猛醒,挽既倒之狂澜。"宣统元年(一九〇九年),钟琦被作为新军骨干调出省外,庶务改由李六如继任。宣统二年(一九一〇年)正月,同盟会会员刘复基(湖南常德人)、蒋翊武(湖南澧县人)到鄂,与詹大悲(湖北蕲春人)创办《商务报》。三人访得军中有群治学社这一组织,蒋、刘二人先后投军当兵,《商务报》成为群治学社的喉舌。同年三月,长沙发生抢米风潮,焦达峰拟联络湖北新军响应。李六如、杨王鹏与湖北共进会的黄申芗、查光佛商量,定于十五日夜起事。未及发动,长沙抢米风潮被镇压,黄申芗被警察追捕逃逸,其他人也纷纷逃离。

振武学社——宣统二年(一九一〇年)七月,李六如因群治学社多人被缉捕,集议改名振武学社,"专为联络军界同胞,讲求武学"。八月十五日中秋节,在武昌黄土坡召开成立大会,推杨王鹏为社长,李六如任庶务兼文书。会议规定了严密的制度:在各标、营、队分别设立代表;干部会议非标代表不得参加;各营按代表的命令行动,彼此不得互知情况。此时社员已发展至近千人。杨王鹏等人的活动被新军第二十一混成协协统黎元洪觉察,将杨撤差,李六如开除军职。

文学社——杨王鹏被撤差后,社务由蒋翊武主持。宣统二年十二月,蒋翊武在武昌阅马场集贤酒馆召集会议。詹大悲提议取一个更不为人注意的名字,定名文学社。宗旨是"联合同志,研究文学"。创办《大江白话报》宣传革命。宣统三年(一九一一年)元旦,文学社以团拜为名在黄鹤楼畔的风渡楼召开成立大会,推蒋翊武为社长,詹大悲为文书部长,刘复基为评议部长。会议决定尽快在新军中发展会员,扩大组织。一个月后,除马队八标外,湖北新军各营都有了文学社成员。在士兵中,社员已占多数。二月二十五日,文学社在黄土坡招鹤酒楼召开代表会议,补选第三十标士兵王宪章为副社长,派章裕昆往马队八标发展社员。四月十二日,文学社召开第二次代表会议,决定在小朝街八十五号设立机关,推刘复基等驻社办公;同时增设总务部,以张廷辅为部长。五月五日,召开第三次代表会议,建立阳(汉阳)夏(汉口)支部,以胡玉珍为支部长。湖北新军中入社者至三千人。

共进会——宣统元年(一九〇九年)春,东京共进会领导人、湖北夏口人孙武自日本回到汉口,受到湖北地区革命党人的热烈欢迎。焦达峰也到汉口,与孙武商定,在湖北成立共进会,用以统一长江流域会党新军。三十二标士兵黄申芗组织的种族研究会自愿并入。其后,孙武将大冶、安陆、黄州、襄樊等五处会党分编为五镇军,以刘公为大都督,刘英为副都督,黄申芗等分任统制。刘英、黄申芗等所部会党暴动,连续失败,暂停活动。秋间,孙武赴粤,转赴广西参加共进会在当地发动的起义,事泄,逃往香港,加入同盟会。

孙武离鄂后,黄申芗等转向新军发展,士兵入会会员发展至八一五人。宣统二年(一九一〇年)夏,孙武自广东归鄂。宣统三年(一九一一年)正月,在武昌胭脂巷设立机关。居正、谭人凤先后受黄兴之命,到汉口和孙武等人建立联系。三月,孙武命邓玉麟出面,在武昌黄土坡开设同兴酒楼,专门联络新军士兵。人们误传孙武是孙文之弟,加入共进会者日益增多。共进会的第三任总理刘公到武昌,任主盟人。时值广州起义新败之后,孙武等拟在湖北再次发动起义。四月五日,居正、刘公、焦达峰等集议,孙武提议由两湖首义,号召各省响应。他说:"我们先是被动的,今日我们要做主动了。"会议决定,如湖北首先发动,则湖南即日响应,反之亦然。此时,共进会已有新军会员约一千五六百人。其中工程营和炮八标会员约占士兵半数以上。

清廷新军自张之洞编练江南自强军,荣禄、袁世凯编练北洋陆军,分驻南北。清廷再度变法,制定新军制度,全国编为三十六镇。湖北新军一镇编为第八镇,有兵一万五百余名,驻省城武昌府。一协编为第二十一混成协,有兵四千六百余名,驻武昌、汉阳及京汉铁路。自张之洞督鄂,加急训练,装备精良。经过同盟会和日知会、共进会、文学社等团体在军中宣传革命,发展组织,合共近一万五千名新军官兵中,已有近三分之一加入了各革命团体。基层军官和广大士兵接受维新思想

366

和革命思想,形成为同盟会等革命党人能够掌握和依赖的革命队伍。起义的条件逐渐成熟了。

**武昌新军首义** 宣统三年(一九一一年)四月十三日,文学社与共进会代表集会,协议合作发动革命。四川保路运动兴起,文学社的《大江报》于闰六月初一日发表时评《大乱者,救中国之妙药》,被官府查封,主笔詹大悲等人被捕。七月,端方奉旨调遣湖北新军去四川镇压保路运动。共进会与文学社代表集会,一致认为是发动起义的大好时机,遂决定取消两会名义,共同发动新军起事,并派居正等去上海迎请同盟会总部领导人黄兴(时在香港)与中部总会领导人谭人凤、宋教仁来鄂主持。八月初三日,两会联合召开大会,确定十五日中秋节为起义日期,制定了起义行动计划。成立总指挥部,推举蒋翊武为临时总司令,孙武为参谋长,刘公为军政府总理。这天,武昌南湖炮队士兵与军官发生冲突,湖广总督瑞澂下令严加戒备,并规定中秋节士兵不准外出。起义总指挥部遂决定将起义日期延至八月二十日。

八月十八日,孙武在俄租界宝善里十四号起义指挥机关试验装配炸弹,不慎爆炸。俄国巡捕赶来发现炸药、旗帜、文告、印信,抓走刘公的妻子及弟弟等人,引渡给清江汉道。瑞澂立即下令闭城,调兵搜捕革命党人。蒋翊武于当日下午五时发布命令,夜十二时以南湖炮队鸣炮为号,城内外同时动作。不料,运送炸弹的杨宏胜被军警查获,大批军警包围设在武昌小朝街八十五号的总指挥部,蒋翊武、刘复基、彭楚藩等人被捕。八月十九日(西历十月十日)黎明,瑞澂即将刘复基、彭楚藩、杨宏胜三人处决;又捕三十多人。蒋翊武被捕后逃脱。

当晚七时,混成协第二十一营辎重队、工程队士兵随即起义,向城内进发。共进会工程营总代表熊秉坤赶到,带领士兵,直扑楚望台军械库,会合守库士兵,占领该库。各处集合到楚望台的士兵已达四百多人,熊秉坤因指挥困难,推举原日知会会员、工程营左队队官吴兆麟为临时总指挥。

二十九标营址距工程营最近,士兵们高喊"打旗人",在排长蔡济民率领下冲出营门。三十标接着发动。三十一标、四十一标驻守左旗营房,是混成协统领黎元洪的军部所在地。黎元洪手刃准备响应的士兵二人后潜逃。士兵纷纷起义。炮队八标位处南湖,士兵们拖炮实弹,向城内进发。工程八营派金兆龙等出城迎接炮队,抵达中和门时,发现城门紧闭,金兆龙情急之下,扭开铁锁,顺利出城,与炮队会合,在蛇山、凤凰山、中和门等处构筑炮兵阵地。当晚十点半左右,各路起义士兵会攻湖广总督衙门和新军八镇军部。瑞澂和第八镇统领张彪逃跑。次日黎明,起义士兵占领湖广总督署,获得胜利。

八月二十日晚,文学社第四十二标代表胡玉珍鸣枪集合士兵,宣称:"武昌已为我革命军占领,我们今天光复阳(汉阳)夏(夏口厅汉口),为祖宗报仇,为民族争光!"士兵们迅速占领兵工厂。二十一日,起义军撕下庙内神帐,当作旗帜,在龟山设立指挥部,炮击在江中行驶的兵舰,迫令逃走,占领汉阳。同日,汉口发生纵火抢掠现象,汉阳起义士兵接受汉口商防保安会等团体要求,派兵过江镇抚,占领汉口。革命军一举夺取了武汉三镇。

**湖北军政府的成立** 革命军占领武昌后,革命党人即在阅马场谘议局集会,讨论成立军政府及推选都督。起义官兵均以资望不足,不能胜任。有人推举湖北谘议局议长汤化龙。汤被邀请到会,说:"革命事业,鄙人素表赞成","此时正是军事时代,兄弟非军人,不知用兵"。吴兆麟等人荐选黎元洪。黎躲在一参谋家里,被搜出,送到谘议局,受到欢迎。他大喊:"我不能胜任,休要害我!"众人劝说无效。革命党人李翊东送一分安民布告,要黎签署,被黎拒绝,便在都督衔下代签了一个"黎"字。会议商定在谘议局设军政府,以黎元洪为都督,军政府暂设四部:参谋部、军务部、政务部、外交部。会议还商定:称中国为中华民国,改政体为五族共和,纪年用黄帝纪元四千六百零九年。

黎元洪被推举为都督,一言不发。二十二日得知革命军已占领武汉三镇,才开始改变态度,接受建议,剪去发辫。二十三日晚同盟会中部总会领导人谭人凤到达武昌。二十六日黎元洪在阅马场设台誓师,由谭人凤向黎授旗。自上海返回的居正演讲同盟会革命之精神及创立民国之意义。士兵深受鼓舞。军政府拟定四部的正副部长,参谋部杨开甲、吴兆麟,军务部孙武、蒋翊武,政务部汤化龙、张知本(同盟会湖北支部评议长)、外交部胡瑛。汉口成立以文学社为主体的军政分府,由出狱的詹大悲为主任。汉阳由出狱的日知会会员李亚东治府。

湖北军政府成立后,即电请已到上海的黄兴和宋教仁速来武昌,并请黄兴电邀孙文回国主持大计。发出《布告全国电》、《宣布满清罪状檄》、《免税公告》、《通告城镇乡自治职员电》及《刑赏令》等文件,号召"十八省父老兄弟、戮力共进,相与同仇,还我邦基,雪我国耻,永久建立共和国体",要求各城镇乡自治团体守卫乡里。又照会在武汉的各国领事,宣布此前所有清国与各国缔结的条约,继续有效,外债照旧承担,既得权利和在华财产一体保护。派人分头访问各国领事,要求承认。驻汉英、俄、法、德各国领事于二十六日照会军政府,宣布中立。

武昌起义期间,革命军纪律严明。"军队寄寓民家,绝不妄取一物。如有所借贷,必按时交还。""至于买卖,则公平交易,不见强买勒卖的行为。"(余家菊《回忆录》)又在汉口告示,以"保商"为第一宗旨。三镇的商会、商团积极支持军政府。革命军在起义期间

370

多有伤亡,军政府决定在当地募兵,扩军备战。居民踊跃应募,几天内即募足三协的兵力,成立了两个敢死大队。

九月初四日,军政府制定由汤化龙起草的《军政府暂行条例》,成立军令、军务、参谋、内务、外交、理财、交通、司法、编制等部,确定各部长名单,革命党人孙武、蒋翊武、胡瑛等仍在军政府任职。

初七日,黄兴与宋教仁自上海到武昌。黄兴被推举为湖北民军总司令。两天后,袁世凯统领的北洋新军向武汉发起了进攻。

**袁世凯出兵** 清廷成立皇族内阁,集中兵权,但内阁皇族都不曾统兵作战。武昌起义,朝中无人能统率出兵。清廷所能依恃的兵力也只有荣禄、袁世凯所创建的北洋新军。八月二十一日,清廷命陆军大臣荫昌指挥新军第四镇统制王遇甲率部赴鄂。荫昌早年曾在德国学习军事,但从未实际临战,不堪胜任是显然的。总理大臣奕劻向摄政王载沣建言起用已被罢免的袁世凯,协理大臣那桐、徐世昌附和其议。奕劻对载沣说:"袁有气魄,北洋军队都是他一手编练,若令其赴鄂剿办,必操胜算。""且东交民巷亦盛传非袁不可收拾。"(张国淦《辛亥革命史料》)此时东交民巷使馆的列强也已出面干预,由英公使朱尔典(J. N. Jordan)美公使嘉乐恒(W. J. Calhoun)提议,驻京公使团向清廷建议用袁。载沣初摄政,即驱袁出朝,对用袁之议曾加驳斥,但朝中无人统兵,在内阁一再坚持下,只好说:"你们既这样主张,姑且照你们的办!"清廷颁谕,将湖广总督瑞澂革职。八月二十三日补授袁世凯湖广总督,督办剿抚事宜。

袁世凯自被罢免后即回故乡河南,在彰德府安阳洹上村修筑豪华别墅养寿园享乐,经由故旧了解政情。授命谕下,袁世凯回奏:"臣旧患足疾迄今尚未大愈","一俟稍可支持,即当力疾就道"。意在嘲讽载沣之罢免,索要出任的条件。载沣批示"迅速调治,力疾就道,用副朝廷优加倚任之至意"。奕劻又派遣亲信去彰德劝说。袁世凯提出,明年召开国会,组建责任内阁,宽容事变党人,解除党禁,给予指挥军队的全权,拨付充足经费等条件。武昌事起,清廷曾将北洋陆军编组三军。第四镇及两协为第一军,由荫昌统领去湖北。第五镇及两协组成第二军,由北洋将领副都统冯国璋统带,听候调遣。第一镇及禁卫军为第三军,由军谘大臣贝勒载涛统领驻守京畿。袁世凯提请第一军由冯国璋统领,第二军由北洋将领、署江北提督段祺瑞统领,立即南下,并力作战。清廷一切照允。荫昌奉调回京,在彰德与袁世凯办理交接,所统第一军交由冯国璋统领。清廷又加授袁世凯钦差大臣,水陆各军均听节制。

袁世凯受任就道,九月初九日至湖北孝感。随即命令前一日到达汉口的冯国璋率所部进攻。汉口革命军兵力薄弱。黄兴会晤黎元洪,力主坚守。自武昌渡江至汉口,亲自指挥作战。冯军兵力强悍,革命军奋战不胜。九月十一日,汉口被冯军占领。汉口原为汉阳府夏口县属镇,咸丰时辟为商埠。光绪三十三年设夏口厅,已是繁华的都会。冯军进兵,沿途兼用火攻。大火焚烧至三昼夜。汉口约五分之一的地区被焚。

汉口被攻陷的次日,清廷电谕袁世凯急速回京,改组内阁。冯、段两军仍留湖北,谕令武昌前线停战。

**鄂州约法的制定** 停战期间宋教仁为湖北军政府拟就体现民主共和制度的约法,经居正、张知本、汤化龙等审议通过。九月十九日颁布,题为《中华民国鄂州约法》,凡七章六十条。主要内容规定人民一律平等,有言论、著作刊行、集会结社、营业、保有财产、身体、家宅等自由,有诉讼、陈请、陈诉、选举及被选举等权利;都督及议员均由人民选举产生;都督任期三年,连任以一次为限。议会可以向政府提出条陈、质问,要求答辩或弹劾等。鄂州约法是中国历史上第一部共和法典,为尔后民国政府制定《临时约法》提供了蓝本。

**汉阳失陷** 汉口失陷后,九月十三日军政府设台拜将,由都督黎元洪正式委任黄兴为中华民国军政府战时总司令,司令部设于汉阳。汉阳革命军有兵万余人。自湖南来援的起义军数千人,合计近两万人。孙武、吴兆麟等认为其中新兵较多,缺少训练,又缺乏炮队,主张坚守汉阳,不可轻动。黄兴则认为停战期间,清兵疏于防守,主张乘机反攻汉口。停战半月后,黄兴于九月二十六日夜下令渡汉水向汉口进攻,被冯国璋军击退。次日,冯军乘势进攻汉阳。革命军奋勇抵抗。两军激战十日,至十月六日,革命军全线败溃。黄兴要以死殉职,被同志劝阻,退至武昌。次日,冯军占领汉阳。革命军伤亡约三千三百余人。

十月七日晚,军政府在武昌召开紧急会议。黄兴建议放弃武昌,进攻江宁(今南京)。与会的武昌新军革命党人坚持反对,决议坚守武昌。当晚,黄兴即离职,乘轮船去上海。黎元洪以蒋翊武护理战时总司令,吴兆麟为参谋长。

## 二、各省起义与宣告独立

湖北新军武昌起义后,内地十三个省相继响应,先后举行起义或宣告独立,脱离清朝的统治。略依起义和独立的时序,简述于次。

**湖南** 九月初一日,经共进会焦达峰等人发动,驻扎长沙城外的新军士兵分路攻城,巡防营倒戈,新军未发一枪即顺利入城,包围抚署。巡抚余诚格用白布书写"大汉"二字,悬挂桅杆,从后院墙挖洞潜逃,巡防营统领黄忠浩等被杀。当晚,各界代表在谘议局集会,焦达峰自称"我是奉孙文的命令来的",被推为都督,新军排长陈作新被推为副都督。经焦达峰提议,谘议局议长谭延闿任民政部长。当晚,军政府会议,谭延闿提议成立临时参议院,自任议长。次日,谭氏提出《都督发令条例》,规定参议院有规划军民全局,行政用人等权利,都督命令必先经参议院审议同意。初五日,谭人凤到长沙,认为参议院要夺都督的权,建议取消参议院,得到都督府多数人赞同。谭延闿辞去参议院议长职务。初七日,湖南新军独立第一协北上援鄂,长沙空虚。原新军管带梅馨指"焦达峰只有会党,不喜欢新军",于初十日发动兵变,将陈作新与焦达峰杀害,拥立谭延闿为都督。

**陕西** 陕西同盟会会员井勿幕、钱鼎、张钫等曾与哥老会张云山、万炳南等在大雁塔歃血为盟,结成"三十六弟兄"。武昌起义后,西安将军文瑞、护理巡抚钱能训计划将部分新军调整离西安。九月初一日,钱鼎等紧急集会,推同盟会会员、新军参谋张凤翙为指挥,于当日立即起义。起义士兵顺利占领西安汉城。钱能训藏匿民居,自杀未死。前陕甘总督升允则乘乱逃出城外。次日,哥老会刘世杰等率队攻入西安满城,文瑞投井自杀。初四日,张凤翙被推为秦陇复汉军大统领。由于哥老会各有山头,陆续任命钱鼎、万炳南为副大统领,张云山、刘世杰等六人为都督、副都督,陕西一时成为哥老会的天下。十月,升允举逃到兰州,与新任陕甘总督长庚起兵"勤王",进攻陕西。张云山、万炳南率部西征。双方相持不下。

**江西** 九月初二日,九江新军起义,文武官吏纷纷逃避,起义军兵不血刃,获得胜利。次日,成立九江军政分府,推标统马毓宝为都督。初九日夜,南昌新军中的革命党人组织爬城队,进入城内,与警察及抚台卫队汇合,打开城门,新军一拥而入,占领全城。次日,各界人士推协统吴介璋为江西都督,吴推让江西巡抚冯汝骙,冯氏拒不受任。十一日,吴介璋就职。冯汝骙交出印信离南昌,到九江吞金自尽。

**云南** 九月初六日,云南永昌府腾越(今腾冲)同盟会会员张文光联络傣族土司、同盟会会员刀安仁在云南腾越起义,成立滇西都督府。张文光、刀安仁分任第一、第二都督。初九日,曾在日本研习军事与同盟会多有联系的新军协统蔡锷联络云南讲武堂总办同盟会会员李根源,率领昆明新军起义。次日晨攻占督署,处决统制钟麟同,俘获云贵总督李经羲,护送出境。十三日,成立云南军政府,蔡锷被推为都督。

**山西** 武昌起义后,山西巡抚陆钟琦密谋将新军调出太原,以巡防营警卫抚署。九月初八日,太原新军推管带姚以价(音介,jie)为总司令,进攻满城与巡抚衙门,击毙陆钟琦及协统谭振德。各界代表集会于谘议局,推同盟会员阎锡山、温寿泉为正副都督。次日,阎锡山命姚以价率军前往娘子关防堵清军,清廷派第六镇统制吴禄贞前往镇压。吴禄贞屯兵不动,与山西暗通声气。十七日,吴被暗杀。清廷改派张锡銮为山西巡抚,进攻娘子关,阎锡山等转移到晋西北。二十三日,清军占领娘子关。

**江苏上海**　上海是江苏松江府属县。晚清时已是繁华的商埠，并成为革命活动的中心。同盟会中部总会设于上海，光复会也在上海设有锐进学社。保界运动发生后，上海商团等群众自卫武装迅速发展。九月十三日，同盟会中部总会领导人陈其美等发动商团和学生敢死队，进攻江南制造局，制造局总办张士珩率部顽抗。陈其美入局劝降，被扣押。次日凌晨，上海商团总司令李英石率领商团再次进攻，李燮和也带领吴淞、闸北起义军警赶来助战，攻入制造局，救出陈其美，占领上海。十六日，各团体集会，推举沪军都督，意见不一。会后再次协商，决定以陈其美为都督，实业界李平书、沈缦云、王一亭等分任民政、财政、交通各部部长，虞洽卿等任顾问。

　　**贵州**　九月十三日，贵州同盟会分会张百麟、宪政预备会任可澄等会见巡抚沈瑜庆，劝说独立，沈不从。次日夜，贵州陆军小学学生破库取枪，首先发动。新军一标哗变，教练官杨荩诚出面，领导起义。沈瑜庆下令炮击，无人应命。沈瑜庆无奈，只好向张百麟等提出辞职，交出关防印信。十四日，各界会议，推举杨荩诚为都督，队官赵德全为副都督。十五日，成立枢密院，张百麟为院长，任可澄为副院长，周培艺为行政总理。

　　**浙江**　九月十三日，浙江新军推宪兵营童保暄为临时都督、葛敬恩为临时参谋起义。十四日夜半，新军入城。八十二标督队官傅孟率领部分士兵会同蒋志清

（中正）率领的敢死队进攻抚署,俘获巡抚增韫。次日,占领杭州,旗营投降,清杭州将军德济缴械离杭。十六日,推举浙江谘议局议长汤寿潜为都督。

**广西** 九月初十日,同盟会广西分会负责人刘崛集合会党,在梧州独立,桂林震动。十七日,经同盟会会员、谘议局副议长黄宏宪等反复劝说,巡抚沈秉堃命人制作了几百面黄色三角旗,上书"大汉广西全省国民恭请沈都督宣布独立"字样,遍插全城。次日,在谘议局召开大会,宣布沈秉堃为都督,布政使王芝祥、清军提督陆荣廷为副都督。十九日,王芝祥所部巡防营兵变,沈秉堃避匿,陆荣廷被推为都督。

**福建** 九月十八日,在同盟会分会领导下,福州武备学堂学生分头占领城内外要地。十九日,新军出动,击败顽抗骑兵,闽浙总督松寿自杀,福州将军朴寿请降。次日,朴寿乘清军反扑之机潜逃,被抓获正法。二十一日,已加入同盟会的新军统制孙道仁被推举为都督。

**安徽** 九月十五日,皖北信义会张汇滔等于寿州起义,占领合肥、芜湖等地。十八日,安徽巡抚朱家宝在谘议局支持下,宣布独立,自任都督,遭到革命党人反对。二十一日,军、学各界代表集会,另推同盟会会员王天培为都督。朱家宝煽动巡防营哄闹,迫使王天培出走,安徽出现混乱状况。曾任江西军政分府参谋长的同盟会会员李烈钧来到安庆,被推举为安徽都督,政局逐渐稳定。

**广东** 革命党人将广州以外的广东民军划分为东江、西江、韩江等四军。武昌起义后,各地民军纷纷起义,进逼广州,形成包围势态。两广总督张鸣岐迫于形势,于九月十八日黎明出逃。同盟会领导人胡汉民被推为都督,会员陈炯明为副都督。

**四川** 四川保路运动兴起,四川总督赵尔丰被劾革职。清廷在起用袁世凯的同时,任命前两广总督岑春煊为四川总督,督办剿抚事宜。岑春煊心存观望,迟不赴任。九月十五日,四川新军排长同盟会会员夏之时据简阳起义,进兵重庆。十月初二日,重庆同盟会分会张培爵等组织群众集会,迎接夏军入城,宣布成立中华民国蜀军政府,推张培爵为都督,夏之时为副都督。端方率领的湖北新军在资州杀端方举义后,也来重庆聚义。万县、夔州、云阳、泸州等地驻军相继起义响应,在泸州建立川南军政府,推永宁道刘朝望为都督。在成都的川省士绅与赵尔丰聚议,十月初七日推举九月间奉旨释放的原谘议局议长蒲殿俊为大汉军政府四川都督,新军镇统朱庆澜为副都督。次日,川军士兵哗变,蒲、朱逃走。军政府军政部长尹昌衡被推为都督。兵变时,赵尔丰曾擅以总督名义发布文告。军政府又得悉赵尔丰密调边兵来省,遂将赵尔丰逮捕处死。

**江苏** 江苏省境,两江总督驻江宁,江苏巡抚驻苏州。曾在黑龙江抗击俄国侵略的奉天巡抚程德全（四川云阳人）于宣统二年三月调任江苏巡抚。上海起义后，江苏绅商请程宣布独立。九月十四日上海民军代表到苏州参与新军起义。次日，苏州城外新军各队入城，推程为都督，得程允诺。新军即在巡抚衙门前高竖大旗，上书"中华民国江苏都督府兴汉安民"。兵不血刃而宣布独立。此后数日，松江、镇江相继独立。二十一日，上海沪军都督陈其美致电程德全和浙督汤寿潜倡议组成江浙联军，推举江宁新军统制徐绍桢为总司令，指挥新军夺取江宁。商定苏、浙、沪各军齐集镇江进军。革命军与清军缴战至十月十二日，攻占江宁。清两江总督张人骏、将军铁良藏匿于日本领事馆逃往上海。提督张勋退往徐州。程德全移驻江宁。江浙联军在汉阳失陷五日后胜利攻下江宁，军心为之一振。革命又出现新的高潮。

自湖北新军武昌起义以来，仅仅两个月左右，全国已有十四个省相继宣告独立（其中山东巡抚孙宝琦于九月二十三日宣布独立，又于十月初四日宣布取消）。各省的独立，都是在同盟会等革命团体的策动和影响下，大多经由新军的武装起义而实现。广西未经武装起义，也是由于同盟会会员的发动而和平独立。孙文领导成立的中国同盟会，经过五年艰苦曲折的斗争，终于取得重大的胜利。内地十四省先后脱离清朝的统治，垂危的清朝土崩瓦解了。

## （三）内阁改组与议和

### 一、清廷内阁改组

面对武昌起义后各省相继独立的风暴,清廷自知无力抗衡,对改革立宪的呼声一再宣布退让,对革命势力则企图以所谓"安抚"议和,以延续其垂亡的统治。

九月初九日以皇帝名义,连颁诏谕四道。

沿袭历史上帝王下罪己诏的传统,颁谕自责说:"朕缵承大统于今三载","民财之取已多,而未办一利民之事。司法之诏屡下,而实无一守法之人"。"川乱首发,鄂乱继之,今则陕湘警报迭闻,广赣变端又见。区夏腾沸,人心动摇。……皆朕一人之咎也"。"兹特布天下,誓与我国军民,维新更始,实行宪政"。(《宣统政纪》)

同日颁谕命溥伦等遵依钦定宪法大纲拟齐宪法,交资政院审议。

又因资政院奏称皇族内阁与宪政不能相容,颁谕:"一俟事机稍定,简贤得人,即令组织完全内阁,不再以亲贵充国务大臣"。

又因资政院奏请速开党禁,颁谕:"所有戊戌以来因政变获咎,与先后因犯政治革命嫌疑,惧罪逃匿,以及此次乱事被胁,自拔来归者,悉皆赦其既往"。(具见《宣统政纪》)

十一日谕准庆亲王奕劻为首的皇族内阁奏陈奉职无状,自请罢斥。授任袁世凯为内阁总理大臣组织责任内阁。奕劻为弼德院院长,那桐、徐世昌为顾问大臣。罢免军谘大臣载涛,原陆军大臣荫昌为军谘大臣。

十二日,谕准资政院起草宪法。次日将拟具的实行君主立宪的宪法重要信条十九条先行颁布刊行。重申"大清国皇统万世不易"。规定皇帝之权,以宪法所定者为限。总理大臣由国会公举,皇帝任命。国务大臣由总理大臣推举,皇帝任命。皇族不得为总理大臣或国务大臣。

十四日,谕准袁世凯奏请武昌前线停战,又颁谕"有乱事省分""布告妥速安抚"。

十八日,资政院依宪法信条,代行国会职能,公举袁世凯为内阁总理大臣。

二十三日,袁世凯到京,就任内阁总理大臣。三日内,即提出推举国务大臣名单,经清廷照准。十大臣中汉人九人蒙族一人。二十六日宣布后,授任外务大臣梁敦彦、度支大臣严修、农工商大臣张謇、理藩大臣达寿(蒙族)及副大臣陈锦涛等均请收回成命,辞不就任。海军大臣萨镇冰未到任。袁世凯的旧部,被委为陆军大臣的王士珍也因病请辞。未到任诸职暂由他人署理。

梁启超此时仍流亡日本。九月初,滦州新军第二十镇统制张绍曾与混成协协统蓝天蔚曾联名奏请召开国会,制订宪法。曾参加自立军起义、时任驻石家庄的第六镇统制吴禄贞策划联络张绍曾及山西民军起义。九月十七日,吴禄贞被部下刺死。张绍曾被调离任。起义计划未能实现。此前,梁启超得悉其事,自日本匆匆回国,拟策动张绍曾推翻奕劻内阁,拥载涛为内阁总理。到大连后,知起义事败,又返回日本。在日本著文,提出"和袁慰革(革命军)逼满服汉"的政治主张。通过国内友人向袁世凯转达愿拥袁实行君主立宪,并称愿以言论转移国民心理。说:"鄙人不助项城(指袁),更复助谁?"袁世凯赠梁启超巨款,要他办报著文,转移舆论。袁氏组阁时遂将当时在日本的梁启超列入阁员名单,委为司法副大臣,也未到任。

袁氏内阁不设协理大臣。徐世昌授为军谘大臣。

袁世凯被载沣罢逐,积怨已深。组阁擅权,更不容摄政王监国,遂以摄政监国与内阁责任制不符为由,策划除摄政,得到英国公使朱尔典与庆王奕劻的支持。经奕劻向隆裕后建言,十月十六日,以太后名义颁懿旨,准载沣辞退监国摄政王,不再预政。"嗣后用人行政,均责成内阁总理大臣、各国务大臣承担责任"。随后又免去载涛统领禁卫军的职责,改由徐世昌统领训练。小皇帝在位的清廷,只剩下隆裕后听政颁旨,军政实权全归袁世凯掌握了。

罢逐摄政王的次日,隆裕后授命袁世凯为全权大臣,与武昌民军谈判议和。

## 二、南 北 议 和

**停战议和** 袁世凯在出兵武汉之际,曾致函黎元洪试探"和平了结",黎氏不理。九月十七日,袁世凯派遣亲信刘承恩(湖北襄阳人)与海军将领蔡廷干(广东香山人)持函往见黎元洪,提出"如能承认君主立宪,两军即息战"。黎元洪当面拒绝,并劝袁倒戈,返旆北征,说"以项城之威望将来大功告成,选举总统,当推首选"。(中国史学会编《辛亥革命》八:郭孝成《议和始末》)

十月初七日,冯国璋攻陷汉阳。黎元洪于当日经由英国驻汉口总领事葛福(H. Goffe)向袁世凯提出停战谈判建议三条:(一)停战十五天,在此期间内,目前各方所占领的领土应各自驻守;(二)已加入革命党的所有省分的代表在上海集会,选出全权代表与袁世凯所指派的代表进行谈判;(三)如有必要,停战继续延长十五天。十一日,英驻京公使电告葛福,袁世凯只同意停战三天。次日,冯军宣布停战。十四日,黎元洪回到武昌,次日停战期满,又经葛福联络,继续停战三日。

袁世凯内阁外务部与英公使议订续议停战条款,电葛福转告黎军:(一)停战三日期满,续停十五日;(二)北军不遣兵向南,南军亦不遣兵向北;(三)总理大臣袁世凯派北方居留各省代表人前往与南军各代表讨论大局;(四)唐绍仪充总理大臣之代表,与黎元洪

或其代表人讨论大局。(《辛亥革命》八:关于南北议和的清方档案)

十七日,袁世凯受任全权大臣,随即委任唐绍仪为全权代表,与武昌军政府开始谈判。

唐绍仪早年留学美国。光绪七年(一八八一年)回国。曾派赴朝鲜,任袁世凯的英文译员,后又与徐世昌同在袁氏新军营务处任职。曾被授任为全权大臣与英国交涉,签署续订藏印条约。历任外务部侍郎、邮传部侍郎。宣统二年(一九一〇年)七月署邮传部尚书,十二月因病解职。袁世凯组阁,未再出任。唐氏受任为袁世凯的全权代表后,于二十一日到达武昌。

**武昌会议** 这时的武昌,各省代表正在聚集会议。

九月十八日,黎元洪曾通电要求各省选派代表到武昌筹组临时政府。二十一日,江苏都督程德全、浙江都督汤寿潜联名致电上海都督陈其美,建议由各省谘议局、都督府分别选派一人到沪,建立"临时会议机关,磋商对内对外妥善之办法"。二十三日,陈其美向各省发出邀请,建议仿照美国革命时建立"十三州会议总机关"的办法,在上海建立"临时会议总机关"。二十五日,江苏都督府代表雷奋、沪军都督府代表袁希洛、朱葆康、福建代表林长民以及浙江、山东、湖南等七地代表在沪举行各省都督府代表会议。三十日,议决承认武昌为民国军政府,以鄂军都督执行中央政务。武昌方面反对"政府设鄂,议会设沪",要求代表会议在武昌召开。十月三日,上海方面议决,各省代表均赴湖北,讨论组织临时政府事宜,各省留一人在沪,联络声气。

十月十日,湖北、湖南、浙江、江苏、安徽、福建、广西、四川与尚未独立的山东、直隶、河南等十一省代表二十三人到达武汉。此时,汉口已经陷落,武昌危急,代表会议只能在汉口英租界顺昌洋行举行。会议推湖南代表谭延闿为议长。议决在临时政府未成立前,由湖北军政府代行中央军政府职权。十一日,议决如袁世凯倒戈反正,即公举为临时大总统。十二日,通过《中华民国临时政府组织大纲》。分为"临时大总统"、"参议院"、"行政各部"等三章二十一条,规定临时大总统由各省都督府代表选举产生,参议院以各省都督府所派之参议员组成,临时政府设立外交、内政、财政、军务、交通各部等。是日,江浙联军攻克江宁。十三日,代表们议决将临时政府设于江宁,称南京,七天后,会议移到南京开会。

九月十九日会议在得知袁世凯派唐绍仪为代表来武昌后,十一省代表公推在上海的伍廷芳为民军代表,与唐谈判。黎元洪即日致电伍廷芳来武昌。

伍廷芳曾于光绪三十三年(一九〇八年)八月充任出使美国大臣,宣统元年(一九一〇年)回国后即留居上海,不再出仕。武昌起义后,与陈其美等在沪组织共和统一会,赞助共和,被各省代表会议提名为临时政府外务总长。伍廷芳接电后,因汉口已被袁军占领,建议会谈在上海举行。商由英国驻上海总领事法磊斯(E. D. H. Fraser)电请英公使朱尔典转请袁世凯同意。唐绍仪即奉命自武昌来上海谈判。

**上海谈判**　唐绍仪在武昌时曾面告黎元洪"袁内阁亦主张共和,但须由国民会议议决,袁内阁据以告清廷,即可实行逊位。"(刘星楠:《辛亥各省代表会议日志》,见《辛亥革命回忆录》第六集)黎元洪向唐提出谈判内容:"一、推翻满清王朝;二、优待皇室;三、对满族人一律体恤;四、统一中国。

十月二十七日,唐绍仪与随员四人乘轮船到上海。次日,在上海英租界议事厅与伍廷芳开始谈判。伍廷芳署衔为"民国总代表"。湖北都督府管理外交事务的王正廷以中央军政府代表名义与委任的参赞四人参加会谈。首次会谈,双方达成全国各地全面停战的协议,分告袁世凯、黎元洪及未参加代表会议的山西、陕西军政府实行。十一月初一日,双方举行第二次会议,讨论到国体问题。伍廷芳反复陈言,力主共和,说"为今之计,中国必须民主,由百姓举大总统,重新缔造"。唐绍仪告伍:"黄兴有电致袁内阁云:若能赞成共和,必可举为总统。""袁氏谓此事我不能为,应让黄兴为之,是袁氏亦赞成,不过不能出口耳。""我等汉人,无不赞成。不过宜筹一善法,使和平解决。"伍追问唐的意见,唐答:"我曾拟一折,请国民大会决定君主民主问题,服从多数之取决,清廷不允。""窃以为和平解决之法,无逾于此也。"(会议问答速记录。见前引《辛亥革命》八,《南北议和史料》)伍氏赞同此议,请从速解决。唐即电袁请示,谈判暂停。

袁氏迟未复电,初六日、初八日唐绍仪两电袁世凯,请袁痛下决心,急速召开国会。初九日,袁世凯与内阁大臣联名奏请清廷召集近支王公讨论召开国会之议。奕劻等多数宗室表示赞成,毓朗、载泽及恭王溥伟有异议。袁世凯面奏隆裕后,称"今唐绍仪请召集国会公决,如议定君主立宪政体,固属甚善。倘议定共和政体,必应优待皇室。如开战,战败后恐不能保全皇室。"(马士良《清廷退位前后》引录绍英日记,载《北京文史资料精华——世纪风云》)隆裕后随发懿旨,召集临时国会付之公决,著内阁令唐绍仪转告民军代表。

清廷定议后,上海伍唐谈判于初十日继续进行,协议停战展期至十一月十七日,商拟临时国会召开方案。

**列强动向** 武昌起义后,列强各国即迅速调遣在华军舰,向汉口江岸结集。十日之内,英、美、法、德、日等国共调集军舰十六艘。日、英、德的舰队司令相继来到汉口,亲自部署汉口租界的兵力。名为保护租界,实为对革命军进行监视和威胁,乘机取利。

清廷历年对列强的赔款和偿付外债，多以海关税收作担保。关税是清廷财政的一项重要收入，存入指定的银号支用。清廷委任的海关总税务司英人赫德于一九○八年回国，一九一一年春病死。继任的总税务司英人安格联（F. A. Aglen）经与英国驻华公使朱尔典策划，在汉口公使团宣布中立的前两天即八月二十四日（西历十月十五日）通知江汉关税务司，将税款存入英国汇丰银行。随后，会见清税务处帮办大臣胡惟德，说要"采取某种方针，确保关税不致为革命党用作军费，并留供偿还外债"。湖南军政府成立后，照会长沙税务司，自即日起所有邮局、海关归本军政府管理。朱尔典、安格联强行制止，调动军舰到长沙，声称"如果革命党人擅自挪用，可能会引起同列强的纠纷"。云南起义后，蔡锷出任云南都督，要求蒙自关将税款解送军政府，安格联以撤退海关人员相威胁，坚决拒绝。在广州和广东其他口岸，安格联自称"已经做出妥善的安排，税款用我的名义存放在银行"。

　　九月二十七日（西历十一月十七日）朱尔典召集各国驻华使团商议，"海关全部税收均置于总税务司之下"，由设在上海的各国银行组织专门机构管理。两天后，安格联会见时任袁世凯内阁署外务大臣胡惟德，提出"把尚未脱离中央的各口岸的税收毫无保留地交给我经管"。十月初七日，袁内阁通知朱尔典。"所有各口岸之关税，现已稳置于海关总税务司管理之下,以备拨付外债及赔款"。(引文具见《中国海关与辛亥革命资料汇编》)公使团商定,由汇丰银行、德华银行、华俄道胜银行联合组成非常委员会控制和分配税款。列强一举攫夺了起义各省以至全国各海关税款的管理权。据统计,至一九一一年底存入上海外国银行的税款,已有三百三十万两。

各军政府宣布废除帝制实行共和,天皇制的日本政府首先做出强烈反应,陆军省甚至有人提议出兵干涉。九月初三日,日本内阁定议"诱导清廷改采君主立宪制","倾全力以扩大日本在华权益""使满洲现状得以永恒保持"。(《日本外交文书·清国事变》)九月二十八日,日本驻华公使伊集院彦吉往见袁世凯,建言"以君主立宪统一全国,实为万全之策"。十月初八日,日本外务大臣内田康哉训令日本驻英使节,寻求英国合作。英政府表示,应由中国双方自行磋商。十一月初五日,奕劻与袁世凯召见伊集院,通告拟召开国民会议,讨论政体。次日,内田康哉依据日本元老会议的意见,召见英国驻日公使窦纳乐(C. M. MacDonald),提议由英日两国政府出面,联合美、德、法、俄等国,向中国革命党人施加压力,迫使接受君主立宪。次日,英国外交大臣即明确表示拒绝。内田致电伊集院说,"单独出面,亦属无趣",只好听其自然。

武昌起义后,英国驻华公使朱尔典曾向清廷建议起用袁世凯。袁世凯受命组阁,到京就任,朱尔典立即向英国政府报告。九月二十五日（西历十一月十五日）英国外交大臣格雷复电朱尔典说："我们对袁世凯深怀友好尊敬之情。我们希望看到，作为革命的一个结果，在中国建立一个能公正地对待各个外国，能维持内部秩序并为发展贸易创造有利条件的充分强有力的政府。这样一个政府将会得到我们所能给予的一切外交支持。"（《英国蓝皮书有关辛亥革命资料选译》第五十八页）十一月初六日，英国拒绝日本的提议后，又公开声明，决不与日本支持清国实施君主政体。格雷电告朱尔典："我们渴望看到一个强大而统一的中国，不论处于何种政体之下。"表明英国政府并不反对中国实行共和政体。但他们支持的人物并不是孙文，而是袁世凯。南北议和期间，朱尔典、葛福居间联络。朱尔典与袁世凯时有来往，建立了密切的联系。

俄国久已觊觎中国的外蒙古地区。武昌起义后，俄国乘机策动外蒙古哲布尊丹巴呼图克图（义为尊胜活佛）第八世独立。十月初，驱逐清廷库伦办事大臣，建号大蒙古国，处于俄国控制之下。

侨居美国的孙文，在武昌起义后观察列强动向。自述他当时的认识是："列强之与中国最有关系者有六焉。美法二国则尝表同情革命者也。德俄二国则尝反对革命者也。日本则民间表同情而其政府反对者也。英国则民间表同情而其政府未定者也。是故吾之外交关键,可以举足重轻为我成败存亡所系者,厥为英国。倘英国右我,则日本不能为患矣。"(《革命缘起》)孙文认为革命成败所系在于英国,此时的英国已决意支持袁世凯了。

## 第四节　民国创立,清朝覆亡

### (一)中华民国的建立

武昌起义时,孙文在美国得到胜利的消息,并没有立即回国,而是走访欧美各国,寻求对中国民主革命的承认和财政支援。

八月二十七日,孙文到华盛顿,要求会见美国国务卿,未得允许。九月五日到纽约,会见日本驻纽约总领事的代表鹤冈永太郎,表示愿以公开身分访问日本,也未获准。九月十二日到伦敦,托人向英国政府提出三项要求:止绝清廷一切借款;制止日本援助清廷;取消各处英属政府的放逐令,得英国政府同意。一向支持袁世凯的英政府命转告孙文,英国人尊敬袁世凯,赞成给予他总统职位。十月初一日,孙文到达巴黎,要求法国东方汇理银行贷款给革命临时政府,未能成功。初四日启程回国。

十一月初二日到达香港。同盟会领导人广东都督胡汉民来迎。初六日,回到上海,记者们问他带回多少钱,孙文回答:"予不名一文也,所带者,革命之精神耳!"

孙文到上海后,与同来的胡汉民及在上海的同盟会领导人黄兴、宋教仁、陈其美等集议,商定立即组建临时政府,采用总统制,推荐孙文为临时大总统。黄兴、宋教仁去南京,向各省代表会议提出建议。

各省代表会议于十月二十二日自武昌移至南京,有十四省代表三十九人到会。二十四日开会,选举浙江省代表汤尔和为议长,广东省代表王宠惠为副议长。二十七日,选举黎元洪为大元帅,黄兴为副元帅代行大元帅职权,筹组临时政府。黄兴、宋教仁到南京后,与各省代表定议,十一月十一日举行临时大总统的选举,成立临时政府。

此时已有十七省代表四十五人齐集南京。除参加武昌会议的十一省外,广东、江西、云南、山西、陕西、奉天等六省代表也已陆续到会。选举会议由汤尔和、王宠惠主持,规定每省一票,多数当选,提名候选人三人:孙文、黄兴、黎元洪。选举结果,黄兴得一票,孙文以十六票当选。全场掌声雷动,高呼"中华共和国万岁"!

十一月十三日,孙文自上海乘火车到南京就任。沿途苏州、无锡、镇江各地民众,夹道欢呼,热烈迎送。当晚到达南京,即举行就职典礼。孙文宣誓就职,亲读

393

就任临时大总统的孙文

誓词："倾覆满洲专制政府,巩固中华民国,图谋民生幸福,此国民之公意,文实尊之,以忠于国,为众服务。至专制政府既倒,国内无变乱,民国卓立于世界,为列邦公认,斯时当解临时大总统之职。谨以此誓于国民。"(《孙中山全集》卷二)又发布《临时大总统宣言书》,宣称"确定共和,以达革命之宗旨,完国民之志愿。"说"国家之本,在于人民。合汉满蒙回藏诸地为一国,则合汉满蒙回藏诸族为一人,是曰民族之统一",与领土之统一、军政之统一、内治之统一、财政之统一合为政务方针。《宣言》又称:"满清时代辱国之举措与排外之心理,务一洗而去之。持平和主义,与我友邦益增睦谊,将使中国见重于国际社会,且将使世界渐趋于大同"。(《临时政府新法令》第二册)

孙文就职
后宣布共和国
国号定为中华
民国。废除立
年号的旧制和
黄帝纪元，以中
华民国纪年。
历日改用阳历，
即世界通行的
西历。大总统
就职之日夏历
辛亥年十一月
十三日为中华
民国元年（一九
一二年）元旦
（一月一日）。
经各省代表议
决，次日通电各省施行。

大總統誓詞

倾覆满洲專制政府巩固中華民國圖謀民生幸福此國民之公意文實遵之以忠於國為眾服務至專制政府既倒國內無變亂民國卓立於世界為列邦公認斯時文當解臨時大總統之職謹以此誓於國民

中華民國元年元旦　孫文

临时大总统誓词

中国历史上从未有过的共和政体的民国宣告诞生了。

民国元年一月三日，各省代表会议选举黎元洪为副总统，并通过孙文提名的临时政府国务员九人，分任各部总长。

陆军总长黄兴

395

海军总长黄钟英(清海军舰队司令,在九江起义)

外交总长王宠惠

司法总长伍廷芳

财政总长陈锦涛

内务总长程德全

教育总长蔡元培

实业总长张謇

交通总长汤寿潜

名单系由孙文与黄兴等人商酌提出,为取得各方同意,团结建国,九人中同盟会会员只有黄兴、王宠惠、蔡元培三人,其余六人均为参加革命的各界人士。各部次长(副部长)九人中有八人为同盟会员,出任实职。

会议又委任胡汉民为总统府秘书长。

十一日,代表会议决议以红黄蓝白黑五色条旗为中华民国国旗,寓意五族共和。

武昌会议制定的《临时政府组织大纲》曾有设参议院的专章。参议院设立前由各省代表会议代行其职权。十八日,正式成立参议院,由各省派参议员三人组成。次日,选举江西代表林森为议长,江苏代表陈陶怡为副议长。两人均为同盟会会员。随即着手订立《国会组织法大纲》。

临时政府另设法制局(后改为院),以宋教仁为局长,编制法令。此后,临时政府陆续颁布了有关教育、实业及废除陋习禁止辫发、缠足、跪拜等法令多项。

## （二）清朝覆亡，孙文引退

### 一、南 北 交 涉

孙文就任临时大总统之日，即致电袁世凯，称"文虽暂时承乏，而虚位以待之心，终可大白于将来。望早定大计，以慰四万万人之渴望"。次日，又致电说"文不忍南北战争，生灵涂炭"，"倘由君之力，不劳战争，达国民之志愿，保民族之调和，清室亦得安乐，一举数善，推功让能，自是公论"，再次申明如袁倒戈覆清，自愿让位。

袁世凯得知孙文当选，建立民国，认为是违背了原来的协议与许诺。西历一月二日，即致电伍廷芳，否认伍唐协议。说唐绍仪所议诸事"均未与本大臣商明，遽行签订"，并称已准唐辞代表职，"嗣后应商事件，先由本大臣与贵代表直接往返电商"。四日，又致电伍廷芳，提出质问，说："国体问题由国会解决，业经贵代表承认"，"乃闻南京忽已组织政府，并孙文受任总统之日宣示驱逐满清政府，是显与前议国会解决问题相背。"伍廷芳复电反驳说："现在民军光复已十余省，不能无统一之机关"，"此系民国内部组织之事，为政治上之通例"。国民会议"议决后两方均须依从"。袁氏在电中诘问："设国会议决君主立宪，该政府及总统是

否立即取消？"伍氏复电反问："设国会议决为共和立宪，清帝是否立即退位？"（具见伍廷芳《共和关键录》）

袁世凯旧部段祺瑞、冯国璋等北洋将领四十余人联名电奏清廷，力主君主立宪，反对共和，声言如以少数人意见强行共和，将誓死反抗。驻滦州新军第二十镇管带王金铭、施从云与同盟会北方协会白毓崑发动起义，公历一月四日（以下均为公历）宣布滦州独立。袁世凯随即派遣第三镇统制曹锟总兵王怀庆领兵镇压。王金铭、施从云、白毓崑均被杀害。

孙文回国前，上海都督陈其美曾成立北伐联合会，倡议南方各省起兵北伐，推翻清朝。广东民军、广西议院、浙江共和促进会先后通电主张北伐，勿与议和，说议和实中袁贼奸计。广东北伐军八千人在姚雨平率领下开抵上海待命。孙中山就任大总统后，一月四日曾致电接替胡汉民任广东都督的陈炯明，说"和议无论如何，北伐断不可懈。"袁世凯及北洋将领执意反对共和，孙文遂与黄兴策划举兵。一月九日，陆军部拟订计划，各地民军编为湘鄂、宁皖、淮扬、烟台、关外、山陕六路，分头进兵，合围京师。由孙文任总指挥，黄兴为参谋总长。计划下达后，姚雨平部随即出动。与皖军合兵，攻占宿州，进兵徐州。关外都督蓝天蔚率领起义巡洋舰三艘与沪军先锋队二千余人会师烟台，占领登州。此外，各地革命军均无举动。

各省革命军强弱不一，情况不同，平素分在各地，缺少统一指挥下协同作战的训练。宣布独立的各省，财政原已拮据。起义后军费不济，粮饷与军火均告不足，难以兴师大举。孙文为筹借革命经费，多方奔走。由江苏铁路公司出面，向日本银行借款，转借给南京临时政府二百五十万日元，但规定用于向日本订购武器弹药，不借现款。又以国库券为担保，向日本三井洋行借得现款二百万日元，接济临时政府的经费开支。陆军部借款二百万日元，用于订购军械和被服。日本三井物产公司曾提出可借款一千万元，但要以租让"满洲"（东三省）为条件，与南京谈判。日本陆军大臣随后指出，日本在满洲"理应享有一切权利，无须以金钱收买"，谈判终止。陆军部布署的六路革命军约有十数万人，孙文借得的现款，杯水车薪，显然远不敷用。调集的军队纷纷向陆军部索饷，陆军部无法支应。英国公使朱尔典向英政府报告说，南京临时政府"可供行政管理费用的税收，甚至不够支付各部总长的薪金"。（《英国蓝皮书有关辛亥革命资料选译》第四五四页）曾参加借款谈判的日本友人山田纯三郎回忆说："孙先生方面，既无打倒袁世凯的武器又无资金"，"不得不含泪同意南北妥协，最终让位于袁世凯。"（《中国革命与孙文的中日联盟》，见嘉治隆一编《亲历者言》）

　　一月十四日，原定停战期满。协议再延期十五天。孙文北伐计划难以实现，不得不仍依各省代表会议原议,继续争取袁世凯,以期不战而功成。袁世凯见孙文无力兴兵,又命唐绍仪向伍廷芳探询孙文意向,次日孙文复电伍廷芳转达,"如清帝实行退位,宣布共和,则临时政府决不食言。文即可正式宣布解职,以功以能,首推袁氏。"(《孙中山全集》卷二《复伍廷芳电》)张謇也致电袁世凯说"甲日满退,乙日拥公,东南诸方,一切通过"。

袁世凯再次得到孙文让位的保证,遂命其子克定电唐绍仪转告伍廷芳,说将训示北洋诸镇将"令联衔劝幼帝退位,以国让民",另拟优待皇室条件征南京同意。

十六日袁世凯与内阁大臣联名上奏,称民军坚持共和,大局危急,饷无可筹,兵不敷遣。说"民主如尧舜禅让",请隆裕后"早顺舆情"。袁氏退朝,途遇革命党人张先培等以炸弹行刺未成,被捕处死。袁氏从此称病不朝。

十七日,隆裕后召集宗室王公会议。奕劻、溥伦主张清帝自行退位,由清廷宣布共和。载泽、溥伟等反对,仍然主张君主立宪。隆裕后优柔寡断,不得结果。

袁世凯连日与英公使朱尔典联络,通报消息,寻求支持。袁氏亲信的内阁阁员民政大臣赵秉钧、外务副大臣胡惟德、署邮传副大臣梁士诒等提议,清廷授权袁世凯在北京或天津成立临时政府。此议提出后,宗室王公强烈反对。隆裕后降旨,命胡惟德转告袁世凯,仍依原议,召开国民大会讨论政体。

　　袁世凯将赵秉钧等的提议电告伍廷芳并提出清帝退位两日后,南京临时政府即行解散。孙文随即致电伍廷芳,提出:一、清帝退位,其一切政权同时消灭,不得私授予其臣。二、北京不得更设临时政府。三、各国承认中华民国之后,临时总统即行辞职,请参议院举袁氏为大总统。

　　袁世凯策划的由清廷授权另立政府之议,遭到清廷和民国双方反对,不能得逞了。

　　孙文见袁世凯反复,遂致电伍廷芳,确定五项办法告袁,并于五月二十二日由各报发布,昭示国人。一、清帝退位,由袁世凯知照驻京各国公使,电告民国政府。二、袁须宣布政见,绝对赞同共和主义。三、孙文接到外交团或领事团通知清帝退位文告后,即行辞职。四、由民国参议院举袁为临时总统。五、袁被举为临时总统后,誓守参议院所定之宪法,乃能接权受事。孙文并声明,此为最后解决办法,如袁并此而不能行,战争复起,天下流血,其罪当有所归。(《孙中山全集》卷二)

## 二、隆裕后率溥仪退位

　　孙文的电文将袁世凯以清帝退位换取总统的内幕公之于世。袁世凯急忙否认,说并未商及此事,又命袁内阁外务部声明,袁无意充任总统。

　　自袁内阁提出由清廷授权袁世凯另立政府后,宗室王公大臣指袁怀有异志,群情激愤。一月十九日,溥伟、善耆、毓朗、铁良与原禁卫军统领良弼等成立君主立宪维持会,后又改称宗社党,由良弼主持行事,策划倒袁扶清,由皇族再组内阁,出兵南伐。袁世凯布署护卫,以防暗杀,又命曾经通电誓死反对共和的北洋将领段祺瑞于二十三日致电内阁,说"侧闻共和思想,近来将领颇有不可遏之势"。二十五日又电内阁,说军中将领听说恭王(溥伟)泽公(载泽)"阻挠共和","多愤愤不平","压制则立即暴动,敷衍亦必全溃",向反共和的王公进行威胁。二十六日,曾经参加滦州起义的同盟会会员彭家珍在良弼回家途中投掷炸弹,良弼身受重伤,两天后死去。彭家珍当场牺牲。反共和的大臣惊惧,一些人逃离京师,去天津、青岛等地外国租界避乱。段祺瑞联络军将四十六人联名奏请清廷"明降谕旨,宣示中外,立定共和政体"。袁世凯继续称病不朝,向隆裕后施压。

孙文见袁世凯迟不行动。二十七日致电伍廷芳称:"和局至此,万无展期之理,民国将士决意开战。"二十九日再电伍廷芳,指责袁世凯"于清帝退位问题,业经彼此往返电商多日,忽然电称并未与伍代表商及等语。似此种种失信,为全国军民所共愤"。又说"此次停战之期届满,民国万不允再行展期,若因而再启兵衅,全唯袁世凯是咎。"(《孙中山全集》卷二)严厉电催袁世凯履行诺言,促清帝退位。

袁世凯大权在握,成竹在胸。隆裕后独处深宫,无所依恃。良弼遇刺后,隆裕后颁布懿旨,加封袁世凯一等侯爵,望袁效忠。袁世凯上摺辞封。隆裕后传旨召见,袁世凯仍称病不行。二十九日送上奏摺,称"日前闻军心渐多摇动,异常焦灼","近议国体一事,已由皇族王公讨论多日,当有解决办法,请旨定夺。"(《辛亥革命》八,清方档案)隆裕后无奈于二月三日颁旨,"著授袁世凯以全权,研究一切办法,先行迅速与民军商酌条件,奏明请旨"。(《宣统政纪》)

袁世凯得旨,获得全权,遂与南京民国政府磋商清帝退位优待条件及草拟退位诏书等事。又命段祺瑞与部下军将联名致电内阁,指斥满族王公阻挠共和,声称:"谨率全军将士入京,与王公剖陈利害",危言恫吓。袁氏的表弟署理直隶总督张镇芳联络两江、两湖、河南、山东、安徽、山西、吉林等省督抚,联衔致电内阁代奏清廷,"速降明谕,宣布共和,悉以政权公诸国民"。二月十日,袁世凯与内阁大臣商订经隆裕后和南京民国政府同意的优待清室条件。次日,送隆裕后阅准,遂定议颁旨退位。

民国元年二月十二日,即清宣统三年十二月二十五日,隆裕后在养心殿召见群臣,颁布懿旨,内称:"今全国人民心理,多倾向共和。中南各省既倡议于前,北方诸将亦主张于后。""予亦何忍因一姓之尊荣,拂兆民之好恶。是用外观大势,内审舆情,特率皇帝将统治权公诸全国,定为立宪共和国体。""即由袁世凯以全权组织临时共和政府,与民军协商统一办法。""仍合满汉蒙回藏五族完全领土为一大中华民国。予与皇帝得以退处宽闲,优游岁月"。(《宣统政纪》)

此懿旨,原由民国政府胡汉民委付张謇等人起草,经袁世凯改定。据说"以全权组织临时政府"系袁氏所加,借以表明他已自清廷得到组织政府的全权。

隆裕后另颁一道懿旨,公布商定的民国优待条件,分列优待皇室、皇族待遇、满蒙回藏待遇等三项。主要内容是:皇帝辞位后仍存尊号,暂居宫禁,日后移居颐和园,岁用由中华民国拨给。私产予以保护。王公世爵仍旧,保护私产。满蒙回藏与汉人平等,宗教自由信仰等。由两方代表照会各国公使。

据记述,当日袁世凯将缮就的各项诏稿进呈,隆裕后挥泪用印,随即携溥仪回宫。清廷的统治覆亡了。

自清太祖努尔哈赤创建金国,清太宗皇太极立国号大清,清世祖福临建都北京,至末帝溥仪,前后历经十二帝。自清世祖入关建年号顺治,至宣统三年清亡,前后历经二百六十八年。隆裕后率溥仪交出政权,宣告了满洲皇室统治的清朝的覆亡,也宣告了帝王专制制度的结束。

### 三、袁世凯就职,孙文引退

**袁氏就职** 清帝退位后袁世凯即于次日致电南京

临时政府,宣示他的政见,说:"共和为最良国体,世界之公认","从此努力进行,务令达到圆满地位,永不使君主政体再行于中国。"孙文依据原来的承诺,当日即向南京参议院提出咨文,请辞大总统,并推荐袁世凯继任。说"本总统当践誓言,辞职引退"。附提条件:一、临时政府地点设于南京,此经议定,不能更改。二、参议院举定新总统亲到南京就任之时,大总统及国务各员乃行解职。三、临时政府约法为参议院所制定,新总统必须遵守颁布之一切法制章程。(具见《临时政府公报》)二月十四日,孙文又率领各部总长次长到参议院辞职。十五日下午参议院开会,投票选举袁世凯为中华民国临时大总统。孙文即日电告袁世凯当选,临时政府定在南京,并说将派专使请袁来宁接事。

袁世凯见选举完毕,大事已成,随即策划否认孙文的条件,建都北京,拒不去南京就任。十八日孙文再电袁世凯促行,并派蔡元培为专使率领使团启程去北京迎接。袁世凯挟北洋陆军以自重,说孙文是"调虎离山之计"。二十一日,复电孙文说"若专为个人职任计,舍北而南,则实有无穷窒碍。北方军民,意见尚多,隐患实繁。""若因凯一走,变端立见,殊非爱国救世之素志。"并且威胁说:"今日之计,惟有由南京政府将北方各省及各军队妥筹接收以后,世凯立即退归田里,为共和之国民。当未接收以前,仍当竭智尽愚,暂维秩序。"(《辛亥革命》八《时报》)此电以北洋军队向孙文进行要挟，其实是说"你接管不了我的军队，我就不会离开"。二十五日蔡元培使团到达北京，袁世凯安排隆重接待，暗中密谋制造兵变。二十九日，袁世凯长子克定与北洋陆军第三镇统制曹锟，奉袁世凯密令，策动驻在京师城内的三镇士兵哗变，沿街抢掠、焚烧店铺。巡警撤岗不加干预，市井混乱。三月一日，士兵又在京师西城抢掠。天津、保定驻军也出现动乱。袁世凯以此为由发布通电说"专使到时，决意南下"，"今遇此变，南行维艰，公等幸谅。"段祺瑞等将领随后也发出通电说"临时政府必应设于北京，大总统受任必暂难离京一步。"

袁世凯导演的兵变，特意安排在南京使团面前演出。蔡元培未能识破袁世凯的诡计，连日向南京政府和孙文发出公私函电，历述所见，说"北京军队忽起变乱。一般舆论，以袁将南行为其主要之一因"。建议临时政府改设北京，以拯危局。时在武昌的副总统黎元洪电称"舍南京不至乱，舍北京必至亡"，主张"度时审势，量为迁就"。袁世凯坚拒南下，舆论要求速决，孙文无可奈何，遂由南京参议局于三月六日通过妥协办法。一、允袁世凯在北京就职。二、袁电参议院宣誓。三、参议院接宣誓电后通告全国。四、袁将拟派之国务总理及国务员名单征求参议院同意。五、任定之国务总理在南京接收交代。六、孙大总统交代后解职。三月七日，电告袁世凯。次日，袁即复电"所议六条，一切认可",将宣誓词电寄参议院。

三月十日,袁世凯在北京就任中华民国临时大总统,宣读经参议院同意的誓词,宣称发扬共和精神,谨守宪法。

清帝退位,袁氏就职。革命党人实现了争取袁世凯,和平建立共和的预案。袁世凯则实现了倚恃清廷授权和北洋兵力另建北京政府的预谋。身为北洋军阀的袁世凯,乘武昌起义,革命军兴,从清廷获得镇压革命的军政大权,又以胁迫清帝退位向民国攫取统治全国的权位。依违两者之间,纵横捭阖,终于夺取了中华民国临时大总统的职权。孙文领导革命党人创建的中华民国,大权旁落了。

**颁布约法** 孙文辞职让位所提三项条件,一、二两项均因袁世凯的诡谋抵制而失败,只剩下遵守临时约法一条。

南京临时政府成立后,二月间即以鄂州约法为蓝本,着手制定中华民国临时约法,三月八日完成定稿。三月十日,袁世凯在北京就职,宣誓"谨守宪法"后,尚未解职的孙文即在次日发布大总统令,将《中华民国临时约法》公布于世,昭告于全体国民。

《临时约法》共分七章。第五章总纲,中华民国主权属于国民全体。领土为二十二行省、内外蒙古、西藏、青海。第二章人民。中华民国人民一律平等,享有各项自由权和民主选举权,有纳税、服兵役的义务。第三章，参议院。立法权属参议院，由各地方选派参议员组成，选举议长。国会成立前，行使国会职权。第四章，临时大总统、副总统。由参议院选举，总揽政务，统帅全国海陆军。但制定官制、任命国务员、宣战媾和、宣布大赦等须经参议院同意。大总统受参议院弹劾后由最高法院组织特别法庭审判。第五章国务员。国务总理及各部总长称国务员，辅佐临时大总统负其责任。第六章法院。临时大总统及司法总长任命法官，组成法院。法官独立审判，不受上级官厅之干涉。第七章，附则，规定"宪法未施行以前，本约法之效力，与宪法等"。(《辛亥革命》八，临时政府公报)

《临时约法》从当时中国的实际情况出发，参照某些西方制度，确立了立法、行政、司法分立的共和体制，根本上铲除了帝王专制制度，是南京临时政府的重大成就。具有宪法效力的《临时约法》公布，昭示北京政府必须遵守。民主共和的观念，从此深入人心。

**孙文引退** 孙文辞职后，副总统黎元洪也随即提出辞职。参议院二月二十一日开会，仍举黎元洪为副总统。袁世凯就职后，向参议院提名通过，任唐绍仪为内阁总理，重新组阁，与南京临时政府办理交接。

孙文领导的同盟会，由于清廷的查缉，长期不能公开活动。清帝退位后，三月三日在南京召开会员大会，重新制定章程，定名中国同盟会，规定"以巩固中华民国，实行民生主义为宗旨"，仍举孙文为总理。

清朝亡后,孙文辞职推举袁世凯,同盟会及海内外的一些革命人士不无异议。孙文曾致电谭人凤说"文等所求者,颠覆满清政府创立中华民国也"。"若在吾党,不必身揽政权,亦自有其天职,更不必以名位而为本党进退之征"。复电五大洲华侨说:"今目的已达","我辈之义务告尽,而权利则享自由人权而已,其他非所问也。"唐绍仪来南京后,四月一日办理交接完毕,孙文即于是日发布临时大总统解职令,宣布正式解职。当日去参议院发表解职讲话,又出席同盟会会员饯别会演说,称"今日满清退位,中华民国成立,民族、民权两主义俱达到,惟有民生主义尚未着手,今后吾人所当致力的即在此事。"(具见《孙中山全集》卷二)袁世凯致电孙文,说"公为民国第一华盛顿,功成自退,万众倾心。"

孙文宣布解职后,随即离南京去上海。四月四日在上海对来访的《文汇报》记者说:"政治上革命今已如愿以偿矣,后当竭力从事于社会上革命。"此后即以同盟会总理的身分,巡视各地,考察社会民生问题。

孙文发动和领导的民主革命,自一八九四年建立兴中会以来,历经十八年的艰苦奋斗,终于实现了推翻清朝、建立民国的革命目标,建立了丰功伟绩。由于武昌起义建立民国发生在干支纪年的辛亥年,因而又被称为辛亥革命。毛泽东指出:"这个革命,按其社会性质说来,是资产阶级民主主义革命。"(《新民主主义论》)这次革命,不同于历史上的改朝换代,而是完全消灭了延续数千年的帝王专制制度,创建中华民国,确立了民主共和的国家体制。中国历史从此揭开新的一页。

# 第　十　章

# 晚清时期学术文化概况

道光以来的晚清时期,学术文化各领域,都呈现出时代的特征。本章分别对理学经学与西学、学术著作、文学艺术和科学技术状况做简要的评述。

## 第一节　理学经学与西学

今文经师皮锡瑞在所著《经学历史》中指出:"国朝经学凡三变",国初为汉宋兼采之学;乾隆以后为专门汉学;嘉道以后为西汉今文之学。沉沦已久的今文经学,嘉道以后确曾一度复兴,但并未能取代汉宋。源于宋学的理学仍是居于统治地位的官方学术,并且深入社会,具有广泛的影响。汉学渐至末路,但道光以后,步入总结性阶段,出现总结性、评论性的经学著述,继续取得了成就。今文经学在学术上领域狭窄,由于倡导经世致用、变法维新而风行一时。变法失败,今文之学便也走入末路,难得发展。

晚清学术出现的新现象,是西方学术思想的传入。大批西方学术著述译为中文,广泛传播。融贯中西的新学随之兴起。

## (一)理学的流布

宋儒的理学,包括伦常与性理两方面的内容,以性理论证伦常。清初力倡理学,作为维护统治的思想武器。乾隆以来,汉学昌盛,学者多致力于经书的注疏考证。理学作为官方哲学,仍居统治地位,但在学人中渐被冷落。咸丰以来,太平天国革命爆发,曾国藩组建湘军,以镇压太平军而身居高位,再度倡导理学,在官场和文士中产生了影响。

曾国藩(一八一一——一八七二年),字涤生。道光十八年中进士,入京师服官,累迁内阁学士,官至礼部侍郎。在京师时曾问学于湖南前辈太常寺卿唐鉴。唐鉴潜研理学,号称宗尚程朱,著有《学案小识》十五卷。咸丰三年(一八五三年),曾国藩奉旨去长沙办团练,此后十三年即统率湘军,以镇压太平军、捻军为职志,长期身在军旅,并无学术专著。主要是在所作文记及友人书信中阐述己见,力倡理学。宗旨仍在传布伦常,而不在性理。指责汉宋相争,汉学流于烦琐,宋学流于空疏,赞同通汉宋二家之结,从事于《礼》经,扶植礼教。说"舍礼无所谓道德,舍礼无所谓政事"(《论礼》);"修己治人,经纬万汇,皆归于礼"(《圣哲画像记》)。曾氏所说的礼,即纲纪伦常的规范,首先是君臣大义。息汉宋之争归之于礼,即把学理之争导向伦常的说教。曾氏平生因镇压太平军起义,号为"中兴功臣"。倡言礼教正足以为镇压起义阐明道德依据和理论依据,也是对清室忠贞的表白。作战失败遇到挫折,以理学的用忍、克己诸说自解。镇压有功,飞黄腾达,则标榜中庸、揖让,以求保全。同治初年,慈禧后再执政,曾氏以汉臣位至极品、颇不自安。致弟国荃书说"处大位而兼享大名,自古能有几人得善末路者"。又说"见可而留,知难而退,但不得罪东家,好去好来,即无不可耳"。曾氏所论理学诸端,以礼为纲,核心是效忠皇室、镇压起义的"治人"之理,居官处世、明哲保身的"修己"之道,在学术上并没有多少建树可说。湘系官僚多居高位,门生故吏奉曾氏所论为圭臬,因而一时之间颇有影响。

理学在学术领域虽渐衰微,但伦常之道在官场和社会上仍是居于统治地位的统治思想。清末废除科举考试之前,士人入仕求官必须经由科举。考试以四书五经命题,四书依朱熹集注,《易》经、《诗》经也据程朱传注。光绪二十四年(一八九八年)湖广总督张之洞奏请改革乡试、会试,光绪二十七年试行。一场、二场改试中国政治史与外国政治,但三场仍试四书义二篇,五经义一篇。四书五经成为士子求官的必读之书,也是学习文化的课本。府县官学、乡镇村塾无不讲授四书五经,首先是四书(《论语》《孟子》《大学》《中庸》)。讲授重在基本知识和伦常礼教,少谈性理。光绪年间,理学宣扬的伦常礼教,不断受到维新思想和民主思想的冲击,但在社会上依然具有广泛的影响。直到清朝灭亡,帝制被推翻,礼教伦常观念在广大民众中仍是一副精神枷锁。

## (二)经学的演变

晚清经学包括汉学与今文经学两大系统。两者治学方法不同、宗旨不同。汉学与宋学的对立于是演变为与今文经学的分歧。

### 一、汉学的延续

汉学在嘉、道之际,已由昌盛转入衰微,陷入烦琐考据的困境。道光以后,汉学的延续,进入总结的阶段。一是专经的疏证,总结乾嘉汉学的成果,兼采宋学,出现若干集大成的著述。一是反思汉学的得失,做出总结性的评论。其中成绩较著、影响较大的学人著述,略如下列。

刘文淇(一七九一———一八五四年)江苏仪征人,嘉庆贡生。舅父凌曙治春秋公羊学又治《礼》经,尊法郑玄。文淇随舅父习经学，致力于《春秋左氏传》。先后历时四十年，著为《春秋左氏传旧注疏证》，疏解汉儒贾逵、服虔、郑玄等人的旧注，指证晋杜预注之疏失，并校录历代有关《左传》的引文说解及乾嘉学者惠栋、洪亮吉、焦循、沈钦韩等人的考释，详加疏证。又著《左传旧疏考证》八卷，详考唐孔颖达《正义》援引旧注之源流。两书对汉代以来关于《左传》的注疏作了系统的清理，为汉学的春秋左氏学作了总结。《旧注疏证》原辑录资料长编八十卷，附有案语。编为《疏证》仅成一卷，至鲁隐公四年。文淇子毓崧（同治六年卒）、孙寿曾（光绪七年卒）依据长编及原书体例续编至鲁襄公四年，有书稿留存。一九五九年，中国科学院历史研究所整理存稿，将刘氏三世著述合编刊布。

刘宝楠（一七九一——一八五五年）江苏宝应人。叔父台拱，乾隆时与戴震、王念孙交游，潜心三礼。宝楠就学于台拱，道光二十年成进士，历任直隶文安等县知县。道光八年，曾与刘文淇等同应南京省试，相约各治一经，加以疏证。文淇任《左传》，宝楠任《论语》。宝楠乃仿焦循《孟子正义》体例，博采郑玄以来汉魏唐宋诸家注疏及乾嘉诸儒之说，舍短从长，详加注解，成《论语正义》二十四卷。朱熹集注重在阐释义理，《正义》重在训诂，力求究明本义，自称："实事求是，不专一家。"是《论语》注释中集大成的总结性著述。宝楠晚年因忙于政务，《正义》一书命儿子恭冕协助续成。

同治五年(一八六六年),由恭冕校订刊布。

陈奂(一七八六——一八六三年),江苏长洲人。早年受学于段玉裁,习《毛诗》及《说文》。后游京师,向王念孙、王引之父子问学,以六年时间,注解《诗经》毛氏传注(《毛诗故训传》),多依汉以前的古义及郑玄、许慎之说,博引群书,详考《毛传》中的礼数名物,多所发明。著为《诗毛氏传疏》三十卷,是清人研治《诗》经的代表性著述。与陈奂约略同时,安徽桐城人马瑞辰(一七八二——一八五三年)也著有《毛诗传笺通释》,笃守古义。

陈澧(一八一〇——一八八二年),字兰甫,广东番禺人。早年就学于粤秀书院。三十一岁起,在阮元所建学海堂任山长,曾两去扬州向阮元请益。初治声韵之学。咸丰八年刊行所著《汉儒通议》七卷,摘录汉儒经说,编次成书。晚年将平生研治经学所得编为《东塾读书记》十五卷,对乾嘉汉学作了全面的评论。此书首列《孝经》、《论语》、《孟子》各为一卷,阐发要旨。次列《易》《书》《诗》《周礼》《仪礼》《礼记》《春秋三传》诸经各为一卷,对乾嘉学者的经说多有论辩。再次论小学(《文字学》)、诸子各一卷。末置专卷,分别论述汉儒郑玄、三国王肃和宋儒朱熹的学术。书中多处指责乾嘉汉学的一些学者只讲训诂考据,不求义理,习于烦琐。学术之弊在于好求新义,凿空翻案,动思掩盖古人,以自为功,以致每有浮躁之病。说"其志

416

非真欲治经,但欲为世俗所谓名士耳"。(《东塾读书记》卷九)又说:"近人多言朴学,然近人之经学,华而非朴。"陈澧认为:汉儒讲考据并非不谈义理,宋儒谈义理并非不讲考据。尊汉而不排宋。教人治经学,先读汉唐注疏,既明其说,再通读经书本文,研求大义。说"学者之病,在懒而躁,不肯读一部书。""不自首至尾读之,随意翻阅,随意驳难","此风气之坏,必须救。"(同书卷四)所论多切中时弊。另有《东塾遗稿》传世。

黄以周(一八二八——一八九九年),浙江定海人。父黄式三,治经长于三礼,尊法郑玄。以周出身分水县训导,后任南菁书院讲席,继承家学,深研三礼,著《礼书通故》一百卷,兼采郑玄、朱熹之说。博徵群书,详考三礼名物制度及其演变,于前人争议之处,多所订正。被誉为与杜佑《通典》比隆,是清代汉学治《礼》的重要著作。

俞樾(一八二一——一九〇六年),字荫甫,号曲园。浙江德清人。道光三十年进士,授翰林院编修。后在杭州诂经精舍讲学三十余年。讲授经学,宗法阮元,治学服膺高邮王氏父子,曾受学于陈奂。研治经义训诂及先秦诸子,雅好词曲,勤于写作,致有"俞荫甫拼命著书"之讥。著述及诗文杂纂合编为《春在堂全书》,多达四百九十卷。其中主要成就是研治经义训诂的《群经平议》和《古书疑义举例》两书。前者重在对经义的校勘训诂,后者自经书及子书列举例句,通释本义,是晚清训诂学的名著。俞氏在杭州时曾主持浙江书局,刊刻先秦诸子书二十二种,又著《诸子平议》校释诸子文义,对子学的研究贡献独多。

孙诒让(一八四八——一九〇八年),字仲容,浙江瑞安人。同治六年举人。后随父官江宁,与刘寿曾等交游,潜心学术。在经学、史学、诸子学、古文字学等领域均有著述传世,是晚清成就最著的汉学大师。经学的代表作是所著《周礼正义》八十六卷。自称研治卅载,博采汉唐以来迄乾嘉诸儒旧说,参互绎证。于古制疏通证明,较旧疏实为淹贯。孙氏此书阐明郑玄旧注本义,详考各项制度至于精细,《周礼》的研考从而达到最高水平。嘉、道间,安徽绩溪人胡培翚(一七八二——一八四九年)曾以数十年之力撰《仪礼正义》上卷,未完帙而卒,也是《礼》学的重要著作,可与孙著相参证。孙氏又有《墨子间诂》十五卷,汇集传世《墨子》诸本,订正讹文错简,疏通诠释字义,《墨子》于是成为可读之书,《间诂》也成为研究《墨子》的必读之本。

王先谦(一八四二——一九一七年),湖南长沙人。同治四年进士。授翰林院编修。光绪初,晋为国子监祭酒,出为江苏学政。晚年致仕还乡,主讲岳麓书院、城南书院。光绪末,以著述宏富,赏加内阁学士。所著书兼及经史,有《尚书孔传参正》《三家诗集义疏》。对经学的主要贡献是承袭阮元《皇清经解》体例,编成《皇清经解续编》一千四百三十卷。补入阮元《经解》失收之本,续收嘉庆以后近人著述。所收书不限门户,内有今文经学著述多种。阮、王两书遂合为清代经学著作的总汇。王氏另有《荀子集解》二十卷,参取诸家校本补订旧注,是研究《荀子》的必备之书。

章炳麟(一八六九——一九三六年),浙江余杭人,字枚叔。后因崇尚黄宗羲(字太初)、顾炎武,取二人名与字各一字,自号太炎,学者称太炎先生。自幼博览经史,光绪十六年(一八九〇年)二十四岁,入杭州诂经精舍,就学于俞樾,是俞氏的得意门生。二十二年离精舍去上海,在梁启超主办的《时务报》任笔政(编撰)。二十六年,八国联军入侵,愤而剪去辫发,宣传反满革命。二十九年,因在《苏报》宣传革命,被捕入狱三年。出狱后去日本,加入同盟会,任《民报》主笔。武昌起义后回国。(详见前章)

章氏曾自述他的学术经历,"少时治经,谨守朴学",因"不忘经国",致力于荀子、韩非。在狱中,阅读佛经,去日本后,得读希腊、德国等西方哲学。章氏著作文字涉及经学、诸子学、哲学、文学、语言文学及时事政论等广泛的领域。学术观点与政治观点也屡有变动。在诂经精舍时,守汉学家法,精研《春秋左传》,所作札记编为《春秋左传读》,只将《叙录》及《刘子政左氏说》二文刊行。随后又撰《新学伪经考驳议》驳斥康有为,撰《经今古文辩》与廖平驳辩。光绪二十六年

（一九〇〇年），将所著评论先秦诸子及时事政论等文章五十篇编为《訄书》问世。两年后，又加重订，增补《原学》、《订孔》等篇，合共六十三篇，被视为这一时期思想学术的代表作。

章氏在经学领域，尊古文经，斥今文经学。今文经学家独尊春秋公羊学，探究经书微言大义。章氏指《公羊传》抄袭《穀梁传》且多误读臆改，不可依据。（《春秋左传读叙录后序》）今文经学家往往依托经书和纬书傅会当世，倡导经世致用。康有为作《孔子改制考》称六经皆孔子改制而作，以孔子改制托古作为维新变法的依托。章氏论证六经都是孔子以前的古籍，孔子只是加以删定，可称为"良史"，"博习故事"，但道术不如荀子、孟子(《订孔》)。又阐发章学诚"六经皆史"之说，论六经都是史书。读经书当依托本义，研究古史，无关当世。所谓"通经致用"是不明六经的本意。章氏并无治经的专著，但大量的评论文字，揭开了经学的神秘外纱，否定孔子和六经的学术统治，为清代经学做了批判性的总结。

清朝灭亡前一年，章氏在日本刊行所著《国故论衡》三卷，分别论述小学、文学和诸子学。在文学《原经》篇中再次申论六经都是孔子以前的"官书"。清亡后，又将《訄书》改编为《检论》刊行。晚年在苏州讲学，传授弟子，对近世学术的发展有重大的影响。

## 二、今文经学的发展

嘉庆时,庄存与、刘逢禄等人倡导今文公羊学,沉沦已久的今文经学遂得复苏(参见本书第十册)。道光以来,有志之士或依公羊之说倡言经世,议论时政。公羊学在学术研究上也逐渐达到极致。光绪时,康有为标榜今文经学,宣传变法改制。变法失败,今文经学也随之衰落。

下面是今文经学的学人。

龚自珍(一七九二——一八四一年),号定庵,浙江仁和人。段玉裁之外孙。幼从段氏习《说文》。嘉庆二十三年举人。道光十七年任礼部主事。中举后即从刘逢禄受今文经学,治《公羊春秋》。著《五经大义》,述《公羊》存三统、张三世之说。著《六经正名》,论孔子之前已有六经。又著《大誓答问》论伏胜原本源流。著《春秋决事比答问》论公羊氏《春秋》改制大义。所著治经诸文,宏扬常州学派刘逢禄诸人之说,力倡今文经学。道光九年,上书大学士,谓"自古及今,法无不改"。所著文字,多据《公羊》三世之说,论更法改制,讥议朝政,切中时弊,一时声名显著。近年有《龚自珍全集》刊行。

魏源(一七九四——一八五六年),字默深,湖南邵阳人。道光二年,顺天举人。在京师习汉学、宋学,又从刘逢禄习《公羊》,与龚自珍齐名。助江苏布政使贺长龄编辑《皇朝经世文编》，熟悉清朝政事沿革，曾向陶澍建议改行盐法。鸦片战争前后在广州与林则徐相识，多所建言。道光二十四年五十岁，始成进士，权知江苏东台兴化县，后补高邮。魏氏学识渊博，淹通经史，于边疆民族及外国史地，致力尤多（参见下节）。遵法公羊，通经致用，评议国事，多有傥论。经学著述有《书古微》十二卷，引述《史记》、《汉书》所录西汉经说，以驳东汉诸儒。《诗古微》二十二卷，论《毛诗》与大、小序晚出，为伪作。又著《董子春秋发微》七卷，论述董仲舒疏通《公羊》大义，胜于何休。所论都在阐发西汉经师的今文经说，驳议东汉诸儒的传注。魏氏于乾嘉汉学多所指责，主张由训诂进于制度，由制度进于西汉微言大义，"贯经术、政事、文章于一"（《两汉经师今古文家法考叙》）。但所撰经学论著仍是沿袭辑佚辨伪的考据方法，于"微言大义"无多阐释。所以章炳麟尝谓魏源不属常州学派，而是"不古不今非汉非宋之学"。但在当时，魏氏宗法《公羊》倡导经世致用，对启迪人们摆脱汉学的桎梏，作用是积极的。

陈立（一八〇八——一八六九年），字卓人，江苏句容人。道光二十一年进士，曾任刑部郎中。授云南曲靖知府，因道阻未赴，东归扬州，从事著述，淡泊自甘。早年在扬州，师事刘文淇，习《说文》及《春秋》，致力于《公羊》。文淇以为刘逢禄谨守何休，详于义例而疏于典礼训诂。陈立博考古籍，采择唐以前《公羊》古义及清儒诸家之说，历时三十年，成《公羊义疏》七十六卷，是公羊学集大成的基本著作。陈氏此书不同于刘（逢禄）宋（翔凤）的宏扬何休贬斥古文，也不同于龚、魏的通经致用，而是博采众说，融会贯通，力求探明《公羊》本义和古代礼制，在学术上贡献独多。又著《白虎通疏证》十二卷，条举西汉经师旧说，探考古制，旨在阐发微隐，不事驳辩，与《公羊义疏》相辅而行。

邵懿辰（一八二一———一八七二年），字位西，浙江仁和人。道光十一年举人，授内阁中书，入值军机。咸丰四年罢职归乡，研治经学，宗尚今文。有《礼经通论》一卷传世，论《仪礼》十七篇为完本，应称《礼经》。古文《逸礼》三十九篇系刘歆伪造。自刘逢禄指《左传》解经夹入刘歆之伪，魏源指《诗经毛传》为伪，邵氏再斥古文《逸礼》，今古文门户之争遂愈演愈烈。

皮锡瑞（一八五〇———一九〇八年），字鹿门，湖南善化人。光绪八年举人。在湖南、江西等地讲学，赞同维新。戊戌变法失败后，皮氏被指为乱党，革去举人。此后即在湖南长沙任教，潜心著述。皮氏中举前即已治经学，宗法今文，治经三十年，著述百卷。治《尚书大传》宗尚伏胜，曾自题"师伏堂"。治《礼》经，笺注《王制》。治《公羊春秋》依古史古制阐明本义。如论"存三统"出于董仲舒，乃古时通礼，"张三世"（所见世、所闻世、传闻世）与"异内外"相通，多有创义。疏证专经而外，又著有《经学通论》五卷，综论诸经。

《经学历史》一卷,综述两汉魏晋以来经学源流,评论得失。宗尚今文经学,但对古文经说并不过事诋毁,持论较为平实,是研究经学史的名著。两书均在皮氏逝世前一年在河南刊行问世。皮氏主张六经皆孔子制作,读经当先求微言大义,通经以致用,但所论仍属学术探讨范围,并不任意比附当世。在晚清今文经学家中,皮氏可称笃学的经师。

廖平(一八五二———一九三二年),字季平,四川井研人。光绪四年,入尊经学院,师事王闿运治经学。王闿运,字善化,湖南湘潭人。咸丰三年举人。曾在肃顺及曾国藩幕府。后应聘主讲尊经书院,治今文经学。笺注《公羊》及诸经,旨在研考学术,少涉时务。廖平在书院习《说文》,治文字训诂之学,后转而治经。光绪五年得中举人。十二年刊行《今古学考》问世,论东汉今古文之分,实在于“礼”。“今学主《王制》、孔子。古学主《周礼》、周公”。十四年著《知圣篇》,论孔子以素王受命改制(礼制),六经是孔子改制而作,所记尧舜禹汤、文王,“皆孔子托古改制之言”。又作《辟刘篇》(后改题《古学考》),指《周礼》是刘歆为迎合王莽,据佚礼糅合臆说的伪作。刘氏弟子又承其说解释诸经,刘歆以后始有今古文之分。光绪二十三年之后,廖氏又发现《周礼》实有其说,心有未安,将《王制》与《周礼》对立,亦有不可。于是又创为“小大”之说,称《王制》与《周礼》“一小一大,一内一外,相反相成”。

光绪三十二年春，廖氏述《四益馆经学四变记》，自称治学初变论今古，二变撰《知圣》《辟刘》，三变"改今古之名曰小大"，四变为"天人之学"。所谓天人之学是指《尚书》《春秋》为人学，《诗》《易》为天学、佛经医经及《庄子》《列子》等等也属天学，所论已超出经学之外了。两汉今文经说本来早已失传。嘉道以来今文学者钩稽旧文，已少遗缺。疏证《公羊》，也渐臻周详。今文经学在学术上已难以再拓新境。廖氏徘徊在狭窄的领域，力求拓新而难以拓新，不得不一变再变，日益诡异玄虚。但所著《知圣》《辟刘》却对康有为倡行变法维新产生了重大影响。

康有为（一八五八——一九二七年），作为光绪朝倡导变法维新的主要人物，早年受学于同乡进士朱次琦（有《礼山讲义》传世），习程朱理学。其后又研读佛经及西方译著。光绪十五年，得读廖平《今古学考》。次年廖平在广州与康有为会晤，示以《知圣篇》，相谈甚契。康氏于是究心今文经学，几月之间，即因袭廖平所论，著成《新学伪经考》，光绪十七年刊行。当时，康氏在广州长兴里万木草堂讲学授徒，得弟子梁启超等人协助，又在次年阐发廖说，续成《孔子改制考》。两书于是成为康氏倡导变法的理论依据。

《新学伪经考》指古文经学是王莽篡汉建号"新"朝时由刘歆制造的伪学。重建今文经学的刘逢禄原只指出《春秋左传》中解经之文有刘歆窜入。此后诸人或就某经传真伪作出论证。康氏则称西汉末刘歆请立博士的古文经（包括《周礼》《逸礼》《左传》《诗毛传》等）皆出刘歆伪造，《史记》儒林传等传及《汉书》艺文志著录的古文经书源流也都是刘歆伪造窜入。康氏此书持论专断，疏于考证。弟子梁启超也说它是"往往不惜抹煞证据或曲解证据"（《清代学术概论》）。《孔子改制考》称孔子是"改制立法"的"万世教主"，不但六经都是孔子制作，而且"中国义理制度皆立于孔子"。何休《公羊解诂》称《春秋》"托始""改制"，原是指孔子依托尧舜原始时代作为评论春秋时事的准绳，以确定书法褒贬。康氏把"改制"扩大解释为一切"中国义理制度"，把"托古"解释为孔子"布衣改制，事大骇人，故不如典之先王，即不惊人，自可避祸。"实是以康氏之心度孔子。康氏此书宗旨，原在于依托孔子宣传变法，不在探讨学术，因而往往率意说解，牵强附会。此书一出，即遭到学者的责难。主讲广雅书院的学人朱一新（浙江义乌人）随即写信给康有为，对《伪经考》《改制考》两书严加驳议，指责为"穿凿附会"、"无事自扰"。康有为首倡变法维新，自是具有进步意义的政治举措，但出于从政的需要，不惜曲解历史比附当时，则是一种不良的学风。受到指责是必然的。

康氏于两书而外，另著有春秋学专著数种。又有一书，名《大同书》（原名《人类公理》），书稿秘不示人，几经修订，最后在一九〇一年至一九〇二年间侨居印度时完成。清亡后两年，才陆续刊布。《大同书》列举人生各种苦难，说是要以大同太平之道救人之苦，提出泯除九界，即国界、级界（贵贱）、种界（种族）、形界（男女）、家界（家庭）、业界（私有产业）、乱界（不公之法）、类界（人类与动物）、苦界（去苦至极乐）。"大同"之说源于《礼记》礼运篇，也见于《公羊》的三世说（大同世、升平世、据乱世），原来都是指传说中的原始时代。康氏反转其序，说当今是据乱世，经过升平世，到达将来的大同之世。所论既不同于中国的儒学传统，更不同于西方"所谓世界主义、社会主义"（梁启超语），主要是依佛典的说教，杂采其他学说，构拟出一个宗教式的虚无的幻境。康氏自撰《大同书题辞》有句云："一一生花界，人人现佛身，大同原有道，吾欲度生民。"自鸣救世，普度众生。康氏在变法失败后，流居海外，组织保皇会，反对民主革命。清亡后，又附和复辟帝制，创立孔教会，提倡尊孔。清末民初，激烈动荡的年代，康氏的思想与学术、言论与行动，尽陷于矛盾与混乱之中。

梁启超（一八七三——一九二九年），字卓如，又字任公。广东新会人。十七岁得中举人。次年在广州万木草堂受学于康有为。光绪二十四年（一八九八年）在京师参与变法维新，一时并称康梁，时年二十六岁。梁氏曾自称他是今文学派猛烈的宣传者，但并无今文经学的专著。变法以前，曾撰《读春秋界说》一文，申述春秋三世之说与孔子改制之义，又有《读孟子界说》一文，说《孟子》的性善、民贵诸说与泰西诸国制度相近，所论多依康有为的宗旨。变法失败后，梁氏逃亡日本，继续谴责慈禧后，宣传保皇（保光绪帝），学术研究则逐渐转入史学领域（参见下节）。后来自述"自三十以后，已绝口不谈伪经，亦不甚谈改制"。（《清代学术概论》）变法失败后，今文经学在政治活动中已不再能发生作用，在学术研究中也已走到末路，难得发展了。

谭嗣同（一八六六——一八九八年）。在康梁变法中遇害的谭嗣同，湖南浏阳人。湖北巡抚胡继洵之子，幼好学，博览群书。光绪二十一年（一八九五年）中日战后来京师，会见梁启超，得知康有为著述大旨，自称私淑弟子。后官候补知府，在江宁一年，潜研儒学佛学经典及西方名著，著成《仁学》一书，是谭氏的代表作。二十三年在湖南长沙南学会讲学一年。次年来京参加变法活动，被清廷处死。

《仁学》对"仁"的概念提出新解。说"仁"以"通"为第一义，通有三义，中外通见于《春秋》，上下通见于《易》经，人我通见于佛经。通之象为平等。向往平等应是《仁学》思想的核心。

谭氏曾称颂魏源、龚自珍、王闿运，自谓私淑康有为。又说做"仁"学当通《易》《春秋公羊传》。《仁学》书中阐发《公羊》三世说，并说孔子生当据乱世"黜古学改今制,废君统,倡民主,变不平等为平等,亦汲汲然动矣"。谭氏于中国儒学崇尚今文经学,但所学并不限于今文,旁及《墨子》及耶教(基督教)。谭氏也指刘歆篡改古经,但并不专力斥责古文,而是着力批判理学宣扬的名教伦常。说名教是人创造的,"上以制其下,而下不能不奉之,则数千年来三纲五伦之惨祸酷毒由此矣"。君臣、父子、夫妇各以名相制。名之所在,使人闭口不敢言,乃至锢心不敢想。说"二千年来,君臣一伦,尤为黑暗否塞,无复人理,沿及今兹,方愈剧。"书中直接抨击清朝的专制统治,历举自建国以来严令剃发,屠杀虏掠"君主之祸,无可复加,非生人所能忍受","国与教与种(种族)将偕亡矣,惟变法可以救之。"《仁学》一书论及哲学、社会及自然界许多方面的内容,但中心思想仍是以平等为理想,倡言变法乃至推翻清朝的统治。说中日战争时,清廷宁可做亡国之君"决不令汉人得志",呼吁志士仁人,求为陈涉(反秦)杨玄感(反隋),若无机可乘,"则莫若为任侠(游侠、刺客),亦足以伸民气,倡勇敢之风"。《仁学》自叙曾倡言冲决一切网罗,包括君主之网罗和伦常之网罗。在晚清学人的著述中,《仁学》实为抨击理学伦常最为有力的杰作,倡导推翻帝制、反满革命的先驱。

谭嗣同参加变法活动,首倡围园除后,并结交湖南义士谋刺慈禧后,事败后从容就义,年仅三十三岁。谭

429

氏死后,梁启超将《仁学》在日本刊印,在革命青年尤其是留日学生中产生了极大的影响。

## (三)西 学 与 新 学

晚清泛称的西学,主要包括三方面的内容,或者说有三种含义。(一)西方各国的政治制度与政治思想(参见前章);(二)西方的自然科学与生产技术;(三)西方诸国的哲学与学术。(人文、社会学说)

本节主要概述西方哲学与学术在中国的传播。这在当时主要是通过两个途径:一、中国学人将西方著作译成汉文刊布流传。二、中国学者在自己的著述中介绍西方学术,或者把西方的学术观点、方法与中国学术相融通,形成所谓新学。

### 一、西方著述的传译

大抵道光以前,国人对海外诸国状况,知之甚少。林则徐开始注意了解世界,曾请人翻译《四洲志》,主要还是企图了解外国的一般状况。同治以来,兴办新式工业,延聘外国技师。同文馆、制造局和外国传教士曾陆续把一些科学技术书籍译为汉文(见下节),但学术著作只是偶有片断的介绍。西方学术著作系统的完整的翻译,始于光绪末季。直接译述贡献最多的学人是严复。自日译西著间接翻译的倡导者当推梁启超。

严复（一八五四———一九二〇年），原名宗光，字又陵，又字几道。福建侯官（今闽侯）人。幼年读经书。十岁时考入福州船政学堂习英文及科学技术课程。四年后毕业，在海军军舰实习。同治二年（一八七六年）被派赴英国留学。在英国皇家海军学院学习海军有关专业，兼习哲学及社会学说，并曾去法国考察。一八七九年，自英还国。此后，长期任教于天津北洋水师学堂。光绪二十八年（一九〇二年）以后，历任京师大学堂编译局总办、安庆高等学堂监督、学部名词馆总纂。清朝亡后，京师大学堂改名北京大学，严氏受聘为首任校长。

光绪二十一年（一八九五年）中日战争之后，严复曾发表政论多篇，反对君主专制，赞同变法维新，但反对康有为的"自鸣孔教"，并指斥汉学考据为"无用"，宋学性理为"无实"。在《论世变之亟》一文中，依据英国斯宾塞尔（H. Spencer）的论说，提出"鼓民力，开民智，新民德"，说："欲开民智，非讲西学不可"。次年，将英国学者赫胥黎（J. Huxley）的《天演论》一书译为汉文，文稿曾在陕西流行，无序言。沔阳卢靖（字木斋）、卢弼（字慎之）兄弟读后，力劝刊行。光绪二十四年，卢氏慎始基斋在天津刻印此书，正式出版。卷首有桐城派古文名家吴汝纶（字挚甫）写的序言和严氏自序。全书分上、下两卷，上卷"导言"十八则，下卷"论"

严复手书《天演论》序

十七则。严氏在若干则原文后,撰写案语,诠释文义,抒发己见,实为一部"天演论译释"。作者赫胥黎是生物学家和社会学家。本书原名 Evolution and Ethics,或译进化论与伦理学,主要依据英国学者达尔文(C. R. Darwin)《物种由来》(或译《物种起源》)一书中的物种进化论点,论证"物竞""天择"的自然演进规律(或译"优胜劣败,适者生存")。严氏在序言中又特为揭出"自强保种"之义。书中所论多为中国学者前所未闻,引起强烈的反响。出版后,几年之中即风行全国。严氏在本书的"译例言"中提出信、达、雅的译书标准,

432

译文力求准确明畅,文词清雅。吴序曾盛誉其文。康有为与严复政见有所不同,读此书也叹为"中国西学第一"。

此后数年间,严氏又陆续翻译英国学者亚当斯密(Smith,adam)《原富》(经济学)、斯宾塞(H. Spencer)《群学肄言》(社会学)、甄克思(E. Jenks)《社会通诠》(社会学)、穆勒(J. S. Mill)《群己权界论》(政治学)和《名学》(逻辑学)以及法国孟德斯鸠(Montesquieu)《法意》(法学)等一系列名著刊行。中国学者遂由此结束依靠传教士对西学的片断介绍,而得以完整地阅读原著,西学的传播从而进入了一个新阶段。严氏笃信"天演"之说,在民主革命运动中,趋于保守,但西学著述的传译却促进了民主思想的发展,贡献是巨大的。

梁启超早在光绪帝变法之前,即提倡翻译西方著述。光绪二十三年(一八九七年),在上海创建大同译书局译书,"以东文(日文)为主,而辅以西文"。所刊译著如《英人强卖鸦片记》《瑞士政变》《俄土战记》等,主要还是介绍西方诸国的历史与现状,很少涉及学术著作。变法失败后,梁氏避居日本,大力提倡阅读日本所译西方著作。认为这是不通西文的读者了解西学速效的捷径。一八九九年,发表《东籍月旦》一文,列举日人所译英、法、德、美诸国伦理学著作,即有二十几种之多。梁氏利用日译西著传播西学,大致经由两种途径。一是撰文介绍西方学术。梁氏曾亲自撰文介绍达尔文、孟德斯鸠、康德（I Kant）等人学说。《新民丛报》创刊后，陆续刊登专文介绍西方学者的学说，多至百人以上。另一途径是据日译西著转译为汉文。梁氏曾撰文"论学日本文之益"，说："日本自维新三十年来，广求智识于寰宇，其所译所著有用之本，不下数千种，而尤详于政治学、资生学（即理财学、日本谓之经济学）、智学（日本谓之哲学）、群学（日本谓之社会学）等，皆开民智强国基之急务也。"在梁氏倡导下，二十世纪初年，翻译和转译日本著述，至于极盛。留日学生主办《译书汇编》杂志，上海有《翻译世界》、《新世界学报》等杂志刊布译文。译著的出版也风行一时。梁氏后来追忆当时的情形说："日本每一新书出，译者动辄数家，新思想之输入，如火如荼矣。然皆所谓梁启超式的输入，无组织、无选择、本末不具、派别不明，惟以多为贵，而社会亦欢迎之。"（《清代学术概论》）。译书范围广泛，不免庞杂，译事成于众手，不免参差，远不能与严复的精选精译相比。但大量西学著述的传译，却足以使读者开阔眼界，获取新知，产生了深远的影响。清末以来，新兴的人文学科及新输入的专门名词，大都取自日本译名，至今沿用。清季西学传译之功，严氏以次，当属梁氏。

光绪二十八年（一九〇二年）以来，梁启超在"新民丛报"一再撰文，介绍麦喀士（马克思）的思想学说,称之为"社会主义之泰斗"或"鼻祖",并曾谈及自己的心得,说:"吾往日见专制君主之威势之野心为可畏,今日又见资本家之威势之野心,其可畏乃更甚也。"(《论世界经济竞争之大势》)光绪三十三年(一九〇七年),汉学经师刘文淇的曾孙刘师培,应章炳麟之邀去日本,任《民报》编辑。刘氏出国前曾在安徽与安徽公学教员陈由己(独秀)等组建秘密的革命组织岳王会。去日本后,又组织社会主义讲习会,创办《天义报》,宣传俄国克鲁泡特金等人的无政府主义。《天义报》曾先后刊出署名民鸣翻译的《共产党宣言》英文版序言和《共产党宣言》首章"资产者与无产者"的原文。刘师培为此撰写序言说:"观此宣言所叙述,于欧洲社会变迁,纤悉靡遗,而其要归则在万国劳民团结以行阶级斗争,固不易之说也。"又说"复以古今社会变更,均由阶级之相争,则对于史学发明之功甚巨,讨论史编亦不得不奉为圭臬。"刘氏盛赞马克思的阶级斗争学说,但又认为"惟彼之所谓共产者,系民主制之共产,非无政府之共产也。"说承认国家组织,是"马氏之弊"。(《天义报》第十六至十九卷合刊)刘氏率先将《共产党宣言》介绍给国人,但他所信奉的仍是无政府主义。光绪三十四年秋,刘氏回国,投入两江总督端方的幕府。尔后,又继承刘氏三代的家学,从事经史著述,是清朝亡后的汉学传人。

## 二、新学的倡建

外国学术译著大量传播,某些学人曾企图吸取西方学术与中国传统的旧学相结合,创建新学。这种努力在清季尚属初创阶段。梁启超在《清代学术概论》中说:康有为、梁启超、谭嗣同一辈人"冥思枯索,欲以构成一种不中不西即中即西之新学派,而已为时代所不容"。原因是固有之旧思想根深蒂固,外来的新思想又了解不多,不免支绌灭裂。光绪朝,学子阅读西学译著,标榜新学,一时成为风尚,但对西学做系统深入的研究者,殊不多见。梁氏批评当时的流弊说,所谓"新学家"以学问为求利禄的手段,新学成为"变质的八股",学子的"敲门砖",只凭译著,零碎贩卖,肤浅错误,皆不能免。梁氏所说,是当时一般学子中出现的状况。清朝末年,切实研究西方哲学倡建新型学术的学者首推蔡元培。吸取西方治学方法,躬行实践,潜心学术的学者应以王国维为代表。

蔡元培(一八六八——一九四〇年),字子民,浙江绍兴人。光绪十八年进士。后晋为翰林院编修。变法失败后去朝,在浙江及上海等地任教。光绪三十一年(一九〇五年)在上海创立光复会。次年加入中国同盟会,被委任主持上海分会。一九〇七年去德国进修。一九一一年底回国。

蔡氏去德国,先在柏林学习德语。一年后去莱比锡大学学习。在校三年,潜心研习哲学、美学、心理学及世界文明史,翻译德国《伦理学原理》,又著成《中国伦理学史》一书,宣统二年(一九一〇年)在上海商务印书馆出版。

伦理一词源出希腊。亚里士多德的有关论述曾编为《伦理学》一书(《尼克马可伦理学》)。主要研究人的品性、道德与行为。蔡氏因见日本学者有东洋伦理学史之作,遂著为中国伦理学史。绪论称伦理学史旨在抉发各家学说之要点及其源流。全书分为三章。首章先秦创始时代。分论儒家、道家、农家(许行)、墨家、法家诸子。第二章汉唐继承时代。西汉举淮南子、董仲舒,东汉扬雄、王充,次论魏晋清谈,唐代韩愈、李翱。第三章宋明理学时代。首举王安石,次论邵、周、张载、程、朱、陆九渊、杨简(陆之弟子)及明代的王守仁。附论清代的戴震、黄宗羲、俞正燮(道光时人,著有《癸巳类稿》论及妇女问题)。各章均有简要的结论,概述各个时期的特点。蔡氏此书完全打破了清儒以经学为主体的局限,排除汉宋之争、今古文之争的门户纠葛,包容诸家,综论古今,高屋建瓴。书中分别剖析诸家学说要点,论述源流,不作训诂考据。行文也求平易可读,不尚奇古。此书之作,显然是融入了研治西学所得。著作的命题及评论的观点,研究方法及编写体例都迥然不同于清代经师的旧著,令人耳目一新,是第一部新型的中国思想史。

武昌起义胜利后,蔡氏闻讯于年底返回上海。次年元旦,孙文在南京就任临时大总统,任蔡元培为教育总长。蔡氏随即写成"对于新教育之意见"一文发表。主张新教育包括五项内容:军国民教育(强兵)、实利主义教育(富国)、公民道德教育、美育和世界观教育。废除清廷钦定的"忠君""尊孔"教育宗旨。蔡氏解释世界观教育说:"循思想自由、言论自由之公例,不以一流派之哲学、一宗门之教义梏其心,而惟时时悬一无方体、无始终之世界观以为鹄。如是之教育,吾无以名之,名之曰世界观教育。"此后长期主管大学教育和学术研究事业,对近代教育、学术的发展,做出了重大贡献。

王国维(一八七七——一九二七年),字静安,号观堂。浙江海宁人。幼习诗文。十五岁中秀才后,即无意科举,不喜读经,广涉古籍。光绪二十四年(一八九八年)去上海,在梁启超等创办的《时务报》工作,在浙江上虞人罗振玉创办的东文学社学习英语、日语。在东文学社结识日本历史学家藤田丰八,得悉日本及西方汉学家(中国学家)的治学方法。结识田冈佐代治,得知德国康德、叔本华之哲学著作,由此发生兴趣。二十六年,东文学社停办。次年,王国维去日本留学四个多月,因病返国,在上海助罗振玉编辑《教育世界》杂志。此后五六年,刻苦研读康德、叔本华等人的哲学和美学(据英、日译著),自称是"独学"(自学)。三十三年,就职北京学部。辑录古典词曲并写成《人间词

话》一书,于次年刊布。此书吸取西方美学观点,提出
"境界"说为评论的标准,对唐人李白至清人纳兰性德
的词作分别作出评论,立意新颖,剖析深邃,一时为学
界所倾倒。此后,又着力于戏曲史的研究,先后撰写
《戏曲考源》、《唐宋大曲考》进而完成名著《宋元戏曲
考》(一九一三年刊行)。大抵清朝灭亡以前,王氏的
学术研究主要还是吸取西方美学观点和治学方法研治
中国古典文学,但已为创建新型的学术研究奠立了基
础。王氏不再沉湎于清代的显学经学,而致力于经师
不屑一顾的民间戏曲,不仅由此开辟了宋元戏曲这一
学术领域,而且在研究方法上,从历史实际出发,考据
与评论相结合,力求探讨戏曲的内涵与发展脉络,与汉
学家的疏证经史、今文家的比附当时,大异其趣。王氏
曾谓学无新旧中西。王氏治学实为中西融贯,推旧出
新,从而达到不同于旧学的新境界。清亡以后,王氏的
学术研究,涉及古文字学、考古学、殷周史和辽金元史
等广泛的领域,多有新创,遂开一代之学风。

## 第二节 学 术 著 作

### (一)历史学著作

道光以来的历史学,继承前人考据注疏之学,继续

取得了成绩,同时呈现出若干新特点。一些学者摆脱前朝文字狱的影响,着手从事当代史的论述。面对边疆多事和外国侵略的威胁,边疆地区和民族的历史,进入学者的研究领域。外国历史的研讨和译介,也开始受到注意。西方学术的传入,促使人们探讨史学著述的革新。

**前代史** 清代以前古史的研究,继承编年纪传体旧史体例及辑佚校注之学,取得新的成果。下面介绍的只是几部对史学发展最有影响的名著。

《竹书纪年》辑考——西晋末年汲郡(治今河南卫辉)盗发魏王墓,得到竹简上书写的魏国史书《纪年》十三篇。(参见本书第二册,四章三节)后世称为《竹书纪年》。宋代以后亡佚。明代有《今本竹书纪年》出,系采辑诸书编成,或斥为伪作。嘉庆时,郝懿行撰《竹书纪年校正》,据唐以前古籍引文,校辑五帝纪及夏、商、周纪,合十四卷。道光时,陈逢衡著《竹书纪年集证》五十卷,博采群书与竹书纪事互证,又辑录《今本》失收的引文一百二十条。林春溥著《竹书纪年补证》校勘《今本》诸传本并对诸本源流有所考证。雷学淇著《考订竹书纪年》十四卷,以九年之力详征古籍,校订今本三百余条,对古史纪年多有订正,被认为大体恢复原貌,贡献最多。雷氏晚年又写成《竹书纪年义正》一书,订正经史及旧说五百余条。贵州遵义知府朱右曾辑成《汲冢纪年存真》二卷,辑录古籍引文,志在恢复古本，末附"周年表"，考订纪年。嘉道间学者对《竹书纪年》一书的辑考，使此书重又受到学者的重视，推动了上古三代的历史学和年代学的研究。其间辑考或有疏失，在所难免。尔后，王国维在前人辑校的基础上，详加校订，号为精审。

《明通鉴》——夏燮（一八〇〇——一八七五年）著。前编四卷，正编九十卷，附编六卷，合共一百卷，约二百万字。著者夏燮，道光元年举人，咸丰时曾在曾国藩幕府。本书成书时署江西永宁知县。乾隆时，毕沅依司马光《资治通鉴》编年叙事体例，著成《续资治通鉴》，止于元末（参见本书第十册，七章二节）。夏氏续编此书，起于元至正十二年朱元璋随郭子兴起兵，止于清康熙二十二年台湾郑氏归附。明洪武元年以前入于前编，清顺治元年以后入于附编，都只叙有关明朝史事。书前列有"义例"若干条说明编著体例，自称不须作序，更不求他人作序。全书依《通鉴》之例，年经月纬，叙而不断（论断），间或于叙事后附有"论曰"申明己见。所据史书，遇有异同，编为"考异"散附本事之下。著者编著此书，自谓以二十余年精力，参证群书，务求脉络分明，条理综贯，虽然行文叙事，不及《通鉴》的辞约事丰，较之《续通鉴》也不免稍逊一筹，但著者以一人之力，成此巨著，续至明亡，使编年体史书于是得为完帙，成就是显著的。此书于同治十二年在江西宜黄刊行。光绪二十三年，由湖北官书处校定重刊。

《汉书补注》——王先谦(一八四二——一九一七年)著。一百卷。王氏于同治四年中进士。曾受业于内阁学士周寿昌。周氏精研《汉书》,有《汉书注校补》五十六卷。王氏称自通籍(入仕)以来,即究心《汉书》,博求其义,广事搜罗,前后逾三十年。光绪二十六年,已年近六旬,乃编集成书,题为《汉书补注》刊行。补注列于《汉书》正文及唐颜师古旧注之下,包括《汉书》正文的音义、地理、与《史记》荀悦《汉纪》等书异同的考订等多方面的内容。引据前人考订成果,注明姓氏,除武英殿校刊官本引见者外,又引据清代名家顾炎武、全祖望、王鸣盛、钱大昕、钱大昭、王念孙、洪亮吉、段玉裁、梁玉绳、王引之、沈钦韩(所著《疏证》只引书义)、徐松、周寿昌、陈澧、俞樾等三十余家。自称"广罗众家,去取务慎",对清代《汉书》的研究作了总结。清代学者致力《汉书》多用明南监本(南京国子监刊本),《补注》参用王念孙父子校宋景祐本、钱大昭、朱一新、叶德辉等分别校定的几种明刊本和王先谦自校的宋乾道本、明北监本,采诸本之长,成为《汉书》最好的校本。王氏另有《后汉书集解》一书,以惠栋《后汉书补注》为基础,汇集各家注疏,详加校勘考订,未及完成而去世。门人黄山补成三十卷,合为一百二十卷刊行。《汉书补注》与《后汉书集解》于是成为研究两汉历史的必读之书。

《元史译文证补》——洪钧(一八三九——一八九

三年)著。钧字文卿,江苏吴县人。同治七年进士第一。光绪七年,内阁学士。光绪十三年五月,充出使俄、德、奥、和(荷兰)大臣,晋兵部左侍郎。十六年秋卸任启程归国。次年十一月受任总理各国事务衙门大臣。出使期间,得见成书于元成宗时的波斯拉施特《集史》第一卷部族志和成吉思汗传记的俄译本(贝勒津译本)以及出版不久的瑞典人多桑著《蒙古史》一书引用的波斯文、阿拉伯文史籍(原书为法文,洪氏所据似为英译),遂倩人译为汉文,据以著为《元史译文证补》,以证《元史》之误,补《元史》之阙。积稿至三十卷。归国就任总署后,写定二十卷,即于光绪十九年秋病殁。临终前将清稿托付刑部郎中沈曾植及国子监祭酒(主官)陆润祥。未定稿交儿子洪洛保存,次年洛死,书稿散佚。光绪二十三年(一八九七年),陆润祥将此书清本二十卷刊刻行世,目录仍存三十卷,散失者在目下以"阙"字注明。陆氏为撰序言,说明原委。本书以《太祖本纪译证》两卷译补及考证最为详赡。其余所补纪传,多为《元史》所缺的元朝建国前的史事和西北汗国、西域诸国事迹,以汉籍所见注释互证。书中以五卷长篇考订《元史》地理志西北地望及西域古地。洪氏曾将在俄国所见地图译出,因而书中有关西北地名的考证,多能订正前人的失误。此书出版后,学人始知元代西域有多种重要的史籍,为前此所未闻见。所据《史集》贝勒津译本并非译本中的善本,其余诸书多自多桑书转引，不免有所局限。但洪氏此书是第一次把域外史料译介给国人，也是第一次应用外域史籍补证中国的"正史"，不仅开拓了元史研究的视野，也为推动中国历史学的发展做出了贡献。

**当代史**　道光以后，官修《实录》、《方略》仍然继续编修。私人撰史记事，魏源开风气之先。下面是一些有代表性的著述。

官修方略——道光以后，仍遵清朝定制，陆续编修《实录》，先后编成宣宗、文宗、穆宗三朝实录。光绪实录在清亡后续成，已见本书前编（参本书第十册，七章二节）。官修方略也已形成定制。道光以来，战事频仍，陆续修成《平定回疆剿擒逆裔方略》八十卷，《平定粤匪方略》四百二十卷，《平定捻匪方略》三百二十卷，《平定云南回匪方略》五十卷，《平定贵州苗匪纪略》四十卷，《平定陕甘新疆回匪方略》三百二十卷。其中《剿擒逆裔方略》系指平定张格尔等军的叛乱。其余五种都是清廷镇压各族人民反抗的纪录。号称"钦定"，辑录历年有关上谕、奏报等官方文书，编年纪事。

续修《东华录》——光绪时，王先谦增补乾隆时成书的蒋良骐《东华录》，又续修至同治朝，合成《十一朝东华录》六百二十五卷刊行。（参见本书第十册，七章二节）光绪二十九年得中进士的翰林院编修朱寿朋依据奏报及报刊资料，继续编纂《光绪朝东华录》二百二十卷，宣统时刊布。私人纂修的清代编年史于是得为完帙。

《圣武记》——魏源著，十四卷。首卷"开国龙兴记"论述清太祖、太宗、世祖三朝对明（包括南明）作战史事。第二卷至第十卷分别论述康熙至嘉庆间平定三藩、征服边疆各地、镇压兵变民变至镇压川湖陕教民起义各次战事。叙事参据群书，间有"附考"，或附录有关文献以供参证。各大战事后，附"臣源曰"，抒发评论。末四卷题"武事馀记"，分兵制兵饷、掌故考证、事功杂述、议武等篇，结合史事阐述魏氏的治军见解。此书实为一部清代战争史和魏氏军事论，史论结合，独创体制，别开生面。道光二十二年七月清军抗英兵败，签订江宁条约，魏氏慨然将此书付印。光绪二十四年、二十六年又经两次修订，续有补正。道光以前，屡有文字之狱，学者于清代前朝史事，多是称颂功业，不敢轻议得失。魏氏此书，考订务求精审，评论多有新义。所论史事，以史为鉴，往往切中时弊，发人深思。外国侵略日亟，兵事成败成为人们普遍关心的问题。此书刊行后，"索观者众"（《圣武记》三版题记），不仅为历史学开拓了新境，也在社会人士中产生了广泛的影响。

《湘军志》——王闿运（一八三三——一九一六年）著，十六篇。闿运字壬秋，湖南湘潭人。咸丰三年举人。治春秋公羊学，属今文经学派。著有《春秋公羊传笺》、《周易说》等经解。王氏曾在曾国藩幕府参议。光绪元年，应国藩长子纪泽之邀，为湘军撰述专志。自光绪三年五月开始撰述，历时四年完成，题为《湘军志》。王氏依据《平粤方略》及曾国藩、胡林翼以下诸将奏牍，综合梳理，自湘军初建至同治七年左宗棠平捻，大体依时代先后，以作战地区分为十四篇，记述始末，末两篇述营制、筹饷。王氏曾自称其书"似《史记》"。书中于湘军胜败、诸将相互疑忌、军中利弊等事均直书不讳，间寓褒贬。光绪七年七月成书。时王氏已应四川总督丁宝桢之聘，受任成都尊经书院讲席，《湘军志》遂在四川刊行。当时曾国荃及湘军诸将领及幕府人士，多还健在。王氏自知非史官而言人长短，不免伤人取祸。此书出后，曾幕诸人多有非议，说："壬秋文笔高朗，而专喜讥贬"（郭嵩涛语）。曾国荃尤为不满，命幕僚王定安另撰《湘军记》，以王闿运《湘军志》为底本，增补修订，重立篇章。《志》书依时地分篇，标题也较客观，如湖南防守篇，曾军篇、湖北篇、江西篇、曾军后篇（叙至攻下江宁）等等。《记》书扩大重编，标题显示曾军功业，如规复湖北、援守江西、规复安徽、绥辑淮甸、围攻金陵（上、下）等等。《志》书叙曾国荃攻江宁事，从湘军、太平军两方论得失，叙事平平。《记》书扩展篇幅，盛赞曾国荃电扫风驱，孤军苦战，为军兴以来所未有。以此为例，可见一斑。《湘军记》之作，旨在与《志》抗辩，称颂曾氏兄弟功业，用意极为明显。但《湘军记》后出，对《湘军志》记事疏失之处多有订正，所纪内容也延至光绪十三年新疆建制，合为二十篇。《志》与《记》各有短长,创建之功,应属《湘军志》。

《太平天国战史》——著者署名"汉公",本名刘成禺(一八七〇——一九五三年),湖北武昌人,一九〇一年在香港参加兴中会,去日本留学。次年在东京应孙文之嘱,撰为此书,以表彰先烈,激励反清。书采编年体,系统记述太平军反清历程,热情赞颂,间有评议。一九〇四年成书出版,是最早的一部太平天国史。孙文为此书作序说"洵洪朝十三年一代信史也"。

**文献汇编** 明末崇祯年间,江苏松江文士陈子龙、徐孚运、宋征璧等收录明初以来有关国事的文章编辑为《皇明经世文编》五百零八卷,刊行。道光初年,江苏布政使贺长龄委付魏源辑录清道光以前历朝的经世之文,于道光六年编成《皇朝经世文编》一百二十卷刊行。魏源力倡经世致用之学,选录的文章虽是前朝的论谏,但多可为时弊的针砭。因而此书出后,读者以史为鉴,鉴往思今,引起很大的反响。同治时又修订重刊。此后,清季文士续辑道光以后各朝经世之文,有《续编》《三编》《四编》《新编》等多种行世,编选水平,互有参差。

约略同时,浙江嘉兴人钱仪吉(一七八三——一八五〇年)编纂《碑传集》一百六十四卷,也在道光六年成书。钱氏嘉庆十三年进士,官至工科给事中。卸职后研治经史。辑录清开国以来宗室、功臣以至经学、文学、藩臣、烈女等二千余人碑传，依人物身分，分编二十五类，合成此书。所录碑传包括碑铭、墓志、家传、行状，旁及方志杂传。或据访见的碑拓，或自文集等书引录，附有"引用书目"。历来碑传之作，不免溢美之辞，但所记传主生卒、乡里、生平行止等，多有依据，可以补正国史。此书完成后，至光绪十九年始由江苏书局刊行。江苏江阴人缪荃孙续补道光以来一千一百余人，编为《续碑传集》八十六卷，宣统二年成书。

同治初年，广西布政使李桓（湖南湘阴人）称病告归，居家著述，编成《国朝耆献类征》七百二十卷，辑录清开国以来至道光十三年人物传记，多至万人。凡国史馆已立传者，全文录入，标明"国史馆本传"。其余采自私家著述、墓志、文集等类文献。所收人物依不同身分，编为十九类。此书创始于同治六年，至光绪十六年完成刊布。原题《国朝耆献类征初编》。另有续编五百五十卷，未刊。此书收罗宏富，晚出的《清史列传》，大部分传记均自本书抄录。

道光以来，屡遭外国侵略，中外交涉频繁为前此所未有。咸、同、光三朝先后将前朝有关涉外的公牍辑为一书，依年月顺序，逐日编录，题为《筹办夷务始末》。咸丰六年编成道光朝八十卷，起自道光十六年止于二十九年。同治六年编成咸丰朝八十卷，起自道光三十年，止于咸丰十一年七月。光绪六年，编成同治朝一百卷，起自咸丰十一年七月，止于同治十三年。三朝《筹办夷务始末》均由中枢大臣领衔编纂,实为官修的前朝涉外文书汇编。清亡后,始影印出版。光绪十二年任军机章京的王彦威在军机处得见各类涉外文书,自行抄录,逐年编为《筹办洋务始末记》,自光绪元年编至光绪三十年四月,随即病逝。清亡后,其子王亮补辑至光绪三十四年,题为《清季外交史料》出版。

**边疆民族史** 嘉道以来,学者面对边疆多事和外国侵略,日益留意边疆地区和少数民族的历史与现状。出现了一批综合考察边疆史地及社会状况的著述。边疆民族古史的研究,也有新的开拓。

《新疆识略》——十二卷,伊犁将军松筠委付徐松编纂。徐松(一八七一———一八四八年),大兴人,嘉庆十年进士,进为翰林院编修。因得罪遣戌伊犁,编成此书。道光元年奏进。道光帝赐名《新疆识略》,御制序文,由武英殿刊行。新疆一词,原为泛称。天山南北路伊犁地区或称回疆。道光帝为此书题名新疆,遂为专名。光绪时即据以建置行省。本书于山川地理、建置沿革、军政财赋、民族状况等均作历史的考察,绘有舆图,收录乾隆时平定准噶尔碑铭等史料,是清代新疆的第一部史志。著者又依据在天山南北各地亲自考察所得,参据历史文献,著为《西域水道记》一书刊行。

《蒙古游牧记》——张穆(一八〇五———一八四九年)撰,十六卷。穆字石洲,山西平定人。因参与校订祁韵士《皇朝藩部要略》而著此书。约自道光二十年着手撰述，历时近十年，未成书而病逝。遗稿由研治边疆史地的刑部主事何秋涛整理，补其未备，又经十年而成书。咸丰九年刊行，题署张穆撰。此书内外蒙古诸部分编为十卷。余六卷记述额鲁特蒙古及土尔扈特蒙古诸部。各卷分别详考诸部历史源流、牧地迁徙经过及山川地理位置，是一部完整的蒙古史志。祁寯藻为作序言，说"是书之成，读史者得实事求是之资，临政者得经世致用之益"，评论是恰当的。

《朔方备乘》——何秋涛（一八二四——一八六二年）著，八十卷。何氏在整理张穆遗稿的同时，广泛收集北方边疆史料，详加考订，著成此书奏进。咸丰十五年正月，咸丰帝召见何氏，赐书名《朔方备乘》，由刑部主事升补员外郎。此书初名《北徼汇编》，卷首十二卷抄录清初以来的历代有关俄罗斯和北方边疆的上谕及《平定罗刹方略》等"钦定诸书"的有关纪录。本文六十八卷。首先考述东北至西北诸族归属清朝的历史过程，次及中俄交界的北疆地区的概况与沿革，历史上各民族在北疆建国的传略，俄罗斯与清廷的经济、文化联系等事。又对清代有关俄国及北疆的记述二十余种分别加以考订辨正，末附七表一图。何氏自叙本书以钦定诸书及正史为据，广采国朝诸人著述，旁及所见中译外国著作。本书实为清代北疆及清俄关系的史料汇编与史地考证，资料宏富，考订精审，极见功力。清本进呈清廷后，随即散失。两年后，何氏英年早逝（三十八岁)。其子芳棅将家藏书稿送呈李鸿章,请人整理,于光绪七年刊行。

《西藏图考》——黄沛翘撰,八卷。黄氏,湖南长沙人。生卒不详。光绪十年,自四川入西藏供职。光绪十二年五月著成此书。卷一全图,卷二西藏源流考,卷三西藏程站考,卷四诸路程站,卷五城池、山川、寺庙、古迹,卷六藏事续考,卷七、八艺文考,附录有关奏议。著者参据历代有关西藏的著述,结合实地勘察著成此书,是一部兼容简史与方志体制的西藏史志。

《元朝秘史注》——李文田(一八三四——一八九五年)著,十五卷。《元朝秘史》本名《蒙古秘史》,成书于蒙古太宗窝阔台十二年(一二八二年)。记述蒙古先世及成吉思汗生平事迹,末卷简略述及窝阔台时事。原书为蒙古畏兀字,久佚。明初四夷馆曾将蒙文音译为汉文,并逐字义译,通称旁译。每一段落之后又有本段的汉文义译(往往不全),通称总译。《永乐大典》元字韵收入。乾隆时将总译部分抄出,钱大昕撰有跋语。道光时据以刊入灵石杨氏《连筠簃丛书》(张穆编辑)。李文田,广东顺德人,咸丰九年进士,授编修。同治时迁侍读学士。李氏留意北方边疆史地,以丛书十五卷为底本,参据顾广圻抄校张敦仁藏旧抄十二卷本,校勘异同。广征宋金元史籍及清初萨囊彻辰著《蒙古源流》,旁及清人有关著述,详加注释。李氏不习蒙古语,也未能利用西域史籍,注释不免局限,往往未臻精

451

当,但此书是《元朝秘史》第一部校注,开风气之先。光绪时刊行,受到学界的重视。继起者有高宝铨《元秘史李注补正》,施世杰《元秘史山川地名考》,丁谦《元秘史地理考证》等相继问世。叶德辉据顾抄十二卷本将音译、旁译及总译全文刊刻,收入《观古堂丛书》。俄国与日本也相继将《元朝秘史》译为俄文、日文刊行。《元朝秘史》的研究,自清季发轫,逐渐发展为世界性的专学。

《西夏书事》——吴广成撰,四十二卷。党项族建立的夏国,自十一世纪初年雄踞西北(今宁夏及陕、甘、青北陲),立国一百九十年,习称西夏。元修宋、辽、金三史均附立夏国传,但无专史。嘉道间,吴广成博采史籍,撰成编年体的夏国史,题为《西夏书事》。起自唐中和元年党项拓跋氏封夏国公至夏国灭亡,是第一部西夏编年史。道光五年刊行。与吴氏约略同时,归安人张鉴撰《西夏纪事本末》三十六卷,是纪事本末体的西夏史。光绪时,王仁俊又辑录西夏文献,成《西夏文缀》二卷。西夏研究逐渐形成为新拓的学术领域。

**世界史** 乾嘉学者的历史学著述主要还是有关中国历史的研究,旁及亚洲邻国。对于亚洲地区以外的各国历史,很少涉及。道光以来,学者日益感到了解世界的必要,出现了有关世界历史的著述和译述。

《四洲志》——林则徐等编译,一卷。林则徐受命禁烟,为了解外国情况,请人将英国出版的《世界地理大全》(慕瑞 Murray 著)摘要译出,经林则徐修润文字,于道光二十一年刊刻。书中包括世界五洲三十余国历史地理的介绍,记述虽很简略,但在当时促使读者放眼世界,增益新知,起了重要的作用。

《俄罗斯国纪要》——林则徐编著,一卷。道光帝抗英战败,林则徐被遣戍伊犁。面对俄国的侵略,搜集有关俄国的记述,编成此书。内容简记俄国建国的历史、地理分布及对外扩张过程。

《海国图志》——魏源撰,一百卷。道光二十一年,魏源受林则徐委托,增补《四洲志》一书。次年成书五十卷,刊行。道光二十七年,增补至六十卷重刻。咸丰二年,又扩充为一百卷。此书以《四洲志》为底本,一再补入中国文献及西书译本的有关记述,对世界各国的历史、地理现状介绍更为详备,并记述西方各国科学技术及军事装备的发展,呼唤人们学习西方科技以抵制侵略。此书刊行后,引起广泛的重视,读者日众。重刻本并曾传入日本,译为日文刊行,在日本也产生了影响。

与此书约略同时,署闽浙总督徐继畬编著《瀛环志略》十卷,道光二十六年成书。主要依据所见外国著述译本及地图,编述各国概况,以洲为编,以国立卷,颇便检读。此书所记重在现状,简要述及历史。与《海国图志》并行于世。

《法国志略》——王韬(一八二八——一八九七年)著。王韬因在咸丰末年上书太平天国建策,被清廷缉拿,逃居香港。后去英、法等国三年。同治九年回港,依据在法所得,著为《法国志略》十四卷,又参据日本有关法国史志,增补为二十四卷,光绪十二年成书。以纪事本末体记述重大历史事件,以疆域志等记述地理及名城大邑。刊行后,颇获好评。著者另有《普法战纪》二十卷,纪述一八七〇年普法战争史事,兼及欧洲列国形势。

《日本国志》——黄遵宪(一八四八——一九〇五年)著,四十卷,黄氏于光绪三年(一八七七年)出任驻日使馆参赞。在日本五年,习读日文,搜罗文献,编为《日本国志》。未及定稿,调任驻美国旧金山总领事。光绪十一年(一八八五年)自美归国后又以两年之力整理旧稿,编成此书。黄氏自称"其体近于史志"。书中历述日本国的历史发展,但自订"详今略古,详近略远"的宗旨,着重叙述明治变法以来至明治十五年(光绪八年,一八八二年)的状况。自称"凡牵涉西法,尤加详备,期适用也",旨在为国人提供借鉴。卷首为日本历史年表,以次为国统、邻交、地理、职官、食货、兵、刑法、学术、礼俗、物产、工艺等十二志,分卷叙事。清廷出使英法意比四国大臣薛福成在巴黎为此书作序,称为数百年来未有的奇作。此书是国人编著的一部日本史志,对推动变法维新,产生了很大的影响,也受到日本学者的赞誉。

**翻译著述** 晚清时期适应国人了解外国的日益迫切需要,中国的有识之士与外国在华的传教士陆续翻译了大量的外国历史著述刊行。被译介的原著,水平不尽一致,观点各有不同,翻译文字也有高下,但这些著述的译介,对国人开拓视野,了解世情,起了积极的作用。清亡以前的几十年间,译著风行一时,为数甚多,下面是一些较有影响的译著。

综合性的世界史,有北京同文馆翻译的《世界史纲》、广州益智学会翻译的美国谢卫楼(D. Z. Sheffield)著《万国通鉴》和上海刊印的日本冈本监辅依据译著用汉文编写的《万国史记》。这些著作都极简略,但在当时都有一定的影响。

英国传教士李提摩太译英国马恳西(Mzckezie)著《十九世纪大事记》二十四卷,题为《泰西新史揽要》,书中记述十九世纪以来欧美各国历史概要,译本并加补注,附有地图。光绪二十年成书。康有为将此书连同李提摩太所著论述英国统治印度等事的《列国变通兴盛记》,送呈光绪帝披览。据说光绪帝阅后"于万国之故更明,变法之志更决"。(梁启超:《戊戌政变记》)

国别史较有影响的译著,有薛福成及其子薛莹编译的《英法意比志译略》。《译书会公报》译刊的《英国人民简史》,留美学生章宗元译《美国独立史》,麦鼎华译《俄罗斯史》等多种。此外,日本涩江保著《法国革命史》和奥田竹松著《法兰西革命史》在光绪二十九年（一九〇三年）相继翻译出版。书中记述一七八九年法国大革命"颠覆旧政,断路易十六之首,变立君政治为共和政治"诸史事,在读者中引起广泛的反响,推动了反对帝制、民主共和思想的传播。

**新史学** 随着外国学术思想的传入和外国历史著述的翻译传播,中国学者开始探讨中国史编写方法的革新。梁启超提出了创建"新史学"的倡议。

光绪二十七年（一九〇一年）梁启超在《清议报》发表《中国史叙论》一文,提出:旧史家不过记载事实,"近世史家"必须说明所记事实之因果关系,旧史家不过记有权力者一人一家之谱牒,近世史家必探索人间全体之进步,即国民全部之经历及其相互关系。次年,又撰文题为"新史学"申明此义,在日本横滨出版的《新民丛报》刊布。此文系统地指责纪传体正史等旧史书的积弊:"知有朝廷不知有国家,知有个人不知有群体,知有陈迹不知有今务,知有事实不知有理想",由此形成"能铺叙不能别裁,能因袭不能创作"。因而使读者难读、难别择（判别）、无感触,"无以激励其爱国之心,团结其合群之力。"（《饮冰室全集》第一册）他认为新史学应是"叙人群进化之现象而求得其公理公例"。此文发表后,梁氏即依据其主张,着手编写一部《中国通史》,约三年后积稿二十余万字,又拟改名《国史稿》。此后即告中辍,未能成书,只遗

456

留残稿传世。

与梁启超约略同时,章炳麟也提出编写新型《中国通史》的构想。撰有《中国通史略例》。此文于光绪二十六年创稿,后经修改,附刊于光绪三十年(一九〇四年)在日本重印的手校《訄书》哀清史篇之末。章氏设想的《中国通史》是以典志"发明社会政治进化衰微之原理",以纪传"鼓舞民气启导方来"。不立传的"君相文儒"悉作为表。他构拟的方案是五表、十二典、二十五别录(即列传)、九考纪,共一百卷,基本上仍是因袭旧体裁而有所革新。章氏提出这一《略例》,拟作数篇而止。

这一时期,切实从事中国通史著作的创新并取得成就的学者是浙江杭州人夏曾佑(一八六五——一九二四年)。夏氏字穗卿,光绪十六年进士,梁启超早年曾向他问学,称他为讲学的契友和导师。光绪二十二年(一八九六年),与梁启超等人在上海创办《时务报》宣传变法。次年,又与严复在天津创办《国闻报》,传播西学。二十五年起,出任安徽祁门知县三年。此后家居上海,应商务印书馆之邀,编著《最新中学中国历史教科书》。光绪三十年(一九〇四年)出版第一册(上古至战国)。三十二年出版第二、三册(秦至隋)。原计划编写五册,因奉命随五大臣出国考察而中辍。夏氏此书突破纪传体正史之窠臼,兼采编年与纪事本末之长,融为一体。依历史分期,编立篇、章,依朝代顺序,逐节叙述基本史事,显示历史发展过程,呈现出一个全新的体制。第一篇上古史,下分第一章传疑时代(太古三代),第二章化成时代(春秋战国)。第二篇中古史,下分极盛时代(秦汉)中衰时代(魏晋南北朝)。每章下分若干节不等。夏氏自叙编著纲领三条,一是关于皇室者,一代兴亡所系者详,一人一家之事略。二是匈奴、西域、西羌之类凡有交涉,毕举其略。三是关于社会者,如宗教、风俗之类,每于有大变化时详述之,不随朝而举。由此创立了年经事纬,包括多民族和多方面的章节综述体的新型中国史。条理清晰,简要易读。出版后受到读者的广泛欢迎,几年内多次重印。夏氏逝后,一九三三年改题为《中国古代史》行世。夏氏此书虽未能全部完成,但新体的创建为中国历史的编写开辟了境界,对近世中国历史学的发展产生了久远的影响。

## (二)历史地理学

历史地理学日益受到学者的重视,在以下几个方面取得了成就。

**旧史地理志补证** 以旧史记载为基础加以校注补证,是乾嘉学者习用的著述方法。道光以后学者沿用此法,补证旧史地理志,做出了贡献。徐松有《新斠注地理志集释》十六卷,以乾隆末年钱坫《新斠注(《汉书》)地理志》为底本,补辑乾嘉学者关于《汉书》地理之考证注释,附加案语订补,与钱著一并刊行。陈澧有《汉书地理志水道图说》七卷,张穆有《北魏地形志》十三卷。湖北黄冈地理教习杨守敬(一八三九——一九一五年)有《隋书地理志考证》九卷,对隋朝以前的地理沿革,作了详密的考订。此外,道光时江阴暨阳书院主讲李兆洛(一七六九——一八四一年)著成《历代地理志韵编今释》二十卷。对《汉书》地理志以来的历代地理志所见地名,按韵分编,注释今地,是最早的一部历史地名辞典。

《水经注》校疏 北魏时郦道元作《水经注》四十卷,详注北魏以前的水道变迁与地理沿革,是古代历史地理的重要著述。(参见本书第二册六章三节)明万历时曾刊行朱谋㙔的笺释。清乾嘉时全祖望有《七校水经注》。戴震与赵一清约略同时校译此书,戴氏有《水经注聚珍本》校本,赵氏有《水经注释》四十卷,附录二卷,刊误十二卷。传世《水经注》大体得以恢复原貌,订正失误。光绪时,王先谦有《合校水经注》刊行。杨守敬对《水经注》叙述旧事,详考出典,又选录前人校译,严加订正,著为《水经注疏》四十卷,是《水经注》研究的集大成的巨著。此书在光绪时开始著作,一九〇四年完稿。杨氏生前未能刊行。后经熊会贞修订,未刊。遗稿曾影印出版。一九八九年江苏古籍出版社出版近年据熊稿本及遗存杨抄本校勘的新版本,被视为本书的定本。

**历史地图** 李兆洛在编纂历代地名的同时，又编成《历代地理沿革图》一卷，绘图二十幅。因失之过简，不便检索。杨守敬自光绪初年开始编绘《历代舆地图》，自春秋时代至明代分为四十四组，分别绘制，陆续刊印。自光绪四年（一八七八年）至宣统三年（一九一一年），历时二十三年，全部出齐，分装三十四巨册。此图，春秋据《左传》，战国据《战国策》，秦汉以下据正史地理志，详细绘入诸书所见地名、行政区划及山川位置，以《大清一统舆图》（参见下节）为底图，朱墨套印，互相对照，使人一目了然。又绘出经线及方格，标示方位，是前所未有的一部内容详备绘印精良的中国历史地图集。春秋至南北朝时期的古地名，或有疑义，图前附有序说及札记，说明考订依据，对历代地理志之疏误，多所订正，精确度超过了前人。

**资料汇编** 江苏清河人王锡祺广泛辑录清人地理著述，编为《小方壶斋舆地丛抄》，自光绪三年起历时二十一年，分三编出齐。每编十二帙，每帙收书若干种，各为一卷，共收录一千四百余种。所收书包括中原及边疆各地的风土纪述、行纪、游记，还包括少量欧美各国的见闻，是一部详备的舆地资料汇编。

光绪时陈士芑编撰《海国舆地译名》十卷。辑录各种著述中记录海外诸国地名，同名异译者并为一事，简记沿革。光绪二十八年刊行。所录不无失误，但在当时是一部可用的工具书。

## (三)考古发现

光绪年间,河南安阳甲骨、甘肃敦煌遗书和新疆遗址简牍等陆续发现,举世瞩目,揭开了中国近代考古学的序幕。

**殷墟甲骨** 河南安阳殷墟甲骨的出土是学术史上的一大发现。约在光绪中叶,安阳农民掘地获得刻有文字的龟甲兽骨,视为“龙骨”售与药铺。光绪二十四年(一八九八年),山东潍县古董商人范寿轩见有刻字,疑为古物,来京津等地向学人征询。次年秋,在河南收购甲骨,称为龟版,来京津求售。经京师国子监祭酒王懿荣(山东福山人)鉴定,购去十二版。天津王襄(字纶阁)孟广慧(字定生),审视其文,知为古物,因寒素无力,仅购得数版。二十六年春,范氏又收购大批甲骨来售,王懿荣以高价选购八百片。王襄收得零碎小片约五六百片。同年,王懿荣又从潍县赵姓商人处购得数百片,前后所得积至一千三百余片。

八国联军入侵,王懿荣受命为办理京师团练大臣,抗敌战败,自杀殉国。所藏甲骨大部分归于江苏丹徒人弃官经商的刘鹗(字铁云)所有。刘鹗又从潍县赵商处购得三千多片,从天津方若(字药雨)处收得三百余片,积至五千余片。光绪二十九年(一九○三年),

将拓本编为《铁云藏龟》一书印行,称为"殷人刀笔文字",出土甲骨文字遂得以面世。

《铁云藏龟》刊布的甲骨拓本

曾在刘鹗家中任教馆,后受任学部参事的罗振玉,在刘鹗处得见甲骨。尔后,即留意收购。甲骨的收售原经山东商人之手,出土地点,其说不一。光绪三十四年,罗振玉访知甲骨出土地在安阳小屯,遂派人往当地收购,一年之间即得万片。罗氏在《铁云藏龟》序中曾称甲骨为"夏殷之龟",或有人疑为周朝遗物。宣统二年(一九一〇年),罗氏撰《殷商贞卜文字考》,始考订出土甲骨为商代贞卜文字。

甲骨出土得售,当地居民遂大肆挖掘谋利。端方、沈曾植等人均曾购藏。美、英、德、日等国传教士得讯,也竞相收购,转售国外。宣统三年(一九一一年)二月,罗振玉派其亲属往安阳购得一万二千余片运回京师。罗氏前后所得约三万片。

殷墟甲骨出土后,清朝末季主要还是自发的挖掘、收藏和刊布。《铁云藏龟》问世后,孙诒让撰著《契文举例》一书,是甲骨学最早的文字学著述。孙氏生前未及刊行,遗稿于一九一七年出版。清朝亡后十年间,罗振玉将其收藏的甲骨,在日本刊印《殷墟书契》前后编,《殷墟书契菁华》,又撰著《殷墟书契考释》,考订甲骨文字及人名地名。王国维著《殷卜辞中所见先公王考》及《续考》,对勘历史文献,考订商代先公先王名号世系。又有《戬寿堂所藏殷墟文字考释》一卷。王襄续收甲骨至四千余片,著成《簠室殷契类纂》,收入可识甲骨文字八七三字,是最早的一部甲骨字典。此后,甲骨研究著述渐多。一九二八年。中央研究院历史语言研究所开始在安阳殷墟进行科学化的考古发掘,甲骨学于是成为涵盖考古学、历史学和文字学的综合性专学。中国古史和古文字的研究,也由于殷墟甲骨的发现而步入了一个新阶段。

**敦煌遗书** 甘肃敦煌鸣沙山,自前秦时开凿莫高窟石窟供佛(参见本书第二册六章三节),隋唐宋元历代续有修建,规模宏伟。光绪二十六年(一九〇〇年)莫高窟道士王圆箓在第十六窟凿壁洞,在洞中发现古代经卷、文书及各种文物,多达四万余种,世称此洞为藏经洞,又称敦煌石室。经学者鉴别,内有大量唐人抄写的佛教经卷,古籍的抄本和古刻本(多有久已失传的逸书),前所未见的俗文学抄本,唐代公私文书谱牒及其他文献。唐代的横式星图(甲本)绘星一千三百五十余颗,是当时世界上星数最多的天文星象图。古粟特文、于阗文、龟兹文、古藏文等古民族文字书写的

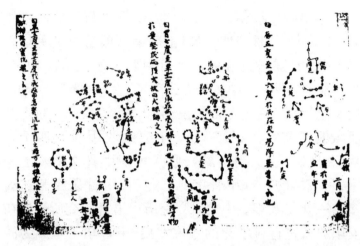

敦煌石窟发现的唐代星图(甲本)

经卷和历史资料也是罕见的珍贵文献。敦煌石室遗书,内容广泛,多为稀世奇珍,汇为古文献的宝藏。

一九〇七年,英国考古学家斯坦因(A. Stain)在新疆、甘肃等地考察,到达敦煌,自王道士处骗取石室遗书及彩绘帛幡等文物,共装二十四箱运走。次年,法国东方学家伯希和(P. Pellict)也来敦煌,因他精通汉学兼通古民族文字,得以在遗书中挑选精品五千余件,盗运回国。此事传出后,清廷于宣统元年(一九〇九年)曾电令陕甘总督将石室写经押运来京。次年运到京师图书馆收藏,但仍有大量文献还留在王道士手中。一九一一年,日本桔瑞超等人又自王道士处收得经卷六百余件。一九一四年,斯坦因再来敦煌,又掠得文献五箱,两次所得,约有万件。同年,俄国奥尔登堡也来敦煌掠取写本经卷并剥去一窟壁画,私运回国。敦煌宝藏,屡经劫掠,多流散于域外。此外,斯坦因还在敦煌西北汉代烽燧遗址先后两次发现汉代木版简牍八百余片,运回国后,陆续刊布。

宣统元年(一九〇九年),罗振玉自遗书中选录唐写本古籍十三种,题为《敦煌石室遗书》刊布。同年,王仁俊依据伯希和刊布的报告,就其中六种古籍撰为跋文考释,又影印有关碑拓,附加考订,题为《敦煌石室真迹录》刊行。清亡后,敦煌遗书与敦煌石窟艺术的研究,日益受到学者的重视,蔚为新兴的综合性学术"敦煌学"。

**新疆简牍** 清朝末季,新疆地区发掘尼雅和古楼兰遗址,出土大批文书和木简。

尼雅遗址——在新疆尼雅河以北的塔克拉玛干沙漠。唐玄奘《大唐西域记》记此地称尼壤,即《汉书》西域传所见之古精绝国。光绪二十六年(一九〇〇年)斯坦因初到新疆考察,十二月在和阗雇用民工三十余人,在和阗以北的丹丹乌里克地发掘古寺院遗址,发现残存的唐代壁画和画版等物及一捆用古印度婆罗迷文字书写的纸片。次年初,沿尼雅河而上,到达尼雅遗址。经居民指点,在一间土屋内发现古印度佉卢文书写的木简百余片及汉字书写的文书。其后,即擅自命民工发掘尼雅居室遗址,获得二百余片佉卢文木牍及羊皮书,四十余片汉字木简及其他文物。一九〇六年

465

秋斯坦因再来此地,雇工发掘,又获得一批书法精美的汉字木简、汉字文书和佉卢文木牍。后经发现一片汉字木简写有晋武帝泰始五年(二六九年)纪事。简牍文字包括公私文书、契约、账目等多方面的内容。斯坦因发掘后俱已盗运回国。近年新疆考古工作者在此遗址进行考古发掘,续有发现。

楼兰遗址——遗址在新疆罗布泊西北,属若羌县。学者考订为魏晋时西域长史治所(一说鄯善遗址)。一九〇〇年,瑞典地理学家斯文赫定(S. A. Hedin)来罗布泊做地理考察,在此遗址,获得汉字木简、文书及佉卢文文书,归国后将考察成果刊布。一九〇六年冬,斯坦因在发掘尼雅遗址后,又雇工五十余人,依据斯文赫定发表的地图位置,寻到楼兰遗址,在一处塔基和附近院落遗址中,掘得大批汉字木简、纸片文书及佉卢文木版、纸片及绢帛。一九一四年,斯坦因再来此地,又掠走一批汉文、佉卢文、婆罗迷文简牍,并获得一批出土的丝织品与毛织品。此外,清朝末季,日本桔瑞超等人也曾来此盗掘。总计楼兰出土汉字简牍流至域外约五六百件,佉卢文约五六十件。其中一部分曾由法国汉学家考释刊布。简牍所见最早的纪事是魏嘉平四年(二五二年),最晚的纪事是前凉建兴十八年(三三〇年)。汉文及佉卢文书都称其地为楼兰(Kroraina),故知为魏晋时期楼兰故城遗址。简牍多为官府公文、往来信件、私人文契,所记内容涉及当地军政、社会经济及与周邻地区的联系等许多方面,是研究西域史的珍贵文献。

## (四)金石学著述

乾嘉学者广泛收录金石文字,编印成书,为金石学的发展,奠立了基础。道咸以后,学者在此基础上,继续收录,出现了若干多卷本的著述。

《捃古录》三种——吴式芬(一七九六——一八五六年)编著。吴氏,山东海丰人,字子苾,号诵孙。道光十五年进士。十九年出任江西南昌知府,着手编著此书。此后游宦各地,官至内阁学士,浙江学政。咸丰四年致仕家居,邀沂州人许瀚协助编撰。咸丰六年,吴氏病逝,由其子重周、重熹与许瀚等校录完成。光绪、宣统间陆续刊行。第一种二十卷,是金石文字的总目录。著录夏商周三代至元代的铜器铭文、石刻文字及砖瓦文字,共一万八千余种,超过了嘉庆时期的同类目录。所收器物及拓本注明收藏者名氏及著录书名,颇便检索。第二种称捃古录金文,三卷。收录铜器一千三百三十四器,分类编排,依字数多少序列,著录铭文释文及研究者的说解,较阮元《积古斋钟鼎彝器疑识》(见本书第十册,七章二节)更为详备。第三种是《金石汇目分编》十卷(另有存稿未刊)。依州县地区分编目录,与第一种相辅而行。三种总称《捃古录》,是当时所见金石文字最为完备的综录。

《八琼室金石补正》——陆增祥（一八一六——一八八二年）著，一百三十卷，附录三种六卷。陆氏，号星农，江苏太仓人，道光三十年状元，授翰林院修撰。官至湖南道员，仕途未显，以数十年之力广泛搜访各地石刻拓本，著为此书。书名"补正"，是对王昶《金石萃编》一书的增补和订正。王书收录先秦至金代石刻一千五百余通，陆氏又增补二千余通。王书已收者不再录原文，只据所见精拓，订正其缺失和误录。增补者则全录石刻文字，附载前人题跋，并多有考释。原石文字为篆书隶书者摹录篆隶字体。楷书中的简字俗字异体字也照录原形。收罗宏富，编录精审，是一部最为详备的金代以前石刻文字汇编。王书原收录殷周铜器铭文七种，陆书不收，以求体例的划一。附录《金石札记》四卷，是所见铜器及石刻的考订。《金石祛伪》一卷，主要是对若干刻石的辨伪。《元金石偶存》一卷纪录所见元代石刻四十余通。陆氏生前，此书未能刊刻。一九二五年才由藏书家刘承干在天津刊行，题"吴兴刘氏希古楼刊"。前有冯煦、章钰和刘承干的序言，记述书稿校刊经过。陆氏逝后，其子继辉（蔚庭）曾嘱冯煦参校书稿，未及实行。清亡后，一九一九年刘承干商得陆增祥之孙长祐同意，委托章钰与王君九校录，前后历时七年才得完成。章序中提及继辉撰有《续补正》稿本六十四卷，未刊。

《愙斋集古录》——吴大澂（一八三五——一九〇二年）著，二十六卷。吴氏，江苏吴县人，同治十年进士，官至湖南巡抚。平生广收金石文物，精研古文字，此书收录商周秦汉铜器铭文拓本一千余通，考释精密，超越前人，是金文研究的名著。吴氏逝后，由门人王同愈校理，一九一七年影印行世。另有《愙斋集古录释文剩稿》刊行。

《艺风堂金石文字目》——缪荃孙（一八四四——一九一九年）编著，十八卷。缪氏字筱珊。江苏江阴人。光绪时，授翰林院编修，清史馆总纂。有《续碑传集》之作，已见前文。此书是缪氏艺风堂收藏的石刻拓本目录，所收历代石刻近万种，数量之多，超过了前人。《金石萃编》所收石刻至金代而止。本书收录元代石刻约一千五百种，是著录元碑最多的碑目（《寰宇访碑录》所收近千种）。目录只著碑题、年代、书体及所在地，不录碑文，无考译，只是藏拓的简目。虽不尽精确，足供检索。所藏拓片后来虽有散失，但绝大部分现仍存北京大学图书馆。《艺风堂金石文字目》于光绪三十二年刊行。其后续有收藏。缪氏逝后，其子禄保编有《续目》，未刊，有抄本传世。

《语石》——叶昌炽（一八四九年——一九一七年）著，十卷。叶氏，江苏长洲人。光绪十六年进士，进授翰林院侍讲，督甘肃学政。本书是一部综合研究历代石刻的开创性著述。著者依据历年搜集的石刻拓本八千余种及有关历史文献,对历代石刻的地域分布、形制及书体的演变、碑志文字的撰写体制、书法,历代碑石刻工以及拓本的摹拓收藏等,作了多方面的论述,并扩及碑志以外的石刻造像、桥柱、石栏、摩崖等前此殊少注意的石刻文字。对于石刻的维护、辨伪及拓本的保存等也提供了历史的经验。可说是一部金石学或石刻学的概论性的基本著作,为前此所未有。此书于宣统元年由叶氏刊行。

## (五)语言文字学

道咸以来,传统的音韵、训诂和文字之学,继续取得新的成就。借鉴西方语言知识,开创了汉语文法研究的新领域,并开始探索汉字拼音的创制。较为重要的著述,有如下列:

《说文通训定声》——朱骏声(一七八八——一八五八年)著,十八卷。朱氏,江苏吴县人,嘉庆二十三年举人,道光时任安徽黟县训导,自道光十三年开始撰著此书,历时十五年完成。道光二十九年在黟县刊印。全书包含三方面的内容。说文:注释许慎《说文解字》所收各字的本义。通训:考述各字的引申和假借诸义,包括许书已收和未收古字,是全书的主要部分。定声:征引上古韵文,考证各字古音。全书共收一万七千二百四十字,编排方法打破许书始一终亥的五百四十七部,舍形取声,依据古韵十八部析出一千一百三十七母（声符），依次排列。首列"检字"，以便检索。此书引证详备,考订精审,是一部音韵训诂学的综合性巨著,也是一部探讨古音古义的新型古汉语字典,对汉语史研究是重大的贡献。

《说文句读》——王筠(一七八四——一八五四年)著,三十卷。王氏,山东安丘人,曾任山西宁乡县知县。平生精研文字之学。道光二十一年,始著此书。原取段玉裁、桂馥等人对《说文解字》的注释(参见本书第十册七章二节),"或增或删或改,以便初学诵习,故名之曰句读"(著者自序)。尔后,又广收前人有关著述,征引古籍,博观约取,于道光三十年成书刊印,前后已历十年。此书于前人注释所引古籍,甄别去取,间有补正,汇集精当者摘录于各字之下,以诠释其义,极便阅读。王氏另有《说文释例》一书,解析许书体例,补段氏之未备。又有《文字蒙求》四卷,自《说文解字》摘录常用字二千,注释字义,是一部普及性的文字学读本。

《切韵考》——陈澧著,九卷。隋代陆词(字法言)著《切韵》,是汉语音韵学奠基的巨著(见本书第三册一章五节),原书久已失传。陈澧此书以源于《切韵》的宋陈彭年《广韵》为依据。详密分析《广韵》反切注音的上、下字同用,互用、递用、两两互用等系联现象,用以推寻《切韵》的音韵系统,考出《切韵》的四十声类、三一一韵类,对音韵史研究做出了重大贡献。陈氏所创立的这一研究方法被称为反切系联法,为以后研究者所沿用。本书内篇六卷,分别考订声类、韵类,列为韵表,并有论证。道光二十二年成书。光绪五年又续成外篇三卷从等韵角度编列韵表附论证。全书合为九卷,光绪八年刊行。

《说文古籀补》——吴大澂著,十四卷。本书广泛收录商周铜器铭文以及见于陶器、钱币、印玺、石鼓等古器物的古籀(大篆)文字,以《说文解字》为底本,分别摹录于各字之下,实际上是依《说文》编序的第一部古文字汇编。光绪九年刊刻,共收三千五百字,光绪二十一年重刻,又补入一千二百余字。所收文字均据亲见拓本,审慎抉择,注明器物。由此证知《说文》所系"古文"、"籀文"多为晚出。本书可为《说文》补缺正误,明辨源流,是对古文字研究的重大贡献。

《马氏文通》——马建忠(一八四五——一九〇〇年)著,十卷。马氏,早年曾在上海从外国传教士学习拉丁文、希腊文、英文、法文。光绪元年赴法留学,归国后入李鸿章幕府,帮办新式工业。传统的语言文字学重在形、音、义的研究,对文法不甚讲求。著者借鉴西方语法,著成此书,是第一部系统探讨汉文文法的理论著作。全书十卷,包括正名(一卷)、实字(五卷)、虚字(三卷)、句读(一卷)四个部分。从经史等古籍的规范古文(文言文)中,择取例句,分析词类与句法,试图构拟汉文的文法系统。所论虽未尽完善,但作为开山之作,为汉语语法的研究,开辟了道路。此书于光绪二十四年由上海商务印书馆出版,此后一再重版,对汉语研究产生了深远的影响。

**拼音汉字** 道光以来,西方传教士相继来华传教。一八五〇年在厦门出版以罗马字(拉丁字母)拼写厦门汉语方言的《圣经》,称为厦门白话字。此后,各地天主教会也相继编印以罗马字拼写各地方言的书刊,称为教会罗马字。一八五五年至一八七一年任英国驻华使馆汉文正使(参赞)的威妥玛(T. F. Wade),先后编著《寻津录》与《语言自迩集》两书,以拉丁字母为汉字注音,增添送气等符号,形成拉丁字母拼音法。一八九二年,英国驻华领事翟理斯(H. A. Giles)在上海出版《华英字典》,即采用威妥玛氏拼音法,以注汉字读音。一九〇六年在上海举行的英帝国邮电联席会议决定,邮电通信中,中国地名的拉丁字母拼写,以翟氏字典为据,略去威妥玛的送气符等附加符号。此后长时期内,西方各国多据威妥玛式拼音法音译中国的人名、地名等专名。

光绪年间,中国学者借鉴西方拼音文字和日本假名文字,开始探索创制拼音汉字。清亡前的十多年间,先后出现二十余种有关著述和拼音方案。拼音字母创制的依据分别是:(一)拉丁字;(二)速记符号;(三)

数码;(四)汉字偏旁笔画。略举有代表性的著述如下:

拉丁字母法——福建同安人卢戆章(一八五四——一九二八年)曾去新加坡谋生,学习英文。后回厦门,教英语,兼教外人汉语。光绪十八年(一八九二年)著成《一目了然初阶》(中国切音新字厦腔)出版,依据拉丁字母制成拼写厦门方言的切音新字,是最早提出的拼音汉字方案。光绪三十六年,江苏苏州出版朱文熊著《苏州新字母》,以拉丁文字母拼写苏州方言。光绪三十四年,江西弋阳人,时任京师大学堂日文教员的江亢虎著《通字》,以拉丁字母拼写官话(北京音)。同年,天津文人刘孟扬(回族)著《中国音标字书》,提出较完整的拉丁字拼写官话的方案。以十六个拉丁字辅音字母及五个加双点的字母构成二十一个"仆音"(声母),九个拉丁字元音字母加 ü 构成十个"主音"(韵母),七组双元音字母构成"复主音"(复韵母),拼写成字后,在字尾主音附加符号,以标示声调四声。几个字构成的词,在各拼音字之间加一小横,以示联结。刘氏提出的中国音标字以京音为依据,考虑到汉语的某些特点,构想较为周全。

速记符号法——光绪二十二年(一八九六年),曾任清廷驻美公使翻译,回国后在张之洞属下办理新式工业的广东人蔡锡勇,编著《传音快字》出版。依据西方传入的速记符号,制成拼写官话的"快字"。以速记符号制作二十四个声母字,三十一个韵母字,一声一韵,切成一字。附加小圈,标示声调,多音词连写。同年,广东王炳跃著《拼音字谱》,次年刊行。王书以速记符号制作阳声字(韵母)五字(另加变音字和双音字),阴声字(声母)六字。阴阳字切合成一音一字,用以拼写广东音。另制增用字母,用以拼写北音和福州音。本书还提出"电字",即用于电报的"拼音新字"方案。

数码法——光绪二十七年(一九〇一年),湖北出版田廷俊著《数目代字诀》,试图以汉字数码及阿拉伯数字取代字母,拼写湖北方音。光绪三十二年,苏州出版沈韶和著《新编简字特别课本》,以通行的记账数码"苏州码子"作字母拼音。这两种数码方案,附和者少,影响不大,但显示了作者探索语文数字化的思路。

汉字偏旁笔画法——以汉字偏旁笔画作字母,构制拼音汉字,始于光绪二十七年(一九〇一年)出版的署名芦中穷士著《官话合声字母》。著者本名王照(一八五九——一九三三年),河北宁河人,光绪二十年进士。因参与变法,逃亡日本(见前章)。光绪二十六年,潜返天津,著成此书,次年在日本出版。《官话合声字母》取汉字偏旁笔画,制作"音母"(声母)四十八母,"喉音"(韵母)十二母。声母在左,韵母在右,拼成一音一字,仍保持汉字的方形。字形四角分别加点,标示四声。合声新字拼写官话,可用为汉字注音,也可取代汉字单行。此方案提出后,引起很大反响,一九〇六年,卢戆章放弃原来提出的拉丁字方案,新著《中国字母北京切音教科书》,以汉字笔画字母拼切京音。浙江大学堂监督、江宁提学使劳乃宣著《合声简字谱》,依王照方案补入拼写江宁音的宁音谱和苏州音的吴音谱,在江宁创立简字半日学堂传授。此后,续有采用汉字笔画的方案刊布,受到广泛的重视。王照在京师建官话字母义塾,又成立拼音官话书报社,创刊拼音官话报,大力推行官话字母。宣统二年,遭清廷下令禁止。

清季十多年间,创制拼音汉字形成热潮,旨在普及教育,期于富强。各方案互有短长,为民国初年创制注音字母和国语罗马字奠定了基础。

## 第三节　文学艺术

晚清时期,文学艺术各领域都呈现出时代的特点。(一)旧体诗词被爱国志士用来寄喻救亡抗侮,赋予新的内容。旧体古文已不能适应时代需求,随着报刊的创办,出现了报刊体的新文体。白话体的写作也在逐渐兴起。(二)小说的创作已不能迈越前修,但揭露清廷昏庸腐败的谴责小说,受到欢迎,赋有时代特征。外国小说大量翻译传播,促进了中国文学的发展。(三)

以戏剧说唱为内容的民间文艺,空前活跃。京戏的形成和话剧、电影剧的出现,显示着戏剧的发展进入了一个新时期。各地民间说唱艺术流行,多有新创。(四)内廷供奉的画院派绘画日趋衰落。文人画成为画坛的主体。江浙一带的画家,往来上海,以画为业,形成所谓"海派"绘画。花鸟与人物画蔚为主流。金石学的发达促使书法由帖学转入碑学。魏碑与颜体成为书家崇尚的书体。

## (一)诗　文

### 一、诗　词

　　旧体诗词在晚清文坛继续流行。守旧者仍以唐宋诗为楷模。维新和革命人士的创作,为旧体裁注入新思想。艺术风格也几经演变。

　　经世诗——道光时的经世诗作,以龚自珍为代表。龚氏幼年从段玉裁习《说文》,中举后又从刘逢禄习《公羊》,博学广识,名重士林(见前)。亲见国势衰微,西北与东南局势危殆,曾屡次上章陈言。于诗文则倡言经世,讥讽避世偷安的文士"避席畏闻文字狱,著书都为稻粱谋"。生平所作诗,今存六百余首。道光十九年(一八三九年)辞官后一年间所作,即有三百五十首,题为《己亥杂诗》。诗人愤慨朝政之腐败,忧虑外患之胁迫,心系民间之困苦,深情洋溢于诗篇。复以有志难酬，良多感慨。每以箫剑自解："怨去吹箫，狂来说剑"。传诵的名篇："九州生气恃风雷，万马齐瘖究可哀。我劝天公重抖擞，不拘一格降人才。"瞩望于革新人士的出现。所作诗多与世事相关，但不以政论的语汇入诗，而是借助于自然景物的比兴，抒写内心的忧愤。委婉含蓄，寓意深远，发人思索。练句遣词，今古并用，属辞比事，援古喻今。不拘唐宋，自成一格。龚氏逝后，诗篇日益受到推崇，开晚清诗坛之新风。

魏源与龚自珍同师刘逢禄，于诗文力倡经世致用，文坛龚魏并称。生平从政，历官幕府州县，饱经世故。治学放眼世界，淹贯经史，著述宏富（见前）。怀革新兴国之志，发而为诗，使他的诗具有丰富而深邃的内涵。现存诗近九百首，大别为经世诗与山水诗两类。龚魏约略同时，忧国忧

魏源手书诗稿

民,均同此心,两人诗风则各具特色。魏源早年曾参与盐法与漕运的改革,鸦片战争中在幕府亲见溃败,战后又在各州县洞悉种种弊政和民生疾苦。所作诗纪录见闻,直书其事,近于诗史。如《寰海》诗记述鸦片战事,谴责求和的大员"揖盗开门撤守军",赞颂抗英的百姓"同仇敌忾士心齐",直述感怀,爱憎分明。新乐府诗《君不见》记述战争后东南各地农民的抗漕抗租,"君不见,南漕岁岁三百万,漕费倍之至无算,银价岁高费增半,民除抗租抗赋无饱啖。"直指官府之刻剥,说人民反抗有理。魏源有诗云:"自笑十诗九山水。"生平遍游五岳八州,创作了大量的山水诗。《衡岳吟》说:"恒山如行,岱山如坐,华山如立,嵩山如卧,惟有南岳独如飞,朱鸟展翅重云天。"所到之处,作诗纪胜,所咏名山或拔地倚天,或曲迴清丽。"凡奇奇怪怪,槎槎桠桠,悉凭其手腕,一泻于笔端。"(方浚师《古微堂诗集序》)。读魏源的山水诗,不禁对大好河山眷恋向往,爱国之情油然而生。这不仅由于魏源的文笔幽美,善于描绘,更由于他的山水诗不同于文士的抒寄闲情,而是饱含着爱国的激情,因而具有极大的感染力量。山水诗与经世诗异曲同工,都表现出诗人强烈的爱国思想。魏源的诗集有《古微堂诗》十卷,同治九年(一八七〇年)刊行。另有《清夜斋诗稿》一册。近年出版《魏源集》将现存诗篇全部校录。

宗宋诗——与龚魏倡导诗文经世约略同时,诗坛涌现出一股宗法宋诗的潮流，倡导者是户部侍郎程恩泽(一七八五——一八三七年)和三朝师相祁寯藻(一七九三——一八六六年)，附和者有国史馆提调何绍基(一七九九——一八七三年)。三人均出身进士，起自翰林院编修，是身居高位的显宦，又是探研经义训诂的学人。所谓宗宋，即不拘守盛唐而模仿宋人的诗风，以苏轼、黄庭坚为楷模。形式上锐意求新，内容则提倡学人与诗人合一，写景言情与学术研考相结合，即与时事政务相分离。又力倡"温柔敦厚"的诗教，因而不任意月旦人物，讥弹时政。所作诗多属流连风月，友朋唱酬，少涉世务。主张人与文一，人成文立。做人当性情庄雅，深明义理，因而得到倡导理学名教的曾国藩的赞同。程氏弟子郑珍(一八〇六—— 一八六四年)贵州遵义人。中举后，曾任贵州荔波县训导，后辞官归里，潜心经学。所作诗平易晓畅，独具一格。记述各地见闻及民间疾苦，多有佳作，在宗宋诗人中后来居上。此派诗人，被后人称为"宋诗派"。同治、光绪年间，此派诗风继续发展，演变为刻意雕琢字句，追求险奥清瘦，被称为"同光体"。

新派诗——旧体诗注入新内容，首推维新诗人黄遵宪，广东嘉应州(今梅县)人，字公度。光绪二年(一八七六年)中举，受任驻日使馆参赞。次年出使日本，在日五年曾编著《日本国志》(见前)。此后历任美国旧金山总领事、驻英使馆参赞、新加坡总领事。光绪二十年(一八九四年)回国后,在上海参加强学会,与梁启超创办《时务报》宣传变法。二十三年,署湖南按察使,助陈宝箴推行新政。次年,光绪帝召见,授任出使日本大臣,未及出国,因政变被参劾,罢职家居。

黄氏学识渊博,淹贯中西。自十六岁时即喜赋诗言志,厌习汉宋训诂义理之学。生平作诗千余首。自鸦片战争英国入侵割让香港,中日战争海军溃败痛失台湾,至八国联军侵掠京津,均入于诗。对外国之侵略、清廷之昏聩,深寄感慨,人称一代诗史。多年出使海外,游历诸国,于各地所见风土文物、政事人情以至火车、

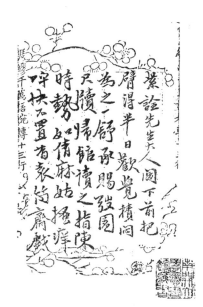

黄遵宪致王韬书

轮船、摄影等新事物,也都赋诗纪胜,自称"吟到中华以外天",堪称瀛寰诗志。诗人将变法维新的宗旨,融贯于史志兼备的诗篇,使人在诗歌艺术的享受中,振奋起救亡图强的激情,因而传诵一时,受到广泛的赞许。黄氏曾在《人境庐诗草自叙》中说"取离骚之神理而不袭其貌","弃去古人之糟粕,而不为古人所束缚"。

"古人未有之物,未辟之境,耳目所历,皆笔而书之。"
对前人的诗作,取精华去糟粕,师古而不泥古。将新事
物新意境注入旧体制,于旧体制也不墨守陈规而时有
新创,因自称其诗为"新体诗"或"新派诗"。早年作诗
即主张"我手写我口",运用散文笔法吟诗,尤以组诗
与长诗,蔚为特色。组诗如《日本杂事诗》二百首详记
见闻,历叙平生。长诗如《冯将军歌》,歌咏中法战争
冯子材谅山大捷,"十荡十决无当前,一日横驰三万
里",激昂慷慨,令人气壮。八国联军入侵后,光绪二
十八年(一九〇二年)撰写"军歌"二十四首,构想军民
抗击侵略,节节获胜,敌军投降,恢复失地,收回主权。
诗人以激动的热情,抒写救国的理想,滔滔如千顷波,
使人读来,不能不为之感动。又如长达二千余字的
《锡兰岛卧佛》描述印度的沦亡和佛教的传播,被誉为
"有诗以来所未有"。诗人也有一些吟咏自然景物和
民间生活的新体诗,写景状物纤细入微。黄氏曾自诩
"不名一格,不专一体"。千余首诗篇,内容丰赡,异彩
纷呈,独步诗坛,冠绝一时。黄氏生平力倡变法维新,
晚年见清廷已不可救药。临终前数月,赋《病中纪
梦》诗寄梁启超说:"呜呼专制国,今既四千岁。岂谓
及余身,竟能见国会。"又说:"人言廿世纪,无复容帝
制,举世趋大同,度势有必至。"预言二十世纪帝制消
亡,走向大同,表示了对未来的信念和向往。生前曾
自编《人境庐诗草》传世。在晚清诗人中,是公认的

巨擘。

康有为早年在广东读书讲学,即赋诗言志,每有豪放之作。如《秋登越王台》诗:"腐儒心事呼天问,大地山河跨海来。临眺飞云横八表,岂无倚剑叹雄戈。"后游香港,赋诗"伤心俯仰非吾土,锦舶蛮靴满目非"表现出爱国的情思。上书变法之后,所作诗多是寄志抒情,不将具体史事入于诗篇。政变后逃亡海外,"经三十一国,行六十万里",现存康诗,多作于这一时期。此时的康有为被清廷通缉,奔走各地呼吁保皇,与黄遵宪的出使各国,境况迥然不同。所作感事诗,喟叹沧桑,不免悲凉。但游历各地,见所未见,却足以开拓心胸,振作诗情。沿途所作纪游诗,吟咏风物景观,情辞并茂,多有佳作。如《五渡大西洋放歌》、《槟榔屿放歌行》、《罗马怀古》、《巴黎登气球歌》等名篇,"更搜欧亚造新声",境界开阔,新景物琳琅满目,显示出新派诗的特色。梁启超在一九○二年《夏威夷游纪》一文中曾倡言"诗界革命",但极服膺黄遵宪,誉为"旗手"。主张新体诗应有新意境新语句,又须以古人风格入之,也与黄氏所论相合。梁氏自称作诗是"馀事"。遗存诗篇多是流亡海外所作,纪述见闻,抒发感慨。诗中不乏新意新语,但诗格仍沿旧贯,殊少新创,自嘲为"半旧"。

台湾苗栗县诗人丘逢甲(一八六四——一九一二年),光绪十五年进士,曾在台湾唐景崧幕府。中日战后台湾失陷,丘氏离台,定居广东镇平,兴办新学。晚年赞助同盟会的活动,当选广东谘议局副议长,曾作为省代表参与南京临时政府的筹建。生平作诗一千七百余首。多抒发对台湾失陷的愤慨,指斥清廷的衰朽。一些诗作,深情怀念故土,企望有日恢复,情词真切,感人至深。诗风豪放,不拘守格律,引新语入诗,自成一新体,受到黄遵宪的称赞。

南社——清朝末季,由同盟会诗人组建的同人诗社南社在苏州成立。发起人是陈去病、高旭、柳亚子。陈去病(一八七四年——一九三三年)原名庆林,江苏吴江人。光绪二十九年(一九〇三年)去日本留学。参加拒俄义勇队。以汉代抗击匈奴的名将霍去病为楷模,改名去病。次年回国,在上海任《警钟日报》编辑。三十二年参加中国同盟会。次年,在上海参与组建国学保存会,出版《国粹学报》。高旭(一八七七——一九二五年)号剑公,江苏金山人。光绪二十九年在松江创办《觉民》杂志。次年去日本留学。是中国同盟会的第一批会员,江苏分会主盟。三十二年回国,在上海创办健行公学。柳亚子(一八八七——一九五八年)原名慰高,字亚子。江苏吴江人。光绪二十九年入上海爱国学社。三十二年在健行公学任教,参加同盟会。宣统元年(一九〇九年)初,三人联络诗界革命人士,筹商结成诗社。这年秋季,高旭在于右任等创办的上海《民吁日报》刊出《南社启》,又刊出《南社例十八条》。随后，陈去病也在该报发表《南社诗文词选序》申明南社宗旨，又刊出《南社雅集小启》，通告"孟冬十月，朔日丁丑"在苏州集会。宣统元年十月初一日，南社在南明复社的集会地苏州虎丘举行第一次雅集，宣告成立。到会十七人，其中十四人是同盟会会员。取名南社意在反清扫北，重振南音。《南社启》说："国有魂则国存，国无魂则国将从此亡矣"。"欲存国魂必自存国学始"。所谓国魂即民族精神，所谓国学主要指文学。条例申明"不出文学之外"包括诗词文而以诗主。南社作为同人诗社需要在社会上公开活动，因而高陈等人的表述多委婉陈词，含而不露，或引据掌故以古喻今，但宣传反清反满的宗旨仍很明显。诗体仍遵旧体，诗风则不拘一格，条例写明"各社员意见可不必尽同"，可从容商讨，不求一律。社员的诗文寄交南社，编为《南社丛刻》，公开传布。陈去病、高旭等为编辑员，柳亚子为书记员。岁暮刊出第一集，以诗为主。诗风各自不同，但都具有较高的文学水平，或斥责清廷的专制，或抒发爱国的激情，或呼吁救亡图存，慷慨激昂，催人奋进。刊行后引起强烈的反响，入社者日众。清朝灭亡前的两年间，共编印《丛刻》四集。社员发展到二百二十八人。

词——晚清诗人，率多填词。有成就的诗人，填词也是上选。龚自珍曾自编词选四种。段玉裁在《怀人馆词选序》中称赞龚词"银碗盛雪，明月藏鹭，中有异境"。另有道光二十年（一八四〇年）所辑《庚子雅词》。是年八月，作者重游苏州，作《丑奴儿令》："游踪廿五年前到，江也依稀，山也依稀，少壮沈雄心事违。词人问我重来意，吟也凄迷，说也凄迷，载得齐梁夕照归"。慨叹英国入侵后的世事，悲凉凄惋，寓意深沉。黄遵宪的词传世无多，别具一格。如中日战后所作悲欢词《贺新郎》，上阕："凤泊鸾飘也，况眼中苍凉烟水，此茫茫者。一片平芜飞絮乱，无复寻春试马。又渐渐夕阳西下。水软山温留扇底，展冰奁试照桃花写，影如此，泪重洒。"柳亚子于诗词推崇宋人辛弃疾，南社杭州集会作《金缕曲》，有句云："铁骑长驱河朔靖，勒石燕然山里，算才了平生素志"，宛然稼轩风韵。《南社丛刻》诗词兼收，每有佳作。

嘉庆时由常州张惠言创立的常州词派（见本书第十册七章三节），道光时有所发展。江苏宜兴人周济（一七八一——一八三九年）寓居江宁，著《词辩》，编《宋四家（周邦彦、辛弃疾、王沂孙、吴文英）词选》，发挥常州张氏"比兴寄托"之说，进而提出"词非寄托不入，专寄托不出"，认为"诗有史，词亦有史"，"见事多，识理透、可为后人论世之资"（《介存斋论词杂著》），更加强调词的事理和论世的作用。但此派词人，因受到各自的精神境界和经历的局限，并未能充分实现其主张。所作词，仍不免意境狭隘，词语晦涩，因而受到陈去病、柳亚子等人的批评。

常州词派的谭献(一八三二——一九〇一年)曾辑录清人词,编为《箧中词》十卷。王鹏运(一八四八——一九〇四年)编选唐宋元名家词为《四印斋所刻词》。朱祖谋(又名孝藏,一八五七——一九三一年)校辑唐宋金元词,收入所编《疆村丛书》。继承常州词派以选编前人词作表述评判观点的传统,对此派的主张,也有所阐发。

奉天铁岭人郑文焯(一八五六——一九一八年)著《词源斠律》一书,研求词的乐律。广西临桂人况周颐(一八五九——一九二六年)著有《蕙风词话》五卷,较系统地论述了词境、词笔、词律及词与诗、曲的区别并对历代名词酌予剖析,是词学的综合性论著。

## 二、散　　文

经世文——乾嘉时期的桐城派古文,倡导形式与内容统一的"义法",文章力求雅正,思想遵依理学的义理,形成为影响一时的文派(参见本书第十册七章三节)。嘉道之际,龚自珍、魏源提倡经世之诗,也提倡经世之文。龚自珍力倡文学"以有用为主",以散文议论世事,嘲讽时政,散骈兼用,写成新体的经世文。魏源也主张"文之用,源于道德而委于政事"。辑录前人经世之文,编辑《皇朝经世文编》,关心世务者几乎家有其书,产生了极大的影响。维新人士冯桂芬力斥桐城派的"文以载道"之说,说"道"并不只是理学的性命之道，"举凡典章制度名物家数，无一非道之所寄，即无不可著之于文"，所著《校邠庐抗议》即以新体散文陈述维新的政见。因时而起的经世文突破桐城派的文章义法，开文坛之新风。

桐城体——咸同之际，受到冲击的桐城派文体再度风行，倡导者是曾国藩。桐城派领袖姚鼐死后，弟子梅曾亮(一七八六——一八五六年)道光时在京师任户部郎中，居官二十余年，秉承师业，文名重一时。曾国藩与梅曾亮交往近十年，极力推崇姚鼐。曾氏力倡理学伦常之教，桐城文体自是最合用的载体。幕僚故吏，奉曾氏为"文章领袖"，竞相仿效，桐城体因而再度风行。曾氏曾主编《经史百家杂钞》，于桐城派所称义理、考据、词章之外，增列"经济"一门，以示无意反对经世致用。又提出文章气象以光明俊伟为贵，以矫正因求雅正流于柔弱之弊。因而又有人称之为湘乡派。曾氏幕僚桐城人吴汝纶光绪中期主讲保定莲池书院，是桐城派的传人。

新文体——同光之际，随着报刊事业的兴起，出现了与桐城体截然不同的新文体，又称报章文体。一八七四年起，王韬在香港主编《循环日报》十年。一八八三年将历年所撰时论文字辑为《弢园文录外编》刊行。日报面向社会，不同于文士的散文只在少数人中传布，所刊文字必须明白晓畅，使广大读者乐于阅读。王氏申明文章之贵，在于"纪事述情，自抒胸臆"，完全不顾桐城派的义法，以浅近易读的新体散文论述维新的政见，为新文体的形成发挥了首倡的作用。

新文体的推广和运用，当首推梁启超。梁氏先后主编《时务报》《新民丛报》等报刊，使报章文体又有所发展。自撰大量政论和散文，一扫桐城派柔弱沉闷的颓风，说理清晰，明白易懂，赋有气势与感情，颇适合于宣传政见，鼓动人心，也便于知识普及，因而在文坛产生了广泛的影响。梁氏在以后编著的《清代学术概论》里追忆说："启超夙不喜桐城派古文"，"至是自解放，务为平易畅达，时杂以俚语韵语及外国语法，纵笔所至不检束，学者竞效之，号新文体"。

梁启超于戊戌政变后，在政治上追随保皇，对学术文化则倡言革命。先后提出文界革命、史界革命、诗界革命等口号。革命一词原指政权的变革。梁氏所说，实指革新。文化的发展，并不能完全弃绝传统，而只能批判继承、推陈出新。黄遵宪曾写信给严复说"文界无革命而有维新"，是较为恰当的表述。梁氏推行的新文体，并非如他所说的"文界革命"，而仍是沿用旧式的文言文，但不拘古文义法，畅所欲言，更为接近语体。这在桐城古文再度风行之际，无疑是重大的革新，是梁氏对文化发展的一个贡献。

白话文——明初以来，源于话本的章回小说已用当时的口语写作。晚清的章回小说也多用白话。但公私文书仍用文言，政论文章，更无白话。光绪二十四年

（一八九八年），维新人士裘廷梁（一八五七——一九四三年）在《无锡白话报》发表《论白话为维新之本》一文，曾提出"崇白话而废文言"。清末一些革命党人开始用白话文向民众宣传革命，抒发激情（见前）。陈天华作《警世钟》全用白话，开篇即说"哎呀，哎呀，来了，来了。甚么来了，洋人来了，不好了，不好了，大家都不好了。""苦呀，苦呀，我们同胞辛苦所积的银钱产业，一齐要被洋人夺去。我们同胞恩爱的妻儿老小，活活要被洋人拆散。"所作《猛回头》也用白话，夹采民间说唱形式。秋瑾擅长诗词，也曾作白话文宣传革命。各地还陆续创办过多种白话文的小报，但都未能持久，发行不广。

## （二）小　　说

明初以来的章回体小说，到《红楼梦》的出现，已经发展到高峰。道光以后印刷便利，章回小说创作层出不穷，在艺术成就上难以媲美前修，思想内容则从不同的侧面揭露晚清的黑暗与腐败，汇集为清朝从衰落到灭亡的写照。下面是一些流行较广影响较大的名著。

**侠义公案**　道光六年（一八二六年）刊不著撰人的《施公案》，卷首有序署"嘉庆戊午"，大约成书在道光之前，流行在道光之后。书中主人公施世纶系名将施琅之子,康熙时历官州府,摧抑豪猾。镖客黄天霸等助施公办案剪凶。全书九十七回(光绪刊本多出一回),历述查办各类案件的故事经过。此书刊行后,民间广泛流传,不断有人续编。光绪十九年(一八九三年)续至一百回,题为《施公案后传》(《续施公案》)刊行。光绪二十八年,又有十续本传世。

光绪十八年(一八九二年)又有署名贪婪道人所撰《彭公案》刊行。书凡二十三卷一百回。作者依据民间传说及戏曲说唱中流传的关于康熙时清官彭朋(原名彭鹏)的办案故事。依仿《施公案》体制,演为此书。所记案情曲折离奇,侠客勇武缉凶,为民申冤昭雪,受到读者的欢迎。书出后,又有《续彭公案》、《再续彭公案》、《三续彭公案》等多种续本刊行。

《施公案》、《彭公案》两书,在晚清民间,流布甚广,反映了广大民众对官员贪私枉法、豪强欺压良善的憎恨,对清官秉公执法、侠客除暴安良的企盼。书中某些故事,被编入戏曲说唱演出,一些侠客的声名,几至家喻户晓。因而黄天霸等侠客曾被义和团奉为护法的尊神。

另一部流行的侠义公案小说是《三侠五义》。光绪五年(一八七九年)刊行,题署"石玉昆述"。石氏系天津说书艺人。咸、同间在京师说《龙图公案》,演述自元杂剧以来塑造的北宋清官包拯办奇案的故事,又演绎为包拯得侠客义士之助,使故事更加离奇多变,广受欢迎。石氏的说唱脚本经文士删略唱词增加说白，题为《龙图耳录》，以小说形式流传。光绪五年，由署名问竹主人的文士再加修润，并附序言，题为《三侠五义》，又名《忠烈侠义传》刊行，书凡一百二十回。前七十回，演述包拯执法断案，铲除强暴、昭雪冤屈的故事，后五十回主要是描述侠客义士的活动。虚构北宋宗室襄阳王赵玉叛逆，由侠客助平。三侠是南侠展昭、北侠欧阳春、双侠丁兆兰、丁兆惠。五义是五义士，又号五鼠：卢方、韩彰、徐庆、蒋平、白玉堂。作者继承元剧家关汉卿以来的包公戏不惧权贵、讴歌良善的传统。第一回"狸猫换太子"，虚构北宋皇室的传位诡谋，经包公断案，铲除作恶多端的太师庞吉，昭雪被陷害的李妃。书中还演述大批遭受欺压、被屈含冤的平民百姓，终得救助。善恶分明，发人深省。《三侠五义》源于民间说书，语言生动，又屡经文士修润文字，绘声绘色，较之施公、彭公两案，更胜一筹。

此书刊行十年后，学人俞樾认为第一回不合传统，据史传另行改写。又因三侠实为四侠，此外还述及侠客三人，将书名改为《七侠五义》。自撰序言，于光绪十五年刊行。俞氏雅好著书，此举不免多事。

《儿女英雄传》是一部描述女侠的章回小说。原名《金玉缘》，又名《侠女奇缘》。作者文康，满洲镶红旗人，费莫氏，家世衰落，晚年闲居写成此书。书中讲述官宦子弟安骥因其父遭权奸陷害，前往解救，途中被

492

盗匪劫持,经女侠何玉凤(十三妹)营救脱险。安骥后得中探花,与何玉凤结为夫妇。小说的描述,旨在女侠的"英雄事业"与"儿女心肠"相结合,故名《儿女英雄传》。作者运用当时满人中通行的北京汉语方言,以口语写作。书中时见民间流行的俚词俗语,颇有特色。

**谴责小说** 以斥责社会黑暗官场腐败为主要内容的晚清小说,鲁迅《中国小说史略》称之为谴责小说。八国联军入侵后,创作尤盛。据统计,此类作品约占晚清流行小说的百分之九十,形成主流。下面是几部最具代表性的谴责之作。

《官场现形记》——作者江苏武进人李宝嘉(一八六七年——一九〇六年),字伯元。中秀才后乡试不第,即去上海办报。先后创办《游戏报》和《世界繁华报》,办报期间,搜集官场"把柄",创为此书。光绪二十九年(一九〇三年)至三十一年,在《世界繁华报》连载分编刊行。尔后汇集成书,共五编六十回。三十二年春作者病死,年仅四十岁。

本书的题名即表明是对官场腐败现象的揭露。小说仍用章回体,由一人一事,牵出他人他事。全书共叙故事三十余件,涉及上下官吏近百人。其中包括皇室、军机、部院司员以至各地督抚、州府命官、县衙长吏和钻营求官的商人文士。作者自署南亭亭长,三编序言中谈他熟知官场之"龌龊卑鄙""昏聩糊涂"。所述故事鬼蜮百出,群丑毕现。举凡军机的卖官鬻爵、州府的行贿受贿、军官的克扣粮饷、司吏的敲诈勒索等等"做官为了赚钱"的贪污行径,充斥全编。对于官场的上下蒙骗、相互倾轧、营营苟苟,揭露尤为深刻。他如官场"应酬"官吏家属因缘谋利,对洋人办事愚昧无知,卑躬屈膝,种种腐败现象,作者嬉笑怒骂,嘲讽备至。对于官场的黑暗内幕,揭露之广之深,为前此所未有。鲁迅曾评论此书的缺点是据话柄联缀成书,说"官场伎俩,本小异大同,汇为长编,即千篇一律。特缘时势要求得此为快,故《官场现形记》乃骤享大名。"(《中国小说史略》)此书的文学成就,未臻上乘,但民众对官场腐败憎恨已久,闲读此书,足以一申积愤,拍手称快,从中也可看到:清朝的统治,已然病入膏肓,难得救药了。

《文明小史》——李宝嘉的另一名作。写作与刊布和《官场现形记》约略同时。光绪三十二年(一九〇六年)单行。小说也用章回体联述故事,凡五十四回。主要描写清廷在八国联军入侵后再度变法推行新政中的种种社会现象。在书前《楔子》中说:"你看这几年新政新学,早已闹得沸反盈天","且不管他是成是败,是废是兴,是公是私,是真是假,将来总要算是文明世界上一个功臣,所以在下特做这一部书,将他们表扬一番"。"表扬"是谑词。书中通过各个故事,形象地揭露了新政新学与官府旧体制、旧礼教、旧思想的相互撞击,也揭露了新政推行中的弊端和劣迹。小说借一个

"因时制宜,揣摩迎合"的"维新"人士之口,道出新政的敷衍行事,说"你看上头出来的条款雷厉风行,说得何等厉害,及至办到要紧的地方,原来也是稀松的"。新政新学成为时尚,有人便借以钻营做官。有人借推行新政开办学堂,勒索学生钱财,"不管他文明不文明,只问他赚钱不赚钱。"甚至有人自号维新,学些文明的新词,出入酒楼妓院,说吸鸦片是"自由权",嫖妓女是"男女平等","文明国何尝没有这样的事?"还有些自称通晓外国文明的人,对洋人奴颜婢膝,对百姓则肆意欺凌。但作者仍寄希望于清廷新政的成功,指责革命党人"破天理国法",期盼留学归来的志士带来进步的文明,"上补朝廷之失,下救社会之偏"。

《二十年目睹之怪现状》——作者吴沃尧(一八六六年——一九〇〇年),字茧人,后改趼人,以字行世。广东南海人。十八岁到上海谋生,在江南制造局任抄写员,撰写文章在《上海日报》刊登。光绪二十三年(一八九七年)起,在上海参与办报。先后在《消闲报》、《采风报》、《奇新报》、《寓言报》等小报撰稿。此书始作于光绪二十九年,前四十五回曾邮寄日本出版的《新小说》杂志连载。三十二年起,改由上海广智书局分卷出版,至宣统二年(一九一〇年)出齐,共八卷一百零八回。书中假托一个自号"九死一生"的主人公,描述他在各地经商所见所闻的各种怪现状。举凡官场的营私舞弊、贪污受贿,商场的官商勾结、巧取豪夺,洋场的吃喝嫖赌、醉生梦死,学界的不学无术、攀缘媚上,乃至社会上的道德沦丧、欺蒙作伪、敲诈骗拐,包罗尽致。书中的人物,上自皇室中枢、封疆大吏下至纨绔子弟、洋行买办、不法奸商、地痞流氓、娼妓赌徒,形形色色。作者文笔辛辣,对人物的描写,形象生动,刻画入骨,嘲讽尖刻,给人以心灵的震撼。此书连载,受到广泛的欢迎和称誉。吴氏另有《痛史》、《新石头记》、《恨海》等小说创作多种,并自光绪三十二年起,在上海主编《月月小说》杂志,一时被誉为小说界之泰斗,与李宝嘉齐名。

《老残游记》——作者江苏丹徒人刘鹗(一八五七——一九〇九年)字铁云。父成忠,官至河南道台,讲求治理黄河,著有《河防刍议》。刘鹗早年应试不第,继承家学,投效河工,先后在河南、山东参与治河,卓有成绩,得知府衔。中日战后弃官经商,在意大利商人开办的公司任职,参与办理山西、四川的矿务。八国联军入侵京师,屠掠居民。刘鹗向外商借款购买俄军侵占的太仓储米赈济饥民,亏损甚巨。此后,即致力于学术文艺。光绪二十九年(一九〇三年),在刊布《铁云藏龟》(见前)的同时,开始在《绣像小说》连续撰写《老残游记》十三回。此后改在《天津日日新闻》连载。三十二年成书刊行,共二十回。书中的主人公是一个江湖医生铁英,号称"老残"。游记历述老残在各地的见闻,多是作者在山东三年亲历的实事,改换人物姓名,任情描写。书中一再述及黄河水患,谴责山东巡抚处置失当,废除民埝,错筑大堤,致使河水下泄,酿成巨灾。写官员的贪暴,自称"历来小说皆揭赃官之恶,有揭清官之恶者,自老残游记始。"如写曹州府知府玉贤(影射毓贤)刚愎自用,又急于显示政绩升官,在府衙前设立十二站笼,有人议论官府或含冤被诬,"不论有理没理",即命站笼,直到站死。一年之内即站死两千余人。百姓不敢告状、知府博得官声,升补道员,赏加二品衔。老残作诗说:"得失沦肌髓,因之争事功。冤埋城阙暗,血染顶珠红。"又如写"以清廉自命"的"清官"刚弼曾被山东巡抚派往齐河县审理杀人冤案。被冤的乡民因官府贪贿成风,听人唆使,送来贿银。刚弼不再详察,即据以定冤主杀人治罪,借以博取清廉的政声。刘鹗曾在山东任职,对官府的积弊,知之甚深,故能揭赃官及"清官"酷吏之恶。书中对所见风土人情,写景状物也时有佳篇。如写济南府"家家泉水,户户垂杨"。写艺人白妞说书,如闻其声,如见其人。写"寒风冻塞黄河水",冰凌碰撞,绘声绘色,如临其境。作者写作态度极为严肃,遣词造句,具见匠心。书中时有佳作,为人称道。游记的写作,与李宝嘉、吴趼人的小说约略同时,书中揭露黑暗,层面不如李、吴之广,思想之深邃,文字之清新,胜过李、吴。

作者字里行间对苦难中的民众,寄予深厚的同情,但对"北拳(义和团)南革(革命党)"每有责难,指望外国的罗盘能拯救迷失航向的清朝覆舟。光绪三十四年(一九〇八年),因被参劾"通洋"、"盗卖仓米",遣送新疆管束,次年病死。

刘鹗晚年,曾有《老残游记续集》之作,今存遗稿九回。一九五七年人民文学出版社刊陈翔鹤校本,附录六回。一九六二年,中华书局刊《刘鹗及老残游记资料》收录后三回。

**史事演义** 依据历史的故事渲染夸张,编为演义,是章回小说的一个传统。晚清也有古史演义之作,学步前人,类多平庸。为人称道的两部小说是演述当代史事的《孽海花》和《洪秀全演义》。

《孽海花》——此小说之写作,始于上海爱国学社的青年金天翮(字松岑,一八七四——一九四七年),最初两回刊于留日学生创办的《江苏》杂志。作者愤于俄国之侵略,而有此作。拟演述近五十年来之事变,激励救国。书稿写至第六回,未及刊布,即行搁笔,拟定回目六十回,变由友人曾朴续写。最后一回是"专制国终撄专制祸,自由神还放自由花",属望于清朝的覆亡,革命的胜利。江苏常熟人曾朴(一八七二——一九三五年)曾考中举人,捐内阁中书,在京师供职。光绪二十三年(一八九七年)去上海,与维新人士多有交往。学习法文,通读法国小说名著。后任常熟小学校长。曾朴接手《孽海花》的创作后,将前几回全稿改写,又续写以下各回。光绪三十一年续至二十回,分为两编结集出版,题"爱自由者(金松岑)发起,东亚病夫(曾朴)编述"。鲁迅在《中国小说史略》中评介的即是这部二十回本。

曾朴曾自称此书是"历史小说",容纳同治初年至中日战前三十年来的历史,以有趣的琐闻逸事,烘托出大事的背景。与金松岑原来的宗旨有所不同。小说中人物,大都实有其人,或直书其名,如冯子材、岑毓英、冯桂芬、何启、王紫诠(王韬字)等。或改易姓名,使其半隐半现。小说中的主角出使四国大臣洪钧字文卿,小说改名金沟(音巾),将钧字的金旁改为姓氏,洪姓的水旁,移植其名,又将文卿改为雯青。另一主角洪钧的爱妾赵彩云,小说改为傅彩云,即后来沦为名妓的赛金花。他如张荫桓字樵野改作庄焕英字小燕。薛福成字叔耘改作薛辅仁字淑云,李慈铭字莼客改作李治民字纯客,容闳改作云宏,诸如此类。以实人为原型酌改其名,以便尽情描写。小说的特点是,述及人物数十人,三十年间的达官名士,大都被收罗其中。以金雯青偕彩云出使俄、德等国为主线,广泛描述三十年间上层社会人士的种种陈腐现象和种种心态,备加嘲谑。作者供职京师,涉足官场文坛,与洪家也曾有来往。书中所记多以见闻为依据,但因追求趣闻逸事,肆意夸张增饰,故作笑柄,不免失度。曾朴编述的二十回已远离此书创作者的初衷,但因长于谐隐,文采风流,生动地描绘出晚清士大夫社会的一个缩影。出版后受到读者的欢迎。

光绪三十三年(一九〇七年),曾朴创刊《小说林》杂志,又续写五回刊载。第二十四回写金雯青病死,算是做了交待。但第二十五回仍未终篇。二十年后的一九二七年,作者再度提笔续作,至一九三〇年续至三十五回。次年出版三十回本。一九八〇年上海古籍出版社重刊此书三十回本,附录后五回。

《洪秀全演义》——作者黄世仲(一八七二——一九一二年),字小配,号棣荪。广东番禺人。青年时期去南洋谋生,曾参加兴中会组织中和堂。光绪二十九年(一九〇三年),在香港任《中国日报》记者。三十一年加入同盟会,投身孙文领导的民主革命。孙文青年时曾憧憬太平天国,称洪秀全为"反清第一英雄"。黄世仲也自幼时即在家乡听说民间流行的太平军故事,心向往之。光绪三十一年,开始创作章回体《洪秀全演义》,在香港报纸连载,次年写至第二十五回而止。作者对太平天国讴歌备至,"自叙"说:"吾观洪氏之起义师,不数年天下响应。……人才彬彬,同应汉运,即汉唐宋明之开国名世,宁足多乎?"又说:"当其定鼎金陵,宣布新国,雅开风气之先。……规模大备,视泰西文明政体,又宁多让乎?"小说用文白参半的文体,人物对话仍用文言。历述自拜上帝会起义,太平天国由弱到强,定都天京,挥师北伐等历史故事。描写太平军叱咤风云,转战各地,不惜壮烈牺牲,悲壮动人。

如写林启荣率九江军民,与清军十万血战多年,城破后无一人降清。林凤翔北伐失利,被敌军围困,宁死不屈,自刎牺牲。李秀成临危受命,力挽狂澜。女将洪宣娇在镇江之役身先士卒,力斩敌将,飞身登城,吓退敌军,栩栩如生,感人肺腑。小说写至石达开出走李昭寿叛变而结束。书中虚构军师钱江其人,借以评论太平天国之得失。清朝覆亡之次年,作者被军阀杀害,其后有汪继川续编此书至一百回,补叙太平天国之败亡。

**翻译小说** 晚清传入西学的同时,西方各国的小说作品也被大量译为汉文,在国内流行,对中国文学乃至中国社会产生了广泛的影响。据统计,晚清出版的小说中,翻译作品多至三分之二左右。最早出版的一部翻译小说是一八七三年至一八七五年在《瀛寰琐记》刊物连载的英国小说《昕夕闲谈》,译者署名蠡勺居士。此后,翻译小说不断刊行,中日战后译述尤多。一些文学家、翻译家为此付出精力,做出了贡献。

林纾(一八五二——一九二四年)字琴南,福建闽县人。光绪八年得中举人。京师大学堂开办后曾受聘任教。林氏博学多才,雅善诗文,并不通外语。光绪二十三年(一八九七年)与精通法语的译者合作,翻译法国小说《巴黎茶花女遗事》,由译者口译,林氏以优美的古文记述,出版后风行各地,备受赞赏。此后,林氏又与英、法文译者多人合作,广泛翻译英、美、法、俄、德、希腊、挪威、瑞士等国小说名著,先后出版翻译小说百余种，其中世界名著四十余种。译著之富，无人能比。所译名著如《伊索寓言》、《黑奴吁天录》、《鲁滨逊飘流记》、《撒克逊劫后英雄传》等等，广为传播，不仅推动了中国的文学创作，也使广大读者得以具体了解西方社会状况，产生了深远的影响。

周树奎（一八七三——一九三六年），字桂笙，上海人。幼年时入上海广方言馆，后在中法学堂学习法文，兼学英文。曾从事商务，中日战争之后开始文学生涯。光绪二十六年（一九〇〇年）曾为上海《采风报》译介《一千零一夜》。二十八年为上海《寓言报》翻译了一系列短篇小说。此后在各小说刊物上陆续发表小说译作，以侦探小说居多，英国小说《福尔摩斯探案》最为流行，开拓了小说界的视野。

徐念慈（一八七五——一九〇八年），字彦士，江苏常熟人。早年留学日本，通日文、英文。光绪二十九年（一九〇三年）开始发表翻译小说，以科幻小说为主，包括英、美、日等国的名著。与曾朴创办小说林书社，出版西方文学的译著。

陈景韩（一八七七——一九六五年），自号冷血，江苏松江人。早年就读于湖北武备学堂，后去日本留学。回国后曾任《时报》、《申报》、《大陆》、《新新小说》等报刊的编辑。翻译小说以俄国、法国作品为主，包括普希金、雨果、大仲马等名家的名作，并翻译若干侦探小说和有关俄国虚无党（无政府主义）的小说出版。翻译文体用白话,独具风格,时称"冷血体"。

马君武(一八八二——一九三九年),原名和,字贵公。广西桂林人。早年留学日本,曾加入同盟会,参加民主革命。尔后留学法、德等国,精通日、法、德、英诸国文字。光绪三十一年(一九○五年)开始翻译工作。所译小说以俄国托尔斯泰的《炼狱》(《复活》),最为著名。马氏博学广识,还曾翻译德国席勒的戏剧、英国拜伦的诗歌以及达尔文《物种起源》、卢梭《民约论》等名著,以译文严谨,著称于世。

上举诸人外,通晓外文的作家也从事小说翻译,多有贡献。如曾朴翻译法国名作家小说多种,梁启超曾翻译日本小说。

## (三)戏剧与说唱

### 一、戏　　剧

**旧体剧**　元代的北曲"杂剧"和明、清两代以南曲为主的"传奇",是传统戏剧的旧体。乾隆时宫廷文士编剧,南北曲相互援用,两者界限已渐淡化。但晚清仍有创作家沿用旧体,作为文学创作的一种形式。道光时,浙江海盐人黄燮清曾撰著《倚晴楼七种曲》,湖南长沙人杨恩寿撰有《坦园六种曲》。曾参与禁烟的《夷氛闻记》作者梁廷枏也曾撰写杂剧和传奇共四种,并著有《藤花亭曲话》,是戏曲评论的著述。光绪时,梁启超也曾设想据传奇的体制注入中外历史的新内容，拟编三部新传奇，但如像他拟写新小说、新通史一样，稍作即停，并未能终篇。

清末曾有人编撰《开国奇冤》传奇，演述徐锡麟秋瑾起义事。有《警世钟》传奇，指责清廷的腐败等等。据近人阿英所编《晚清戏曲小说目》，共见传奇五十四种、杂剧四十种，但大多未能流传，也未能在舞台上广泛演出。以昆腔、京腔演出的杂剧、传奇等旧体剧，已日益不能适应戏剧的发展，代之而起的是源于民间的京戏和各地方戏曲。

**京戏** 乾隆五十五年（一七〇九年）徽班进京（见本书第十册七章三节）。此后，湖北的汉调（又称楚调）也传入京师。道光时，徽汉合流并吸收昆腔和京腔（弋阳腔），形成新的剧种，时称皮簧戏（湖北的西皮调、安徽的二簧调）。

徽班进京，原以男性演员扮演的旦角做功戏为主。道光时，皮簧戏出现程长庚、张二奎、余三胜等驰名的老生，逐渐演变为生角唱功戏为主，唱念做打并重，形成生、旦、净、末、丑、副、外、武、杂、流等十行。同治、光绪年间各行名伶辈出，号为"同光名伶十三绝"即程长庚（老生）、徐小香（小生）、卢胜奎（老生）、张胜奎（老生）、杨月楼（老生）、梅巧玲（旦）、郝兰田（老旦）、刘赶三（丑）、时小福（旦），有画家沈容圃所绘画像传世。昆腔和二簧原以笙、笛伴奏，清韵悠扬。同治时，皮簧戏的伴奏采用甘肃秦腔（又称琴腔）的乐器胡琴和月琴，连同锣鼓钹笙笛，成为多种乐器的联合伴奏。演员的服装和脸谱也吸收各剧种而更为丰富多彩。同光间，皮簧戏不断发展，形成包涵多种声腔、多种行当、多种技艺和多种乐器伴奏的综合性的新剧种。多种声腔，不免方音混杂，生行演员谭鑫培倡导以湖广音读中州韵，使唱腔声韵得以划一。传入上海后，被当地称为"京调"或"京戏"。

京戏形成后，民间艺人被召入宫，承应演出。京师王公府第及外省在京会馆也设置戏台，邀班演戏。京城内外的戏园（茶园、戏楼）多至四五十处。昆腔日渐衰落，京戏日益繁荣，进而传布南北，成为风行全国的主要剧种。

京戏演出的剧本，多出自戏班的艺人和文人，即宋元时所称"书会才人"，据传本改编或新作。可知者如三庆班老生卢胜奎曾据汉调改编三国戏，春台班武生沈小庆自编施公戏等是。现存文献所见道光以来的演出剧目，少数是据元明杂剧传奇故事改编，如《六月雪》、《乌盆计》、《搜孤救孤》等等。大部分是取自徽调、汉调等地方戏和通行小说、民间说唱。包括新编三国戏、《水浒》戏和虚构的历史故事《四郎探母》、《二进宫》等等。《连环套》出自新刊小说《施公案》，《打龙袍》出自说唱《龙图公案》。所演故事多已在民间流传，通俗易懂，为观众喜闻乐见，因而一些剧目久演不衰,至今流传。但此类早期剧作,往往质胜于文,遣词造句,陈陈相因,乃至不免知识性的疏谬,有待整理。

道光时,林则徐奏请禁烟。皮簧戏老生薛印轩曾自编《烟鬼叹》剧,演述鸦片之害。光绪三十年(一九〇四年)秋,老生演员汪笑侬在上海编演《瓜种兰因》剧,演述一六七二年波兰遭土耳其入侵,割地赔款事,将外国史事引入京戏,以影射清廷的屈辱苟安。又改编《桃花扇》,演明亡于清的旧事,寄喻反清。汪笑侬的演出,得到革命党人陈去病的赞许。陈去病邀约汪笑侬等人创办《二十世纪大舞台》丛报,刊登新编剧本及评论文字,倡导改良戏剧,面向社会,宣传革命。丛报刊出汪笑侬新编历史剧两种。《长乐老》痛斥降清的明臣,《缕金箱》演述南明兵部侍郎杨文蔚(字龙友)与妻方芷拒绝降清,自尽殉国故事。汪笑侬自编自演,反响强烈。京戏在京师演出时,生旦等角色均由男性扮演,无女演员。上海开始出现专由女演员组成的戏班,称"坤班"。陈去病在丛报发表白话体的《告女优》一文,号召坤伶学习汪笑侬,以演戏唤醒世人。

《二十世纪大舞台》还刊出陈去病自撰的《金谷香》剧,演述革命党人在上海金谷香饭馆谋杀原广西巡抚事。第二期又刊出《警钟日报》主笔孙寰镜(署名静庵)编写的《安乐窝》剧本,以女丑角扮演慈禧后,自白:"侬家穷奢极欲","挥霍任意","今遇日俄事起,就是祖国沦亡,却也并不在意"。又说:"我心中最恨的

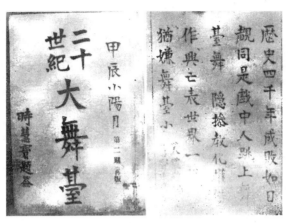

时慧宝题二十世纪大舞台

就是新法"。对在朝执政的慈禧后嘲谑备至。《二十世纪大舞台》随即遭到清廷禁止,出版两期即行停刊。

**地方戏**　京戏兴起后,古老的昆腔、弋阳腔和徽调、汉调继续在全国各地流行。西北的秦腔、西南的川剧和东南的广腔、潮州戏等分别流行于各个地区,日渐繁荣。

秦腔——起源于西北陕甘地区,又称"西秦腔",清初称属"乱弹"。原以弦乐器二弦伴奏,后增广为胡琴(板胡)、月琴、笛、唢呐、三弦及锣、鼓、钹等多种乐器,以硬木梆击节,曲调激昂高亢,习称"梆子腔"。演员分生旦净丑等十三行当。剧本出自民间艺人,演述历史小说和民间故事。

山西蒲州流行蒲州梆子,唱腔及乐器均与陕西同州(今大荔)梆子近似。道光时,山、陕艺人在直隶各地联合组班,被称为山陕班。

乾隆时秦腔花旦演员魏长生曾来京师演出,盛极一时,后遭禁演。道光时,山陕梆子再度来京师及京畿城乡演出,演技更趋成熟,各有特色,在京师者称"京梆子",天津称"卫梆子",直隶各地统称"直隶梆子"。此后,进而流传到山东及东北三省,成为晚清北方各省最为流行的地方戏。

川剧——四川民间原有一种称为"灯戏"的小戏,元宵灯节及其他节日在乡间演出,因而得名。昆腔、高腔(弋阳腔)、秦腔、皮簧陆续传入四川,与民间曲调相结合,形成具有四川特色的声腔。昆腔以川音演唱,称为"川昆"。高腔一唱众和,融入四川曲调。西秦腔入川称为"弹戏"(乱弹),又称川梆子。源于徽调和汉调的皮簧,以四川方音演唱,称为"胡琴腔"或"丝弦腔"。统称为昆、高、胡、弹、灯五大声腔,分别组班演唱。晚清时,或一班兼唱数腔,各声腔相互交融,统称为川剧。

川剧的剧本主要仍是来自各剧种民间艺人的创作,但由于兼采众长,保存了宋元南戏和杂剧的一些名作,如《谭记儿》(《望江亭》)《幽闺记》《红袍记》(《白兔记》)、《琵琶记》等经过改编,继续在舞台上演出。

粤剧——广东原有地方戏,一唱众和,称为"广腔",戏班称"本地班"。昆腔、弋阳腔传入后称"外江班"。道光时,本地班吸收昆腔、弋阳腔,又采用西秦、徽、汉诸调,形成以"梆簧腔"(梆子、西皮、二簧)为主的粤剧。咸丰时,粤剧艺人李文茂率众建大成国起义失败(参见前章),本地班的演出,遭清廷禁止。同治时,粤剧恢复演出,兼用"官话"(京音)和广东方音,依地方民间故事新编剧本。光绪末年,一些演员加入同盟会,组成"志士班"演出《秋瑾》《火烧大沙头》等新戏宣传革命,全用广东方音演唱。

潮州戏——广东潮州自宋元南戏发展而来的古老剧种。演出形制、角色称谓和唱词曲牌都还保存若干南戏传统。乾隆时以"正字"唱官腔,以"白字"(方音)唱潮腔,称为"潮州戏"。外江戏(昆腔、弋阳腔)和西秦戏传入潮州后,潮州的戏班有正字、白字、西秦、外江四种。光绪末年,潮音戏班已有二百余班,其他戏班不过数班。潮州戏在当地盛极一时,并曾去东南亚演出。演出剧本包括《荆钗记》、《拜月记》、《琵琶记》、《白兔记》等南戏名作的改编本和依据民间故事创作的新编本。

上述而外,其他一些地区也还随着几大剧种的传播,形成若干本地的戏剧。各地乡村,则有各种采茶戏、花鼓戏、秧歌戏、花灯戏等小戏流传。

**话剧** 一九○六年,中国留日学生曾孝谷、李叔同、欧阳予倩等人在东京成立文艺团体春柳社,研究西方及日本的戏剧、音乐、美术。曾孝谷依据林纾译本《黑奴吁天录》编成七幕欧洲式的话剧,一九○七年在东京用中文演出,在国内外引起广泛的关注,是为中国人自己编演的最早的话剧。次年,上海出现由王钟声创办的春阳社,在上海演出《黑奴吁天录》及其他剧本,但不久即告解散。清朝覆亡后,春柳社一些成员回到上海,继续推进中国的话剧事业。

**电影剧** 一八九五年底法国巴黎开始用西方新发明的电影机,在咖啡馆公开放映故事短片,被认为是电影事业的创始。次年夏历八月法国影片即在上海放映,称为"西洋影戏"。光绪二十三年(一八九七年),美国电影放映商来上海,在各茶园(戏园)售票放映外国故事片,引起市民广泛的兴趣。此后数年,陆续有外国商人携带影片来上海放映,获得厚利。

中国自拍电影,始于光绪三十一年(一九〇五年),第一部影片是戏剧片《定军山》。京师琉璃厂丰泰照相馆的创办人任景丰曾去日本学习照相技术,回国后创办了全国最早的也是惟一的这家照相馆。外国电影传入后,任景丰购得法国制造的手摇摄影机和十四卷电影胶片,开始试拍。邀约京剧名演员谭鑫培表演《定军山》剧中的请缨、舞刀、交锋三个片段,由技师刘仲伦在照相馆前广场分三天拍摄,获得成功。这部戏剧片于是成为中国的第一部电影片。随后又拍摄了京剧武生演员俞菊笙的《青石山》《艳阳楼》片段,俞振庭的《白水滩》《金钱豹》片段,在京城各戏园放映,受到热烈的欢迎。宣统元年(一九〇九年),法国百代公司也来京拍摄了武生演员杨小楼的《金钱豹》何佩亭的《火判官》片断。当时电影事业还处在早期阶段,世界各国的影片都还是无色无声的"默片"。因而这时的电影戏剧片都还限于武打的片段。清朝灭亡后,一九一三年中国才有了自拍的话剧故事片。

## 二、说　唱

源于唐代,盛于宋、金时代的说话、唱诸宫调等形式的说唱艺术,培育了元杂剧和章回小说的产生。明清两代,民间说唱艺术继续发展。晚清时期,随着工业的兴办和城乡商业交通的发达,在城乡各地日益风行,呈现一时的繁荣。

各地流行的说唱,形式多种多样,但基本上都是由说唱人以叙事体演述故事,不扮角色。以说与唱来区分,大致有只说不唱、边说边唱与只唱不说等类型。各地方音不同,曲调有别。以下是较为流行的主要曲种。

说书——源于宋代的说话、讲史。只说不唱。晚清时,北方各地又称"评书",江南称"评话"。

清初京师街头已有艺人说评书,当时也称评话。说书人执小扇及醒木,演述稗史(李声振《百戏竹枝词》)。乾隆时,评书艺人曾入宫廷供奉,为皇室说书。道光以后,评书日盛。同光间,有艺人张岚溪入宫说《三国》。市井茶坊设案说书,或称书馆。士宦子弟、商贾市民去茶坊听书饮茶,自得其乐。评书内容主要依据通行小说,加工描写,铺衍成长篇。一部书可说至数十回,延续数十天。所据小说大体有历史小说如《列国》、《三国》、《隋唐》、《杨家将》,侠义公案小说如《水浒》、《包公案》,神话小说如《西游记》、《封神榜》、《济公传》等等。光绪时,也将新出小说《三侠五义》、《施公案》等编为评书。清末京师著名的评书艺人是满族的双厚坪,艺名双文兴,被誉为评书大王。汉族艺人潘诚立,在说书时往往以古喻今,讥讽时政,也是评书界的泰斗。评书艺人大都师弟相传,随宜创作,因而评说自然,人物形象生动,故事情节曲折,易于引人入胜,受到听众的欢迎。京师以外,天津及直隶州县、东三省等地,说评书也日益风行。前文提及的石玉昆是天津著名的评书艺人,说书时夹有唱词。

江南评话以苏州、扬州为中心。早在明朝末年,便有江苏泰州说书人柳敬亭(原名曹逢春)在苏、扬及杭州等地说书。柳氏后至明南京,曾参与南明的政治活动。明清之际,与江南文人多有交往,名著一时,被说书人奉为宗师。江南评话也由说书人执扇及醒木,讲述故事,只说不唱,与北方评书的演出形式大致相同。评话内容也取自历史、公案、神怪等类小说加以铺衍,一部书可连说数十天。但苏州、扬州评话都以本地方言讲说,师弟父子相传,形成不同流派。评话在江苏、浙江各地流行,有的地方也用本地方言讲说。杭州及江宁的方言评话,又称杭州评话、南京评话。

弹词——江南苏州、扬州、杭州等地流行的弹唱曲种。明嘉靖、万历间已见于记载,并有坊间刊刻的曲词流传。明末清初,传刻北方,称为"南词"。乾嘉之际北方已少唱南词。晚清时期,弹词流行的地区是在江南。

弹词发源于苏州,自评话发展而来。艺人以讲说为主,称"说表",夹以弹唱,自操三弦或琵琶伴奏。说表以叙事为主,夹以代言,以刻画人物。一人自弹自唱称为单档。二人各自弹唱,相互对应,称"双档",又称"对弦"。长篇弹词也可连续说唱数十天。说唱内容除流行小说外,以敷衍江浙地区传说故事的《白蛇传》、《三笑》(唐寅故事)、《描金凤》(苏州民间故事)等蔚为特色。乾隆间有《孝义真迹珍珠塔全传》长篇弹词刊本流传,演说仕宦之家方、陈两姓的悲欢离合。咸、同间,苏州弹词艺人马如飞据以改编,使故事情节更加曲折动人,唱词增加到一万五千余句,唱多于说,突破了传统的惯例。马如飞因而享名一时,被誉为"塔王"。《珍珠塔》也因而成为晚清弹词最受欢迎的代表作。明代弹词曾由女艺人演唱。清代演为男性。晚清时,又有女艺人参与说唱。

苏州弹词,用苏州方言,有说有唱,又有乐器伴奏,表现力较评话更为丰富,但不像戏剧那样需要多种条件,一两人手执乐器即可走遍城乡,随处说唱,因而在江浙各地广为流行。扬州弹词又称弦词,说唱形式大致与苏州相同。浙江有平胡调,一人弹唱,乐人伴奏,说唱以代言为主。

大鼓书——宋代已有鼓子词,艺人击鼓说唱。清朝初年,亡明刑部郎中山东济南人贾凫西辞官归里,自编鼓词,在官署学塾及市井击鼓板说书。自三皇五帝至明崇祯帝自缢,说"自古来争名夺利不干净",斥责前朝弊政,抒发亡国之愤。自号木皮散人。鼓词用韵语,夹以乡音,各地竞相传抄。康熙、乾隆、同治间屡经刊刻,题为《木皮散人鼓词》,流布甚广。

晚清时期,山东及直隶州县广泛流行艺人击鼓板说唱,后又有乐人弹三弦伴奏。各地说唱形式大同小异,方音及曲调互不相同,总称为"大鼓书",简称"大鼓"。

山东大鼓以唱为主,艺人击矮脚鼓,执铁片击节,以三弦伴奏。据说起源于乡间用铁犁铧碎片拍击说唱,故又称为犁铧大鼓,雅称梨花大鼓。清末形成南口、北口两派。艺人有男有女。刘鹗《老残游记》所记济南白妞说书,属于南口。北口的艺人有何老凤(原名何凤仪),直隶故城人,在鲁西北及直隶南部各地演唱,声名显著。

直隶北部有乐亭大鼓,南部有河间大鼓。

直隶乐亭县民间原有弹弦子说唱的"乐亭腔"。其后或增加书鼓,用木板击节。艺人温荣改用铁板,被称为"温铁板",形成皮鼓、铁板击节、三弦伴奏体制,并发展为"九腔十八调"。光绪初年,曾到京师王府演唱，定名为乐亭大鼓，流行于直隶北部及东三省。河间大鼓源于与山东邻界的直隶河间府。原用皮鼓，木板击节，三弦伴奏，称木板大鼓。咸、同间艺人马三峰（直隶高阳人）改用山东大鼓的犁铧片，改进唱腔，与山东何老凤齐名，时称"南有何老凤，北有马三峰"。

以木板击节的木板大鼓在直隶中部及天津等地流行。同治时，天津木板大鼓艺人胡十（原名胡金堂）、霍明亮等改进曲调，受到听众的欢迎。胡、霍等人的弟子刘宝全（直隶深县人）光绪二十六年（一九〇〇年）到京师演唱，仍用皮鼓木板，但不再沿用直隶中部的方音，改用京音。又吸取京戏及其他曲调的唱法，使唱腔更加丰富动听，被称为"京音大鼓"。刘氏被誉为"鼓界大王"，与京剧谭鑫培、评书双厚坪并称为京师艺坛三绝。

各地大鼓说唱的曲目，主要也还是采自《三国》《水浒》等传统小说与各地民间传说。原有说唱短篇小段和连唱长篇两种唱法。京音大鼓多唱短篇，一次一段，受到听众的欢迎。各地大鼓也逐渐形成以唱小段为主。

子弟书——据说起源于清初八旗驻防兵丁执八角形手鼓，拍打说唱，用以自娱。约自乾隆时，京师八旗子弟在茶坊酒馆，执八角鼓弹唱消闲，称为子弟书。晚清时京师旗人随缘乐（原名司瑞轩），自编八角鼓唱词,并增加自弹三弦唱曲,在茶园演出,自称"随缘乐一人单弦八角鼓",受到欢迎。尔后,八角鼓与单弦合流,多由艺人执八角鼓唱小曲称"单弦牌子曲"或"岔曲"。唱故事,称为唱子弟书。清朝末季,在京师、天津和奉天等地流行。

子弟书多出自文人之手,每有佳作,叙事细密,文词工丽,雅俗共赏。光绪时,辽东籍作者韩小窗前后编写五百余段,声名最著。今存"红梅阁"、"露泪缘"及取自《三国演义》、《红楼梦》的曲段约三十余篇。京师及奉天书坊曾将流行的子弟书刊刻行世。一些曲段被大鼓书袭用演唱。近人傅惜华编有《子弟书总目》(一九五四年出版)著录四百四十六种。

## (四)绘画与书法

### 一、绘画与版画

晚清时期,传统绘画以花鸟画最为发达。著名画家集中在江浙地区,多擅长花鸟,兼画人物。石版印刷术自西方传入中国,出现了石印版画。

**文人画** 道光以后,清室衰微,供奉内廷的画家日渐稀少。江浙地区以绘画为职业的文人,多求售于新兴商埠上海,形成所谓"海派"。前代花鸟画名家,原多出于江苏。经道咸至光宣,江浙花鸟画不断呈现新发展。以下是这一时期最著名的画家。

赵之谦(一八二九——一八八四年),书法家、篆刻家和画家。浙江绍兴人。青年时期即以书画为业。三十一岁始应乡试中举。此后仍寄情书画,考证金石并精于篆刻。同光间在江西预修《江西通志》,历官鄱阳等县知县,有诗文集传世。赵氏博学多能,所作画长于花鸟兼善山水人物。早岁画笔工丽,后慕扬州八怪(见本书第十册七章三节)之泼墨,笔墨酣畅,设色浓艳,融金石诗书于画境,是传统文人画的典型,被视为海派先导。

虚谷(一八二三——一八九六年),原名朱怀仁。安徽歙县人,寓居江苏扬州。曾任清军参将,咸丰时出家为僧,法名虚谷,往来苏州、上海,以卖画为生。善画花鸟虫鱼,用干笔偏锋,清隽雅逸,声名显著。又善画人物肖像,求画者日众。平居赋诗自遣,有《虚谷和尚诗录》一卷。

任颐(一八四○——一八九六年),字伯年,浙江绍兴人。幼从父鹤声学画人物。后从画家任熊、任薰兄弟学画人物、花鸟。任氏兄弟,浙江萧山人,往来苏、杭、上海,以卖画为生,享有盛誉。任颐受学后,画业精进,至与乃师齐名,号称“萧山三任”。任颐寓居上海近三十年,以卖画为业。所画人物,远宗明代陈洪绶,重在神似,形象构想奇妙,独具一格。花鸟画追法清初诸大家,综合运用勾勒、点簇、泼墨诸法,工笔写意各有特色。任颐的画法与画风在继承前人的基础上,开拓了中国画的新局面,被奉为海派宗师。

吴昌硕(一八四四————一九二七年),原名俊卿,字昌硕,晚年以字行。浙江湖州府安吉县人。幼年从父辛甲学篆刻,习书法。二十二岁始进学为生员(秀才)。后去苏、杭、上海就学,曾从俞樾学诗,向金石书画诸名家请益。光绪初,定居上海从任颐学画,得任颐的赏识。曾被举为江苏安东(今涟水)知县,任职一月即辞官,寓居上海,以书画篆印为业。绘画以花卉为主,远慕扬州八怪,近取赵之谦画法,以篆刻书法笔意入画,尤以画梅见长。泼墨画竹,浓淡相间,姿态万千。又以蔬果入画,别具风貌。所作画往往自题诗句,自篆印章,浑然一体,独步一时,是清末海派的巨擘。

**石版画**　清代版画有长足的发展。各种书籍的附图、绣像小说的画像、民间年画、彩绘书笺等都有明显的进步,但都还是木版刻印。晚清石版印刷术自西方传入,石印版画成为一种新兴的艺术。

道光二十三年(一八四三年),

天津杨柳青版画演唱鼓词"取长沙"

518

英国传教士麦都斯（W. H. Medhurst）在上海开办墨海书馆，用石版术印刷中文书籍。光绪五年（一八七九年），上海《申报》创办人美商美查（F. Major）在上海设立点石斋石

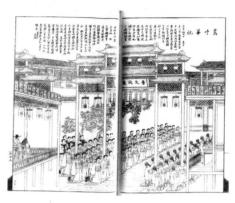

点石斋画报"嵩呼华祝"

印局,十年石印《点石斋画报》,十日一期八页随《申报》附送,延聘画家吴友如主绘。吴氏原名嘉猷,字友如,江苏元和人。在江苏各地卖画为生,曾为一些画店绘制年画。光绪六年绘画《豫园宴集图》,声名渐著。吴氏擅长工笔,受聘主绘《点石斋画报》后,适应石版印刷的需要,所作画线条明晰,构图紧凑,并采用西方透视画法绘摹舟车房舍。内容以社会生活、民间风俗为主,包括中法战争、中日战争等抗敌史事和上海市井动态、中外时事新闻,出版后受到广泛的欢迎。光绪十七年,吴友如曾应召入京为宫廷作画。次年,在上海另出《飞影阁画报》,专画仕女人物、山水花鸟等传统绘画,以石版印刷。光绪二十年,《点石斋画报》停刊。创刊十年,共刊出吴友如及同业画家的作品四千余幅。

在此期间,上海、天津及京师等地陆续创刊了《图

画时报》《白话画报》《当日画报》《醒俗画报》等多种石印画报,出现了一批专业画家。以描绘现实生活为主要内容的石版画报在民间广泛流传。

## 二、书法与书论

**书法** 汉字书法作为一种独特的艺术,有悠久的历史。乾嘉以来金石学空前发达,汉魏石刻多有发现,访碑集拓形成风气,极大地影响了书法的发展。晚清书法,从总体上说,出现两大特点:(一)楷书由帖学转为碑学。书法家不再限于摹写前代书帖,转而师法汉魏碑刻。嘉庆时,书法家伊秉绶师法汉碑,融入颜(真卿)体,自成一体,开碑学风气之先。晚清书法名家,多崇尚碑学,书体随之一变。(二)古老的篆书与隶书,蔚为复兴的艺术,多有名家。以篆隶笔法施于楷书和行书,也促成了行楷的创新。

晚清书法名家,多是一时名士。湖南道州人何绍基,道光时翰林院编修、国史馆提调。咸、同时主讲各地书院,致力经史及文字之学。楷书初学颜真卿,后汇集历代碑拓近千种,潜心临摹,又致力于篆隶,融为一体,自成一家。曾国藩曾称赞其字必传千古。曾氏幕僚湖北武昌人张裕钊,咸丰时授内阁中书,后任各书院讲席,书法宗尚碑学,长于魏碑。楷书外方内圆,独具一格。翁同龢书法,得颜体之精髓,淳厚苍劲,为世所重。金石家吴大澂擅长篆书,长于小篆,兼善古籀。画家赵之谦、吴昌硕也是书法名家。赵氏初学颜体，继摹魏碑，号为"魏底颜面。"吴氏楷书宗颜真卿，隶书摹汉碑，篆书师法石鼓及秦刻石，独创笔意，为篆书大家。晚年也作行草。

**书论** 晚清时期出现几部有影响的评论书法的专著。

《艺舟双楫》——包世臣（一七五五——一八五五年）著。包氏，安徽泾县

何绍基篆书论书法

人。嘉庆时中举，曾官江西新喻知县，被劾免官。道光以后，曾在陶澍、裕谦、杨芳等疆臣的幕府，参与过漕运和盐法的改革。治学倡导经世致用，多有说论。平居致力于诗文书法。早年曾就学于书法家邓石如（一七四三——一八〇五年）。邓氏兼擅篆隶行楷，以隶法作篆，尤为特色。包氏进而探求秦汉魏碑刻，书法自成一家，是碑学的奠基人之一。晚年又归于帖学，追慕王羲之、献之父子。所著《艺舟双楫》分上下两篇。上篇论文章，下篇论书法。提出书法"情""质"之论，妙在性情，能在形质。品评清人书法，分为神品、妙品、能品、逸品、佳品五等。独尊乃师邓石如为神品，誉为国

朝第一。崇北碑而抑元明,对当时书法界颇有影响。

《广艺舟双楫》——康有为著。康氏书法学摹魏碑而申延笔势,自成一格。此书继包著而作,又名《书镜》。全书六卷二十七篇。综论篆隶至历代楷书的书体演变。以较多的篇幅着重评价魏晋南北朝碑刻书法。继承尊碑抑帖之论,进而提出"卑唐"之说,对唐以来书法极力贬抑。康氏此书,也和他的其他著作一样,不免主观武断的过分之论,但考察六朝碑文的书体流变及优劣得失,多有创意,是对碑学的贡献。

《书概》——刘熙载(一八一三——一八八一年)著。刘氏,江苏兴化人。道光时,以进士授翰林院庶吉士,曾任广东提学使。后在上海龙门书院讲授文学。著《艺概》一书,概论诗文词赋书法。全书共六卷,《书概》在第五卷,是一部简明的书法概论。书中涉及字法与章法,用笔与结构、形质与意趣等各个方面。提出"意""象"之说,认为意是书之本,象是书之用,继承传统应与师法造化(自然)相结合。书家不应一味摹古,而要在师法造化中自创新意。论述平实简要,发人思索,是一部有影响的书论。

## 第四节　科　学　技　术

晚清时期,科学技术已远远落后于西方诸国。学习和引进西方的科学知识与应用技术,成为这一时期的特征。这主要通过三个途径。(一)大量翻译介绍外国自然科学基础理论和基本知识的著述,并在学校讲授。(二)派遣出国留学生去各国学习。(三)外国来华传教士、外国在华企业及中国自办企业延聘的外国工程师把外国的科学技术传入中国。在此基础上,中国也涌现了一批具有先进知识的新型科学家,并在若干领域取得了成就。

## (一)基 础 科 学

**数学** 中国的数学历来是较为发展的学科,并形成了自己的思维体系和演算体系。晚清学者对传统数学做了进一步的整理,对西方数学翻译介绍,独立的科学研究也有成绩。

顾观光(一七九九——一八六二年),字宾王,号尚之,江苏金山人,以医为业,博通经史及天文、数学,曾校注《周髀算经》,著有《算剩初编》、《算剩续编》、《算剩余稿》、《九数外录》(具见《武陵山人遗书》)研讨传统数学,对数表造法、方程式论均有贡献。

徐有壬(一八〇〇——一八六〇年),字钧卿,顺天宛平人,祖籍浙江乌程(今湖州)。道光进士,因丁忧回原籍,受命在籍办理团练,咸丰八年升任江苏巡抚。著有《测圆密率》和《造表简法》,研究三角函数和反三角函数的幂级数展开式等课题。另有《截球解义》、《弧三角拾遗》等著述,合为《务民义斋算学》七种。

戴煦(一八○五——一八六○年),字鄂士,浙江钱塘人。早年与同乡谢家禾共同研究数学,谢死后,戴煦整理其遗稿刊为《谢谷堂算学三种》,主要是对传统数学的整理研究。之后,又与杭州紫阳书院主讲项名达共同研究三角函数的幂级数展开式和椭圆周长的计算。主要数学著作有《对数简法》、《续对数简法》、《外切密率》、《假数测圆》,汇刻为《求表捷术》。戴煦利用二项式开任意次根的幂级数展开式,得出对数的幂级数展开式,引起国内外学者的重视。

夏鸾翔(一八二三——一八六四年),字紫笙,浙江钱塘人。曾师从项名达,与戴煦交游。著有《洞方术图解》、《致典术》、《万象一元》、《致曲图解》等数学著作。在求解椭圆周长上两点间的曲线长、椭圆曲线长轴或短轴所成曲面面积及抛物线、对数曲线等方面较有成绩。

李善兰(一八一一——一八八二年),字壬叔,浙江海宁人,是晚清最有成就的数学家,被誉为中国近代数学第一人。十岁开始自学希腊数学名著《几何原本》。后与前辈数学家顾观光、徐有壬、戴煦等人交往,研讨数学。咸丰二年(一八五二年)到上海,开始与英籍数学家伟烈亚力(A. Wylie)合作,翻译数学著述。十年去苏州,入徐有壬幕府,继续研究数学。次

524

年,受聘在安庆内军械所任职,后随迁江宁,同治七年(一八六八年)入京,任同文馆天文算学馆总教习。

希腊欧几里得所著《几何原本》,是西方古典数学的基本著述。全书共十五卷。明徐光启曾与利玛窦据英译本译出第一至第六卷。咸丰七年(一八五七年),李善兰与伟烈亚力据英译本译完后九卷出版,使此书有了全帙的中译本。此外,两人又合译了西方的数学著作《代数学》、《微积分拾级》、《圆锥曲线说》等,将西方的代数、微积分、解析几何等介绍到中国。译著中对若干术语创立了微分、积分、函数、级数等译名,为后人沿用,对中国数学的发展产生了重大的影响。

李善兰深研中国的传统数学,又熟知西方的新成果,因而在数学研究中取得了显著的成就。同治六年(一八六七年)将论著十三种(数学十一种,历法、火器各一种)集为《则古昔斋算学》二十四卷出版,被公认为反映当时中国数学水平的代表性著述。书中对尖锥术、垛积术、素数论等均有建树,其中尤以新创垛积组合公式,被认为是具有世界水平的重要成果。

华蘅芳(一八三三——一九〇二年),江苏无锡人。早年自学传统数学和西方数学译著。咸丰十一年(一八六一年)任职于安庆内军械所,得与李善兰相识。同治四年(一八六五年),随迁江宁。六年在上海江南制造局,主持译书馆工作。此后十年间与英人译员傅兰雅(J. Fryer)合作,先后译出西方数学著作《代

525

数术》、《微积溯源》、《三角数理》、《代数难题法》、《决疑数学》、《合数术》六种。又与他人合译《算式集要》、《数学理》两种。这些著作涉及数学中的方程式论、函数、解析几何、微积分、概率论等许多方面，为介绍西方数学理论作出了贡献。

华氏的数学著作有《开方别术》、《开方古义》、《数根术解》、《积较术》、《学算笔谈》、《算草丛存》六种，合编为《行素轩算稿》二十三卷刊行。前四种对所涉猎的领域均有发明。先后在上海、武昌、天津、无锡等地书院任教，讲授数学，生员甚众。

**天文学**　天文学与数学密切相关。数学家李善兰也兼通天文。咸丰九年（一八五九年），李善兰与伟烈亚力将英国天文学家赫歇尔（J. Herschel）著《天文学纲要》一八五一年新版，译为中文，题为《谈天》，在上海出版。书中全面介绍了西方天文学成果，包括哥白尼的地动学说，牛顿的万有引力定律和太阳系结构、行星运行律、恒星系的各种天文现象、新发现的星体等等多方面的内容。此书的出版，使中国天文学者得以了解到西方天文学的新学说，为尔后中国的科学天文学的建立，开辟了道路。此书的出版也使社会各界人士获得了与传统观念完全不同的天文知识，开阔了眼界。光绪五年（一八七九年），江南制造局又刊印了译书馆徐建寅（一八四五——一九〇一年）主持译补的《谈天》增订本。此外，还有一些知识性的天文学普及读物,陆续译为中文出版。西方的天文学得以广泛传播。

清廷在京师原设有观象台。光绪二十六年(一九〇〇年)遭到八国联军的洗劫。德国侵略军抢走观象台若干仪器,运回本国。法国侵略军抢掠仪器运往使馆。二十八年被迫交还,但观象台已不再能进行天文观测。在此以前,法国传教士曾于同治十一年(一八七二年)在上海建立徐家汇天文台。光绪二十四年(一八九八年),德国海军在青岛建立气象所,又扩建为观象台。

**地学** 晚清时期地学的发展,主要表现于自然地理研究的开展和地质学的传布。

咸丰四年(一八五四年),英国慕维廉(W. Muir-head)用中文编写的《地理全志》,由上海墨海书馆出版。此书的下编曾包括了自然地理的内容。光绪三十四年(一九〇八年),中国地理学家张相文(一八六六——一九三三年)刊行所著《地文学》,是中国学者的第一部自然地理学专著。张氏,字蔚西,江苏泗阳人。专研地学。光绪二十五年起,在上海南洋公学执教,曾编著《中国地理教科书》两种,为各地学校所采用。宣统元年(一九〇九年),任教于天津北洋女子高等学校,与原在南洋公学后在天津法政学堂任教的地理学家白毓昆(同盟会会员,一九一一年在滦州起义被害,参见前章)在天津发起成立中国地学会。张相文当选为会长,白毓昆为编辑部长,创刊《地学杂志》,

宣统二年二月出版。这是中国第一部地学专门刊物，创刊后刊出自然地理和地质学的论文，推动了地学研究的拓展。

慕维廉《地理全志》下编第一卷题为《地质论》介绍了地层分布和年代。同治十二年（一八七三年），江南制造局出版华蘅芳等翻译的英国赖尔（Charles Lyell）的名著《地质学纲要》，题为《地学浅释》共三十八册，概述了西方地质学的状况和研究成果。此后，又陆续有自日文转译的地质学教材和普及读物多种出版。地质学知识日渐普及。

《地学浅释》包括了岩石学的内容。江南制造局基于了解矿产的需要，又由华蘅芳等将英国出版的《矿物学手册》译出，题为《金石识别》。又陆续翻译有关岩石学和矿物学的书籍多种。德、俄、美、日等国为争夺在中国的开矿权，曾派遣地质学家来中国，考察各地的地质矿产。在一些学者的考察报告中，提供了对中国地质构造的研究成果。

这一时期地图学的重要成就是《大清一统舆图》的刊行。康熙时编绘的《皇舆全图》和乾隆时编绘的《皇舆全览图》，依据科学测量绘制，是当时世界上最为精确的地图（参见本书第十册七章四节）。但深藏内府，不能为外界利用。咸丰时，湖北巡抚胡林翼邀聘绘图员邹世治等人依据康乾二图，并参照李兆洛等人所绘地图，编绘为《大清一统舆图》。胡氏逝世后，同治二年(一八六三年)刊行。《舆图》绘制的范围,仍依《皇舆全览图》,补入乾隆以后府县等行政区划的变动及河流改道等内容。绘制方法依据经纬度划分方格。纬差二度编为一卷。以京师为中心,自为一卷。以北和以南各为十卷,分册刊印。此书刊行后,广为流传,为世人所沿用。光绪时,清廷又据此图编制《大清会典舆图》以适应开发路矿等需求。

**物理学** 李善兰曾与傅兰雅、伟烈亚力合译牛顿的名著《原理》,未能完成出版,译稿不幸遗失。晚清的科学译著,多由中外学者合作,外人口译,国人执笔。先后译出英国的物理学家胡威力(W. Whewell)的《重学》(力学),田大里(J. Tyndzll)的《光学》《电学纲目》《声学》等著作。西方国家的力学、光学、电学、声学逐渐传入中国。光绪二十六年(一九〇〇年),日本的著名汉学家藤田丰八,将日本饭盛挺造题为《物理学》的教科书译为中文,分为三编,由江南制造局陆续出版。由此确立了中国物理学这一学科的命名。

中国科学家安徽歙县人郑复光(一七八〇年生),潜研传统科学,兼通西学。曾著《周髀算经浅注》及数学论著多种,尤致力于光学领域的研究。一八三五年开始出版所著《镜镜泠痴》一书,全书共五卷,历时十二年陆续完成出版。著者依据自制光镜实验和测验结果著成此书,对光的行进、小孔成像、凹凸透镜及镜面曲率等均有论述。第四、五卷并述及眼镜、显微镜、望远镜等十七种光镜的制作。本书被公认为是较早出版的高水平光学著作。

郑氏以后,广东南海人邹伯奇(一八一九——一八六九年)所著《格术补》,是又一部重要的光学著作。邹氏曾执教于广州广雅书院,后在上海江南制造局任职。精通传统的天文历算之学,多有发明,兼善地图测绘,著有《测量备要》,论述测绘之学。《格术补》出版于一八七四年。"格术"一词见于宋沈括《梦溪笔谈》,原指透镜倒影成像。邹氏应用几何光学方法论述透镜成像、视觉光学和显微镜、望远镜的基本原理,被认为是几何光学的重大成就。

**化学** 化学作为独立学科,晚至十八世纪才在西方发展。李善兰与伟烈亚力等人合译的科学著作中,提出"化学"这一中文译名。一八五五年,上海墨海书馆出版英国传教医师合信(B. Hobson)所著《博物新编》一书,概括介绍西方自然科学各个领域的基础理论,其中《地气论》和《水质论》介绍了多种气体和液体的化学物质,并在书中提出:"天下之物,元质五十有六,万物也由之以生。"同治七年(一八六八年)京师同文馆出版美国传教士丁韪良著《格致入门》。格致一词出于《大学》中的"格物致知"当时用以概称自然科学,主要是物理学和化学。此书的"化学入门"介绍了化学元素的基本知识。此后,中国学者翻译传播西方化学著述卓有成就者,首推徐寿、徐建寅父子。

江苏无锡人徐寿(一八一八——一八八四年)与其子建寅,原在安庆内军械所,转至上海江南制造局译书馆任职。一八七六年与傅兰雅等人开办格致书院,创刊《格致汇编》月刊,载文介绍西方自然科学。徐建寅于一八七八年出任驻德使馆参赞,曾在德国及英法等国考察各国科学技术,著文介绍,刊于《格致汇编》。

徐氏父子,致力于化学著作的译介,先后译出《化学鉴原》及《续编》、《化学求教》、《化学考质》、《化学术数》、《物体遇热改易记》等西方著作多种,进一步确立了"化学"的学科名称。对于难以汉译的元素名称,徐氏创造了音译英文名称第一音节,酌加偏旁以区别同音汉字的译法。例如钙(calclum)、镍(nickel)、锰(manganese)等等。这些新造的汉字,用为化学元素的专名,为其他译著及教学所采取,至今沿用。

徐氏父子并致力于化学知识的试验和应用。徐寿曾进行化学试验的演示,并拟筹建化学试验室,惜未实现。徐建寅于光绪十二年(一八八六年)在金陵制造局督炼钢铁制造军械。二十二年任福建船政局提调总办。二十六年任湖北枪炮厂督办,研制无烟火药,在试验中发生爆炸事故,以身殉职。

## (二) 农 学 与 医 学

### 一、农学、植物学

传统的农学历来是受到重视的学科。明清两代著述颇丰。晚清时期又有一些新著。

道光时,陕西三原人杨秀元著《农言著实》,以"示儿辈"和"杂记"体裁,记述当地种植时宜和耕作方法,是黄土高原农业生产经验的实录。历事三朝的大学士祁寯藻研讨家乡山西寿阳的农事,著为《马首农言》一卷(寿阳古名马首),辑录当地农言,详记农业状况,并及备荒赈济及桑蚕纺织。两江总督梁章钜著《农候杂占》四卷,详录农事占验之词,涉及水土气候谷蔬种植等许多方面。咸丰时,浙江归安人许旦复为《南浔镇志》编纂农桑一门,据以著书单行,题为《农事幼闻》,主要记述浙西一带水稻的耕作,对水稻栽培技术记录甚详。光绪时,归安另一学者章震福编撰《农家言》一书,依据实地调查记述了当地种植菱、藕、竹及养殖鱼类方法。上举诸书的共同特点是记述了各该地区农业生产的实际知识,颇便流传应用,在学理上无多新创。

光绪二十二年(一八九六年),罗振玉等人在上海发起成立上海农学会,次年创刊《农学报》,至三十二年停刊。《农学报》登载译自欧美日本的农学论著多种。停刊后将所刊译文及各地农业调查报告,汇编为

《农学丛书》七集出版。西方有关农学的论著,由此得以传播。

　　河南固始人吴其濬(一七八九——一八四七年),十九岁得中状元。道光初,入直南书房,超授内阁学士。历仕江西、湖北、湖南各省,官至云南巡抚,署云贵总督。吴氏博学广识,著成《植物名实图考》三十八卷。另有《植物名实图考长编》二十二卷,汇录有关资料。"植物"一词源出《周礼》,义为"根生之属"。此书所收分为五类:谷、蔬、草、果、木。共收一千七百十四种,较《本草纲目》多出五百余种,绘制精细插图一千八百六十五幅。收录地区包括十九个行省。著者经历的各省,依据实际考察,对各地区植物形志的特征,做了精细的描述,是较为完备的一部中国植物志。著者逝世之次年,道光二十八年(一八四八年)初刻问世,受到国内外科学界的重视。

　　咸丰八年(一八五八年),李善兰与英人韦廉臣(A. Williamson)合译英国林德利(J. Lindley)的著作《植物学》一书出版。书凡八卷,从总论、内体、外体、构造等方面讲述了植物学的基础知识和显微镜发明以来西方研究的新成果,并附有大量插图。此书译本确立了"植物学"学科命名和有关名词术语的中文译名,为后人所沿用。

　　此后,傅兰雅编译出版《植物图说》,英国来华汉学家艾约瑟(J. Edkins)翻译出版英国《植物学启蒙》,

两书均录有大量插图,具体讲述植物学知识。上海
《农学报》也刊登有译自日文的《植物学教科书》、《植
物名汇》等基础知识读物。植物学作为一门独立的学
科,逐渐普及。清末一些学校开设了"植物"课程。

## 二、医 药 学

**传统医学** 传统医学与经学、哲学相通。医家往
往兼习经史,经史学者也往往涉猎医学。晚清学者和
医家以校勘训诂的方法探研古典医学名著,取得显著
成就。《内经》、《难经》、《伤寒论》、《金匮要略》等经
典医书的校勘、注释、辑佚、考订之作不下数十种,形成
一时的学风。

嘉道间名医、福建长乐人陈念祖(一七五三——
一八二三年)对古典名著数种撰为"浅注",深入浅出,
讲述要旨。曾撰《医学三字经》四卷,通俗讲解医学源
流、常见病症及常用医方。又有《时方妙用》、《伤寒诀
串解》等普及读物,共成书十六种。同治初,由后人辑
为《南雅堂医学全集》刊行,流传甚广。此后重刊,又
名《陈修园医书》。道咸间名医、浙江桐乡人陆以湉
(一八○二——一八六五年)著有《冷斋医话》五卷。
前二卷论述行医用药,对前人多有褒贬,后三卷录各家
医案,评论利弊。咸丰时刊行。光绪初,江苏丹徒人赵
濂著《医门补要》三卷。以外科为重点,弥补前人之不
足。第三卷收录医案一百九十六条,足资借鉴。有一

九五七年上海排印本。两江总督周馥的后人周学海，潜研医书，所著书辑为《周氏医学丛书》三集，陆续刊行，至一九一一年出齐。初集为《本草经》以下历代医书十二种的校刊，二集为周氏的医学论著，三集辑录前代医书六种。内容包罗广泛，多有贡献。

传统医学的药物学，习称本草学。基本经典是所谓《神农本草经》，简称《本草经》。原书不传，历代有关本草学的著述间有引录。明人卢复钩稽群书，汇为辑本。清人孙星衍续有辑补。道光时，精通天文历算的顾观光又自各类古籍中搜罗辑佚，得三百六十五条，形成《本草经》更好的辑本。吴其濬《植物名实图考》，着重考察了各地植物的药物作用，书中所收云贵地区的药用植物多为前人所未识，尤为可贵。吴氏此书也是对药物学的一大贡献。

**西方医学** 晚清时期传入的西方医学，时称西洋医学，简称西医。中国的传统医学简称为中医。

西医的传播，不限于理论和学说，并且付诸实践。各地开设西医的医院，行医治病，深入到居民的社会生活。道光十五年（一八三五年），美国传教医师，后来成为驻华外交官的伯驾，在广州开设眼科医院，是外国传教士在中国开设的最早一家医院。此后，随着外国侵略势力的深入和各地通商口岸的开放，全国各大都会，陆续有外国医师开办医院诊所。清朝灭亡前已有百所左右，较为著名和影响较大的医院有美国教会咸丰九年(一八五九年)在广州建立的博济医院,光绪三十二年(一九〇六年)在北京成立的协和医院,三十四年德国在上海设立的同济医院等。光绪三十二年,清廷在京师设立内城官医院,三十四年又增设外城官医院。分设中医、西医两部,是最早建立的官办西医院。

西医院由外国医师主治,聘用国人任助手和护士。出国学医的留学生,归国后也担任西医的医师。咸丰七年(一八五七年)回国的广东留学生黄宽(一八二八——一八七八年),先后在美国和英国留学,获得医学博士学位。回国后是博济医院的著名医师。一八八八年自美国回国的女医师金韵梅(一八九六——一九三四年)先后在厦门、天津、成都等地行医,是最早的一位女西医。广州博济医院和北京协和医院附设有培养西医人才的学校。美国教会在苏州和广州先后开设女子医学校,培养医生护士。清廷官办的培养西医人才的学校有光绪七年(一八八一年)李鸿章在天津开办的北洋施医局,后改为北洋医学堂。二十八年,袁世凯在天津开办北洋军医学堂。二十九年,清廷在京师设立医学馆,后改为京师专门医学堂,中西医分科教学。宣统元年(一九〇九年),广东开设了培养西医的公立医科专门学校。

前文提到的英人合信的《博物新编》一书,已有专章介绍西方医学。合信又编译《全体新论》,介绍西方关于人体解剖的研究成果。另有《西医略论》、《内科新说》、《妇婴新说》。尔后合编为《合信氏医书五种》。合信于一八四三年自澳门教会调任香港医院院长,并开办医学校,自编《英汉医学词汇》,多为后人所沿用。江南制造局译员傅兰雅也曾编译《西药大成》等西医医药学著述十馀种。此后,译介西医西药的书籍渐多。又先后出现《西医新报》、《医学世界》、《医药卫生报》、《中西医学报》等医学报刊,译介和探讨西方医学。西医知识逐渐普及。

西方医学传入后,中西医学的汇通成为医界面临的新课题。名医唐宗海(一八四六——一八九七年)著《中西汇通医经精义》(又名《中西医判》),探讨中西医学之异同长短,试图用西医学说论证中医,以求折中。此后,医师朱沛文、恽铁樵等,续有论著,进行比较研究。由于当时对西方医学所知不多,各家所论未必深切,但由此开始了对中西医结合的探索,对后人多有启迪。宣统二年(一九一○年),丁福保等在上海创立中西医学研究会,继续推动中西交流的探讨。

## (三)印 刷 出 版

科学技术的应用,涉及火药、军械、造船、修路、开矿、纺织等许多部门。晚清历年开设的企业,多自国外购置机器设备,引进生产技术,前章已约略述及,不再深论。本节只补述印刷术的改进,促成了报刊出版事业的发展。

## 一、印刷技术的改进

中国的印刷业,直到清嘉庆时仍以木版雕印为主,道光以来,陆续引进铅印、石印和印刷机器,印刷术不断有所改进。

铅印——嘉庆时,来广州的英国传教士马礼逊(R. Morrison)曾试铸汉字铅字,未成。后去马六甲设立印刷所,与雇用的中国刻字工人梁发、蔡高、屈亚熙、屈亚昂等研制铸刻汉字铅活字,刻成二十万个。一八一五至一八二三年陆续印出马礼逊所编《华英字典》六卷,取得成功。道光时铅印技术,传入上海等地。咸丰十年(一八六〇年),美国基督长老会设在浙江宁波的圣经房,迁至上海,改名美华书馆。以汉文、满文及各种外文印制《圣经》译本及传教用书。书馆主任美国人姜别利(W. Gamble)发明以电镀方法铸造汉字字模,分为显字、明字、中字、行字、解字、注字、珍字七类。又创制以常用字盘为中心的排字架,汉字铅活字的应用更为便利。此后,上海的中外印书馆相继采用字模铸造铅字印刷。京师同文馆也用铅印法出版译著。铅印技术逐渐推广。

石印——前节提及道光时上海墨海书馆已开始采用石版术印刷中文书籍(见前节石版画)。此后,石印技术在上海传播开来。京师及天津等都会也相继有书

538

局仿印。光绪时,凹版印刷术传入,用以印制钞票、邮票。

机器印刷——传统的木版印刷,均由手工刷印。咸丰时,墨海书馆采用机器印刷,以畜力拖拽转轮。同治十一年(一八七二年),上海申报馆开始采用手摇轮转机刷印《申报》。此后,日本仿制的西式回转机传入上海。光绪二十六年(一九〇〇年),商务印书馆收购日本商人经营的修文印书局,开始制作纸型以代替泥版铸版,用日制机器印刷。于是形成以字模铸造铅活字,用纸型铸版,机器刷印的一整套印刷程序,逐渐在各地推广,长期沿用。

## 二、出版事业的发展

历代著述,向来用木版雕印,一些卷帙浩繁的巨著,往往因刻印不易,流传不广。印刷术的改进,促进了出版事业的发展。

多卷巨著——光绪五年(一八七九年)上海点石斋石印书局成立后,曾用石印法缩印《康熙字典》,又石印《佩文韵府》等大型工具书,颇便利用。光绪八年,招商局会办徐润在上海创建同文书局,石印殿本二十四史及《康熙字典》。光绪十年,上海申报馆设立图书集成印书局,用铅字印刷万卷巨帙《古今图书集成》。光绪十六年,总理各国事务衙门又委托同文书局用石版影印雍正版百部,以备对外赠送。此书在雍正时只用铜活字印制六十四部,外间很少流传。印刷术改进后于是有了铅印和石印两种新版。

石印的时人著述,可举《小方壶斋舆地丛钞》为例。此书收书一千四百余种,各为一卷。用木版刻印历时二十一年,至光绪十七年才陆续出齐。上海著易堂书局随即用石版缩印出版。本书遂得以广为传布。

铅印、石印技术传入后,成千上万卷的巨著得以迅速出版。各地书局也相继采用新技术印刷各类图书,包括类书、工具书、学术著作以至医书、小说、唱本等广阔领域。原来以出版木版书驰名的扫叶山房、千顷堂书局等也采用石印出书。同文书局创立后,上海又开设有专以石印为业的书局五家,并且出现了彩色石印。

江南制造局翻译处

科学译著——大量出版外国的科学译著,是晚清出版业的又一显著成绩。据统计,自咸丰三年(一八五三年)至宣统三年(一九一一年)共出版自然科学译著四百六十八部。(周罗寿《译刊科学书籍考略》)前文已述及,利用铅字印刷汉文书籍的墨海书馆和美华书馆都曾大量出版自然科学的译著。国人自办的江南制造局译书馆至宣统元年(一九〇九年)共翻译出版自然科学和外国史地等译著近二百种。此外,采用铅印、机器印刷,出书较多的译著出版机构,还有官办的同文馆印刷所、商办的商务印书馆和外国教会创办的广学会。

同文馆创立于同治元年(一八六二年),原是清廷培养外文翻译人员的学堂。学员在学五年,后两年从事译书实习。同治十二年(一八七三年)设立

北京同文馆

印刷所,购置汉文、英文铅活字及手摇印刷机,用铅印技术出版师生的译著。至光绪二十七年(一九〇一

年)出书约二百部,包括外国自然科学及政法、历史著作。次年,同文馆归入京师大学堂,建译学馆。

上海商务印书馆旧址

商务印书馆创建于光绪二十三年(一八九七年)。上海商人夏瑞芳、鲍咸恩等集资三千七百五十元(号四千元),购置手摇印刷机两部及脚踏圆盘机、手板压印机各三部,自宁波招雇印刷工人约十名,为上海商界印制商用账簿单据,也为教会印制传教印刷品。光绪二十六年(一九〇〇年),收购日商修文印书局机器设备,并开始用纸型浇铸铅版,成为当时上海出版界设备及技术最为先进的出版机构。光绪二十八年(一九〇二年),招股扩资,建为股份公司,成立董事会,由夏瑞芳任总经理。设立编译所,聘蔡元培任所长。次年又改由投资的股东、上海南洋公学译书院院长张元济任所长,组织译书出版。主要编译西方自然科学著作及英语词典。随后因各地新

542

建学堂的需要,又组织编辑出版新式教科书多种。事业日益兴隆,规模不断扩大,形成设施齐备、技术先进的新型出版企业。相沿至今,对学术文化的发展做出了重大贡献。

广学会创建于光绪二十年(一八九四年),是上海英美传教士建立的基督教文化出版团体。由上海原建的同文书会等宗教团体改建。定名为广学会,标榜"以西国之新学广中国之旧学",英文名称是 Christian Literature Society for China。从事社会政治活动的英国传教士李提摩太任总干事。编译出版西学,包括自然科学、政治、法律、外国历史与现状等多方面的著述及传教书籍。后又接办上海教会的《万国公报》月刊,刊载时事评论。广学会成为基督教在华最有影响的出版机构。清朝亡后,仍然继续存在,直到一九四九年才停止活动。

晚清的新型出版事业,以上海为中心,迅速发展、光绪三十二年(一九〇六年)由二十余家商办出版企业组建了上海书业商会。

### 三、报 刊 的 创 办

宋代以来,地方驻京官邸,将朝廷诏令奏章等抄录回报各地,称为邸报。清代京师商人开设报房,将邸报翻印发售,称为京报。光绪二十七年(一九〇一年),天津创办《北洋官报》,一些省区也相继创办各省的官报。光绪三十三年（一九○七年），清廷官办《政治官报》，宣统时改称《内阁官报》。这些官报的内容大体同于原来的邸报或京报，只刊载诏令奏章等官方文书，类似于后世的政府公报，不同于报道新闻的报纸。

道光以来，外国商人和传教士陆续在中国各地创办中外文新闻报纸，至光绪帝变法前有将近二百种。中国各地的维新人士相继办报，宣传变法，传播西学。自同治十一年（一八七二年）至光绪二十八年（一九○二年），各地办报约一百五十种（《时务汇编》第二十六册《新旧各报存目表》）。此后，中国同盟会创刊《民报》，各地革命党人也创办报刊，宣传民主革命。报刊的发行，日益普及。

中外文报刊的创办和发行，是中国社会政治生活中的一件新事物。对于中外信息的传播、新知的普及和民主革命的宣传都起了无可替代的重大作用。

外商报纸——嘉道间，南洋一带的英国传教士已开始在当地创办中文报纸，在华侨中发行。道光七年（一八二七年），英、美来华商人在广州创办英文《广州纪录报》，道光十二年（一八三二年），美商在广州创办英文《中国丛报》，主要为外商和外侨提供信息。次年，德国传教士开始在广州创办中文《东西洋考每月统纪传》月报，报道东西方新闻，是国内发行的第一家外商创办的中文报纸。此后近八十年间，各地外商和传教士陆续在全国各大都市创刊中外文各类报纸，其中发行时间最长、影响最大的报纸是英文《字林西报》和中文《申报》。

《字林西报》原为《北华捷报》(North China Herald),创刊于道光三十年(一八五〇年),是上海英商创办的周报。同治三年(一八六四年)改为日报,定华名为《字林西报》,英文名 North China Daily News。每周出一增刊,仍称《北华捷报》。此报是上海第一家外商英文报纸,得到英国驻上海领事馆的支持和资助,刊登英国驻上海机构的公文,报道中外时事和商业新闻,为来华的英商服务。清朝亡后,继续发行,直到一九五一年停刊,是发行时间最长的一家外商报纸。

《申报》创刊于同治十一年(一八七二年)。由上海英商创办。初创时为中文双日报,发行四月后即改为日报。报道时事新闻并刊载政事评论,又增辟文艺副刊,登载文学作品。原以刊登商业广告弥补经费。光绪十四年(一八八八年)招股集资,设为股份公司。宣统元年(一九〇九年)由华人经理席裕福收购。清亡后,一九一二年由上海教师史量才接办。《申报》是外商创办、国人接办的一家极有影响的中文大报。发行到一九四九年五月停刊。

维新报纸——国人自办的新闻报纸始于咸丰八年(一八五八年)在香港圣保罗学院就学的伍廷芳创办的中文《中外新报》。原为双日报,后改为日报。同治十二年(一八七三年)汉口创办《昭文新报》,主持者为艾小梅。次年，王韬在香港创刊《循环日报》，宣传变法维新。容闳在广州创办《汇报》，对《申报》发表的时事评论多有驳辩。创刊年馀即停刊。国人自办报刊事业的发展，约在光绪帝变法前后。前章曾述及，康有为等上书变法，曾创办《中外纪闻》又在上海开办《强学报》，都遭清廷查禁。光绪二十二年（一八九六年），上海再办《时务报》旬报，汪康年任总经理，梁启超主笔，宣传变法，影响日益扩大。初办时发行四千份，一年后即增至一万七千份，成为当时发行量最大的报纸。光绪二十四年停刊。光绪二十三年初至二十四年春，各地创刊宣传维新的报纸，还有康有为在澳门创办的《知新报》，严复在天津创办的《国闻报》，湖南长沙唐才常主编的《湘学新报》（后改《湘学报》）和南学会主办的《湘报》。上海、广州、重庆、成都、福州、桂林等地也都创办报纸，宣传维新，一时形成办报的高潮。

慈禧后发动政变后，康梁逃亡日本，继续办报宣传维新保皇。主要是《清议报》和《新民丛报》。

《清议报》旬刊创刊于一八九八年末，在日本横滨印行。为避免清廷干预，署名冯镜如编辑，实由梁启超主笔。标榜"主持清议"，实为宣传保皇，鼓吹归政光绪帝。该报以宣传性的政论为主，也刊登个人的学术性论著和外国著作的译文。一九○一年末因报社失火停刊，共出一百期。

546

《新民丛报》创刊于一九〇二年初,也在日本横滨刊行,半月出版一期。由侨商冯紫珊经营发行,梁启超主笔。报纸内容包括政论、学说、史传、中外近事以及教育、小说、图画等项目。着重介绍西方国家的社会政治学说及各国状况并刊登译文。该报在日本刊印,但在国内各大都市发行逾万份,拥有广大读者。在政论中极力抨击慈禧后的专制,拥戴光绪帝,鼓吹保皇。同盟会创办《民报》后,曾予以严正驳斥。梁氏在《新民丛报》著文论辩。两报展开近两年的大论战。保皇论溃败(参见前章)。一九〇七年停刊,共发行九十六期。

革命党报——孙文建立兴中会后,一九〇〇年委托陈少白在香港创办《中国日报》,宣传民主革命。同盟会成立后,一九〇六年改由冯自由主办。报社成为革命党人在香港的活动据点。清亡后仍继续发行,是创办时间最早发行时间最长的革命党报。

一九〇六年同盟会在日本东京创刊《民报》,宣传孙文学说,批驳保皇言论,已见前章。一九〇八年被日本政府查禁后,一九一〇年又曾在日本秘密刊印两期。前后共出版二十六期。《民报》虽然也刊载新闻和译文,但主旨在于宣传同盟会的革命纲领,为推动民主革命的发展,起过重大的作用。

光绪三十三年(一九〇七年),秋瑾曾在上海创刊《中国女报》号召反清。于右任在上海创刊《神州日报》，以干支纪年，不用清朝年号。宣统元年（一九〇九年），于右任又在上海主编《民呼日报》，出版三月后被查封。改易报名，再办《民吁日报》，又被查禁。次年，又创办《民立报》，自任社长，每日出版三张，发表同盟会会员撰写的时评，揭露清廷的腐朽，报道各地革命运动的进展，成为同盟会中部总会活动的基地。此外，香港广州以及湖北、陕西、贵州、四川等省革命党人也相继办报，宣传民主革命。武昌起义前夕，革命舆论响彻各地，迎接胜利的到来。

立宪时报——江浙一带宣传君主立宪的报纸以《时报》为代表。创办人狄葆贤，字楚青，江苏溧阳人，曾参与唐才常自立军起义的策划。光绪三十年（一九〇四年）在上海集资创办《时报》，宣传维新。三十二年江浙立宪团体成立后，时报社的息楼成为江浙倡行立宪人士集会聚议的场所。张謇等发动国会请愿，《时报》配合宣传。武昌起义后，上海、浙江宣布独立，《时报》表态，赞助共和。民国成立后，继续发行。《时报》创刊之始，狄氏即以"革新"为职志。日报对开四版，两面印刷，附有插图。分编正刊、副刊。报道时事新闻、发表政论之外，又设教育、国粹专栏，传播知识。后增置实业、妇女、儿童、文艺、图画等周刊，并刊外国文学作品的译文。《时报》以其编排新颖、内容丰富，受到读者的欢迎，成为上海颇有影响的大报。一九一一年在京师发刊《时报》京津版，在北方也有一定的影响。

学术文化期刊——各地创办报纸的同时，也还出刊了多种学术性杂志，为学术文化的发展，开拓了新的园地。

光绪三十年（一九〇四年），商务印书馆创刊《东方杂志》月刊，后改半月刊。杂志不同于党派性的政治报刊，而是面向社会，包括政治、经济、文化、教育等多方面内容的综合性期刊。也刊登学术性短文、文艺作品和外国科技、文艺的译文。出版后受到社会各界的欢迎，发行量多至一万五千份，至一九四八年底才停刊，是晚清时期创刊的持续最久的杂志。

受聘为《东方杂志》主编的杜亚泉（一八七三——一九三三年）浙江绍兴人，曾于光绪二十六年（一九〇〇年）在上海创立亚泉学馆，研习自然科学。创办《亚泉杂志》，刊布自然科学各个领域的译著，是最早的一部国人自办的综合性的科学期刊。共出版十期，次年停刊。在此以前，在华外人创办的综合性科学杂志，有伟烈亚力一八五七年创刊的《六合丛谈》月刊，傅兰雅一八七六年创办的《格致汇编》月刊（后改季刊）。各学科的专门刊物，先后有杜亚泉创刊的《中外算报》以及前节述及的《地学杂志》、《农学报》、《医学世界》、《中西医学报》等等。这些期刊的创办，为科学知识的普及和学科的建设，做出了贡献。

文史方面有影响的期刊是光绪三十一年（一九〇

五年）上海创刊的《国粹学报》。广东顺德人邓实集资，联合陈去病、刘师培等人在上海组织国学保存会，出版学报。每月一期。宣告宗旨是"发明国学、保存国粹"。学报刊登有关经史文学论文、旧体诗词，并收录学术通信、碑志序跋等撰述。每期附刊珍藏金石书画的图影。由邓实主编，刘师培编辑。刘氏的国学著述大多刊于学报。持有不同政见的学人，如王闿运、章炳麟、陈去病、罗振玉、王国维、况周颐等人的著述也都在学报刊载。后又辑刊孙诒让、戴震、刘宝楠等的遗著面世。武昌起义后停刊，先后出版七年八十二期，受到国内外学术界瞩目，开创了编刊文史类学术月刊的先例。

文艺期刊以小说类居多。最有影响的小说杂志是《新小说》和《绣像小说》。

《新小说》是梁启超于一九〇三年在日本横滨创刊，至一九〇五年停办，共出版二十四期。梁氏曾倡导"政治小说"，即以小说体裁宣传作者的政治观点。《新小说》刊出梁氏自撰的章回体政治小说《新中国未来记》。原计划描述一九〇二年以后六十年历史发展的构想，但写至第五回即行搁笔，难以继续。《新小说》开办的两年间，还刊布吴趼人等人写作的小说七部，内容涉及古今中外，开拓了人们的视野，也推动了中国的小说创作。此外，《新小说》还开展了小说创作理论的探讨。

光绪二十九年（一九〇三年）商务印书馆创刊《绣像小说》，聘小说家李宝嘉主编。编印缘起说："欧美化民，多由小说"。"无一非裨国利民"，"本馆有鉴于此，于是纠合同志，首辑此编。"每月出两期，先后刊出李宝嘉《文明小史》、刘鹗（署洪都百练生）《老残游记》等名篇（见前），又刊出署名蘧园（本名欧阳钜元）嘲讽"维新党"的《负曝闲谈》，署名忧患余生（本名连梦青）描述八国联军入侵后灾民流离状况的《邻女语》等章回小说，受到读者欢迎。《绣像小说》创刊三年，共出版七十二期。光绪三十二年因李宝嘉病逝停刊。

此外，曾朴创办的《小说林》因经费无着，一年即停刊，只出十二期。陆续出版的小说杂志还有《月月小说》、《小说月报》、《新新小说》、《小说时报》、《小说世界》等多种。小说在杂志上分期连载，便于作者随写随出，可断可续，也便于读者随宜阅读，省力省时，因而风行一时，促进了小说创作的发达。

小说杂志而外，还有前节提到的编印诗词的《南社丛刻》，刊登戏剧创作和评论的《二十世纪大舞台》等文艺期刊。

据不完全统计，道光以来，在华外人创刊的各类中文期刊有十余种。国人自办的期刊杂志多至二百余种。在此以前，学者的撰述和作家的创作多靠传抄交流，集结成书才能付梓刊印。各类铅印或石印期刊杂志的创刊,提供了广阔的发表园地。国人的新作得以及时刊布问世,外国的新作也得以及时译介流传,有效地推动了学术文化的发展。

# 人 名 索 引

558

559

562

564

574